佛法三百問。

第二集（中冊）

藍傳盛 著

序言

本套叢書《佛法三百問》共四冊，分別爲《佛法三百問》、《佛法三百問第二集（上冊）》、《佛法三百問第二集（中冊）》及《佛法三百問第二集（下冊）》。

前二冊已於先前陸續出版，如今第二集（中冊）及第二集（下冊）也已完稿。

本文即爲第二集中冊之序言。

由於第二集中冊及下冊，內容函蓋廣泛，兼且討論深入，尤其於各宗中又分別探討各宗的重要經論，所以全書厚重，爲方便學者閱讀，遂將之拆分爲中冊及下冊，分爲兩冊出版。

由於全書厚重，內容繁索，寫來倍覺艱辛。

如今總算皇天不負苦心人，終於完成一套四冊的全部內容。

本書爲第二集中冊，銜接上冊，從 168 問開始，以迄 214 問爲止。

《佛法三百問第二集（上冊）》討論至中國唯識宗（150-167 問），本書第二集中冊，則從三論宗「168 問」起始，繼續探討至天台宗「214 問」爲止，內容包括：

三論宗：168-188 問，共 21 問。

禪宗：189-207 問，共 19 問。

天台宗：208-214 問，共 7 問。

其後的第二集下冊將繼續從天台宗 215 問起始，探討至藏密 300 問。

本套叢書共有 600 問，全套內容實已涵括佛法全貌。從佛法通論到各論；從印度原始佛教到部派佛教；從印度小乘到大乘三系之唯識、中觀、如來藏；從印度三系到中國八大宗；最後並兼及東密及藏密。

如前第二集上冊序言中所言，此套叢書有點類似一套「袖珍型」的佛法百科全書，只要學者能讀完整套的佛法內容，則可謂已登堂入室，並能一窺佛法全貌了。

本套叢書除理論知識之介紹外，也非常重視實修的方法。除介紹顯宗的注重「理修」式的修行方法外，也詳細介紹密宗四派並重的「事修」式的修行方法。

佛法雖有很多的修行方法，但總結不外乎戒、定、慧三學。顯教似乎比較側重修慧及理論探討，修定則較偏重於理修，所以除禪宗的頓悟外，常需經年累月長時間的持續修習，才能一步一腳印，歷經三大阿僧祗劫，慢慢證至佛果；而密教的修慧及理論探討可能較不及顯教的深入，但修定則明顯側重以「事修」的實際有效而快速的修習方法，尤其無上瑜伽加入「脈氣明點」的「心氣不二」的修行方法，實爲顯宗及唐密、東密所欠缺，也是密宗空樂大手印的重要修行依據原理，並以即身成佛爲最終修行目標。

然而修習佛法，定慧亟須等持而修，理修與事修也必須並駕齊驅，方不致染犯事修的「著有」或理修的「著空」。故作者愚見以爲必須結合顯密二教的各自優點，而避開其缺點（書中有顯密優缺點之探討），以理事兼具，定慧等持而修，方能眞正達到「實際上」定慧等持的功效，而期能終證佛果。其實若能修入菩薩初地，實已難能可貴矣！何況也必須「登地」才能成爲眞正具德並且具有加持力，而能爲芸芸眾生可依靠之上師。

本套書雖討論範圍廣泛，然佛法如斯浩瀚，況作者學疏才淺，尚亟需各方大師及大德們的匡正是幸。

目錄（168-214問）

三論宗（168-188問）

168.三論宗的源流為何？

一、名稱

三論宗（依中論、十二門論、百論立宗）、空宗（主張諸法性空）、無相宗、無相大乘宗（主張諸法無相）、中觀宗（主張中道正觀）、無得正觀宗（主張一切無所得）、破相宗（主張破除一切法相）、般若宗（以般若經爲本經）、龍樹宗（尊龍樹爲初祖）、提婆宗（尊提婆爲二祖）、嘉祥宗（因創始人吉藏號稱嘉祥）。

二、源流

印度：初祖龍樹-提婆。

另一系：龍樹-龍智-金剛智。龍智的中觀學說傳給清辨（中觀自續派或自起派）。

另一中觀具緣派-佛護（應成派或歸謬派）傳與月稱。

中國：

七代系譜：羅什-道生-曇濟-僧朗-僧詮-法朗-吉藏（此說有爭議）。

舊三論：羅什到僧朗或羅什到吉藏。

新三論：僧朗以後或日照三藏及法藏。

開山祖師鳩摩羅什（傳譯三論）。

弟子：僧叡、僧肇、曇影、僧導、智林、周顒（著三宗論）、僧朗、僧詮、法朗。

僧詮門下四哲：法朗（四句朗）、智辨（領悟辨）、慧勇（文章勇）、慧布（得意布）。

法朗弟子有二十五哲，以吉藏、茅山明法師最有名。

明法師出名弟子有慧嵩、法敏。

牛頭宗法融跟明法師學習三論。

四論玄義作者是慧均，是吉藏的同學。

唐初元康著有「中論疏」、「百論疏」、「十十二門論疏」。

慧灌後來到日本成爲三論宗第一祖師。

至初唐玄奘法相宗興隆之後，三論宗則迅速衰落，傳到了高麗及日本。

三、思想淵源

緣起自性空

（1）自性：自性是梵文 Svabhava 的音譯，意譯爲「有」，自性即自有、自體有、自相有，即不依賴於任何事物（他緣）而獨立存在的實體。

如果一法是自性有，則已自有，不用再生，而且不會變異，即是常。

（2）緣起：中論、觀四諦品：「眾因緣生法，我說即是空，亦爲是假名，亦是中道義。未曾有一法，不以因緣生。是故一切法，無不是空者。」

萬法皆無性，所以必須依賴他緣才能生起，因爲無自性所以是空。因爲所生起之法，只要緣散即會壞滅，不能常有，所以是假有，是假法。

因法無自性，是空，但若遇緣即可再生起，所以空不是無，而是假無，即非無。所成緣起法是假有，即非有，非無非有即是中道。

（3）空：緣起自性空

1.空的意義

無自性就是空。所以空是空無自性，而非斷滅的「無」。空遇緣即可再生起，而「無」永遠是「無」，不能成「有」。

2.空的出處及種類

a.中阿含經的「大空經」說四空：內空（內六根空）、外空

(外六塵)、內外空(六根六塵皆空)、不移動(修習上述三空使內心安住不動)。

b.舍利弗毘曇卷十六「道品」講六空:內空、外空、內外空、空空(空也空)、大空(大指十方)、第一義空(諸法實相、涅槃空)。

c.大毘婆沙論卷八講十空:內空、外空、內外空、有爲空(有爲法空)、無爲空(無爲法空)、散壞空(散壞聚相,可以破壞我見和我所見,相當於雜阿含之析法空)、本性空(一切事物的根本特性空)、無際空(生死無始,本際不可得)、勝義空(即第一義空)、空空(空也是空,不可執空)。

d.般若經講十六空、十八空、二十空:內空、外空、內外空、空空、大空、勝義空、有爲空、無爲空、畢竟空(一切事物畢竟不可得)、無始終空(法之始、中、終不存在)、無散空(無放、無棄、無捨可得)、一切法空(一切法指五蘊、十二處、十八界、有色、無色、有見、無見、有時、無時、有漏、無漏、有爲、無爲等)、本性空、自相空、不可得空(此中求諸法不可得,由不可得空,非常非壞)、無性自性空(無性指事物的無、自性指事物的有,一切事物不是無也不是有)、無性空(無性即無爲法)、自性空(自性由自性空,此空非智所作,非見所作,亦非餘所作,是自性由自性空)、他性空(他性由他性空。不管佛出世、不出世,法性、法界、眞如、實際等佛教永恒眞理仍然是存在的)。

e.放光般若經卷二說六空;卷一說十四空;仁王般若經說十二空;光讚經和大智度論卷三十六說七空。

f.三論宗的空:

f1.中論三空:我空(沒有主宰作用的我)、法空(沒有一切有爲法和無爲法)、空空(空亦不是眞實存在)。

f2.龍樹中論引「虛誑妄取經」及「化迦旃延經」以明空。

十二門論引「裸形迦葉經」以明空。

大智度論的三空，全引阿含經。

g.瑜伽師地論的七空：後際空（滅時無有去處）、前際空（眼等諸法生時無有來處）、中際空（眼等不實而生，生已盡滅，現在剎那不住）、常空（空諸行，常恆住不變易法空）、我空（無我我所）、受者空（沒有眞實有自體的受者）、作者空（沒有眞實有自體的作者）。

h.大眾系的增一阿含之「利養品」:「……一切所有皆歸於空。……法法相亂，法法自定。」

169.三論及四論是什麼？

一、三論及教義

（一）三論：中論、十二門論、百論。

（二）主要教義

1.緣起性空：性空是自性空，依緣而生起諸法，所生諸法因自性空，是爲假法。

2.眞俗二諦：眞諦是萬法自性空。俗諦是萬法是假有法。

3.八不正觀：以八不：不生不滅、不常不斷、不一不異之中道智慧，正觀萬法非有、非無、非亦有亦無、非非有非無。

4.中道實相：實相即是中道，絕四句，斷百非，實相即無相。

5.非眞非俗正因佛性：中道即是正因佛性，非眞非俗、非因非果即是正因佛性，也是佛性體，眞、俗諦都是佛性的用。

6.破而不立：中論及十二門論以觀法不可得而破之；百論直破萬法。

a.中論破：因緣、去來、六情、五陰、六種、染染者、三相、作作者、本住、然可然、本際、苦、行、合、有無、縛解、業、法、時、因果、成壞、如來、顛倒、四諦、涅槃、十二因緣、邪見。

b.十二門論破：因緣、因中有果無果、緣、相、有相無相、一異、有無、性、因果、作者、三時、生。

c.百論破：罪福、神、一、異、情、塵、因中有果、因中無果、常、空。

7.二藏三輪判教觀點

二藏：聲聞藏、菩薩藏。

三輪：根本輪、枝末輪、攝末歸本輪。

二、四論

（一）四論：中論、十二門論、百論、大智度論。

大智度論內容：緣起論、大小乘的關涉、五波羅蜜、般若波羅蜜、我法二空、三假釋論、中道思想的運用、般若與方便、般若智慧答問、般若釋論之餘。

「四論玄義」的作者是慧均，爲法朗的弟子，吉藏的同學。

（二）四論之異同

1.四論約用不同

智度論：正釋大品，而大品以實慧（般若）、方便慧二慧爲宗。

中論：以二諦爲宗。以二諦是自行化他之本，令一切眾生得自、他二利也。還就二諦以明中道，故有世諦中道、眞諦中道、非眞非俗中道。

百論：破邪，申明二諦，亦應以二諦爲宗。但今欲與中論互相開放避，中論以二諦爲宗，百論以權智、實智二智爲宗，即欲明諦、智互相成也。

十二門論：亦破內迷，申明二諦，亦以二諦爲宗，但欲示三論不同，宜以境智爲宗。由實相境發生般若，由般若故萬行得成，即是境智之義。

2.四論破、申不同

三論：通破眾迷，通申眾教。

a.百論：正破外，傍破內。

b.餘二論：正破內，傍破外。

智論：別破般若之迷，別申般若之教。

3.智度論爲別論，三論爲通論

4.四論用假不同

一切諸法有四種假：因緣假（空、有相待故假）、隨緣假（隨三乘根性而說，故假）、對緣假（因對治故假）、就緣假（推求不得故假）。

a.四論具用四假。

b.智度論多用因緣假。

中論、十二門論多用就緣假。

百論多用對緣假。

5.四論對緣不同

有二種不同對緣：

a.提婆著百論之對緣爲，提婆與九十六師辯論，面拆邪師，後回閑林後，撰集當時之言以爲百論。

b.龍樹造中論的對緣爲，龍樹聲聞天下，外道小乘不敢與之辯論，因此自在家潛帷著筆以造論。

170-1-1.中論的大綱為何？

壹、總論

（一）中論的作者、釋者、譯者

（1）作者是龍樹菩薩。他在印度被尊爲大乘的鼻祖，在中國被尊爲大乘八宗的共祖。主張先分別說諸法，後說畢竟空。

（2）本論的釋者

傳有七十餘家，依西藏傳說有八部，我國譯出的中論釋，主要爲什公所譯的青目「論釋」，與西藏的「無畏論」相近。

（3）譯者爲鳩摩羅什三藏。

（二）中論的特色

（1）空有無礙：

1.依緣起法說二諦教

2.說二諦教顯勝義空

3.解勝義空見中道義

（2）貫通大小乘

（3）破立並重

（三）中論的內容

共有四卷二十七品。前二十五品，破大乘迷失，明大乘觀行。後二品破小乘迷失，明小乘觀行。

通而言之，全論二十七品，同明佛法。別而言之，前二十五品明菩薩法；第二十六觀因緣品，明緣覺法；後一品明聲聞法。

初二品，總觀八不的緣起法；後面的諸品，別觀八不的緣起法。

（四）作者的見解

（1）中論是以「比量」的邏輯推理去「破斥」外道及小乘的一些世間法的生滅有無見解，及「建立」世間出世間的佛法正知見。

以世間緣起法而言，此種破及立是可行的，但若以佛性眞如觀而言，緣起法都是「性空」無自性的，比量也是自性空的假量，譬如破斥生滅有無，生滅有無都是世間的假法，依世間比量而言，不是生（有）即是滅（無），生滅（有無）不能並存，也不能並非。故世間法本來即無「亦有亦無」，及「非有非無」（不合世間法的推理邏輯），世間法反而有「有」及「無」。所以佛法是要破生（有）及滅（無）的執取，主張有無生滅都是假法，因爲都是自性空。「有」只要緣滅會變成「無」，不會一直常有（常見），因爲不能常有，所以此有是假有（即假）；「無」只要緣至會變成「有」，不會一直常無（斷見），因爲不會常無，所以此無是假無（即空）。

故不可執取「有」或「無」，反而須更進一步融合有無，超越有無，否定四句：有、無、亦有亦無、非有非無，超越言語之分別，及心緣之妄想執著，才是眞如第一義空。

（2）若以世俗凡夫而言，有爲法與無爲法是二種不同法。離有爲可以去追求無爲。

（3）若以緣起性空而言，「有爲法」因其自性空，故其法爲假有。即所謂凡法皆是假法的俗諦；凡法皆是自性空的眞諦。

（4）若以第一義空的「相對中道」（相對中、偏中）而言，法是非有爲非無爲，否定有爲及無爲是二法（即不二），而是同一法的「體相用」關係。無爲法是有爲法的「體」，有爲法是「以無爲法爲體」的整體「體相用」的外在顯現。此「體相用」關係即是「非一非異」關係。

也可說「無爲法」是「有爲法」的體，有爲法是由無爲法爲體，由體起用而展現的有爲法。

（5）若以離言眞如、空且不空如來藏、三因一因佛性的「絕對中道」（圓中）而言，有爲法是無爲法的「即體即用」，體用一如，有爲即是無爲，生死即是涅槃，煩惱即是菩提，此即是佛的境界。

貳、各論

一、卷一

（一）觀因緣品

不生亦不滅，不常亦不斷，不一亦不異，不來亦不出。能說是因緣，善滅諸戲論。我稽首禮佛，諸說中第一。

（1）問曰：何故造此論？

答曰：

1.有人言萬物從自在天生、有言從韋紐天生、有言從和合生、有言從時生、有言從世性生、有言從變化生、有言從自然生、有言從微塵生。

有如是謬墮於無因、邪因、斷、常等邪見，種種說我、我所，不知正法。

2.佛欲斷如是等邪見，令知佛法，故先於聲聞法中說十二因緣，又爲已習行有大心堪受深法者，以大乘法說因緣相，所謂一切法不生不滅、不一不異等，畢竟空無所有。

3.佛滅度後，後五百歲，像法中人根轉鈍，深著諸法，求十二因緣、五陰、十二入、十八界等決定相，不知佛意，但著文字，聞大乘法說畢竟空，不知何因緣故空，即生見疑，若畢竟空云何有罪福報應？如是則無世諦、第一義諦。取是空相，而起貪著，於畢竟空中生種種過。

龍樹菩薩爲是等故造此「中論」。

（2）問曰：諸法無量，何故但以此八事破？

答曰：法雖無量，略說「八事」則爲總破一切法。

解：不生者，諸論師種種說生相，或謂因果一，或謂因果異，或謂因中先有果，或謂因中先無果，或謂自體生，或謂他生，或謂共生，或謂有生，或謂無生。

如是等說生相皆不然，此事後當廣說。生相決定不可得，故不生。不滅者，若無生，何得有滅？以無生無滅故，餘六事亦無。

1.問曰：不生不滅已總破一切法，何故復說六事？

答曰：爲成不生不滅義故。

解：

a.有人不受不生不滅而信不常不斷，若深求不常不斷即是不生不滅。何以故？法若實有，則不應無。先有今無是即爲斷，若先有性是即爲常，是故說不常不斷即入不生不滅義。

b.有人雖聞生滅斷常四種破諸法，猶以一異來出四門成諸法，是亦不然。若一，則無緣；若異，則無相續。後當種種破，是故復說不一不異。

c.有人雖聞生滅斷常一異六種破諸法，猶以來、出成諸法。來者，言諸法從自在天、世性、微塵等來；出者，還去至本處。

d.復次，萬物無生。何以故？世間現見故。世間眼見劫初穀不生，何以故？離劫初穀今穀不可得。若離劫初穀有今穀者則應有生，而實不爾，是故不生。

2.問曰：若不生，則應滅？

答曰：不滅。

解：因沒有生即沒有滅。若不生則在「劫初」見穀不滅，若滅，今不應有穀，而今實有穀，是故不滅。

3.問曰：若不滅，則應常？

答曰：不常。

解：因眼見世間萬物是不常。如穀芽時種子會變壞，是故不常。

4.問曰：若不常，則應斷？

答曰：不斷。

解：眼見世間萬物不斷。如從穀有芽，是故不斷。

5.問曰：若爾者，萬物是一？

答曰：不一。

解：眼見世間萬物不一。如穀不作芽，芽不作穀。

6.問曰：若不一，則應異？

答曰：不異。

解：眼見世間萬物不異。若異，何故分別穀芽、穀葉，不說樹芽、樹葉，是故不異。

7.問曰：若不異，應有來？

答曰：無來。

解：眼見世間萬物不來。如穀子中芽無所從來，若來者，芽應從餘處來，而實不爾，是故不來。

8.問曰：若不來，應有出？

答曰：不出。從穀有芽，是

解：眼見世間萬物不出。若有出，應見芽從穀出，而實不爾，是故不出。

9.問曰：汝雖釋不生不滅義，我欲聞造論者所說。

答曰：諸法不自生，亦不從他生，不共不無因，是故知無生。

解：不自生指萬物非從自體生，須待眾生緣才能生。

（3）復次：如諸法自性，不在於緣中，以無自性故，他性亦復無。

解：自性即自體，眾緣本身也是無自體。他性在他而言也是自性，所以他也無自體。自性、他性都無，即破共義。有因尚可破，何況無因。

於四句中生不可得，是故不生。

（4）問曰：阿毘曇人言諸法從四緣生，云何言不生？何謂四緣？

答曰：果爲從緣生？爲從非緣生？是緣爲有果？是緣爲無果？

解：若謂有果，是果爲從緣生？爲從非緣生？若謂有緣，是緣爲有果爲無果？二俱不然。何以故？

a.因是法生果，是法名爲緣。若是果未生，何不名非緣？

解：諸緣無決定。何以故？若果未生，是時不名爲緣。但眼見從緣生果，故名之爲緣。緣成由於果，以果後緣先故，若未有果，何得名爲緣？如見瓶，知有水、等是瓶緣。若瓶未生時，何以不名水、土等爲非緣？是故果不從緣生。緣尚不生果，何況非緣怎能生果？

b.果先於緣中，有無俱不可，先無爲誰緣，先有何用緣？

解：緣中先有果、先無果俱不可。

若未有果生，怎有緣的稱名。若與果無關的緣，也可稱爲「非緣」。緣無自性故不生，何況非緣。

（5）問曰：已總破一切因緣，今欲聞一一破諸緣。

答曰：若果非有生，亦復非無生，亦非有無生，何得言有緣？

解：以上破因緣。

果不是有，也不是無，也不是既有既無，無果怎會有緣呢？

若緣能生果，應有三種：若有、若無、若有無。如先偈中說，緣中若先有果，不應言生，以先有故。若先無果，不應言生，以先無故，亦緣與無緣同故。

有無亦不生者，有無名爲半有半無，二俱有過，又有與無相違，無與有相違，何得一法有二相？如是三種求果生相不可得故，云何言「因緣」？此即破「因緣」。

a.果若未生時，則不應有滅，滅法何能緣？故無次第緣。

解：以上破次第緣。

果沒有生，沒有生就沒有滅，滅法如何能緣，所以沒有次第緣。又佛說一切有爲法念念滅，無一念時住。現在心、心數法無有住時，若不住何能爲次第緣？

b.如諸佛所說，眞實微妙法。於此無緣法，云何有緣緣？

解：以上破緣緣。

佛說大乘諸法，若有色無色（心法），有形無形（無色），有漏（世間法）無漏（出世間法），有爲無爲等所有諸法相，都入於法性，一切皆空，無相無緣（心緣），是故無緣緣（能緣心去「緣」所緣境）。

c.諸法無自性，故無有有相。說有是事故，是事有不然。

解：以上破增上緣。

佛只是隨凡夫分別有無才說緣，其實諸法從眾緣生，而緣自無性，沒有「有」相，是故無增上緣。

c1.略廣因緣中，求果不可得。因緣中若無，云何從緣出？

解：略指和合因緣中無果；廣指一一緣中亦無果。從略廣因緣中都無果，云何有果從因緣出？

c2.若謂緣無果，而從緣中出，是果何不從，非緣中而出？

解：若因緣中求果不可得，爲何不從非緣出？如泥中無瓶，爲何不從乳中出？

c3.若果從緣生，是緣無自性，從無自性生，何得從緣生，果不從緣生，不從非緣生，以果無有故，緣非緣亦無。

解：果從緣生，但緣無自性何能生果。果也不是從非緣生，如瓶不從乳中生。

果若不從緣及非緣生，是則無果。既無果，自也無緣及非緣。

（二）觀去來品

（1）問曰：世間眼見三時有作，已去、未去、去時，以有作故，當知有諸法。

答曰：已去無有去，未去亦無去，離已去未去，去時亦無去。

解：已去無有去，已去故，若離去有去業，是事不然。未去亦無去，未有去法故。去時名半去半未去，不離已去、未去故。

1.問曰：動處則有去，此中有去時。非已去未去，是故去時去。

解：動處則有「去」，這「去」當然不是已去、未去的去，但有去時「去」。因去時中有作業，已去中作業已滅，未去中未有作業。

答曰：云何於去時，而當有去法？若離於去法，去時不可得。

解：去時有去，是事不然。因離去法，去時不可得。

a.若言去時去，是人則有咎。離去有去時，去時獨去故。

解：若謂已去、未去中無去，去時實有去者，是人則有咎。若離去法有去時，則不相待因。何以故？若說去時有去，是則爲二（因去有去時及去時中有去），而實不爾，是故不得言離去有去時。

b.若去時有去，則有二種去。一謂未去時，二謂去時去。

解：若說去時有去，則有二種去：一者因有「去」才有去時，二者去時中有「去」。

2.問曰：若有二去，有何咎？

答曰：若有二去法，則有二去者，若離於去者，去法不可得。

解：若有二去法，則有二去者，一人有二去，是則不然。

3.問曰：離去者無去法可爾，今三世中定有去者。

答曰：若離於去者，去法不可得。以無去法故，何得有去者？

解：若離去者，去法不可得，無去法怎可說三時中一定有去者呢？

復次，

去者則不去，不去者不去，離去不去者，無第三去者。

解：根本沒有去者。若有去者，只有二種情形即去者及不去者，沒有第三種情況。

4.問曰：若去者去，有何咎？

答曰：若言去者去，若離於去法，去者不可得。

解：若說定有去者用去法，是事不然。因若離去者定有去法，則去者能用去法，而實不爾。

a.若去者有去，則有二種去，一謂去者去，二謂去法去。

解：若言去者用去法，則有二過，於一去者中有二去；一以去法成去者；二以去者成去法。去者成已然後用去法，是事不然。是故先三時中，謂定有去者用去法，是事不然。

b.若謂去者去，是人則有咎。離去有去者，說去者有去。

解：若說去者能用去法，是人有咎。若說去者用去法，代表先有去者，後有去法，是事不爾。而且，若一定有去及去者，應有初發（發動），但於三時中求發不可得。

（2）已去中無發，未去中無發，去時中無發，何處當有發？

何故三時無發？

未發無去時，亦無有已去，是二應有發，未去何有發？無去無未去，亦復無去時，一切無有發、何故而分別？

解：若人未發動，則無去時，亦無已去。若發在「去時」及「已去」中，二俱不然。未去也未有發。

沒有發故沒有去，沒有去故沒有去者，何得有已去、未去、去時？

1.問曰：若無去無去者，應有住、住者？

答曰：去者則不住，不去者不住，離去不去者，何有第三住？

解：若有住有住者，應去者住，若不去者住，若離此二應有第三住，是皆不然。去者不住，去未息故，與去相違名爲住。不去者亦不住，何以故？因去法滅（不去）故有住，無去則無住，離去者不去者更無第三住者。若有第三住者，即去者不去者中（又去又不去相違），以是故不得言去者住。

a.去者若當住，云何有此義？若當離於去，去者不可得。

解：汝謂去者住，是事不然。何以故？離去法去者不可得。若去者在去相，云何當有住？去住相違故。

b.去未去無住，去時亦無住，無有行止法，皆同於去義。

解：若謂去者住，是人應在去時、已去、未去中住，三處皆無住，是故汝言去者有住，是則不然。如破去住法，行止亦如是。行者如從穀子相續至芽、莖、葉等，止者穀子滅故，芽、莖、葉滅，相續故名行，斷故名止。又如無明緣諸行乃至老死是名行，無明滅故，諸行等滅，是名止。

2.問曰：汝雖種種門破去、去者、住、住者，而眼見有去、住。

答曰：去法即去者，是事則不然；去法異去者，是事亦不然；

解：若去法去者一，是則不然，異亦不然。

3.問曰：一異有何咎？

答曰：若謂於去法，即爲是去者。作者及作業，是事則爲一。若謂於去法，有異於去者，離去者有去，離去有去者。

解：如是二俱有過。何以故？若去法即是去者，是則錯亂破於因緣，因去有去者，因去者有去。又去名爲法，去者名人，人常去法無常，若一者則二俱應常，或二俱應無常，一有如是等過。若異者則相違，未有去法應有去者，未有去者應有去法，不相因待，一法滅應爲法在，異有如是等過。

a.去去者是二，若一異法成。二門俱不成，云何當有成。

解：若去者去法有，應以一法成或異法成？二俱不可得。先已說無第三法成，若謂有成，應說因緣。無去無去者，今當更說。

因去知去者，不能用是去，先無有去法，故無去者去。

解：隨以何去法知去者？是去者不能用是去法。何以故？是去法未有時，無有去者，亦無去時、已去、未去。如先有人有城邑得有所趣，去法去者則不然，去者因去法成，去法因去者成故。

b.因去知去者，不能用異去。於一去者中，不得二去故。

解：隨以何去法知去者？是去者不能異去法。何以故？一去者二去法不可得故。

復次，

決定有去者，不能用三去。

不決定去者，亦不用三去。去法定不定，去者不用三。是故去去者，所去處皆無。

解：決定者名實有，不因去法生，去法名身動，二名未去、已去、去時。若決定有去者，離去法應有去，不應有住，是故說決定有去者，不能用三去。若去者不決定，不決定名本實無，以因去法得名去者，以無去法故不能用三去。因去法故有去者，若先無去法則無去者，云何言，不決定去者用三去？如去者、去法亦如是。

若先離去者決有去法，則不因去者有去法，是故去者不能用三去法。若決定無去法，去者何所用？如是觀察去法、去者、所去處是法皆相因待。因去法有去者，因去者有去法，因是二法則有可去處，不得言定有，不得言定無，是故決定知三法虛妄空無所有，但有假名，如幻如化。

（三）觀六情品

問曰：經中說有六情，所謂：眼耳及鼻舌，身意等六情，此眼等六情，行色等六塵。

解：此中眼爲內情（內根），色爲外塵，眼能見色，乃至意爲內情，法爲外塵，意能知法。

答曰：無也。何以故？

是眼則不能，自見其己體。若不能自見，云何見餘物？

解：眼不能見自體，如燈能自照，也能照他。眼若是見相，亦應自見及見他，而實不爾。

1.問曰：眼雖不能白見，而能見他，如火能燒他，不能自燒。

答曰：火喻則不能，成於眼見法，去未去去時，已總答是事。

解：如同已去、未去、去時中均無「去」，已燒、未燒、燒時也俱無「燒」，同理，已見、未見、見時俱無見相。

a.見若未見時，則不名爲見，而言見能見，是事則不然，

解：眼未對色則不能見，爾時不名爲見，因對色名爲見，是故偈中說未見時無見，云何以見能見？復次，二處俱無見法。

見不能有見，非見亦不見，若已破於見，則爲破見者。

解：見不能見，先已說過故。非見亦不見，無見相故，若無見相，云何能見？見法無故見者亦無。何以故？若離見有見者，無目者亦應以餘根見。若以見見則見中有見相，見者無見相，是故偈中說若已破於見，則爲破見者。

b.離見不離見，見者不可得。以無見者故，何有見可見？

解：若有見，見者則不成（原因爲何？）。若無見，見者亦

不成。見者無故，云何有見可見？若無見者，誰能用見法分別外色？是故偈中說：以無見者故，何有見可見？

c.見可見無故，識等四法無。四取等諸緣，云何當得有？

解：見可見法無故，識、觸、受、愛四法皆無。以無愛故，四取等十二因緣分亦無。

d.耳鼻舌身意，聲及聞者等，當知如是義，皆同於上說。

解：如見可見法空，屬眾緣故無決定；餘耳等五根、聲等五塵當知亦同見可見法，義同故不別說。

170-1-2.中論的大綱為何？

（四）觀五陰品

（1）問曰：經說有五陰，是事云何？

答曰：若離於色因，色則不可得。若當離於色，色因不可得。

解：色因者，如布因爲縷。布如色，縷如因。

1.問曰：若離色因有色有何過？

答曰：離色因有色，是色則無因。無因而有法，是事則不然。

解：如離縷有布，布則無因，無因而有法，世間所沒有。

2.問曰：佛法、外道法、世間法中皆有無因法，佛法有三無爲，無爲常故無因。

外道法中虛空、時、方、識、微塵、涅槃等，世間法虛空、時、方、等，是三法無處不有，故名爲常。常故無因，汝何以說無因法世間所無？

答曰：此無因法但有言說，思惟分別則皆無。若法從因緣有，不應言無因，若無因緣則如我說。

解：上述外道法中除涅槃外，其餘均為有為法；世間法如虛空、時、方、等，均為因緣法，有為法及因緣法均為假法。

3.問曰：有二種因：一者作因，二者言說因。是無因法無作因，但有言說因，令人知故。

答曰：雖有言說因，是事不然。

解：虛空如「六種」中已破，餘事後當破。

4.問曰：若離色有色因，有何過？

答曰：若離色有因，則是無果因。若言無果因，則無有是事。

解：除色果但有色因者，即是無果因。

5.問曰：若無果有因，有何咎？

答曰：無果有因世間所無。

解：因為有果，才稱為因，若無果，怎可稱為因。若因中無果，果物為何不從非因生？是故沒有無果因。

復次，若已有色者，則不用色因。若無有色者，亦不用色因。

解：若先因中已有色，不名為色因。若先因中無色，因與果無關係，亦不名為色因。

（2）問曰：若二處俱不然，但有無因色，有何咎？

答曰：無因而有色，是事終不然。是故有智者，不應分別色。

解：若因中有果，因中無果，此事尚不可，何況無因有色。是故言無因而有色，是事終不然，是故有智者不應分別色。分別名凡夫，以無明愛染貪著色，然以邪見生分別戲論，說因中有果無果等。今此中求色不可得，是故不應分別。

1.若果似於因，是事則不然。果若不似因，是事亦不然

解：若果似於因，即因細果粗，如布似縷。但縷多布一，因果色力等各異，故不得言因果相似。

若因果不相似，亦不然。如麻縷不成絹，粗縷無細布，故不得言因果不相似。故無色無色因。

2.受陰及想陰，行陰識陰等，其餘一切法，皆同於色陰。

解：四陰及一切法也皆同色陰，求色不可得，而且無色無色因。

3.若人有問者，離空而欲答，是則不成答，俱同於彼疑。若人有難問，離空說其過。是不成難問，俱同於彼疑。

解：如言瓶是無常，何故無常？從無常因生故，此不名答，因爲緣因有疑，不知爲常或無常，是爲同彼所疑。

問者若欲說其過，不依於空而諸法無常，則不名問難。

若依空破常者，則無有過，因此人不取空相，則可破常。

（五）觀六種品

（1）問曰：六種各有定相，有定相故，則有六種。

答曰：空相未有時，則無虛空法。若先有虛空，即爲是無相。

解：無色處名虛空相，沒有虛空相，當然就沒有虛空法。

色是作法是無常，無色處即色未生，未生則無滅。因此若先有虛空，而虛空是無色處，無色處即是無相。

（2）問曰：若無相有虛空，有何咎？

答曰：是無相之法，一切處無有。於無相法中，相則無所相。

解：若於常無常法中求無相法不可得，如論者言「是有是無「云何知？因各有相，生住滅是有爲相，無生住滅是無爲相，虛空若無相，則無虛空。若謂先無相，後相來相者是亦不然，若先無相則無法可相（可以顯相）。何以故？

有相無相中，相則無所住。離有相無相，餘處亦不住。

解：所相是相所顯之相；可相是相可以顯現之相，所相即是可相。如火是相，煙是可相。

不管有相無相，都無相住。有相中相亦不住，先有自相故，如水相中火相不住。

若無相中相住者則爲無因，無因名爲無法而有相。相、可相常相因待故。離有相無相更無第三處可相，是故說離有相無相，餘處亦不住。

復次：

1.相法無有故，可相法亦無，可相法無故，相法亦復無。

解：沒有相，相無所住就沒有可相。可相法無故，相法亦無。何以故？因相有可相，因可相有相，二者共相因待故。

2.是故今無相，亦無有可相，離相可相已，更亦無有物。

解：於因緣中本末推求相可相決定不可得，是二不可得，故一切法皆無。一切法皆攝在相、可相二法中，或相爲可相，或可相爲相，如火以煙爲可相，煙亦復有相。

（3）問曰：若無有「有」，應當有「無」。

答曰：若使無有有，云何當有無？有無既已無，知有無者誰？

解：因爲「無」是從「有」生。沒有「有」，就沒有「無」。無既沒有，又有誰能知有「無」呢？

（4）問曰：以無「有」故，「無」亦無，應當有知「有無」者。

答曰：若有知者，應在有中，應在無中？有無既破，知亦同破。

是故知虛空，非有亦非無。非相非可相，餘五同虛空。

解：如虛空種種求相不可得，餘五種（地水火風識）亦如是。

（5）問曰：虛空不在初不在後，何以先破？

答曰：地水火風眾緣和合故易破，識以苦樂因緣故，知無常變異，故易破，虛空無如是相，但凡夫希望爲有，是故先破。復次，虛空能持四大，四大因緣有識，是故先破根本，餘者自破。

（6）問曰：世間人盡見諸法是有無，汝何以獨與世間相違，言無所見？

答曰：淺智見諸法，若有若無相，是則不能見，滅見安隱法。

解：若人未得道，不能見諸法實相，愛見因緣故有種種戲論，見法生時稱爲有，取相言有；見法滅時稱爲斷，取相言無。

智者見諸法生即滅無見，見諸法滅即滅有見，是故於一切法雖有所見，皆如幻如夢，乃至無漏道見尚滅，何況餘見？是故若不見滅見安隱法者，則見有見無。

（六）觀染染者品

（1）問曰：經說貪欲、瞋恚、愚癡是世間根本，貪欲有種種名，初名愛，次名著，次名染，次名淫欲，次名貪欲，有如是等名字，此是結使。依止眾生，眾生名染者，貪欲名染法。有染法染者故，則有貪欲，餘二亦如是。有瞋則有瞋者，有癡則有癡者。以此三毒因緣起三業，三業因緣起三界，是故有一切法。

答曰：經雖說有三毒名字，求實不可得。何以故？

若離於染法，先自有染者。因是染欲者，應生於染法。若無有染者，云何當有染？若有若無染，染者亦如是。

解：若先定有染者，則不更須染，染者先已染故。若先定有無染者，永復不應起染，要當先有染者，然後起染，若先無染者，則無受染者。染法亦如是。若先離人定有染法，此則無因，云何得起似如無薪火？若先定無染法，則無有染者。

（2）問曰：若染法、染者，先後相待生，是事不可者，若一時生有何咎？

答曰：染者及染法，俱成則不然。染者染法俱，則無有相待。

解：若染法、染者一時成則不相待，不因染者有染法，因染法有染者，是二應常，以無因成故。若常則多過，無有得解脫法。

1.染者染法一，一法云何合？染者染法異，異法云何合？

解：染法、染者若一法合，若以異法合、若一則無合，因一法云何自合？如指端不能自觸。若以異法合是亦不可。因以異成故。若各成竟不須復合，雖合猶異。復次，一異俱不可。何以故？

2.若一有合者，離伴應有合。若異有合者，離伴亦應合。

解：若染法、染者一，強名爲合者，應離餘因緣而有染、染者。復次，若一亦不應有染、染者二名，染是法，染者是人，若人、法爲一是則大亂。若染、染者各異而言合者，則不須餘因緣而有合，若異而有合者，雖遠亦應合。

（3）問曰：一不合可爾，眼見異法共合。

答曰：若異而有合，染染者何事？是二相先異，然後說合相。

解：若染、染者先有決定異相而後合者，是則不合。因是二相先已異而後強說合。

1.若染及染者，先各成異相。既已成異相，云何而言合？

解：若染及染者先各成別相，汝今何以強說合相？

2.異相無有成，是故汝欲合。合相竟無成，而復說異相。

解：汝以染、染者異相不成故，復說合相。合相中有過，染、染者不成，汝爲成合相故，復說異相。汝自以爲定是異相，又所說異不異不定，何以故？

異相不成故，合相則不成。於何異相中，而欲說合相？

解：以此中染、染者異相不成故，合相亦不成，汝於何異相中而欲說合相？

3.如是染染者，非合不合成。諸法亦如是，非合不合成。

解：如染，恚、癡亦如是；如三毒，一切煩惱、一切法亦如是，非先非後，非合非散等因緣所成。

170-2-1.中論的大綱為何？

二、卷二

（七）觀三相品

（1）問曰：經說有爲法有三相：生住滅。萬物以生法生，住法住，滅法滅，是故有諸法。

答曰：不爾。何以故？三相無決定故。是三相爲是有爲，能作有爲相？爲是無爲，能作有爲相？二俱不然。何以故？

若生是有爲，則應有三相。生是無爲，何名有爲相？

解：生是有爲，此事不然，因有爲三相生、住、滅不可以一時共存，只能生，不能同時住、滅。

1.問曰：苦生非有爲，若是無爲有何咎？

答曰：若生是無爲，云何能與有爲法作相？

解：因滅有爲才名爲，無爲是不生不滅而且無相，是無法爲法作相。

a.三相若聚散，不能有所相，云何於一處，一時有三相？

解：有爲法的三相，不能於一處，同時有生住滅三相。

b.若謂生住滅，更有有爲相，是即爲無窮，無即非有爲。

解：若是有爲，生又有生住滅，住又有生住滅，如此有無窮過，若無生住滅，則非有爲。

（2）問曰：汝說三相爲無窮，是事不然，生住滅雖是有爲，而非無窮。何以故？

生生之所生，生於彼本生。本生之所生，還生於生生。

解：三相雖是有爲，但生住滅並非無窮，一法生起時會有七法共生：法、生、住、滅、生生、住住、滅滅。生生能生本生，本生能生生。即本生生生生後，生生又能回生本生，如此即能止無窮。

答曰：若謂是生生，能生於本生。生生從本生，何能生本生？

解：生生是由本生所生，怎麼生生又能回頭生本生呢？

復次，

若謂是本生，能生於生生。本生從彼生，何能生生生？

解：「本生」若是從「生生」所生，本生又怎能生「生生」呢？

1.問曰：是「生生」生時，非先非後能生本生，但「生生」生時能生本生。

答曰：不然。何以故？

若生生生時，能生於本生。生生尚未有，何能生本生？

解：若說「生生」在「生時」能生「本生」，可爾，但實未有，故「生生」不能回頭生「本生」。

復次，

若本生生時，能生於生生。本生尚未有，何能生生生？

解：若說「本生」生時，能生「生生」，可爾，但實未有。故「本生」生時，不能生「生生」。

2.問曰：如燈能自照，亦能照於彼。生法亦如是，自生亦生彼。

解：如燈入暗室能照了諸物，也能自照。同理，生也能自生。

答曰：不然。何以故？

燈中自無暗，住處亦無暗。破暗乃名照，無暗則無照。

解：燈體本身自明，非自暗，明所及處也無暗。破暗才名

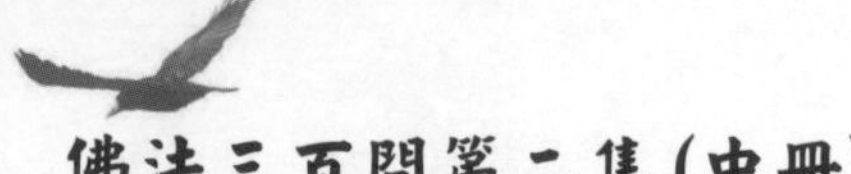

照，而燈是自明而非破暗才明，所以燈不能自照亦不能照彼。

3.問曰：是燈非未生有照，亦非生已有照，但生時能自照，亦照彼。

答曰：云何燈生時，而能破於闇？此燈初生時，不能及於闇。

解：燈生時名半生半不生，燈體尚未完全，尚未能自明，云何能破暗？又燈不能到達暗處，若說不用及暗即能破暗，是亦不然。

a.燈若未及闇，而能破闇者，燈在於此間，則破一切闇。

解：若說燈不用及暗即能破暗，此處燃燈應破一切處暗，但燈不能照遠處。而且，燈不能自照及照彼。

b.若燈能自照，亦能照於彼。闇亦應自闇，亦能闇於彼。

解：因暗不能自蔽及蔽彼，同理，燈不能自照及照彼。

是故此燈喻非也。

（3）破生因緣未盡故，今當更說。

此生若未生，云何能自生？若生已自生，生已何用生？

解：若生能自生，自生時是「生已生」或「未生生」，若未生生，未生是無法，無法何能自生。若是生已生，生已則生已成，不須復生。

若已生、若未生均不成，則無生。汝先說生如燈，能自生及生彼，是事不然。住、滅亦如是。

1.生非生已生，亦非未生生，生時亦不生，去來中亦答。

解：離生法生時不可得，離生時生法不可得，云何生時生？生時生，是事在「去來品」中已答。

2.如燒已不應復燒，去已不應復去，如是等因緣故，生已不應生，不生法亦不生。

3.若不生法生者，世間未生法皆應生，一切凡夫未生菩提今應生菩提，不壞法阿羅漢無有煩惱今應生煩惱，但是事不然，是故不生法亦不生。

a.問曰：若說一切不生法皆不生，是事不爾。

答曰：若法有緣、有時、有方等，和合則生者，先有亦不生，先無亦不生，有無亦不生。三種先已破，是故生亦不生，不生亦不生，生時亦不生。

b.復次，若離生有生時者，應生時生，但離生無生時，是故生時亦不生。又若言生時生者，則有二生過，一以生故名生時，二以生時中生。二皆二然，無有二法，云何有二生？是故生時亦不生。

由上知，生已無生，未生無生，生時無生，無生故生不成。生不成故住、滅亦不成。生、住、滅不成故，有爲法不成。

（4）問曰：我不定言生已生、未生生、生時生，但眾緣和合故有生。

答曰：汝雖有是說，此則不然。何以故？

若謂生時生，是事已不成，云何眾緣和，爾時而得生？

解：生時生已種種因緣破，汝今何以更說眾緣和合故有生？若眾緣具足、不具足皆與生同破。

復次，

若法眾緣生，即是寂滅性。是故生生時，是二俱寂滅。

解：眾緣所生法，無自性故寂滅，寂滅名爲無，此無彼無相，斷言語道，滅諸戲論。如然、可然，因緣和合成，無有自性，可然無故，然亦無；然無故，可然亦無，一切法亦如是。

是故從眾緣生法無自性，無自性故空，如野馬無實。是故偈中說生與生時二俱寂滅，不應說生時生。

（5）問曰：定有三世別異，未來世法得生因緣即生，何故言無生？

答曰：若有未生法，復言有生者。此法先已有，更復何用生？

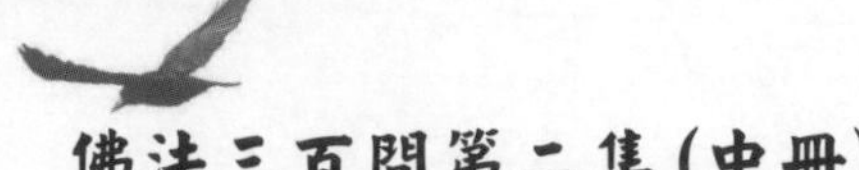

解：若未來世中有未生法生，是法先已有，何用更生？

1.問曰：未來雖有，非如現在相，以現在相故說生。

答曰：現在相未來中無，若無云何言未來生法生？若有不名未來，應名現在，現在不應更生，二俱無生，故不生。

解：若未來並沒有「現在相」，云何說未來有「生法」生？

若未來有「現在相」，則未來的現在相，應名現在。

復次，

a.若言生時生，是能有所生。何得更有生，而能生「是生」？

解：若生、生時能生彼，那麼這「生」又由誰生？

b.若謂更有生，生生則無窮。離生生有生，法皆自能生。

解：若這生又有生，則成無窮。若這生非更生，則此生是自生。

一切法皆自生，而實不爾。

c.「有」法不應生，「無」亦不應生，「有無」亦不生，此義先已說。

解：以上有法、無法、亦有亦無法等三事皆不然，離此三事，更無有生，是故無生。

d.若諸法滅時，是時不應生。法若不滅者，終無有是事。

解：法滅即是法不生；法有必然會滅，沒有法不滅的事。

2.問曰：若滅相法不應生，不滅相法應生？

答曰：一切有爲法念念滅故，無不滅法，離有爲，無有決定無爲法，無爲法但有名字，是故說不滅法終無有其事。

解：有爲法必定會滅，但有爲及無爲非二法，無爲法以勝義而言，是有爲法的「體」，二者是一法的體相用關係，而非二法。無爲法但有名字，也是非有非無。

3.問曰：若法無生應有住？

答曰：不住法不住，住法亦不住，住時亦不住，無生云何住？

解：若住法即已先有住，不應更住，故住法亦不住。不住法亦不住，因無住相。住時亦不住，因離住不住，更無住時。如是一切處，求住不可得，即是無生，若無生，云何有住？

復次，

若諸法滅時，是則不應住，法若不滅者，終無有其事。

解：法滅相有欲滅時，欲滅與相不能並存，故不得言滅相法有住相。

4.問曰：若法不滅應有住？

答曰：無有不滅法，何以故？

所有一切法，皆是老死相。終不見有法，離生死有住。

解：一切法生時，「無常」即常隨逐。無常有二名：老及死。如是一切法常有老、死，故無常住時。

復次，

住不自相住，亦不異相住。如生不自生，亦不異相生。

解：若有住法，是「自相」住或「他相」住？二俱不然。

若有爲法自相住，則爲是常，但有爲法從眾緣生而無自性。若有爲法是自相住，則不名有爲。

若異相住，則住更有異相住，如此則無窮。而且不因異法即有異相，異相也是不定。故因異相而住者，是事不然。

5.問曰：若無住，應有滅？

答曰：無。何以故？

法已滅不滅，未滅亦不滅，滅時亦不滅，無生何有滅？

解：法已滅，則不滅，因先已滅。法未滅亦不滅，因離滅相故。滅時亦不滅，離二更無滅時。如是推求，滅法即是無生，無生何有滅？

a.若法有住者，是則不應滅。法若不住者，是亦不應滅。

解：法有住即有住相，住法滅即同時有住相及滅相，故法有

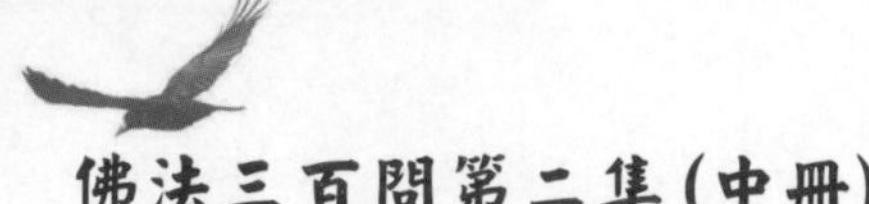

住者，則不應滅。

若法不住相，即離住相，若離住相則無法，無法云何滅？

b.是法於是時，不於是時滅。是法於異時，不於異時滅。

解：若法有滅相，是自相滅或異相滅？二俱不然。如乳時有乳相定住，故乳時不滅。非乳時因無乳，故不得言乳滅。

c.如一切諸法，生相不可得。以無生相故，即亦無滅相。

解：如前推求，一切法生相不可得，爾時即無滅相。破生故無生，無生云何有滅？

（6）若汝意猶未已，今當更說破滅因緣。

若法是有者，是即無有滅。不應於一法，而有有無相。

解：若法有時推求滅相不可得，因一法中不可亦有亦無相。

1.若法是無者，是則無有滅。譬如第二頭，無故不可斷。

解：法若無，則無滅相，如無第二頭及第三手。無故不可斷。

2.法不自相滅，他相亦不滅。如自相不生，他相亦不生。

解：如同生是自相不生，他相亦不生。因自體無，他體亦無。滅法亦如是。

3.生住滅不成，故無有有爲。有爲法無故，何得有無爲？

解：今推求有爲法的三相（生住滅）不可得，故何有有爲法。有爲法無，怎會有無爲法？無爲相名不生、不住、不滅。

（7）問曰：若是生住滅畢竟無者，云何論中得說名字？

答曰：如幻亦如夢，如乾闥婆城。所說生住滅，其相亦如是。

解：生住滅相無有決定，凡人貪著謂有決定，諸賢聖憐愍，欲止其顛倒，還以其所著名字爲說，語言雖同，其心則異，如是說生住滅相不應有難。如幻化所作，不應有憂喜想；如夢中所見不應求實；如乾闥婆城日出時現而無有實，但假名字，不久則滅。生住滅亦如是，凡夫分別爲有，智者推求則不可得。

（8）作者見解

以俗諦而言，有有爲及無爲二種不同法。二者都是假法。

以眞諦而言，有爲及無爲都是自性或自相空。

以菩薩而言是：非有爲非無爲。無爲是體，有爲是體相用總表現。

以佛而言是：有爲即是無爲，體用一如。

（八）觀作作者品

（1）問曰：現有作，有作者、有所用作法，三事和合故有果報，是故應有作者、作業。

答曰：上來品品中破一切法，皆三相餘，如破三相，三相無故，無有有爲。有爲無故，無無爲。有爲、無爲無故，一切法盡無。作、作者若是有爲，有爲中已破。若是無爲，無爲中已破。不應復問。汝著心深故，而復更問，今當復說。

a.決定有作者，不作決定業。決定無作者，不作無定業。

解：若先定有作者，已定有作業，則不應再作。若先定無作者，定無作業，亦不應作。

b.決定業無作，是業無作者。定作者無作，不作無定業。

解：若先決定有作業，則一定會先有作者，不應再更有作者，又離作者應有作業，是事不然。

若先定有作者，一定會先有作業，故不應更有作業。是故決定作者，決定作業，不應再有作。不決定作業亦不應有作，因無作業即沒有作。

自作者、有作業尚不能作，何況無作者、作業？

復次，

c.若定有作者，亦定有作業。作者及作業，即墮於無因。

解：若定有作者，一定會有作業。

汝謂作者有作，即爲無因。離作業會有作者，及離作者會有

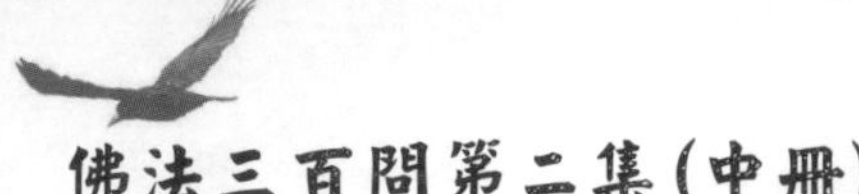

作業，則此作者及作業不從因緣有。

1.問曰：若不從因緣有作者有作業，有何咎？

答曰：若墮於無因，則無因無果。無作無作者，無所用作法。若無作等法，則無有罪福。罪福等無故，罪福報亦無。若無罪福報，亦無大涅槃，諸可有所作，皆空無有果。

解：若不從因緣有，則作及作者墮於無因，無因則無果，則無作無作者，即無罪福及罪福果報，亦無大涅槃道。是故不得從無因生。

2.問曰：若作者不定，而作不定業，有何咎？

答曰：一事無尚不能起作業，何況二事都無？譬如化人以虛空為舍，但有言說，而無作者無作業。

解：無作一事尚不能起作業，何況二事都無？譬如化人以虛空為舍，但有言說，而無作者無作業。

（2）問曰：若無作者無作業，不能有所作。今有作者有作業，應有作？

答曰：作者定不定，不能作二業。有無相違故，一處則無二。

解：有是決定，無是不決定，一人一事云何有「有及無」相違的二事？

1.有不能作無，無不能作有。若有作作者，其過如先說。

解：若有作者而無業，何能有所作？若無作者而有業，示不能有所作。何以故？如先說有中，若先有業，何須再作？若無業，云何可得作？

2.作者不作定，亦不作不定，及定不定業，其過先已說。

解：定業、不定業、定且不定業等先已破。是故作者不能作三種業。

（3）今三種作者亦不能作業。何以故？

作者定不定，亦定亦不定，不能作於業，其過先已說。

解：因作者定、不定、亦定亦不定，三種均不能作業，故一切處求作者、作業皆不可得。

1.問曰：若言無作、無作者，則復墮無因。

答曰：是業從眾緣生，假名爲有，無有決定，如汝所說。何以故？

因業有作者，因作者有業。成業義如是，更無有餘事。

解：因業先無決定，由人起業，故業有作者。作者亦無決定，因有作業才名爲作者。二事和合才能得成作、作者。若從和合則無自性，無自性則空而無所生，但隨凡夫憶想分別，才說有作業、有作者，實則第一義中無作業、無作者。

2.復次，

如破作作者，受受者亦爾。及一切諸法，亦即應如是破。

解：如作、作者不得相離，不相離故不決定，無決定故無自性。受、受者亦如是。受名五陰身，受者是人，如是離人無五陰，離五陰無人，但從眾緣生。

餘一切法亦應如是破。

（九）觀本住品

（1）問曰：有人言：

眼耳等諸根，苦樂等諸法，誰有如是事？是則名本住。若無有本住，誰有眼等法？以是故當知，先已有本住。

解：眼耳鼻舌身命等諸根，名爲眼耳等根。苦受、樂受、不苦不樂受、想、思、憶念等心、心數法，名爲苦樂等法。有論師言：先未有眼等法，應有本住。因是本住，眼等諸根得增長。若無本住，身及眼耳諸根爲因何生而得增長？

答曰：若離眼等根，及苦樂等法，先有本住者，以何而可知？

解：外法瓶、衣等以眼等根得知，內法以苦、樂等根得知，如經說：可壞是色相，能受是受相，能識是識相。汝說離眼等根，及苦樂等法，先有本住者，以何而可知說有是法？

1.問曰：有論師言出入息、視眴、壽命、思惟、苦、樂、憎、愛、動發等是神相，若無有神，云何有出入息等相？是故當知離眼、耳等根，及苦樂等法，先有本住。

答曰：是神若有，應在身內，如壁中有柱。若在身外，如人被鎧。若在身內，身則不可破壞，神常在內故，是故言神在身內，但有言說虛妄無實。若在身外，覆身如鎧者，身應不可見，神細密覆故，身亦應不可破壞，而今實見身壞。是故當知離苦、樂等，先無其他法了。若謂斷臂時，神縮在內，不可壞者，斷頭時亦應縮在內，不應死，而實有死。是故知離苦、樂等先有神者，但有言說，虛妄無實。

復次，若言身大則神大，身小則神小，如是則神隨身不應常。神則同身一樣無常，可推知當知離眼耳等先無別神。而且若有神是諸作主者，云何言不得自在而見有風狂病人之不自在。

2.復次：

若離眼耳等，而有本住者，亦應離本住，而有眼耳等。

解：若本住離眼耳等根、苦樂等法先有者，今眼耳等根、苦樂等法亦應離本住而有。

（2）問曰：二事相離可爾，但使有本住。

答曰：以法知有人，以人知有法。離法何有人？離人何有法？

解：法者眼耳苦樂等，人者是本住。汝謂以有法故知有人，以有人知有法，今離眼耳等法何有人？離人何有眼耳等法？

復次，

一切眼等根，實無有本住。眼耳等諸根，異相而分別。

解：一切眼耳等根，苦樂等諸法實無有本住，因眼緣色生眼識，以和合因緣知有眼耳等諸根，不以本住故知。眼耳等諸根各自能分別。

1.問曰：若眼等諸根，無有本住者，眼等一一根，云何能知塵？

解：若一切眼耳等諸根，苦樂等諸法無本住者，今一一根云何能知塵？眼耳等諸無思惟，不應有知，而實知塵，當知離眼耳等諸根，更有能知塵者。

答曰：見者即聞者，聞者即受者。如是等諸根，則應有本住。

解：因神只有一神，如是色聲香等之根，可以接受隨意見聞，而實不然。

a.若見聞各異，受者亦各異。見時亦應聞，如是則神多。

解：因見者、聞者各異，如此人一而神多，以一切根可以一時知諸塵，而實不爾，故見者、聞者、受者不應俱用。

b.眼耳等諸根，苦樂等諸法，所從生諸大，彼大亦無神。

解：眼耳等諸根是從四大所生，而四大中亦無本住。

2.問曰：若眼耳等諸根，苦樂等諸法無有本住可爾，眼耳等諸根，苦樂等諸法應有。

答曰：若眼耳等諸根，苦樂等諸法，無有本住者，眼等亦應無。

解：若眼耳苦樂等諸法無有本住而說「有」法，這眼耳是誰所有？何緣而有？故眼等亦「無」。

復次，

眼等無本住，今後亦復無。以三世無故，無有無分別？

解：思惟推求本住，眼等先無本住，今、後亦無，若三世無，即是無生寂滅，不應再有批難。

若無本住，怎會有眼耳呢？如是問答戲論則滅，戲論滅故，諸法則空。

170-2-2.中論的大綱為何？

（十）觀然可然品

（1）問曰：應有受、受者，如然、可然？然是受者，可然是受，所謂五陰。

答曰：是事不爾。何以故？然、可然俱不成故。然、可然若以一法成，若以二法成？二俱不成。

解：然、可然是以一法成或二法成？二俱不成。

（2）問曰：且置一異法，若言無然，可然，今云何以一異相破？如兔角、龜毛，無故不可破。世間眼見實有事，而後可思惟，如有金，然後可然可鍛。若汝許然可然有一異法，當知有然、可燃，若許有者，則爲已有。

答曰：隨世俗法言說，不應有過，然、可然若說一若說異，不名爲受。若離世俗言說，則無所論。

若無所說云何能破然、可然，則義不可明。雖有言說，亦復不受。是故以一異法思惟，然、可然二俱不成。何以故？

1.若然是可然，作作者則一。若然異可然，離可然有然。

解：然是火，是受者；可燃是受，是薪；作者是人，作是業。

若然、可然一：則作、作者亦應一，陶師與陶亦應一，而事實不然。是以作、作者不一。然與可然亦不一。

若然、可然異：離可然應有然，二者可以分別，而且處處離可然應有然，而實不爾，故異亦不可得。

2.如是常應然，不因可然生。則無然火功，亦名無作火。

解：若然、可然異，則然不待可然而常然。若常然則有自體，不須因緣，人功亦空。而人功將護火令燃，是功是現有的。故知火不異可然。若然異可然，則然是無作，火是無作火，無有其事。

（3）問曰：云何火不從因緣生，人功亦空？

答曰：然不待可然，則不從緣生。火若常然者，人功則應空。

解：然可然若異，不待可然即有然，則然爲自體有或無相因法，是故不從因緣生。若然可然異，則應常然，不須人功。

1.若汝謂然時，名爲可然者。爾時但有薪，何物「然」可然？

解：若謂先有薪（可燃），燒時名可燃者，是事不爾。若離然別有可然者，然會自燃，不須可然，云何說然時即名可然？

2.若異則不至，不至則不燒，不燒則不滅，不滅則常住。

解：若然異可然，則然不應至可然即可「自然」，不須相待「可燃」，然自住其體，何用可然，是故不至。若不至則可然不然。不然則不滅，不滅則可燃常住是相，是事不爾。

（4）問曰：然與可然異，而能至可然，如此至彼人，彼人至此人。

答曰：若謂然可然，二俱相離者，如是然則能，至於彼可然。

解：若：若謂然可然，二俱相離，各自成者，則應然至可然，而實不爾。因離然無可然（因然可自然），離可然無然（因離可然不會生然），故此火喻非也。喻不成，可見然不至可然。

（5）問曰：然可然相待而有，因可然有然，因然有可然，二法相待成。

答曰：若因可然然，因然有可然。先定有何法，而有然可然。

解：若因可然而然成者，則先有可然，而後有然。若先然後有可然，亦有如是過。故二者非相待關係。

是故然可然二俱不成。

1.若因可然然，則然成復成。是爲可然中，則爲無有然。

解：若欲因可然而成然，則然成已復成。因然已自住於自體而已然，若有然從可然成，則然本有而成復然，有如是過。復有可然無然之過，因可然離然則是異體，而能自住其體而未然。如此則成然、可然成相因待，無有是事。

2.若法因待成，是法還成待。今則無因待，亦無所成法。

解：然若異於可然，二者均各有自體，然即自然，若然因可然而成然，則二者互成相因待，可然爲因可成然，然也可爲因而「然」可然。二者若互爲因相待，則二者俱無定（須依因緣而生而無定有自體）。若二者無定則俱不可得。何以故？

a.若法有待成，未成云何待？若成已有待，成已何用待。

解：若法因待成，是法先未成，未成即無，無也不用因待。

若法先已成，先成則已成，不須因待。故二俱不相因待。

是故汝先說然可然相因待成，無有是事。

b.因可然無然，因亦無然。因然無可然，不因無可然。

解：今因待則可然然不成，不因待而可然然亦不成。

可然亦如是，因是然，無可然（然是因，無可然）；不因是然，也無可然（然不是因，也無可然）。

c.然不餘處來，然處亦無然。可然亦如是，餘如去來說。

解：然不於餘方來入可然中，可然中亦無然，析薪求然不可得故。可然亦如是，不從餘處來入然中，然中亦無可然。

如「然已」不然，「未然」不然，「然時」不然，是義如「去來」中說。

d.若可然無然，離可然無然，然亦無可然，然中無可然。

解：可然中無然，可然不會然。何以故？先已說作、作者是一之過。離可然無然，有常然等過故。

然無有可然，然中無可然，可然中無然，以有異過故，三皆不成。

3.問曰：何故說然、可然？

答曰：如因可然有然，如是因受有受者，受名五陰，受者名人，然、可然不成故，受、受者亦不成。何以故？

以然可然法，說受受者法，及以說瓶衣，一切等諸法。

解：如可然非然，如是受非受者，作、作者一過故。又離受無受者，異不可得故，以異過故，三皆不成。如受、受者，外瓶、等一切法，皆同上說，無生畢竟空。

是故

若人說有我，諸法各異相。當知如是人，不得佛法味。

解：諸法從本已來無生畢竟寂滅相，是故品末說是偈。

若人說我相，如犢子部眾說。不得言色即是我，不得言離色是我。如薩婆多部眾說諸法各各相，是善是不善是無記，是有漏、無漏、有為、無為等別異。如是等人不得諸法寂滅相，以佛語作種種戲論。

（十一）觀本際品

（1）問曰：無本際，經說眾生往來生死，本際不可得，是中說有眾生有生死，以何因緣故而作是說？

答曰：大聖之所說，本際不可得。生死無有始，亦復無有終。

解：聖人有三種：一者外道五神通，二者阿羅漢、辟支佛，三者得神通大菩薩。佛於三種中最上，故言大聖。佛所言說無不是實，說生死無始。何以故？生死初後不可得，是故言無始。汝謂若無初後應有中者，是亦不然，何以故？

1.若無有始終，中當云何有？是故於此中，先後共亦無。

解：因中、後故有初，因初、中故有後，若無初無後，云何有中？生死中無初、中、後，是故說先後共不可得。何以故？

2.若使先有生，後有老死者。不老死有生，不生有老死。若先有老死，而後有生者，是則為無因，不生有老死。

解：生死眾生若先生，漸有老，而後有死者，則生無老死。法應生有老死，老死有生，有生因老死果。又不老死而生，是亦不然。又因生有老死，若先老死後因，則老死無因，生在後故，又不生何有老死。

（2）若謂生老死先後不可得，一時成者，是亦有過，何以故？

1.生及於老死，不得一時共，生時則有死，是二俱無因。

解：若生、老、死一時則不然？何以故？生時即有死故。是事不然。若一時生則無有相因，如牛角一時出，則不相因。

2.若使初後共，是皆不然者，何故而戲論，謂有生老死？

解：思惟生、老、死三皆有過故，即無生畢竟空，而今何故，貪著戲論生、老、死謂有決定相？

3.諸所有因果法，及相可相法，受及受者等，所有一切法。非但於生死，本際不可得，如是一切法，本際皆亦無。

解：一切法者，所謂因果相可相，受及受者等，皆無本際。非但生死無本際，以略開示故，說生死無本際。

（十二）觀苦品

（1）有說曰：

1.自作及他作，共作無因作。如是說諸苦，於果則不然。

解：有人言苦惱自作，或言他作，或言亦自作亦他作，或言無因作，於果皆不然。「於果皆不然」者，眾生以眾緣致苦，厭苦欲求滅，不知苦惱實因緣，有四種謬，是故說「於果皆不然」。何以故？

2.苦苦自作者，則不從緣生。因有此陰故，而有彼陰生。

解：苦苦自作者，則不從眾緣生，自名從自性生，是事不然。何以故？因前五陰（前世五陰）有後五陰（後世五陰）生，是故苦不得自作。

問曰：若言此五陰作彼五陰者，則是他作。

答曰：是事不然。何以故？

若謂此五陰，異彼五陰者，如是則應言，從他而作苦。

解：若彼五陰（他）與此五陰（我）異者，應從他作。

（2）問曰：自作者是人，人自作苦自受苦。

答曰：若人自作苦，離苦何有人？而謂於彼人，而能自作苦？

解：若謂人自作苦，離苦何有彼人。若說彼人作苦，怎會是本人自作苦？

1.若苦他人作，而與此人者，若當離於苦，何有此人受？

解：若說他人作苦而將苦給與此人，何有此人受苦呢？

2.若苦彼人作，持與此人者，離苦何有人，而能授於此？

解：若謂彼人作苦授與此人，離五陰苦，何有彼人作苦持與此人？

3.自作若不成，云何彼作苦？若彼人作苦，即亦名自作。

解：種種因緣自作苦不成，而言他作苦，是亦不然。何以故？此彼相待故。若彼作苦，於彼而言亦名自作苦，而自作苦先已破，故自作苦不成故，他作亦不成。

4.苦不名自作，法不自作法？彼無有自體，何有彼作苦？

解：自作苦不然，因刀不能自割，如是法不能自作法，是故不能自作。他作亦不然，因彼若有自性，應言彼作苦，但彼無自性，何有彼作苦？

（十三）觀行品

（1）問曰：如佛經所說，虛誑妄取相。諸行妄取故，是名爲虛誑。

答曰：虛誑妄取者，是中何所取？佛說如是事，欲以示空義。

解：若妄取相法是即虛誑者，是諸行中爲何所取？佛如是說當知說空義。

1.問曰：云何知一切諸行是空義？

答曰：一切諸行虛妄相故空，諸行生滅不住無自性故空。諸行名五陰，從行生故。是五陰皆虛妄無有定相。何以故？

解：如色念念不住故，分別決定性不可得，因色無自性，故會因緣變異。

若嬰兒色「即是」匍匐色，則乃至老年色都是一色，皆爲嬰兒，無有匍匐乃至老年。

若嬰兒色「異」匍匐色，則嬰兒不作匍匐，二色異故。如是童子、少年、壯年、老年色不應有連續，因爲各自異故。如此有失親屬之連續關係，無父無子，若爾者，唯有嬰兒應得父，餘則匍匐乃至老年不應有分，是故二俱有過。

2.問曰：色雖不定，嬰兒色滅已，相續更生，乃至老年色，無有如上過？

解：如果說嬰兒色至老年色是相續更生，就無上失親屬過。

答曰：嬰兒色相續生者，爲滅已相續生，爲不滅相續生？若嬰兒色滅，云何有相續？以無因故，如雖有薪可然，火滅故無有相續。若嬰兒色不滅而相續者，則嬰兒色不滅，常住本相亦無相續。

解：若嬰兒色相續生，爲滅已相續生，則滅已即無，無如何生？若爲不滅相續生，則嬰兒色不滅，常住本相亦無相續。

3.問曰：我不說滅不滅故相續生，但說不住相似生，故言相續生。

答曰：若爾者，則有定色而更生，如是應有千萬種色，但是事不然，如是亦無相續。

a.如是一切處求色無有定相，但以世俗言說故有。

解：如是智者求色陰念念滅，更無實色可得，不住色形色相，相似次第生，難可分別。是故色無性故空，但以世俗言說故有。

b.受亦如是，智者種種觀察，次第相似故，生滅難可別知，如水流相續，但以覺故，說三受在身，是故當知受同色說。

解：佛說分別知名字相故名相，非決定先有，從眾緣生無定性，無自性故不可得。

c.想亦如是，但因外名相，以世俗言說故有。

解：識爲在色，爲在眼，爲在中間？無有決定。如眼識、耳識是一或異，無有決定分別。識亦如是，生已更生，爲是本識，爲是異識？是故當知識不住，故無自性，虛誑如幻。

d.諸行亦如是，諸行者身口意，行有二種，淨、不淨。或增或減。是故諸行有增有減，故不住。有增有減故不決定，但以世俗言說故有，因世諦故得見第一義諦。

e.若得第一義諦生眞智慧者，則無明息。無明息故，諸行亦不集。諸行不集故，見諦所斷身見、疑、戒取等斷，及思惟所斷貪、恚色染、無色染調戲無明亦斷，以是斷故一一分滅，所謂無明、行、識、名色、入、觸、受、愛、取、有、生、老死、憂悲苦惱、恩愛別苦、怨憎會苦等皆滅，以是滅故，五陰身畢竟滅，更無有餘，唯但有空。

（2）諸法有異故，知皆是無性。無性法亦無，一切法空故。

解：諸法無有性，因諸法雖生，不住自性，是故無性。如嬰兒定住自性者，終不作匍匐乃至老年，而嬰兒次第相續有異相現，匍匐乃至老年，是故說見諸法異相，故知無性。

問曰：若諸法無性，即有無性法，有何咎？

答曰：若無性，云何有法？云何有相？何以故？無有根本故。但爲破性故說無性，是無性法若有者，不名一切法空；若一切法空，云何有無性法？

（3）問曰：諸法若無性，云何說嬰兒，乃至於老年，而有種種異？

解：諸法若無性，則無有異相，而汝說有異相，是故有諸法性。若無諸法性，云何有異相？

答曰：若諸法有性，云何而得異？若諸法無性，云何而有異？

解：若諸法決定有性，云何可得異？性名決定有，不可變異，如眞金不可變。

復次，是法則無異，異法亦無異。如壯不作老，老亦不作壯。

解：若法有異者，則應有異相，爲即是法異（同一法有變異），爲異法異（不同法有變異），是二不然。

若是法異，則老應變作老，而老實不作老，因老本來就是老，沒有變。

若異法異者，壯與老異，壯應作老，而壯實不作老。故二俱有過。

1.問曰：若是法即異，有何咎？如今眼見年少，經日月歲數則老。

答曰：若是法即異，乳應即是酪。離乳有何法，而能作於酪？

解：若是法即異者，乳應即是酪，更不須因緣，是事不然，因乳與酪有種種異，乳不即是酪，是故法不即異。若謂異法爲異者，是亦不然，離乳更有何物爲酪？如是思惟，是法不異，異法亦無異，是故不應偏有所執。

2.問曰：破是破異，猶有空在，空即是法。

答曰：若有不空法，則應有空法。實無不空法，何得有空法？

解：若有不空法，相因故，應有空法，而上來種種因緣破不空法，不空法無故，則無相待。無相待故，何有空法？

3.問曰：汝說不空法無故，空法亦無。若爾者，即是說空，但無相待故，不應有執，若有對，應有相待；若無相待。

答曰：大聖說空法，爲離諸見故。若復見有空，諸佛所不化。

解：大聖爲破六十二諸見及無明、愛等諸煩惱故說空，若人於「空」復生見者，是人不可化。

有人罪重，貪著心深，智慧淺故，於空生見，或謂有空，或謂無空，因有無還起煩惱。若以空化此人者，則言：「我久知是空，若離空則無涅槃道，如經說離空無相無作門解解脫者，但有言說」

（十四）觀合品

說曰：上「破根品」中說見、所見、見者皆不成，此三事無異法故則無合，無合義今當說。

（1）問曰：何故眼等三事無合？

答曰：見可見見者，是三各異方。如是三法異，終無有合時。

解：見是眼根，可見是色塵，見者是我，是三事各在異處，終無合時。異處者，眼在身內，色在外，我者或言在身內，或言遍一切處，是故無合（以上說法作者不太認同。根塵識的合涉及有相及無相唯識，不能說無合）。

復次，若謂有見法，爲合而見，不合而見，二俱不然。何以故？若合而見者，隨有塵處應有根有我，但是事不然，是故不合（此處說法亦不符合醫學知識，眼根見色塵，不須眼及我跑到色塵上才能見）。所舉理由無法說明「合而見」不對。

若不合而見，根、我、塵各在異處，亦應有見而不見，何以故？如眼根在此不見遠處瓶，是故二俱不見（以眼根不能見遠塵來破不合而見)。是故合也不見,不合也不見。

(2)問曰:我、意、根、塵四事合故有知生,能知瓶、衣等萬物,是故有見、可見、見者。

答曰:是事「根品」中已破,今當更說。

解:汝說四事合故「知」生,是知爲見瓶、衣等物已生,爲未見而生?若見已生者「知」則無用;若未見而生者,是則未合,云何有知生?

若謂四事一時合而知生,是亦不然,若一時生則無相待。因先有瓶,次見,後知生,一時則無先後。「知」無故,見、可見、見者亦無。如是諸法如幻如夢,無有定相,何得有合?無合故空。

1.染與可染,染者亦復然。餘入餘煩惱,皆亦復如是。

解:如見、可見、見者無合故,染、可染、染者亦應無合。如說見、可見、見者三法則說聞、可聞、聞者餘入等,如說染、可染、染者則說瞋、可瞋、瞋者餘煩惱等。

2.異法當有合,見等無有異。異相不成故,見等云何合?

解:凡物皆以異故有合,而見等異相不可得,是故無合。

3.非但可見者,異相不可得,所有一切法,皆亦無異相。

解:非但見、可見、見者三事異相不可得,一切法皆無異相。

a.問曰:何故無有異相?

答曰:異因異有異,異離異無異。若法所因出,是法不異因。

解:汝所謂「異」,是「異因」異法故名爲異,離異法不名爲異。何以故?若法從眾緣生,是法不異因,因壞異亦壞故。如因樑、椽等有舍,舍不異樑、椽,樑、椽等壞,舍亦壞故。

b.問曰：若有定異法，有何咎？

答曰：若離「從異」異，應餘異有異。離從異無異，是故無有異。

解：從異是「從生眾緣上的異相，如樹異於林，樹就是林的從異，即法之不同於法之異因即成分；異是法之成品。

若離「從異」有異法，則應離異有異法。而實離「從異」無有「異法」，是故無餘異。如離五指異有拳異者，拳異應於瓶等異物有異。今離五指異，拳異不可得，是故拳異於瓶、衣等無異法。指、土、布分別是拳、瓶、衣的「從異」，離開從異的異法都是空相，故異法實際上都是無異的空相。

（3）問曰：我經說異相不從眾緣生，分別總相故有異相，因異相故有異法。

答曰：異中無異相，不異中亦無。無有異相故，則無此彼異。

解：汝言分別總相，故有異相，因異相故有異法。若爾者，異相從眾緣生，如是即說眾緣法是異相，離異法不可得故，異相因異法而有，不能獨有。今異法中無異相，因先有異法，何用異相？不異法中亦無異相，若異相不在異法中，不名異法。若二處（異法及不異法）俱無，即無異相，異相無故，此彼法亦無。

a.是法不自合，異法亦不合。合者及合時，合法亦皆無。

解：是法自體不合，以一故，如一指不自合。異法亦不合，以異故，異事已成，不須再合。

如是思惟，合法不可得。

是故說合者、合時、合法皆不可得。

170-3-1.中論的大綱為何？

三、卷三

（十五）觀有無品

（1）問曰：諸法各有性，以有力用故，如瓶有瓶性，布有布性，是性眾緣合時則出。

答曰：眾緣中有性，是事則不然。性從眾緣出，即名為作法。

解：若諸法有自性，則不應從眾緣生，因若從緣生，即是作法，而作法是沒有決定的自性（定性）的。

1.問曰：若諸法性眾緣作，有何咎？

答曰：性若是作者，云何有此義？性名為無作，不待異法成。

解：性是自性，若是有自性，會自生，不須依賴眾緣，不像長短，本身並無長短的自性，長是因為比較短才知長，彼此無定性，故待他而有。

若從眾緣出，當知無眞性。

2.問曰：諸法若無自性，應有他性？

答曰：法若無自性，云何有他性？自性於他性，亦名為他性。

解：他法的自性於我而言是他性，於他而言也是自性，所以他性也是自性。法若無自性，怎會有他性呢？

3.問曰：若離自性，他性有諸法，有何咎。

答曰：離自性他性，何得更有法？若有自他性，諸法則得成。

解：汝說離自性、他性有法者，是事不然。若有自性、他性，則法自成。如瓶體是自性；依物（依是衣之誤）是他性。

4.問曰：若以自性、他性破「有」者，今應有「無」。

答曰：有若不成者，無云何可成？因有「有法」故，有壞名爲無。

解：有法敗壞故名無，故由有才生無。有若不成，怎會有「無」？

a.若人見有無，見自性他性，如是則不見，佛法眞實義。

解：若見有無，見自性他性，都是不見佛法眞實義。

若利根「著心」薄者，知滅諸見安穩故，更不生四種戲論（有、無、非有非無、亦有亦無），是人則見佛法眞實義。

b.佛能滅有無，於化迦旃延經中之所說，離有亦離無。

解：佛通達諸法實相，故說有二（有無）俱無，汝應捨有、無見。

c.若法實有性，後則不應無。性若有異相，是事終不然。

解：若諸法決定有性，終不應變異。若定有自性，則不會變異，因此沒有異相。今現見諸法有異相，當知諸法無有定相。

d.若法實有性，云何而可異？若法實無性，云何而可異？

解：若法實有決定自性，此自性一直有，而且不會變化及變壞，即「常」之義。

若法實無有自性，即無自體，「無」怎會有變異呢？

e.定有則著常，定無則著斷。是故有智者，不應著「有無」。

解：若法定有「自相即有相」，則終無「無相」，是即爲常。如說三世者，未來世中有法相，是法來至現在，轉入過去，不捨本相，是則爲常。又說因中先有果，已有果不用再生（不生），已有自性果也不會滅（不滅），是亦爲常。

若說定有「無」，是無必先有今無，是則爲斷滅，斷滅名無相續因。

由是常斷二見即遠離佛法。

（2）問曰：何故因「有」生常見，因「無」生斷見？

答曰：若法有定性，非無則是常。先有而今無，是則爲斷滅。

解：若法性定有，即是有相，非無相，終不應無。非無則是常。

若法先有，敗壞而無者，是名斷滅。

若有斷常二見，則無罪福等，破世間事，是故應捨。

（十六）觀縛解品

（1）問曰：生死非都無根本，於中應有眾生往來，若諸行往來，汝以何因緣故說眾生及諸行盡空，無有往來？

答曰：諸行往來者，常不應往來，無常亦不應，眾生亦復然。

解：諸行往來六道生死中者，爲常相往來，爲無常相往來？

二俱不然。若常相往來者，則無生死相續（有自性自生，不用再生；因自性不變異不會死，故無死），以決定故，自性住故。若以無常相往來者，亦無生死相續（因空無自性，所以無生；因無生所以無死），以不決定故，無自性故。

若眾生往來者，亦有如是過。

a.若眾生往來，陰界諸入中，五種求盡無，誰有往來者？

解：若眾生於此陰界諸入中往來者，是眾生於「然可然品」中五種求不可得，誰於

陰界諸入中而有往來者？

b.若從身至身，往來即無身，若其無有身，則無有往來。

解：若眾生往來，爲有身往來，爲無身往來？二俱不然。何以故？若有身往來，從一身至一身，如是，則往來者無身。又若先已有身不應從身至身。若先無身，則無有，若無有云何有生死往來？

1.問曰：經說有涅槃滅一切苦，是滅應諸行滅、若眾生滅。

答曰：諸行若滅者，是事終不然。眾生若滅者，是事亦不然。

解：汝說若諸行滅，若眾生滅，是事先已答。諸行無有性，眾生亦無，種種推求生死往來不可得，是故諸行不滅，眾生亦無滅。

2.問曰：若爾者，則無縛無解，根本不可得故。

答曰：諸行生滅相，不縛亦不解。眾生如先說，不縛亦不解。

解：汝謂諸行及眾生有縛解者，是事不然，諸行念念生滅，故不應有縛解，眾生先說五種推求不可得，云何有縛解？

a.若身名爲縛，有身則不縛，無身亦不縛，於何而有縛？

解：若謂五陰身名爲縛，若眾生先有五陰則不應縛。何以故？一人有二身故。無身亦不應縛。何以故？若無身則無五陰，無五陰則空，云何可縛？如是第三更無所縛。

b.若可縛先縛，則應縛可縛，而先實無縛，餘如去來答。

解：若謂可縛先有縛，則應縛可縛，而實離可縛先無縛，是故不得言眾生有縛。或言眾生是可縛，五陰是縛。或言五陰中諸煩惱是縛，餘五陰是可縛，是事不然。何以故？若離五陰先有眾生者，可以五陰縛眾生，但離五陰實無眾生，故無眾生可縛。若離五陰別有煩惱，可以五陰縛煩惱，但離五陰實無煩惱。如是未縛不縛，縛已不縛，縛時不縛。

c.縛者無有解，不縛亦無解。縛時有解者，縛解則一時。

解：縛者無有解，何以故？已縛不及解。不縛亦無解，因無縛不須解。縛時有解者，因縛解同一時，是事不然，縛解相違故。

3.問曰：有人修道現入涅槃得解脫，云何言無？

答曰：若不受諸法，我當得涅槃。若人如是者，還爲愛所縛。

解：若人作是念，我離受得涅槃，是人即為受所縛。

a.不離於生死，而別有涅槃，實相義如是，云何有分別？

解：諸法實相第一義中，不說離生死別有涅槃，如經說：涅槃即生死，生死即涅槃。如是諸法實相中，云何言定是生死定是涅槃。

佛的境界是生死即涅槃。

（十七）觀業品

（1）問曰：汝雖種種破諸法，而業決定有，能令一切眾生受果報，如經說：一切眾生皆隨業而生，惡者入地獄，修福者生天，行道者得涅槃，是故一切法不應空。所謂業者：

人能降伏心，利益於眾生，是名為慈善，二世果報種。

解：人有三毒，惱他故生，行善者先自滅惡，是故說降伏其心。利益他者，行布施、持戒、忍辱等，不惱眾生，是名利益於眾生，亦名慈善福德，亦名今世、後世樂果種子。

復次，

1.大聖說二業，思與從思生，是業別相中，種種分別說。

解：大聖略說業有二種：一者思，二者從思生。是二業如阿毗曇中廣說。

2.佛所說思者，所謂意業是。所從思生者，即是身口業。

解：思是心數法，諸心數法中能發起有所作故名業，即思所生意業。因是思起外身、口業，即從思生者。

3.是業今相說相：

身業及口業，作與無作業，如是四事中，亦善亦不善。從用生福德，罪生亦如是，及思為七法，能了諸業相。

解：口業有四種，身業有三種。是七種業有二種差別：有作（表業）、有不作（無表業）。作時名作業，作已常隨逐生，名無作業（作已潛存意中，未由身口業表現）。是二種有善、不善。

善名止惡，不善名不止惡。

施者施受者，受者受用，施者即得二種福：一從施生，二從用生。罪生也同受福一樣。

如是名爲六種業，再加上思爲七法（依吉藏中觀論疏有善七業：身、口、作、無作、作時善、受用善、思業。及惡七業：身、口、作、無作、作時惡、受用惡、思業）。依印順中觀論頌講記有：身、口、作、無作、善、不善、思業。

是七種即是分別業相。是業有今世、後世果報，是故決定有業有果報，故諸法不應空。

（2）答曰：業住至受報，是業即爲常。若滅即無常，云何生果報？

解：業非常也非無常，業是有，但是假有，因自性空。

業若住至受果報即爲常，是事不然。何以故？業是生滅相，一念尚不住，何況至果報？若謂業滅，滅則無，云何能生果報？

（3）問曰：如芽等相續，皆從種子生，從是而生果，離種無相續。從種無相續，從相續有果，先種後有果，不斷亦不常。如是從初心，心法相續生，從是而有果，離心無相續。從心有相續，從相續有果，先業後有果，不斷亦不常。

解：從穀芽莖葉相續而有果生，先種後果故，不斷亦不常。如穀種喻業果亦如是。初心起罪福猶如穀種，因心及心數法相續生乃至果報，先業後果，不斷亦不常。

1.能成福業者，是十白業道，二世五欲樂，即是白業報。

解：十白業能成福業，由福業能成二世（現世及後世）的五欲（色聲香味觸或財色名食睡）樂，即是白業報。十白業道如下：不殺、不盜、不邪淫、不妄語、不兩舌、不惡口、不無益語、不嫉、不恚、不邪見，亦名爲善，從身口意生。

（4）答曰：若如汝不分別，其過則甚多，是故汝所說，於義則不然。

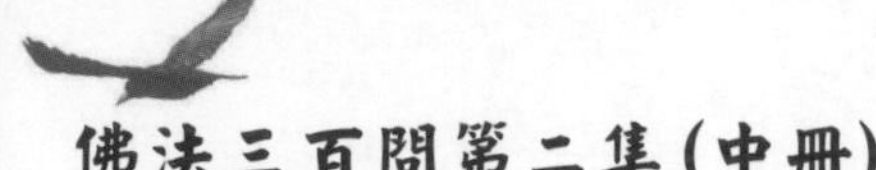

解：若以業果報相續，故以穀子爲喻者，其過甚多，但此中不廣說。汝說穀子喻者，是喻不然。因穀子有觸，有形可見，有相續。而心及業，無觸無形，不可見，生滅不住，欲以相續，是事不然。復次，從穀子有芽等相續，爲滅已相續，爲不滅相續？若穀子滅已相續，則爲無因果。若穀子不滅相續，則從是穀子常生諸穀，若如是，一穀子則生一切世間穀，是事不然。

是故業果報相續則不然。

（5）問曰：今當復更說，順業果報義，諸佛辟支佛，賢聖所稱歎。

所謂：不失法如卷，業如負財物，此性則無記，分別有四種。見諦所不斷，但思惟所斷，以是不失法，諸業有果報。若見諦所斷，而業至相似，則得破業等，如是之過咎。一切諸行業，相似不相似，一界初受身，爾時報獨生。如是二種業，現世受果報，或言受報已，而業猶故在。苦度果已滅，若死已而滅，於是中分別，有漏及無漏。

解：不失法者當知如券，業者如取物。是不失法欲界繫、色界繫、無色界繫、亦不繫，若分別善、不善、無記中，但是無記，是無記義阿毗曇中廣說。見諦所不斷，從一果至一果於中思惟所斷。是以諸業以不失法故果生。若見諦所斷者，業至相似則破業過，是事阿毗曇中廣說。

復次，不失法於一界諸業相似、不相似，初受身時果報實生。於現在身從業更生業，是業有二種，隨重而受報。或有言是業受報已業猶在，以不念念滅故。若度果已滅，若死已而滅者，須陀洹及阿羅漢等度果已而滅，諸凡夫死已而滅。於此中分別有漏及無漏者，從須陀洹等諸賢聖有漏無漏等應分別。

答曰：是義俱不離斷、常過，是故亦不應受。

1.問曰：若爾者，則無業果報。

答曰：雖空亦不斷，雖有而不常，業果報不失，是名佛所說。

解：此論所說義離於斷常。何以故？業畢竟空，寂滅相，自性離有，何法可斷？何法可失？顛倒因緣故。往來生死亦不常，因若法從顛倒起，則是虛妄無實，無實故非常。

業果報不失，這是佛所說。因業果報爲假有自性空。

a.諸業本不生，以無定性故。諸業亦不滅，以不生故。若業有性者，是即名爲常，不作亦名業，常則不可作。若有不作業，不作而有罪，不斷於梵行，而有不淨過。是則破一切，世間語言法，作罪及作福，亦無有差別。若言業決定，而自有性者，受於果報已，而應更復受。若諸世間業，從於煩惱出，是煩惱非實，業當何有實？

解：諸業因無自性，所以不生，因沒有生所以不滅，非因常而不滅。

若業決定有自性，則爲是常。若常則是不作業。因常法不可作。若有不作業，則他人作罪，此人受報；他人斷梵行，而此人有罪。如此則破世俗法。

b.作罪及作福者則無有別異，起布施、持戒等業名爲作福；起殺盜等業名爲作罪，若不作而有業，則無分別。又，若業決定有性，則一時受果報已，復應更受。是故汝說以不失法故有業報，則有如是等過。

解：若業有自性，作罪及作福者則無有別異。因不作而有罪福業，則業無分別。

又一時受果報已，因業有自性而不滅，仍會更受業果報。

是故汝說以不失法（如有自性）故有業報，則有如是等過。

c.若業從煩惱起，是煩惱無有決定，但從憶想分別有。若煩惱無實，業云何有實？何以故？因無性故業亦無性。

解：因煩惱無自性，但從憶想分別有，此有爲假有無實，故由煩惱所起的業也無自性。

2.問曰：若諸煩惱及業無性不實，今果報身現有，應是實。

答曰：諸煩惱及業，是說身因緣，煩惱諸業空，何況於諸身？

解：諸賢聖說煩惱及業是身因緣，是中愛能生著，業能作上中下、好醜、貴賤等果報，今諸煩惱及業，種種推求，無有決定，何況諸身會有決定？果隨因緣故。

（6）問曰：汝雖種種因緣破業及果報，而經說有起業者。起業者有故，有業有果報。

如說：

無明之所蔽，愛結之所縛。而於本作者，不異亦不一。

解：經說有起業者。起業者有故，則有業有果報。

而且先作者與受者不即是亦不異。

答曰：業不從緣生，不從非緣生，是故則無有，能起於業者。無業無作者，何有業生果？若其無有果，何有受果者？

解：業不從緣生也不從非緣生，是故業無有，無有業何有起業者？

無業又無作者，何有業生果？

若其無有果，何有受果者？

業有三種，五陰中假名人是作者；是業於善惡處生，名爲果報。

1.問曰：汝雖種種破業、果報及起業者，而今現見眾生、作業、受果報，是事云何？

答曰：如世尊神通，所作變化人。如是變化人，復變作化人。

如初變化人，是名爲作者。變化人所作，是則名爲業。諸煩惱及業，作者及果報，皆如幻如夢，如燄亦如響。

解：如佛神通力所作化人，這化人又化作化人。如化人無有實事，但可眼見。又化人口業說法、身業布施等，是業雖無實而可眼見，如是生死身作者及業亦應如是知。

煩惱者名爲三毒，分別有九十八使、九結、十纏、六垢等無量諸煩惱。業名爲身、口、意業，今世、後世分別有善、不善、無記、苦報、樂報、不苦不樂報、現報業、生報業、後報業等如是無量。

作者名爲能起諸煩惱業，能受果報者。果報名從善惡業生無記五陰。

如是等諸業皆空無性，如幻、如夢、如響、如燄。

（十八）觀法品

（1）問曰：若諸法盡畢竟空，無生無滅，是名諸法實相者。云何入？

答曰：滅我、我所著故，得一切法空無我慧，名爲入。

（2）問曰：云何知諸法無我？

答曰：

若我是五陰，我即爲生滅。若我異五陰，則非五陰相。若無有我者，何得有我所？滅我我所故，名得無我智。得無我智者，是則名實觀。得無我智者，是人爲希有。內外我我所，盡滅無有故，諸受即爲滅，受滅則身滅。業煩惱滅故，名之爲解脫，業煩惱非實，入空戲論滅。諸佛或說我，或說於無我。諸法實相中，無我無非我。諸法實相者，心行言語斷。無生亦無滅，寂滅如涅槃。一切實非實，亦實亦非實，非實非非實，是名諸佛法。自知不隨他，寂滅無戲論，無異無分別，是則名實相。若法從緣生，不即不異因，是故名實相，不斷亦不常。不一亦不異，不常亦不斷，是名諸世尊，教化甘露味。若佛不出世，佛法已滅盡。諸辟支佛智，從於遠離生。

解：有人說神應有二種：若五陰即是神，若離五陰有神。

（3）神若是五陰，五陰無常故，神亦應無常生滅相，但是事不然。若離五陰有神，神即無五陰相，而離五陰更無有法。若謂神如虛空，破「六種品」中已破虛空，無有法名虛空。

若謂以有信故有神，是事不然。信有四種：現事可信、比知可信、譬喻可信、賢聖所說可信。神於一切信中不可得。現事及比知二種可信均不可得。

解：比知名先見故，後比類而知，如人先見火有煙，後但見煙則知有火。神義則不然，誰能先見神與五陰合，後見五陰知有神？

比知有三種：一者如本，二者如殘，三者共見。

一者如本：名先見火有煙，今見煙知如本有火。

二者如殘：名如炊飯，一粒熟知餘者皆熟。

三者共見：名如眼見人從此去到彼，亦見其去。

1.問曰：如是苦、樂、憎愛、覺知等，亦應有所依，如見人民，知必依王。

答曰：是事皆不然。無有先見五陰與神合，後見五陰知有神，是故共相比知中亦無神。聖人所說中亦無神，因皆先眼見而後說。是故於四信等諸信中求神不可得，是故離五陰無別神。

解：聖人所說中亦無神。何以故？聖人所說，皆先眼見而後說。又聖人說餘事可信故，當知說地獄等亦可信，而神不爾，無有先見神而後說者。

是故於四信等諸信中求神不可得，求神不可得故無，是故離五陰無別神。

（4）又，「破見品」中，見、見者、可見破故，神亦同破。

又眼見粗法尚不可得，何況虛妄憶想等而有神？是故知無我。若無我則無我所。修習八聖道分，滅我我所因緣故，得無我無我所決定智慧。

又無我無我所者，於第一義中亦不可得。

今聖人無我、無我所故，諸煩惱亦滅，能見諸法實相。內外我我所滅故，諸受滅，無量後身皆滅，是名說無餘涅槃。

（5）問曰：有餘涅槃云何？

答曰：諸煩惱及業滅，名心得解脫。諸煩惱及業皆是從憶想分別生，無有實。諸憶想分別皆從戲論生，得諸法實相畢竟空，諸戲論則滅，是名說有餘涅槃。

對心未熟者，未有涅槃分，佛說有我；對得道者知無我不墮斷滅故，說無我無咎。

又有布施、持戒等福德，厭離生死苦惱，畏涅槃永滅，是故佛爲是等說無我諸法，但因緣和合，生時空生，滅時空滅，是故說無我，但假名說有我。

又得道者知無我不墮斷滅故，說無我無咎。

1.問曰：若無我是實，但以世俗故說有我，有何咎？

答曰：因破我法有無我，我決定不可得，況有無我？若決定有無我，則是斷滅，生於貪著，如「般若」中說：「菩薩有我亦非行，無我亦非行。」

2.問曰：若不說我、非我、空、不空，佛法爲何所說？

答曰：佛說諸法實相，實相中無語言道，滅諸心行。心以取相緣生，以先世業果報故有，不能實見諸法，是故說心行滅。

3.問曰：若諸凡夫心不能見實，聖人心應該能見實，何故說一切心行滅？

答曰：諸法實相即是涅槃，涅槃名滅，是滅爲向涅槃故，亦名爲虛妄。是故當知一切心行皆是虛妄，虛妄故應滅。諸法實相者，出諸心數法，無生無滅，寂滅如涅槃。

4.問曰：經中說諸法先來寂滅相即是涅槃，何以言如是涅槃？

答曰：著法者分別法有二種：是世間、是涅槃，說涅槃是寂滅，不說世間是寂滅。此論中說一切法性空寂滅相，爲著法者不解故，以涅槃爲喻。如汝說涅槃相、空無相寂滅無戲論，一切世

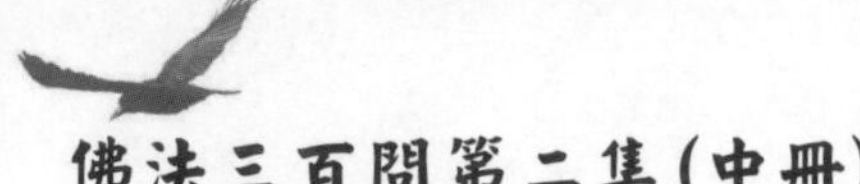

間法亦如是。

5.問曰：若佛不說我非我諸心行滅言語道斷者，云何令人知諸法實相？

答曰：諸佛無量方便力，諸法無決定相，爲度眾生或說一切實，或說一切不實，或說一切實不實，或說一切非實非不實。

a.一切實者，推求諸法實性，皆入第一義平等一相，所謂無相。

b.一切不實者，諸法未入實相時，各各分別觀皆無有實，但眾緣合故有。

c.一切實不實者，眾生有上中下三品，上者觀諸法相非實非不實，中者觀諸法相一切實、一切不實；下者智力淺故，觀諸法相少實少不實。

觀涅槃無爲法不壞故實，觀生死有爲法虛僞故不實。

d.非實非不實者，爲破實不實故說非實非不實。

（6）問曰：佛於餘處說「離」非有非無，此中何以言非有非無是佛所說？

答曰：餘處爲破四種貪著故說，而此中於四句無戲論，聞佛說則得道，是故言非實非不實。

（7）問曰：知佛以是四句因緣說，又得諸法實相者，以何相可知？又實相如何？

答曰：若能不隨他。

此中無法可取可捨，故名寂滅相，寂滅相故，不爲戲論所戲論，戲論有二種：一者愛論，二者見論。是中無此二戲論。二戲論無故，無憶想分別，無別異相，是名實相。

1.問曰：若諸法盡空，將不墮斷滅耶？又不生不滅或墮常耶？

答曰：不然。先說實相無戲論，心相寂滅，言語道斷。汝今貪著取相，於實法中見斷常過。得實相者說諸法從眾緣生。不即是因，亦不異因，是故不斷不常。若果異因則是斷；若不異因則是常。

2.問曰：若如是解有何等利？

答曰：若行道者能通達如是義，則於一切法不一不異、不斷不常，若能如是即得滅諸煩惱戲論，得常樂涅槃。佛說實相有三種：若得諸法實相，滅諸煩惱，名爲聲聞法。若生大慈，發無上心，名爲大乘。若佛度眾生已，入無餘涅槃，遺法滅盡，先世若有應得道，少觀厭離因緣，獨入山林，遠離憒鬧，得道，名辟支佛。

170-3-2.中論的大綱為何？

（十九）觀時品

（1）問曰：應有時，以因待故成，因有過去時，則有未來、現在時；因現在時有過去、未來時；因未來時有過去、現時，上、中、下、一、異等法亦相因待故有。

答曰：

1.若因過去時，有未來現在。未來及現在，應在過去時。

解：若因過去時，有未來現在時者，則過去時中應有未來現在時。何以故？隨所因處有法成，是處應有是法，所以所因（過去時）處在過去而有過去時成，則以過去時爲因而成的現在未來時亦應在過去有法。

若過去時中有未來現在時者，則三時盡名過去時，因未來現在時在過去時中故。

若一切時盡過去者，則無未來現在時，因盡過去故。反之，若無未來現在時，亦應無過去時。

是故先說因過去時成未來現在時，是事不然。

2.若過去時中，無未來現在，未來現在時，云何因過去？

解：若三時各異相，不應相因待成，如瓶衣各自別成，不相因成。

而今不因過去時，則未來、現在時不成；不因現在時，則過去、未來時不成；不因未來時，則過去、未來時不成。

汝先說過去時雖無未來、現在時，而因過去時成未來、現在時者，是事不然。

（2）問曰：若不因過去時成未來、現在時，而有何咎？

答曰：

1.不因過去時，則無未來時，亦無現在時，是故無二時。

2.以如是義故，則知餘二時。上中下一異，是等法皆無。

解：以如是義故，當知餘未來、現在亦無無，及上中下一異等諸法亦皆無。

（3）問曰：如有歲、月、日、須臾等差別，故知有時。

答曰：時住不可得，時去亦叵得。時若不可得，云何說時相？

因物故有時，離物何有時？物尚無所有。何況當有時？

解：時若不住不應可得，時住亦無。若時不可得，云何說時相？若無時相，則無時。因物生故，則名生當下爲時。若離物則無生，無生則無生當下之時。

上來種種因緣破諸物，物無故，何有時。

（二十）觀因果品

（1）問曰：眾因緣和合現有果生，當知是果從眾緣和合有。

答曰：若眾緣和合，而有果生者，和合中已有，何須和合生？

解：若謂眾因緣和合有果生者，是果則和合中已有，而從和合生者，是事不然。何以故？果若先有定體，則不應從和合生。

（2）問曰：眾緣和合中雖無果，而果從眾緣生者，有何咎？

答曰：若眾緣和合，是中無果者，云何從眾緣，和合而生果？

解：若從眾緣和合則果生者，是和合中無果，而從和合生，是事不然。何以故？若物無自性，是物終不生。

a.若眾緣和合，是中有果者，和合中應有，而實不可得。

解：若從眾緣和合中有果者，若色應可眼見，若非色應可意知，而實和合果中不可得，是故和合中有果，是事不然。

b.若眾緣和合，是中無果者，是則眾因緣，與非因緣同。

解：若眾緣和合中無果者，則眾因緣即同非因緣，如乳是酪因緣，若乳中無酪，水中亦無酪。乳則與水同。是故眾緣和合中無果者，是事不然。

1.問曰：因為果作因已滅，而有因果生，無如是咎。

答曰：若因與果因，作因已而滅。是因有二體，一與一則滅。

解：若因與果作因已而滅（因給與生果以助力，作因以後而滅除），是因則有二體：一謂與因（給與助力的因），二謂滅因（給與助力後滅除的因）。是事不然，一法有二體故，是故因與果作因已而滅，是事不然。

2.問曰：若謂因不與果作因已而滅，亦有果生，有何咎？

答曰：若因不與果，作因已而滅，因滅而果生，是果則無因。

解：若是因不與果作因已而滅者，則因滅已而果生，是果則無因，是事不然，因為現見一切果無有無因者。

3.問曰：眾緣和時而有果生者，有何咎？

答曰：若眾緣合時，而有果生者，生者及可生，則為一時

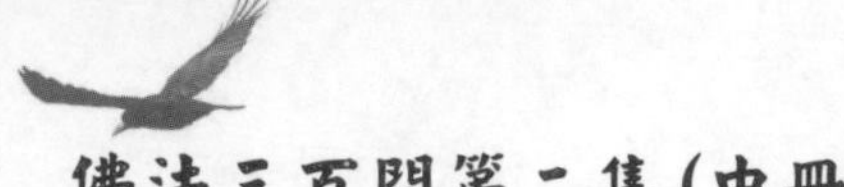

俱。

解：若眾緣和時而有果生者，則生者、可生即一時俱，但是事不爾。因爲父子不得一時生。是故汝說眾緣和時而有果生者，是事不然。

4.問曰：若先有果生，而後眾緣合，有何咎？

答曰：若先有果生，而後眾緣合。此即離因緣，名爲無因果。

解：若眾緣未合而先有果生者，是事不然。因爲果若離因緣則名無因果，是事不然，世間沒有無因果。

5.問曰：因滅變爲果者，有何咎？

答曰：若因變爲果，因即至於果。是則前生因，生已而復生。

解：若因變爲果，是前生因生果後可以更生果，是事不然，已生物不應更生。若謂是因即變爲果，也不然，因爲若即是叫則不名爲變，若變不名即是。

6.問曰：因不盡滅，但名字滅，而因體變爲果，如泥團變爲瓶，先泥團名而生瓶名。

答曰：泥團先滅而有瓶生，不名爲變。

解：泥團先滅而有瓶生，不名爲變。又泥團也能生瓮，不只生瓶，若泥團但名字變，不應只變爲瓶。

7.問曰：因雖滅失而能生果，是故有果，無如是咎。

答曰：因何因滅失，而能生於果？又若因在果？云何因生果？

解：若因滅失已，云何能生果？若因不滅而與果合，先已有果，何須更生果？

8.問曰：是因遍有果而果生。

答曰：若因遍有果，更生何等果？因見不見果，是二俱不生。

解：是因若不見果，則因不生果，若不見果，果則不隨因生。若因遍於果而先見果，不應復生果，已有故。

a.若言過去因，而於過去果，未來現在果，是則終不合。

若言未來因，而於未來果，現在過去果，是則終不合。

若言現在因，而於現在果，未來過去果，是則終不合。

解：過去果不與過去、未來、現在因合；未來果不與未來、現在、過去因合；現在果不與現在、未來、過去因合。如是三種果終不與過去、未來、現在因合。

b.若不和合者，因何能生果？若有和合者，因何能生果？

解：若因果不和合則無果，若無果云何因能生果？若謂因果和合則因能生果者，是亦不然。何以故？若果在因中，則因中已有果，云何而復生？

c.若因空無果，因何能生果？若因不空果，因何能生果？

解：若因無果者，以無果故因空，云何因生果？如人不懷妊，云何能生子？若因先有果，已有果故，不應復生。

d.果不空不生，果不空不滅。以果不空故，不生亦不滅。

果空故不生，果空故不滅。以果是空故，不生亦不滅。

解：果若不空，不應生不應滅。何以故？果若因中先決定有，更不須復生，生無故無滅，是故果不空故不生不滅。若謂果空故有生滅，是亦不然。何以故？果若空，空名無所有，云何當有生滅？是故說果空故不生不滅。

e.復次，今以一異破因果。

因果是一者，是事終不然。因果若異者，是事亦不然。若因果是一，生及所生一。若因果是異，因則同非因。若果定有性，因為何所生？若果定無性，因為何所生？因不生果者，則無有因相。若無有因相，誰能有是果？若從眾因緣，而有和合法。和合自不生。云何能生果？是故果不從，緣合不合生，若無有果者，何處有合法？

解：是眾緣和合法不能生自體，自體無故，云何能生果？是故果不從緣合生，亦不從不合生。若無有果者，何處有合法？

（二十一）觀成壞品

（1）問曰：一切世間事現是壞敗相，是故有壞。

答曰：離成及共成，是中無有壞。離壞及共壞，是中亦無成。

解：

若離於成者，云何而有壞？如離生有死，是事則不然。成壞共有者，云何有成壞？如世間生死，一時則不然。若離於壞者，云何當有成？無常未曾有，不在諸法時。

解：

1.若離成，壞不可得。

2.若謂共成有壞，是亦不然。

3.若離壞共壞，無有成者。

4.若謂共壞有成者，是亦不然。

5.若謂分別法者，是成中常有壞，是事不然。

復次，

成壞共無成，離亦無有成。是二俱不可，云何當有成？

解：若成壞共亦無成，離亦無成，若共則二法相違，云何一時？若離則無因，二門俱不成，云何當有成？若有應說。

（2）問曰：現有盡滅相法，是盡滅相法亦說盡，亦說不盡，如是則有成、壞。

答曰：盡則無有成，不盡亦無成。盡則無有壞，不盡亦無壞。

解：

-諸法日夜中念念常滅盡過去，如水流不住，是則名盡，是事不可取不可說。如是滅盡無決定性可得，云何可得分別說有成？是故言盡亦不成。成無故亦不應有壞，是故說盡亦無有壞。

又念念生滅，常相續不斷，故名不盡。如是法決定常住不斷，云何可得分別說言今是成時？是故說無盡亦無成。成無故無壞，是故說不盡亦無壞。

如是推求，實事不可得故，無成無壞。

1.問曰：且置成壞，但令有法有何咎？

答曰：若離於成壞，是亦無有法。若當離於法，亦無有成壞。

解：離成壞無法者，若法無成無壞，是法應或無或常，而世間無有常法，汝說離成壞有法，是事不然。

2.問曰：若離法但有生、滅，有何咎？

答曰：離法有成壞，是亦不然。何以故？若離法誰成誰壞？是故離法有成壞，是事不然。

a.若法性空者，誰當有成壞？若法性不空者，亦無有成壞。

解：若諸法性空，空何有成有壞？若諸法性不空，不空則決定有，亦不應有成壞。

b.成壞若一者，是事則不然。成壞若異者，是事亦不然。

解：推求成壞一則不可得。何以故？異相故，種種分別故（成與壞是不同相而且相違不能一時共存）。

又成壞異亦不可得。何以故？無有別故（成必會生壞，故終無有別）。

c.若謂以現見，而有生滅者，則爲是癡妄，而見有生滅。

解：若謂以眼見而有生滅者，云何以言說破？是事不然。何以故？眼見生滅者，則是愚癡顛倒故見。諸法性空無決定，如幻如夢，但凡夫先世顛倒因緣得此眼，今世憶想分別因緣故，言眼見生滅，第一義中實無生滅，是事已於「破相品」（即觀三相品）中廣說。

d.從法不生法，亦不生非法。從非法不生，法及於非法。

解：

-從法不生法者，若至、若失二俱不然。從法生法者，若至若失，是則無因，無因則墮斷、常。

-若以至從法生法，是法至已而名爲生，則爲是常，又生已更生，又亦無因生，是事不然。

-若以失從法生法者，是則失因，生者無因，是故從失亦不生法。

-從法不生非法者，非法名無所有，法名有，云何從有相生無相？

-從非法不生法者，非法名爲無，無云何生有？

-不從非法生法者，若從無生有，是則無因，無因則有大過。

-不從非法生非法，非法名無所有，云何從無所有生無所有？如兔角不生龜毛。

（3）問曰：法、非法雖種種分別故無生，但法應生法。

答曰：法不從自生，亦不從他生，不從自他生，云何而有生？

解：法未生時無所有故，無所有即不自生，是故法不自生。

若法未生則亦無他，無他故不得言從他生。又未生則無「自」，無自亦無他，共亦不生。若三種不生，云何從法有法生？

1.若有所受法，即墮於斷常。當知所受法，若常若無常。

解：受法者，分別是善、不善、常、無常等，是人必墮若常、若斷見。何以故？所受法應有二種：若常、若無常，二俱不然。何以故，若常即墮常邊，若無常即墮斷邊。

（4）問曰：所有受法者，不墮於斷常。因果相續故，不斷亦不常。

解：有人雖信受分別說諸法，而不墮斷、常，如經說五陰無常、苦、空、無我而不斷滅，雖說罪福無量劫數不失，而不是常。何以故？是法因果常生滅相續故，往來不絕，生滅故不常，相續故不斷。

答曰：若因果生滅，相續而不斷，滅更不生故，因即爲斷滅。

解：若汝說諸法因果相續故不斷不常，若滅法已滅更不復生，是則因斷，若因斷云何有相續？已滅不生故。

1.法住於自性，不應有有無。涅槃滅相續，則墮於斷滅。

解：法決定在有相中，爾時無無相，如瓶定在瓶相，爾時無失壞相。隨有瓶時無失壞相，無瓶時亦無失壞相。何以故？若無瓶則無所破，以是義故滅不可得。離滅故亦無生，因生滅相相因待故，又有常等過故，是故不應於一法而有有無。

又汝先說因果相續故，雖受諸法不墮斷常，是事不然，因爲因果相續故有三有相續，滅相續名涅槃，若爾者，涅槃時應墮斷滅，以滅三有相續故。

2.若初有滅者，則無有後有。初有若不滅，亦無有後有。

解：初有名今世有，後有名未來世有。若初有滅次有後有，後有即是無因，是事不然，是故不得言初有滅有後有。若初有不滅，亦不應有後有。因一時會有「二」有，是事不然。是故初有不滅無有後有。

（5）問曰：後有不以初有滅生，不以不滅生，但滅時生。

答曰：若初有滅時，而後有生者，滅時是一有，生時是一有。

解：若初有滅時後有生者，即二有一時俱，一者是滅時，一有是生時。

1.問曰：滅時、生時二有俱在則不然，但現見初有滅後有生。

答曰：若言於生滅，而謂一時者，則於此陰死，即於此陰生。

解：若初有滅時後有生者，今應隨在何陰中死即於此陰生，不應餘陰中生。因爲死者即是生者，死生相違法不應一時一處。是故汝先說滅時、生時一時無二有，但現見初有滅時後有生，是事不然。

2.三世中求有，相續不可得。若三世中無，何有「有相續」？

解：三有名欲有、色有、無色有，無始生死中不得實智，故三有相續於三世中諦求不可得。若三世中無有，當於何處有有相續？當知有有相續皆從愚癡顚倒故有，實中則無。

170-4-1.中論的大綱為何？

四、卷四

（二十二）觀如來品

（1）問曰：一切世中尊，唯有如來正遍知，號爲法王一切智人，是則應有。

答曰：今諦思惟，若有應取，若無何所取，何以故？

如來，非陰非離陰，此彼不相在。如來不有陰，何處有如來？

解：若如來實有者，爲五陰是如來？爲離五陰有如來？

如來與五陰有五種求都不可得，五種求如下：

-如來非是五陰：如來若是五陰，則同五陰有生滅相，爲無常法，受者（如來）與受法（五陰）則一，是事不然。故知如來非是五陰。

-離五陰亦無如來：

若離五陰有如來者，不應有五陰之生滅相，則如來有「常」

等過，又無眼等諸根，不能見知，是事不然。

-如來中亦無五陰：若如來中有五陰，如器中有果，水中有魚，則爲有異，若異者即有如上常等過。

-五陰中無如來：若五陰有如來，如床上有人，器中有乳，如是則有別異，五陰會壞，則如來會壞，有無常過。

-如來亦不有五陰：若如來有五陰，五陰無常，則如來有無常過。

1.問曰：如是義求如來不可得，而五陰和合有如來。

答曰：陰合有如來，則無有自性。若無有自性，云何因他有？

2.問曰：如來不以自性故有，但因他性故有。

答曰：若無自性，云何因他性有？何以故？他性亦無自性，又無相待因故，他性不可得，不可得故，不名爲他。

a.法若因他生，是即非有我。若法非我者，云何是如來？

解：法若因他生，因他生就是因眾緣生，即無自性我，我即無自體。我有種種名，或名眾生、人、天、如來等。如來若是因五陰有，因無自性，故爲無我（我即自性），若無我，云何稱名爲如來呢？

b.若無有自性，云何有他性、離自性他性，何名爲如來？

解：如來無自性，而他性於「他」，亦是他的自性，因法無自性，故他也無自性。而如來是離自性、他性。離自性、他性尚有法如「如來」嗎？

c.若不因五陰，先有如來者。以今受陰故，則說爲如來。今實不受陰，更無如來法。若以不受無，今當云何受？若其未有受，所受不名受。無有無受法，而名爲如來。若於一異中，如來不可得。五種求亦無，云何受中有？又所受五陰，不從自性有，若無自性者，云何有他性？

解：如來由受五陰才說名爲如來，而實未受五陰時先無如來，即今實不受陰，有不受陰而有名爲如來嗎？

又如來一異中求亦不可得。如上說五陰中五種求不可得，如何說五陰中有如來？

又所受五陰不從自性有，若無自性，怎會有他性？

d.以如是義故，受空受者空，云何當以空，而說空如來？

解：受是五陰，受者是如來。受及受者皆空，若受空者，云何以空受而說空如來？

（2）問曰：汝謂受空、受者空，則定有空耶。

答曰：不然。何以故？

空則不可說，非空不可得，共不共叵說，但以假名說。

解：不但諸法空及不空皆不可得，共（亦空亦不空）及不共（非空非不空）也是不應說，因爲破了「相違」，有二相違：一者空與有相違、亦與非相違。二者四句與佛相違。

故破此四句，假名說佛。

（3）如是正觀思惟，諸法實相中不應以諸難爲難。何以故？

寂滅相中無，常無常等四，寂滅相中無，邊無邊等四。

解：寂滅相中無常及無常等四句。諸法實相如是微妙寂滅，但因「過去世」起四種邪見：世間有常、世間無常，世間常無常、世間非常非無常。寂滅中盡無，因諸法實相畢竟清淨不可取，空尚不受，何況有四種見？

諸法實相無所因、所受，故寂滅中無四種見。

因「未來世」也有四種見：世間有邊、世間無邊、世間有邊無邊、世間非有非有邊非無邊。

（4）問曰：若如是破如來者，則無如來耶？

答曰：邪見深厚者，則說無如來。如來寂滅相，分別有亦非。

解：邪見有二種：一者破世間樂，二者破涅槃道。

破世間樂者是粗邪見，言無罪福，無罪福果報，無如來等賢聖，起是邪見，捨善爲惡，則破世間樂。

破涅槃道者，貪著於我，分別有無，起善滅惡，起善故得世間樂，分別有無，故不得涅槃。是故言無如來者，是深厚邪見，乃失世間樂，何況涅槃？

若言有如來亦是邪見，因如來寂滅相，而由種種分別，於寂滅相中分別有如來亦是不對。

1.如是性空中，思惟亦不可。如來滅度後，分別於有無。

解：諸法實相性空故，不應於如來滅後思惟若有、若無、若有無，如來從本已來畢竟空，何況滅後？

2.如來過戲論，而人生戲論。戲論破慧眼，是皆不見佛。

解：戲論名憶念取相，分別此彼，言佛滅、不滅等，是人爲戲論覆慧眼故，不能見如來法身。

3.如來所有性，即是世間性。如來無有性，世間亦無性。

解：此品中思量推求，如來性即是一切世間性。

問曰：何等是如來性？

答曰：如來無有性，同世間無有性。

（二十三）觀顛倒品

（1）問曰：從憶想分別，生於貪恚癡，淨不淨顛倒，皆從眾緣生。

解：經說因淨不淨顛倒憶想分別生貪、恚、癡，是故當知有貪、恚、癡。

答曰：若因淨不淨，顛倒生三毒，三毒即無性，故煩惱無實。

解：若諸煩惱因淨不淨顛倒憶想分別生，即無自性，是故諸煩惱無實。

1.我法有以無，是事終不成。無我諸煩惱，有無亦不成。

解：我無有因緣，若有若無而可成。今既無我，諸煩惱云何以有無而可成？何以故？

誰有此煩惱？是即為不成。若離是而有，煩惱則無屬。

解：煩惱名為能惱他，惱他者應是眾生，此眾生於一切處推求不可得。若謂離眾生但有煩惱，是煩惱則無眾生所屬。

若謂雖無我而煩惱屬心，是事亦不然。何以故？

如身見五種，求之不可得，煩惱於垢心，五求亦不得。

解：如上文所說，身見五陰中五種求不可得，煩惱也是一樣，於垢心中五種求不可得，又垢心於煩惱中五種求亦不可得。

2.淨不淨顛倒，是則無自性，云何因此二，而生諸煩惱？

解：顛倒名虛妄，若虛妄即無自性，無自性則無顛倒，若無顛倒，云何因顛倒起諸煩惱？

（2）問曰：色聲香味觸，及法為六種。如是之六種，是三毒根本。

解：是六入三毒根本，因此六入生淨、不淨顛倒，因淨、不淨顛倒生貪、恚、癡。

答曰：色聲香味觸，及法體六種，皆空如燄夢，如乾達婆城。如是六種中，何有淨不淨？猶如幻化人，亦如鏡中像。

解：色聲香味觸法自體，未與心和合時，空無所有，如燄、如夢、如幻化人、如鏡中像，但誑惑於心，無有定期相，如是六入中，何有淨、不淨？

1.不因於淨相，則無有不淨。因淨有不淨，是故無不淨。

解：若不因於淨，就沒有不淨。先無有不淨，因何而說不淨？是故無不淨。

2.不因於不淨，則亦無有淨。因不淨有淨，是故無有淨。

解：若不因不淨，先無有淨，因何而說淨？是故無有淨。

3.若無有淨者，何由而有貪？若無有不淨，何由而有恚？

解：無淨不淨故，則不生貪、恚。

（3）問曰：經說常等四顛倒，若無常中見常是名顛倒；若無常中見無常，此非顛倒，餘三顛倒亦如是。有顛倒故顛倒者亦應有，何以言都無？

答曰：於無常著常，是則名顛倒。空中無有常，何處有常倒？

解：若於無常中著常名爲顛倒，因諸法性空中沒有常，是中何處有常顛倒？餘三（樂我淨）亦如是。

1.若於無常中，著無常非倒，空中無無常，何有非顛倒？

解：若著無常言是無常，不名爲顛倒者，諸法性空中「無」無常，無常無故誰爲非顛倒？餘三亦如是。

2.可著、著者、著，及所用著法，是皆寂滅相，云何而有著？

解：可著名物，著者名作者，著名業，所用著法名所用事。是皆性空寂滅相，如「如來品」中所說，是故無有著。

3.若無有著法，言邪是顛倒，言正不顛倒，誰有如是事？

解：著名憶想分別此彼、有無等，若無此著法，誰爲邪、顛倒？誰爲正、不顛倒？

4.「有倒」不生倒，「無倒」不生倒，倒者不生倒，不倒亦不倒。若於顛倒時，亦不生顛倒，汝可自觀察，誰生於顛倒？

解：已顛倒者則更不生顛倒，因已經顛倒不須再生顛倒。不顛倒者亦不顛倒，無有顛倒，當然不會顛倒。顛倒時亦無顛倒，有二過故。汝今除憍慢心，善自觀察，有誰爲顛倒者？

5.諸顛倒不生，云何有此義？無有顛倒故，何有顛倒者？

解：貪著不生，謂不生是顛倒實相，是故偈說云何名不生爲顛倒？乃至無漏法尚不名爲不生相，何況顛倒是不生相？顛倒無故，何有顛倒者？因有顛倒才有顛倒者。

6.若我常樂淨，而是實有者，是常樂我淨，則非是顛倒。

解：若我、常、樂、淨是四實有性者，是我、常、樂、淨則非是顛倒，何以故？定有實事，云何言顛倒？若謂我、常、樂、淨是四無者，無常、苦、無我、不淨是四應實有，不名顛倒、顛倒相違故。若不顛倒，是事不然。何以故？

若我常樂淨，而實無有者，無常若不淨，是則亦應無。

解：若我常樂淨是四實無，實無故無常等四事亦不應有。何以故？無相待因故。

7.如是顛倒滅，無明則亦滅。以無明滅故，諸行等亦滅。

解：若顛倒滅，無明則亦滅。以無明滅故，則十二因緣無明緣行等之諸行，乃至三種行業，乃至老死等等皆滅。

8.若煩惱性實，而有所屬者，云何當可斷？誰能斷其性？

解：若煩惱即是顛倒，而實有性者，本性怎可斷？若謂諸煩惱皆虛妄無性而可斷者，是亦不然。何以故？

若煩惱虛妄，無性無屬者。云何當可斷，誰能斷無性？

解：若諸煩惱虛妄無性，則無空，無所屬，云何可斷？誰能斷無性法？

是故煩惱若有性、若無性皆不可斷。

（二十四）觀四諦品

（1-1）問曰：破四顛倒，通達四諦，得四沙門果。

若一切皆空，無生亦無滅，如是則無有，四聖諦之法。以無四諦故，見苦與斷集，證滅及修道，如是事皆無。以是事無故，則無有四果。無有四果故，得向者亦無。若無八賢聖，則無有僧寶。以無四諦故，亦無有法寶。以無法僧寶，亦無有佛寶。如是說空者，是則破三寶。

解：若一切世間皆空無所有者，即應無生無滅，以無生無滅故，則無四聖諦。因為四諦是有因有果，集是苦因，道是滅因。若無生無滅，則無四諦。

四諦無，則無見苦、斷集、證滅、修道。四諦無，則無四沙門果，乃至無四向四得、無八賢聖、無僧寶、無法寶。若無法寶、僧寶，云何有佛？云何有佛法？汝若說諸法皆空，則壞三寶。

復次，空法壞因果，亦壞於罪福，亦復悉毀壞，一切世俗法。

解：若受空法，則壞因果，亦破罪福及果報，亦破一切世俗法。有如是等諸過，諸法不應空。

（1-2）答曰：

汝今實不能，知空因緣，及知於空義，是故自生惱。

解：汝不解云何是空相，以何因緣說空，亦不解空義，不能如實知，故生如是疑難。

a.諸佛依二諦，爲眾生說法，一以世俗諦，二第一義諦。若人不能知，分別於二諦，則於深佛法，不知眞實義。

解：世俗諦者，因一切法自性空，依緣起所生世間諸法爲顚倒虛妄法。但世間人以爲實法。

第一義諦者，一切法皆空無生，於聖人是第一義諦，名爲實。諸佛依是二諦爲眾生說法，若人不能如實分別二諦，則於甚深佛法不知實義。

若不依俗諦，不得第一義，不得第一義，則不得涅槃。

解：第一義皆因言說，言說是世俗，是故若不依世俗，第一義不可說。若不得第一義，云何得涅槃？是故諸法雖空自性而無生，而有二諦即俗諦的世間法乃虛妄假法及第一義諦的自性空。

b.不能正觀空，鈍根則自害。如不善咒術，不善捉毒蛇。

解：若人鈍根不善解空法，於空有失而生邪見，如爲利捉毒蛇，不能善捉反爲所害；亦同如咒術欲有所作，不能善成而還自害。

c.世尊知是法，甚深微妙相，非鈍根所及，是故不欲說。

解：世尊以法甚深微妙，非鈍根所解，是故不欲說。

d.汝謂我著空，而爲我生過。汝今所說過，於空則無有。

解：汝謂我著空，而爲我生過。我所說性空，

e.以有空義故，一切法得成。若無空義者，一切則不成。

解：以有空義，一切世間、出世間法皆悉成就。若無空義，則皆不成就。

f.汝今自有過，而以回向我，如人乘馬者，自忘於所乘。

解：汝於有法中有過而不能自覺，而於空中見過，如人乘馬而忘其所乘，何以故？

若汝見諸法，決定有性者，即爲見諸法，無因亦無緣。

解：汝說諸法有定性，若爾者，則見諸法無因無緣。何以故？若法決定有性，則自體自生而且生已常有，故不用生也不會滅，如是法不須依靠因緣。是故諸法決定有性，則無因亦無緣。

（2）若謂諸法決定住自性，是則不然，何以故？

1.即爲破因果，作作者作法，亦復壞一切，萬物之生滅。

解：諸法有定性，則無因果等諸事。

2.眾因緣生法，我說即是空，亦爲是假名，亦是中道義。未曾有一法，不從因緣生。是故一切法，無不是空者。

解：眾緣具足和合而物生，是物屬眾因緣，故無自性，無自性故空，空亦復空，但爲引導眾生故，以假名說。離有、無二邊，故名爲中道。是法無自性，故不得言有，所以非有，而是假有（即是假）；是法自性空，但不是無，遇緣可以由空起有，所以非無，而是假無（即是空）。

3.若一切不空，則無有生滅，如是則無有，四聖諦之法。

解：若一切法各各有自性而不空，則會自體自生，而不用生，無生就無滅，故無生滅。無生滅故，則無四聖諦法。何以故？

4.若不從緣生，云何當有苦？無常是苦義，定性無無常。

解：若不從緣生故，則無苦。何以故？經說無常是苦義，若

苦有定性，也會是無常，因自性會一直有，所以不捨自性。

a.若苦有定性，何故從集生？是故無有集，以破空義故。

解：若苦定有性者則已有苦自體，不應更生，先已有故。若爾者，則無集諦，因苦果已有，不須再有集因去生苦，以壞空義故。

b.若苦有定性，則不應有滅。汝著定性故，即破於滅諦。

解：若苦有定性，則不應有滅。何以故？因爲性是無滅。如此則破壞滅諦。

c.若苦有定性，則無有修道。若道可修習，即無有定性。

解：苦若定有，則無有修道。何以故？若法是實者，則是常，常則不可增益。若道可修，道則無有定性。

d.若無有苦諦，及無集滅諦，所可滅苦道，竟爲何所至？

解：諸法若先定有性，則無苦、集、滅諦，今若能滅苦道，因沒有滅諦，究竟至何處去滅苦呢？

e.若苦定有性，先來所不見，於今云何見？其性不異故。

解：若先凡夫時，不能見苦性，今亦不應見。何以故？因爲苦有自性，不會變異，若先不見苦，今何能見苦？

f.如見苦不然，斷集及證滅，修道及四果，是亦皆不然。

解：如苦諦性先不可見者，後亦不應見，如是亦不應有斷集、證滅、修道。何以故？因苦有自性不可斷，則集性亦不可斷，乃至修道不可行，而致無法滅苦集，沒有滅苦集的滅諦，則無四果。

是四道果性，先來不可得。諸法性若定，今云何可得？

解：諸法若有定性，四沙門果先來未得，今云何可得？若可得者，性則無定。

g.若無有四果，則無得向者，以無八聖故，則無有僧寶。

解：無四沙門果，則無得果向果者。無八賢聖，則無有僧寶，而經說八賢聖名爲僧寶。

h.無四聖諦故，亦無有法寶。無法寶僧寶，云何有佛寶？

解：行四聖諦得涅槃法，若無四諦則無法寶，若無僧法二寶，云何得有佛寶、汝以如是因緣說諸法定性，則壞三寶。

（3）問曰：汝雖破諸法，究竟道阿耨多羅三藐三菩提應有，因是道故名爲佛。

答曰：汝說則不因，菩提而有佛，亦復不因佛，而有於菩提。

解：汝若說諸法有定性者，則不應因菩提有佛及因佛道有菩提，是二性常定故。

1.雖復勤精進，修行菩提道。若先非佛性，不應得成佛。

解：以先無性故，如鐵無金性，雖復種種鍛練，終不成金。此處所說的性是指佛性，而非指自性。

2.若諸法不空，無作罪福者，不空何所作？以其性定故。

解：若諸法不空，先有定性，終無有人作罪福者。何以故？因爲罪福性先已定有故，已不須作及作者矣。

3.汝於罪福中，不生果報者，是則離罪福，而有諸果報。

解：汝於罪福因緣中皆無果報者，則應離罪福因緣而有果報。何以故？因爲這些罪福果報本已有自性而有，而非依因造成。

（4）問曰：離罪福可無善惡果報，但從罪福有善惡果報。

答曰：若謂從罪福，而生果報者，果從罪福生，云何言不空？

解：若罪福有自性可自生罪福，再由罪福生果報。如此若離罪福，則無果報，而爲何言果不空（有）。可見罪福有自性，是事不然。同理，若罪福有自性，也不需作、作者之因來作，但若離作、作者則無罪福，可見罪福無自性。

汝先說諸法不空有定性，是事不然。

1.汝破一切法，諸因緣空義，則破於世俗，諸餘所有法。

解：汝若破眾因緣法第一空義者，則破一切世俗法。何以故？

若破於空義，即應無所作。無作而有作，不作名作者。

解：若破無自性空義，即法有自性，則一切果由自性生，皆無作無因。也不須作，即不作而作；也不須作者，即一切作者不應有所作。又離作者也仍有果報及受者。但是事皆不然。可見有自性，是事不然，不應破空。

2.若有決定性，世間種種相，則不生不滅，常住而不壞。

解：若諸法有定性，則也要世間種種相天、人、畜生、萬物，皆應不生不滅，常住不壞。何以故？有實自體性不可變異故，而現見萬物各有變異相及生滅變異，是故不應有定性。

3.若無有空者，未得不應得。亦無斷煩惱，亦無苦盡事。

解：若無有空法者，則世間、出世間所有功德未得者皆不應有得，亦不應有斷煩惱者，亦無苦盡。何以故？以性定故（性定則會自生不用生，不會滅，不會變異）。

是故經中說，若見因緣法，則爲能見佛，見苦集滅道。

解：若人見一切法從眾緣生，是人則能見佛法身，增益智慧。能見四聖諦，得四果，滅諸苦惱，是故不應破空義。若破空義，則破因緣法，破因緣法，則破三寶，若破三寶，則爲自破。

170-4-2.中論的大綱為何？

（二十五）觀涅槃品

（1）問曰：若一切法空，無生無滅者，何斷何所滅，而稱爲涅槃？

解：若一切法空，則無生無滅。無生無滅者，那有可斷？那有所滅而名爲涅槃？是故一切法不應空。以諸法不空故，斷諸煩

惱，滅五陰，名爲涅槃。

答曰：若諸法不空，則無生無滅，何斷何所滅，而稱爲涅槃？

解：若一切世間不空，則無生無滅，有什麼可以斷？有什麼可以滅？而稱爲涅槃？是故有、無二門非至涅槃。所名涅槃者：無得亦無至，不斷亦不常，不生亦不滅，是說名涅槃。

解：無得者，於行於果無所得。無至者，無處可至。不斷者，五陰先來畢竟空故，得道入無餘涅槃時亦無所斷。不常者，涅槃寂滅無法可分別故，不名爲常。

生滅亦爾，不生不滅如是相者，名爲涅槃。

1.涅槃不名有，有則老死相。終無有有法，離於老死相。

解：涅槃若是有，則應有老死相，但是事不然，故涅槃不名有。又不見離生滅老死別有定法，若涅槃是有，即應有生滅老死，以離老死相故，名爲涅槃。

2.若涅槃是有，涅槃即有爲。終無有一法，而是無爲者。

解：涅槃非是有，何以故？一切萬物從眾緣生，皆是有爲，無有一法名爲無爲者。雖「常」法假名無爲，以理推之，「無常」法尚不有，何況「常」法不可見不可得者。

3.若涅槃是有，云何名無受？無有不從受，而名爲法者。

解：若謂涅槃是有法，經則不應說無受是涅槃。因爲沒有「有法」是不受的，是故涅槃不是有法。

問曰：若「有」非涅槃者，「無」應是涅槃耶？

答曰：有尚非涅槃，何況於無耶？涅槃無有有，何處當有無？

解：因「有」一定會變成「無」，但涅槃非是有，也不是先有今無的無。是故無亦不作涅槃。

4.若無是涅槃，云何名不受？未曾有不受，而名爲無法。

解：若涅槃是無，經不應說不受名涅槃。實際上沒有不受的

「無法」。是故知涅槃非無。

（2）問曰：若涅槃非有非無者，何等是涅槃？

答曰：受諸因緣故，輪轉生死中。不受諸因緣，是名爲涅槃。

解：涅槃不是有也不是無，那涅槃到底是什麼？若如實知五受陰往來生死是顛倒，則不復因五受陰而往來生死，無性五陰不復相續故，說名涅槃。

1.如佛經中說，斷有斷非有，是故知涅槃，非有亦非無。

解：有名三有（欲色無色三界），非有名三有斷滅，佛說斷此二事故，當知涅槃非有亦非無。

（3）問曰：若有若無非涅槃者，今有、無共合是涅槃耶？

答曰：若謂於有無，合爲涅槃者，有無即解脫，是事則不然。

解：有無相違，無法合在一處有。

1.若謂於有無，合爲涅槃者。涅槃非無受，是二從受生。

解：若有無合爲涅槃者，經不應說涅槃名無受。因有無二事都是從受生，相因而有，故有無二事不得合爲涅槃。

2.有無共合成，云何名涅槃？涅槃名無爲，有無是有爲。

解：有無二事共合不得名涅槃，因有無都是有爲，而涅槃是無爲。

3.有無二事共，云何是涅槃？是二不同處，如明暗不俱。

解：有無相違，一處不可得，云何有無共合而名爲涅槃。

（4）問曰：若有無共合非涅槃者，今非有、非無是涅槃。

答曰：若非有非無，名之爲涅槃，此非有非無，以何而分別？

解：若涅槃非有非無者，此非有、非無因何而分別，是故非有非無是涅槃者，是事不然。

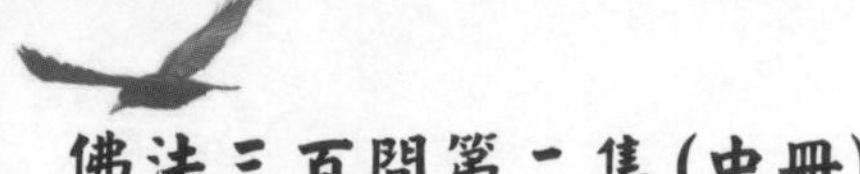

1.分別非有無，如是名涅槃。若有無成者，非有非無成。

解：因已破有、無，即「亦有亦無」是無，其相違法「非有非無」也是無。

2.如來滅度後，不言有與無，亦不言有無，非有及非無。如來現在時，不言有與無，亦不言有無，非有及非無。

解：若如來滅後若現在，有如來亦不受，無如來亦不受，亦有如來亦無如來亦不受，非有如來非無如來亦不受，以不受故，不應分別涅槃有無等。離如來誰當得涅槃？何時、何處、以何法說涅槃？是故一切時、一切種求涅槃相不可得。

3.涅槃與世間，無有少分別，世間與涅槃，亦無少分別。

解：五陰相續往來因緣故，說名世間，五陰性畢竟空，無受寂滅，此義先已說。以一切法不生不滅故，世間與涅槃無有分別，涅槃與世間亦無分別。

4.涅槃之實際，及與世間際，如是二際者，無毫釐分別。

解：究竟推求，涅槃、實際、無生際，以平等不可得故，無毫釐分別。

5.滅後有無等，有邊等常等，諸見依涅槃，未來過去世。

解：如來滅後，有如來、無如來、亦有如來亦無如來、非有如來非無如來。世間有邊、世間無邊、世間亦有邊亦無邊、世間非有邊非無邊。世間常、世間無常、世間亦常亦無常、世間非有常非無常。此三種十二見，如來滅後有無等不可得，涅槃亦如是。如世間前際、後際、有邊、無邊、有常、無常等不可得，涅槃亦如是。

是故說世間、涅槃等無有異。

6.一切法空故，何有邊無邊，亦邊亦無邊，非有非無邊？何者爲一異？何有常無常，亦常亦無常，非常非無常？諸法不可得，滅一切戲論，無人亦無處，佛亦無所說。

解：一切法、一切時、一切種從眾緣生故，畢竟空故，無自性。如是法中，有邊、無邊；有常、無常等四句，何者身即是神？何者身異於神？如是等六十二邪見於畢竟空中皆不可得，諸有所得皆息，戲論皆滅，戲論滅故，通達諸法實相，得安隱道。

從「因緣品」來分別推求諸法，有亦無，無亦無，有無亦無，非有非無亦無，是名諸法實相，亦名如、法性、實際、涅槃。是故如來無時無處爲人說涅槃定相，是故說諸有所得皆息，戲論皆滅。

（二十六）觀十二因緣品

（1）問曰：汝以摩訶衍說第一義道，我今欲聞說聲聞法入第一義道。

答曰：眾生癡所所覆，爲後起三行。以起是行故，隨行入六趣。以諸行因緣，識受六道身。以有識著故，增長於名色。名色增長故，因而生六入。情塵識和合，以生於六觸。因於六觸故，即生於三受。以因三受故，而生於渴愛。因愛有四取，因取故有有。若取者不取，則解脫無有。從有而有生，從生有老死。從老死故有，憂悲諸苦惱。如是等諸事，皆從生而有。但以是因緣，而集大苦陰。是謂爲生死，諸行之根本。無明者所造，智者所不爲。以是事滅故，是事則不生。但是苦陰聚，如是而正滅。

解：凡夫爲無明所盲故，以身口意業爲後起身起六趣諸行。隨所起行有上中下，識入六趣隨行受身。以識著因緣，故有名色集，名色集故有六入，六入因緣故有六觸。六觸因緣故有三受，三受因緣故生渴愛，渴愛因緣故有四取。四取取時以身口意起罪福，令後三有相續。從有而有生，從生而有老死，從老死有憂悲苦惱種種眾患，但有大苦陰集。

以如實見故，則無明滅，無明滅故諸行亦滅，以因滅故果亦滅。如是修習觀十二因緣生滅智故，是事滅，乃至生老死憂悲大苦陰皆如實正滅，正滅者畢竟滅。

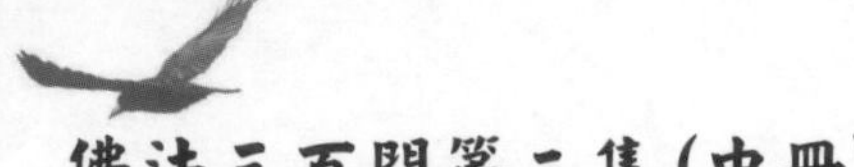

（二十七）觀邪見品

（1）問曰：已聞大乘法破邪見，今欲聞聲聞法破邪見。

答曰：我於過去世，爲有爲是無，世間等常見，皆依過去世。

我於未來世，爲作爲無作，有邊等諸見，皆依未來世。

解：「我」於過去世爲有、爲無、爲有無、爲非有非無，即名常等諸見，依過去世。「我」於未來世，爲作、爲無作，爲作不作、爲非作非不作，是名邊、無邊等諸邪見，依未來世。

（2）何因緣故名爲邪見？是事今當說：

1.過去世有我，是事不可得。過去世中我，不作今日我。

若謂我即是，而身有異相。若當離於身，何處別有我？離身無有我，是事爲已成。若謂身即我，若都無有我。但身不爲我，身相生滅故。云何當以受，而作於受者。若離身有我，是事則不然。無受而有我，而實不可得。今我不離受，亦不當是受。非無受非無，此即決定義。

2.我於過去世有者，是事則不然。何以故？

解：先世中我不即作今我，有常過故。若常則有無量過。因如人修福因緣故，作天然後作人，若先世我即是今世我者，天即是人。又人以罪業因緣故作旃陀羅（印度最低種姓），後作波羅門，若先世我即是今世我者，旃陀羅即是波羅門。但是事不然。

（3）若謂先世我不作今我，如人浣衣時名爲浣者，刈時名刈（割）者，而浣者與刈者雖不異，而浣者不即是刈者。如是我受天身名爲天，我受人身名爲人，我不異而身有異者，是事不然。

（4）問曰：我即是，但因受故，分別是天是人，受名五陰身，以業因緣故，分別是天、是人、是旃陀羅、是婆羅門，而我實非天、非人、非旃陀羅、非婆羅門，是故無如是過。

答曰：是事不然。何以故？若身作天、作人、作旃陀羅、作婆羅門非是我者，則離身別有我，今罪福生死往來皆是身非是我。若苦樂瞋喜憂怖等皆是身非我者，何用「我」為？

（5）問曰：罪、福等依止於我，我有所知，身無所知，故知者應是我。起業因緣罪、福是作法，當知應有作者，作者是我，身是我所用，亦是我所住處。譬如舍主以草木泥洹等治舍，自我身故，隨所用治，舍有好惡。我亦如是，六道生死皆我所作，是故罪福之身皆屬於我，譬如舍但屬舍主，不屬他人。

答曰：是喻不然。

解：何以故？舍主有形、有觸、有力，故能治舍，汝所說我無形、無觸，故無作力，自無作力，亦不能使他作。若世間有一法無形、無觸能有所作者，我則可信受知有作者，但是事不然。

-若我是作者。則人不應自作苦事；若是念者，可貪樂事，不應忘失。若我不作苦而苦強生者，餘一切皆亦自生，非我所作。

-若見者是我，眼能見色，眼應是我。

解：若見者是我，我則不應得聞聲等諸塵，因眼是見者，但眼不能得聞聲等諸塵，是故我是見者，是事不然。

-若謂如刈者用鎌刈草，我亦如是，以手等能有所作者，是喻不然。何以故？

解：今離鐮別有刈者，而離身心諸根無別作者。

-若謂右眼見物而左眼識，當知別有見者，是事不然。

解：今右手習作左手不能，是故無別作者。若別有作者，右手所習左手亦應能，而實不能，是故更無作者。

1.有我作者，言見他食果，口中涎出是為我相，是事不然，是念力故，非是我力。又亦即是破我因緣，人在眾中愧於涎出，而涎強出，不得自在，當知無我。

2.又有顛倒過罪，先世是父今世是子，是父子我一，但身有異，如從一舍至一舍，父故是父，不以入異舍故便有異，若有我是二應一，如是則有大過。

a.若謂無我，五陰相續中亦有是過，是事不然。五陰相續亦如是，有用有不用。

b.若始終一我有如是過，五陰相續無如是過，但五陰和合故，假名爲我無有決定。如是五陰和合故有我，若離五陰實無別我，是故我但有假名，無有定實。

c.汝先說離受別有受者，以受分別受者是天、是人，是皆不然，當知但有受，無受者。

若謂離受別有我，是事不然。因離受無我相。

若謂離身無我，但身是我，是亦不然。因身有生滅相，我則不爾。

3.云何以受即名受者？若謂離受有受者，是事亦不然。

是故我不離受（五陰），不即是受，亦非無受，亦復非無，此是定義。

（6）是故當知過去世有我者，是事不然。何以故？

過去我不作，是事則不然。過去世中我，異今亦不然。若謂有異者，離彼應有今。我住過去世，而今我自生。如是則斷滅，失於業果報。彼作而此受，有如是等過。先無而今有，此中亦有過。我則是作法，亦爲是無因。

解：過去世中我不作今我，是事不然。何以故？若今我與過去世我異者，應離彼我而有今我。又過去世我亦應住在過去世，此身（今世我）則自己生成，如此即墮斷邊，失業果報。又過去作罪今世受報，有如是等無量過。

又我先無而今有，我則是作法，亦是無因生。是故過去我不作今我，又異於今我，是事不然。

1.如過去世中，有我無我見，若共若不共，是事皆不然。

解：如是推求，過去世中邪見有、無、亦有亦無、非有非無，是諸邪見，先已說因緣過故，是皆不然。

我於未來世，爲作爲不作，如是之見者，皆同過去世。

解：我於未來世爲作爲不作，如是四句如過去世中過咎，應在此中說。

2.若天即是人，則墮於常邊。天則爲無生，常法不生故。

解：若天即是人，是則爲常。若天不生人中，云何名爲人？常法不生故，是故常亦不然。

3.若天異於人，是即爲無常。若天異人者，是則無相續。

解：若天與人異，即爲無常，無常則爲斷滅等過，如先說過。若天與人異，則無相續，則有相續，不得言異。

4.若半天半人，則墮於二邊，常及於無常，是事則不然。

解：若眾生半身是天半身是人，若爾，則爲常、無常，半天是常，半人是無常，但是事不然，因一身有二相過故。

5.若常及無常，是二俱成者，如是則應成，非常非無常。

解：若常及無常二俱成者，然後成非常非無常，因與常且無常相違故，今實常且無常不成，是故非常非無常亦不成。

法若定有來，及定有去者，生死則無始，而實無此事。

解：法若決定有所從來及有所從去者，生死則應無始。是法以智慧推求，不得有所從來及有所從去，是故生死無始，是事不然。

6.今若無有常，云何有無常，亦常亦無常，非常非無常？

解：以智慧推求，無法可得常者，誰當有無常？因常有無常故。若二俱無者，云何有「亦有常亦無常」？若無有常、無常，云何有「非有常非無常」？

是故依止過去世常等四句不可得。

（7）有邊、無邊等四句，依止未來世，是事不可得，今當說。何以故？

若世間有邊，云何有後世？若世間無邊，云何有後世。

解：若世間有邊，不應有後世，而今實有後世，是故世間有邊不然。

若世間無邊，亦不應有後世，而實有後世，是故世間無邊不然。復次，是二邊不可得。何以故？

五陰常相續，猶若如燈燄，以是故世間，不應邊無邊。

解：從五陰復生五陰，是五陰次第相續，如眾緣和合有燈燄，若眾緣不盡，燈則不滅，若盡則滅，是故不得說世間有邊、無邊。

1.若先五陰壞，不因是五陰，更生後五陰，世間則有邊。若先陰不壞，亦不因是陰，而生後五陰，世間則無邊。

解：若先五陰壞，不因是五陰更生後五陰，如是則世間有邊。若先五陰滅已更不生餘五陰，是名爲邊，邊名末後身。

若先五陰不壞，不因是陰而生後五陰，世間則無邊，是則爲常。而實不爾。是故世間無邊，是事不然。世間有二種：國土世間及眾生世間。此是眾生世間。

2.四百觀中說：「眞法及說者、聽者難得故，如是則生死，非有邊無邊」不得眞法因緣故，生死往來無或有邊，不可決定，或時得聞眞法得道故，不得言無邊或有邊。

（8）若世半有邊，世間半無邊，是則亦有邊，亦無邊不然。

解：若世間半有邊半無邊，則應是亦有邊亦無邊，若爾者，則一法二相，是事不然。何以故？

彼受五陰者，云何一分破，一分而不破？是事則不然。受亦復如是，云何一分破，一分而不破，是事則不然。

解：受五陰者，云何一分破，一分不破？

是事不得亦常亦無常，受亦如是，云何一分破，一分不破？

常、無常二相過故，是故世間亦有邊亦無邊，是事不然。

（9）若亦有無邊，是二得成者，非有非無邊，是則亦應成。

解：與有邊相違，故有「無」邊；與有無相違則有「亦有亦無」；與亦有亦無相違，則有「非有非無」。

若亦有邊亦無邊定成者，應有非有邊非無邊。何以故？因相待故。

如是推求，依止未來世有邊、無邊等四見，皆不可得。

1.一切法空故，世間常等見，何處於何時？誰起是諸見？

解：上已聲聞法破諸見，今此大乘法中，說諸法從本以來，畢竟空性，如是空性法中無人無法，不應生邪見、正見。

若有常、無常等決定見者，應當有人出生此見，破「我」故無人，生是見應有處所，色法現見尚可破，何況時、方？若有諸見者，應有定實，若定則不應破，上來已種種因緣破，是故當知見無定體，云何得生？如偈說何處、何時誰起是見？

2.瞿曇大聖主，憐愍說是法。悉斷一切見，我今稽首禮。

解：一切見者，略說則有五見（身見、邊見、邪見、見取見、戒禁取見），廣說則六十二見，爲斷是諸見，故說法。

大聖主瞿曇是無量無邊不可思議智慧者，是故我稽首禮。

171-1.百論的大綱為何？

一、總論

「百論」是「四百論」的入門書。

內容包括：捨罪福品第一、破神品第二、破一品第三、破異品第四、破情品第五、破塵品第六、破因中有果品第七、破因中無果品第八、破常品第九、破空品第十。

二、各論

（一）捨罪福品第一

（1）佛知諸法實相，明了無礙。又能說深淨法，是故獨稱佛爲世尊。

（2）僧佉經、衛世師經、尼乾子經等是皆邪見，覆正見，故不能說深淨法。是事後當廣說。

（3）佛說何等善法相？內曰：惡止善行法。佛略說善法二種，止相、行相。息一切惡，是名止相。修一切善，是名行相。

1.何等爲惡？身邪行、口邪行、意邪行。身：殺、盜、淫。口：妄言、兩舌、惡口、綺語。意：貪、瞋、惱、邪見。復有十不善道，所不攝鞭杖繫閉等。

2.何等爲止？息惡不作。若心生，若口語，若受戒，從今日終不復作，是名爲止。

3.何等爲善？身正行、口正行、意正行，

4.何等爲行？於是善法中，信受修習，是名爲行。

（4）汝經有過，初不吉故。內曰：愚人無方便，強求欲樂，妄生憶想，言是事吉，是事不吉。

（5）外（指外道）曰：是吉自生故，如鹽。內（指釋子）曰：前已破故，亦鹽相鹽中住故。我先破無有法自性生。

1.外曰：如燈。燈自照又能照他。

內曰：燈自他無暗故。燈自無暗（即自光明），也不能照他，燈所到之處，因自明故無暗，而非破暗使明，故非照。

2.外曰：初生時二俱照故（燈剛生成時即能自照、照他）。

內曰：不然，一法有無相不可得故。前已破燈生了也不能自照照他，何況初生時半生半不生，怎能有所照。

3.外曰：如咒星故。若遙咒遠人能令惱，亦如星變在天，令人不吉。燈雖不到暗，而能破暗。

內曰：太過實故。若燈有力不到暗處而能破暗，爲何印度的燃燈不破中國的暗。

4.外曰：初（經的起首）吉故餘亦吉。

內曰：不吉多故。因不吉多，蓋過吉，所以吉為不吉。

5.外曰：如象手。

內曰：不然，無象過故（會造成沒有象的過失）。若象與部分異，如與手、頭足等皆異，等於無象。

分中有分具者，何不頭中有足？若象與手不異者，亦無別象；若有分與分不異者，頭應是足。

故言經中初吉，中後亦吉，是事不然。

（6）外曰：惡止止妙，何不在初？（惡制止，而止於妙境，為何不在經的開頭即言之）。

內曰：行者要先知惡，然後能止，是故先惡後止。

1.外曰：善行應在初，有妙果故。應先說善行，後說惡止。

內曰：次第法故先除粗垢，次除細垢。若行者不止惡，不能修善。

2.外曰：已說惡止，不應復言善行。

內曰：布施等是善行故。布施是善行，非是惡止。

3.外曰：布施是止慳法，是故布施應是止惡。

內曰：不然，若不布施便是惡者，諸不布施悉應有罪。

4.外曰：已說善行，不應復說惡止。

內曰：止相息，行相作。性相違故，是故說善行不攝惡止。

5.外曰：是事實爾。我不言惡止善行是一相，但惡止則是善法。

內曰：應說惡止善行。惡止名受戒時息諸惡；善行名修習善法。有人受戒惡止。若心不善，若心無記，是時不行善故不應有福，是時惡止故亦有福。

行者有三種：下智人教布施、中智人教持戒、上智人教智慧。

布施名利益他，捨財相應思及起身口業；持戒名若口語、若心生、若受戒，從今日不復作三種身邪行，四種口邪行；智慧名諸法相中，心定不動。

6.外曰：布施者皆是下智不？

內曰：不然，因施有二種，一者不淨，二者淨。行不淨施是名下智人。

7.外曰：何等名不淨施？

內曰：爲報施是不淨，如市易故。報有二種，現報後報。現報者，名稱敬愛等；後報者，後世富貴等，是名不淨施。還欲得故，非憐愍眾生，以自求利故。

8.外曰：何等名淨施？

內曰：若人愛敬利益他故，不求今世後世報。如眾菩薩及諸上人（上德之人）。

9.外曰：持戒皆是中智人不？

內曰：不然，因持戒有二種，一者不淨，二者淨。不淨持戒者是中智人。

10.外曰：何等不淨持戒？

內曰：持戒求樂報，爲淫欲故，如覆相（隱藏自己罪愆）。

樂報有二種，一者爲生天，二者人中富貴。如覆相者，內欲他色，外詐親善，是名不淨持戒。

11.外曰：何等名淨持戒？

內曰：行者作是念，一切善法，戒爲根本。持戒之人心不悔，歡喜心樂，得一心，生實智，得厭離欲，得解脫涅槃。

12.外曰：若上智者，鬱陀羅伽、阿羅邏等爲上。

內曰：不然，因智亦有二種，一者不淨，二者淨。

13.外曰：何等名不淨智？

內曰：爲世界繫縛故不淨，如怨來親。

14.外曰：但是智能增長生死，施戒亦爾耶？

內曰：取福捨惡是行法，福名福報。

15.外曰：若福名福報者，何以契經中但言福？

內曰：福名因，福報名果。此中說因爲果。

16.外曰：何等是不行法？

內曰：俱捨。俱名福報罪報，捨名心不著福，不復往來五道，是名不行法。

17.外曰：福不應捨，以果報妙故，亦不說因緣故。

內曰：福滅時苦。福名福報，滅名失壞。福報滅時，離所樂事，生大憂苦。福尙應捨，何況罪？

18.外曰：罪福相違故，汝言福滅時苦者，罪生住時應樂。

內曰：罪住時苦。

罪報生時苦，何況住時？佛說受生時苦，住時苦，滅時樂。汝言卻罪福相違。

19.外曰：常福無捨因緣故不應捨。

內曰：福應捨，二相過故。是福有二相，能與樂、能與苦。有福報是樂因，多受則苦因。二相無常，是以應捨。

a.汝言馬祀報常者，但有言說，無因緣故。

馬祀福報實無常，因馬祀業因緣有量故。

b.聞汝天有瞋恚，共鬥相惱故不應常。馬祀等業從因緣生故皆無常。

c.有漏淨福無常故尙應捨，何況雜罪福？

20.外曰：若捨福不應作。何有智人空爲苦事？如陶家作器還破。

內曰：生道次第法，如垢衣浣染。先除罪垢，次以福德薰心，然後受涅槃道染。

21.外曰：捨福依何等？依福捨惡，依何捨福？

內曰：無相最上。取福人天中生，取罪三惡道生。是故無相智慧第一。無相名一切相不憶念，離一切受，過去、未來、現在法心無所著，一切法自性無故，則無所依，是名無相。

（二）破神品第二

（1）外曰：不應言一切法空無相，神等諸法有故。

內曰：若有神而言無，是為惡邪。若無而言無，此有何過？諦觀察之，實無有神。

（2）外曰：實有神，如僧佉經中說，覺相是神。

內曰：神覺為一耶？為異耶？

1.外曰：神覺一也。

內曰：覺若神相，神無常。若覺是神相者，覺無常故，神應無常。

2.外曰：不生故常。生相法是無常，神非生相故常。

內曰：若爾，覺非神相。覺是無常，汝說神常，故神應與覺異。

a.若覺是神相，無有是處。所以者何？覺行一處故。神遍一切處，則覺亦應遍一切處，但覺只行一處，故覺非神相。

b.若爾，神與覺等。若神與覺等，神則不遍。其實神不應有遍不遍相。

c.若以為遍，則有覺不覺相。

3.外曰：力遍故無過。

內曰：不然，力有力不異故。

4.外曰：因緣合故，覺力有用。

內曰：墜生相故。若覺神不異，神亦是生相。

5.外曰：如燈。神能令覺有用，不能「生」覺。

內曰：不然，燈雖不照瓶等。而瓶等可得，亦可持用。汝喻非也。

（3）外曰：譬如色，雖先有，燈不照則不了。如是覺雖先有，因緣未合故，亦不了。

內曰：不然。自相不了故。

1.外曰：優樓迦弟子，誦「衛世師經」，言知與神異。是故神不墜無常，亦不無知。神知合故，如有牛。

內曰：牛相牛中住，非「有牛」中住。有牛指人有牛，人不作牛，牛才是牛。知是能知，非神知。

2.外曰：能用法故。神雖有能知，用知則知，離知則不知。

內曰：不然，知即能知故。知是能知，非是所用。燈雖先有，不能知色，非知法故，燈喻非也。

3.外曰：馬身合故神爲馬。神知合，故神名知。

內曰：不然，身中神非馬。馬身即馬也。馬與神異，此喻非也

4.外曰：如黑疊。知雖異神，神與知合故神名爲知。

內曰：若爾，無神。若神與知合故神名爲知，神應非神，因我先說知即是能知，而非神。汝說黑是求那（依附），疊是陀羅驃（實句），但陀羅驃不作求那，求那亦不作陀羅驃。

5.外曰：如有杖。如人無杖合故人名有有杖，不是只說杖。

內曰：不然，有杖非杖。有杖不爲杖，如是「知相」知中，非神中，是故知是能知，而神非能知。

6.外曰：僧佉人復言，若知與神異，有如上過，我經中無是過。

內曰：雖已先破，今當更說。若覺相神不一。覺有種種，苦樂覺等，若覺是神相，神應種種。

7.外曰：不然，一爲種種相，如頗梨。頗梨珠隨色而變，如是一覺，隨塵別異，或覺苦或覺樂等，覺雖種種相，實是一覺。

內曰：若爾，罪福一相。若福（益他覺）與罪（損他覺）一者，應罪福一相，如施盜等亦應一。

8.外曰：不然，果雖多，作者一。如陶師。

內曰：陶師無別異（陶工是沒有什麼變化的）。譬如陶師身

一（一個身子）無異相（沒有別的相狀）。

（4）外曰：實有神，比知相故。

內曰：是事先已破，今當更說。不知非神。

1.外曰：行無故知無，如煙。若有知，若無知，神應常有。

內曰：不然，神能知故。

a.若無煙時，現見有火知有火，神不管有知、無知，都不能看到。故汝喻非也。

b.汝說見共相比知故有神，此亦非也。因見去者（看到去的人）去法到彼故（去的事物到了別處）。因此不能因爲知，就推論有神。不能因爲知就有神的聯想。

2.外曰：如手取。如手不取時亦名爲手，不可以不知時不名爲神。

內曰：取非手相，取是手業相，非手相。汝以知即神相，此喻非也。

3.外曰：定有神，覺苦樂故。有身者，能覺苦樂，此則爲神，是故定有神。

內曰：苦惱亦斷。若刀害神，神亦有惱者，神亦應斷。

4.外曰：不然，無觸故如空。神無觸故不可斷，如燒舍時，內空無觸故不可燒，但有熱。如是斷身時，內神無觸故不可斷，但有惱。

內曰：若爾，無去。若神無觸，身不應到餘處。神無動力，非身法故，如是身不應到餘處。

5.外曰：如盲跛。神有思維，身有動力，和合而去。

內曰：異相故。如盲跛，二觸二思維故法應能去，身神無二事故不應去，是故無去法。

6.外曰：如舍主惱。燒舍時，舍主惱而不燒，如是身斷時，神但惱而不斷。

內曰：不然，無常故燒。身無常故，亦惱亦斷；神常故不惱不斷。

7.外曰：必有神，取色等故。神用眼等，知色等諸塵，如人以鐮收刈五穀。

內曰：何不用耳見？若神見有力，何不用耳見色？

8.外曰：不然，所用定故。如陶師。於塵各定故，不能用耳見色。

內曰：若爾，盲。若神用眼見，則神與眼異。神與眼異，則神無眼，神無眼云何見。

9.外曰：有神，異情動（不同的情態改變而印證）故。苦無神，何故見他食果，口中生涎。

內曰：如盲。契經中已破。若眼見他食果，而口中生涎者，餘情何以不動？身亦如是。

10.外曰：如人燒。人雖能燒，離火不能燒。神用眼能見，離眼不能見。

內曰：火燒。言人燒者，是則妄語。人無燒相，火自能燒。是故燒自能燒，非人燒也。

11.外曰：如意（意識）。如死人有眼但無意，故神則不見，若有意神則見。

內曰：若有意能知，無意不能知者，但意行眼等門中便知，神復何用？

1.2 外曰：意不自知，若意意相知（意識是依意識相而知），此則無窮。但我神是一，是以神知，意非窮盡。

內曰：神亦神。若神知意，誰復知神，是亦無窮。我法以現在意「知」過去意，意法無常，故無咎。

13.外曰：云何除神（除去神）？若除神，云何但意知諸塵？

內曰：如火熱相。火性自熱，如是意是知相，雖意復離神，性知（因意的本性是知）故能知，即意離開神，意也能知。但神知異（神及知異），故神離開意，則神不能知。

14.外曰：應有神，宿習念相續故，生時憂喜行。

內曰：遍云何念？（神是週遍的，云何會生起念？）若念一切處，念亦應遍一切處，如是一切處就應一時生。若念分分處生，則神有分，有分故無常。

15.外曰：合故念生。若神意合，以勢發故念生。若勢不發，則念不生。

內曰：神若知相，不應生念；若非知相，亦不應生念。若念生，是時知；若念不生，是時不知。應念即是知，神復何用？

16.外曰：應有神，左見右識故。以內有神故，左見右識。

內曰：共答二眼（一起回答二眼的問題）。分（一部分）知不名知。神亦不應此分見彼分識，故便知有神。

17.外曰：念屬神（念屬於神故神知）。是故神用念知。

內曰：不然，分知（部分的知）不名知。若神一分處知生，神則分知。若神則分知，神不名神。

18.外曰：神知非分知，何以故？神雖分知，神亦名知。如身業（身的造作活動）。譬如身分手（手是身體的一部分）有所作，名爲身作（手動也可稱爲身體動），如是神雖分知，神名知。

內曰：若爾，無知（沒有知）。汝法神遍意少，神意合故神知生，因意少是知也是少，若以「少知」也名爲知，何不說「不知多」而名不知？而且分有分（部分中又有部分）一及異不可得故。

19.外曰：如衣分燒。衣一分燒，名爲燒衣，如是神一分知，名爲神知。

內曰：燒亦如是。若衣一分燒，不名爲燒，應名爲分燒，若此，衣多分不燒，應名不燒。因多分不燒，實有用故，是以莫著語言。

（三）破一品第三

（1）外曰：應有神。有、一、瓶等，是神所有故。若有神則有神所有，若無神則無神所有。有、一、瓶等是神所有，故有神。

內曰：不然。何以故？神已不可得故。今思惟有、一、瓶等，若以一有，若以異有，二俱有過。

1.外曰：有、一、瓶等，若以一有，有何過？

內曰：若有、一、瓶爲一，如一一切成，若不成，若顚倒。

a.有常故，一、瓶亦應常。

b.事事有，不是瓶。今瓶則非瓶，有不異故。

2.外曰：物有一故無過（物是有是一個，所以沒有錯誤）。若說瓶，當知已攝有，一。

內曰：瓶、有二，何故二無瓶？

若有、一、瓶一，何故有、一處無瓶？云何說有、一不攝瓶？

3.外曰：瓶中瓶定有故。

內曰：不然，瓶與有不異（沒有差別）故。有是總相，瓶是別相，云何爲一。

4.外曰：如父子。譬如一人亦子亦父，如是總相與別相是一。

內曰：不然，子故父。若未生子不名爲父，子生然後爲父。

5.外曰：應有瓶，皆信故。世人眼見信有瓶用，是故應有瓶。

內曰：有不異，故一切無。若瓶與有不異者，瓶應是總相非別相。若無別相則無總相。是二無故，一切皆無。

6.外曰：如頭足分等名身。瓶與有雖不異，而瓶非總相。

內曰：若足與身不異，何故足不爲頭？

7.外曰：諸分異故無過。分與有分不異，非分分不異（非各部分都相同），是故頭足不一。

內曰：若爾，無身。

但有諸分（每一部分都有且都不同），更無有分，名之爲身（更沒有那一部分可名之爲身）。

8.外曰：不然。多因一果現故，如色等是瓶。如色分等「多因」現一瓶果，是色分（色與其他的分）等不爲一。

內曰：如色分等瓶亦不一。若瓶與色聲香味觸五分不異者，不應言一瓶，若言一瓶，色分等亦應一。

9.外曰：如軍林（軍隊及樹林）。若象馬車步，多眾合故名爲軍。又松柏等，多樹合名爲林。非一色名爲瓶，亦不離色爲瓶。

內曰：眾（許多東西）亦如瓶。若松柏等與林不異者，不應言一林，若言一林者，松柏亦應一，與林不異故。

10.外曰：受多（對對象的接受是多方面的）瓶故（才有瓶的全貌）。汝說色分（色及分）等多，瓶亦應多（多個）。是故欲破一瓶而受多瓶。

內曰：非色等多（不是因色有許多部分）故瓶多。汝自言色分等多（色等部分多），無別瓶法爲色等果。

（2）外曰：有果，以不破因，有因故果成。

汝只破瓶果，不破色等瓶因。若有因必有果，無「無果」因。又，色等瓶因，是微塵果，汝受色等，故因果俱成。

內曰：如果無，因亦無。如瓶與色等多分不異故，瓶不應一。今色等多分與瓶不異故，色等不應多。又，汝言無無果因，今果破故，因亦自破，汝法因果一故。

又，若果一，泥團時現在中應有瓶（未來時）及土（過去時），是故三世時爲一，已作、今作、當作者，如是語壞。

（3）外曰：不然。因果相待成故，如長短。

因長見短，因短見長，如是泥團觀瓶則是因，觀土則爲果。

內曰：因他相違共過故（由於與他物的相狀相違背，這就都有錯誤了）。非長中有長相，亦非短中及共中。若實有長相、短相、共相，是不可得，因長中實無長相，乃因短才爲長，短中亦無長，性相違故。若短中有長，不名爲短。

若無長短相，云何相待？

（四）破異品第四

（1）外曰：汝先言，有、一、瓶異，是亦有過，有何過？

內曰：若有，一、瓶等「異」，一一無（任何東西都沒有了）。

1.外曰：不然，有及一是結合的，故有、一、瓶成立。

內曰：若爾，多瓶。

瓶與有合故有瓶，瓶與一合故一瓶，瓶亦瓶合，是故多瓶。我欲破汝異，云何以異證異，應更說因。

2.外曰：有是總相，故非瓶。一是求那，故非瓶。瓶是陀羅驃。

內曰：若爾，無瓶。

若有是總相故非瓶，一是求那（依附）故非瓶，瓶是陀羅驃（主諦），故非有非一，是則無瓶。

3.外曰：受多瓶。汝先說多瓶，欲破一瓶，反而更受多瓶。

內曰：一無故多亦無。汝以爲多瓶，是故一瓶爲多瓶。一爲多故，則無一瓶。而一瓶無，多瓶亦無，先一後多故（你先主張一，而後又說是多）。

4.外曰：瓶有，有合故。

瓶與有合故瓶子有，但非盡有（包括一切有）。如是瓶與一合，故瓶有一個，但非盡一（包括所有的一個）。

內曰：但有是語，此事先已破。若有非瓶，則無瓶，今當更說，瓶應非瓶。

若瓶與有合故瓶有，是「有」而非「瓶」。若瓶與非瓶合，瓶何以不作非瓶？

5.外曰：無「無合」故非「非瓶」。

「無合」是沒有和合。無「無合」是沒有「無合」的東西，換言之，要有具備「和合」的東西才能和合。「非瓶」是瓶子以外的東西。非「非瓶」是沒有「非瓶」的東西，換言之，即有瓶子的東西。

非瓶名無瓶，無則無合，是故瓶不作非瓶。今有「有」故應有合，有合故瓶有。

內曰：今有合瓶故（如今有和合在瓶子上）。

今有和瓶，故「有」應爲瓶。如是未與有合時，瓶則無法，無法故不應與有合。

6.外曰：不然，有了瓶等故，如燈。了是清楚顯現。有法非但瓶等諸物因，亦能了瓶等諸物。如是有能了瓶故，則知有瓶。

內曰：若有法能了，如燈，瓶應先有。

今先有諸物，然後燈能照了。有未合時，瓶等諸物應先有。有合故有者，有是作因（生因），非了因。

a.若以「相」可「相成」，何故一不二？（如果因爲相，可以使相可以成就，爲什麼一不能當作二）。

b.若如燈自照，不假外照，瓶亦自有，不待外有。

（2）外曰：如身相。

如以「足分」知有分爲身，足更不求相，如是以「有」爲瓶相，故知有瓶，更不求相（指有相）。

內曰：若分中有分具者，何故頭中無足？（若部分中有部分可並存，爲何頭中沒有足？）。

若有身法，於足分等中，爲具有耶？爲分有耶？若具有者，頭中應有足，身法一故（身體是一整體）。若分有者，亦不然。因有分如分（有的這一部分是如同其他部分）。若足中有分與足分「等」，餘分中亦爾者，則有分與分爲一，是故無有有分名爲身。如是足分等自有，有分亦同破。有分無故，諸分亦無。

（3）外曰：不然，微塵在故。

內曰：若集爲瓶，一切瓶。汝言微塵無分，但有是語，後當更破，今當略說。微塵集爲瓶時，若都集爲瓶，一切微塵盡應爲瓶。若不都集爲瓶，一切非瓶。

（4）外曰：如縷、滴集力，微塵亦爾。

如一一縷，不能制象，一一水滴，不能滿瓶，多集則能。如是微塵集故，力能爲瓶。

內曰：不然，不定故。

譬如一一石女，不能有子；一一盲人，不能色；一一沙，不能出油，多集亦不能。如是微塵一一不能，多亦不能。

（5）外曰：分分有力，故非不定。

縷、滴分分有力，能制象、滿瓶。石女、盲、沙，分分無力，故多亦無力，是故非不定。不應以石女、盲、沙爲喻。

內曰：分有分，一異過故。

分有分，若一若異，是過已先破。

（6）外曰：汝是破法人。

世人盡見瓶等諸物，汝種種因緣破，是故汝爲破法人。

內曰：不然，汝言有與瓶異；我說若有與瓶異，是則無瓶。

1.無中見有，有中見無等。

2.輪軸等和合現爲車，離是已別有車，是故汝爲妄語人。

171-2.百論的大綱為何？

（五）破情品第五

（1）外曰：定有我所，有法現前有故。情塵意（六根、六塵、六識）合故「知」生，此「知」是現前知，是「知」實有，故情塵意有。

內曰：見色已，「知」生何用。若眼先見色，然後「知」生者，知復何用？若先知生，然後見色者，是亦不然。因若不見色，因緣無，故生亦無。若眼先不見色，則因緣不合，不合故知不應生。汝言情塵意合故「知」生，若不合時「知」生者，是則不然。

1.外曰：若一時生有何過？

內曰：若一時生，是事不然。

a.一法云何亦有亦無？又，若一時生，「知」不相待「見」，見不待知。

b.眼爲到色見邪？爲不到色見邪？

c.眼若去者，爲見已去耶？爲不見去耶？

d.無眼處亦不取。

e.若眼不去，而取色者，應見天上色及障外色。然不見，是故此事非也。

2.外曰：見是眼相，於緣中有力能取，性自爾故。

內曰：若眼見相，應自見眼。若眼見相，如火熱相，自熱能令他熱，如是眼若見相，應自見眼，然不見，是故眼非見相。

3.外曰：如指。

內曰：不然，觸指業故。

4.外曰：光及意去故見色。

內曰：若意去到色，此則無覺。

5.外曰：如意在身。

內曰：若爾，不合。

6.外曰：不然，意光色合故見。

內曰：若和合故見生，無見者。

7.外曰：受和合故取色成。

內曰：意非見，眼非知，色非見知，云何見？

（六）破塵品第六

（1）外曰：應有情，瓶等可取故。今「現見」瓶等諸物可取故。若諸情不能取塵，當用何等取？是故知有情，能取瓶等諸物。

內曰：非獨色是瓶，是故瓶非現見。非獨色是瓶，香味等合爲瓶，瓶若現可見者，香味亦應現可見，而不可見，是故瓶非現見。

1.外曰：瓶一分可見，故瓶名現見。因人見瓶，已信知我見是瓶。

內曰：瓶一分色可見，香分等不可見，今分（只見部分）不作有分（不能當作全部分有見）。若分作有分者，香等諸分亦應可見，故瓶非盡可見。

2.外曰：汝「受」色（感受到色）現見，故瓶亦應現見。

內曰：汝謂色現見，是事不然。因色有形體，彼分中「分」不現見（那一部分中還有部分不現見），以此分障故（由於此部分遮障了彼部分），此分亦如是。

復次，如前，若取分，不一切取（只取一部分，未全部分取），彼應答此。

3.外曰：微塵無分（很小沒有部分），一切現見有何過？

內曰：汝經言，微塵非現見，是故不能成現見法。若微塵亦現見，與色同破。

4.外曰：世人盡信瓶是現見，因有用（作用）故。

內曰：汝謂不現見瓶，即指「無」瓶，是事不然。瓶雖不現見，非無瓶，是故瓶非現見。

5.外曰：瓶雖現見相，眼未會時，人自不見，是瓶非不現見相。

內曰：若瓶未與眼合時，未有異相（不同的相狀），後見時有少異相生者，當知此瓶現見相生（眼見瓶時應有瓶的不同相狀出現才叫現見相生），今實無異相生，是故現見相不生。如現見相生「無」，瓶有亦「無」（無現見相）（若沒有生現見相，即使瓶有，也是沒有現見相）。

6.外曰：五身一分破，餘（餘分）有。

內曰：若不一切觸，云何色等合？

7.外曰：瓶合故。

內曰：異（不同部分）除，云何瓶觸合？

8.外曰：色應現見，信經故。

內曰：四大非眼見，云何生現見？

9.外曰：身根取，故四大有。

內曰：火中一切熱故。

（2）外曰：色應可見，現在時有故。以眼情等，現在取塵故，是名現在時。若眼情等不能取色塵等，則無現在時，是故色可見。

內曰：若法後（法後起）故（所以）相現，是相非「故時」生，初生時已隨有，微故不知，故相轉現，是時（這時）可知。若初無，故後亦無，是應常新。若然者故相不應生，是以初微故隨之，後則相現。今諸法不住故，則無住時。若無住時，無取塵處。

1.外曰：受「新」「故」故，有現在時。汝受「新相」「故相」，觀生時名「新」，觀異時名爲「故」，是二相非過去時可取，亦非未來時可取。以現在時故，「新」「故」相可取。

內曰：不然，生故新，異故「故」（舊）。

2.外曰：若爾得何利？

內曰：得永離。各各不合故，諸法不住，不住故遠離，遠離故不可得取。

（七）破因中有果品第七

（1）外曰：有相諸法如泥團，從團底，從底腹，從腹咽，從咽口，前後為因果。種種果生時，種種因不失。若因中無果，果則不生，但因變為果，是故有諸法。

內曰：若果生，故有不失，因失故有失。

1.外曰：如指屈申。

內曰：不然，「業」「能」異故。屈申是指業，指是能。

2.外曰：如少、壯、老。

內曰：不一故。少不作壯，壯不作老，是故汝喻非也。

3.外曰：無失有何咎？無無常有何過？

內曰：若無無常，無罪福等。

（2）外曰：因中先有果，因有故。若泥中先無瓶，泥不應為瓶因。

內曰：若因中先有果故有果，果無故因無果。

1.外曰：因果一故。

內曰：若因果一，無未來。

2.外曰：名等失名等生故。

內曰：若爾，無果。

3.外曰：不定故。泥中不定有名。

內曰：若泥不定，果亦不定。若泥團中瓶不定，則因中先有果亦不定。

4.外曰：微形有故。

內曰：若先有微瓶，因無果。本無粗相，後乃生故，是以因中無果。

（3）外曰：因中應有果，各取因故。

內曰：若當有有（因有而有，即泥中當出瓶），若當無無（因無而無，瓶破知因中無果）。

1.外曰：生住壞次第有，故無過。

內曰：若先生非後，無果同。

2.外曰：汝破有果，即因中無果，則墮斷滅。故有斷過。

內曰：續故不斷，壞故不常。離因中有果無果。故不著斷常，行中道，入涅槃。

（八）破因中無果品第八

（1）外曰：生有故，一當成。汝言因緣故諸法生，是生若因中先有，若因中先無，此生有故，必當有一。

內曰：若有生，因中先有，因中先無，如是思惟不可得，何況無生。汝若有瓶生，爲「瓶初瓶時」有耶（瓶在最初形成瓶時）？爲「泥團後非瓶時」（泥團後仍不是瓶時）有耶？

若「瓶初瓶時」有瓶生者，是事不然，因瓶已有故。是初中後共相因待，若有瓶初，必有中後，是故瓶已先有，後復何用。（瓶已初有，又何須中後呢？）

若「泥團後非瓶時」瓶生者，是亦不然，因未有故（泥團後未有瓶生成時，即沒有瓶）。若瓶無初中後，是則無瓶。

1.外曰：我不言若已生，若未生有瓶生。第三法生時是生（瓶生時才有瓶生）。

內曰：生時亦如是。

2.外曰：生（生起）及成（完成）一義故。

內曰：若爾，生後（生起是後有）。

3.外曰：初中後次第生，故無咎。

內曰：初中後非次第生。

4.外曰：如生住壞。如有爲相生住壞次第有，初中後亦如是。

內曰：生住壞亦如是。若次第有，若一時有，是二不然。

a.一切處有一切。一切處名三有爲相。生中應有生住壞三相，是則無窮。

b.如父先有，然後生子，是父更有父，是故此喻非也。

（2）外曰：定有「生」「可生」（可以生成），法有故。若有生則有可生，若無生則無可生。今瓶等可生法現，有故必有生。

內曰：若有生，無「可生」。若瓶有生，瓶則已生，不名可生。

1.外曰：定有生可生，共成故。非先有生，後有可生，一時共成。

內曰：生，可生，不能生。若可生能成生者，則生是可生，不名能生。

2.外曰：生、可生相待，故諸法成。非但生、可生相待成，是二相待故，瓶等諸物成。

內曰：若從二生，何以無三？若從二生果者，何不有第三法？

3.外曰：應有生，因壞故。若果不生，因不應壞，今見瓶因壞，故應有生。

內曰：因壞故，生亦滅。若果生者，是果爲因壞時有？爲壞後有？二者均是果不應生，即生亦滅。

a.因中果定故。若因中先有果，先無果，二俱無生。

b.因果多故。一因中多果，或一果中多因，俱有過。是故因中有果無果，是皆無生。

4.外曰：因果不破，故「生」「可生」成。

內曰：物物，非物非物，互不生。物不生物，非物不生非物，物不生非物，非物不生物。如母實不生子，是子先有，從母出。

a.若謂如變生，以爲物生物者，是亦不然，如壯變爲老，非壯生老。

b.如鏡中相與面相似，餘果亦應與因相似，而不然，是故物不生物；非物不生非物，如兔角不生兔角。物不生非物，如石女不生子。非物不生物，如龜毛不生蒲。

c.若物生物者，是應二種法生。若因中有果，若因中無果，則不然。若因中先無果，因不應生果。若因中先有果，何須再生。

（九）破常品第九

（1）外曰：應有諸法，無因常法不破故。汝雖破有因常法，不破無因常法。如虛空、時、方、微塵、涅槃是無因法，不破故應有諸法。

內曰：若強以爲常，無常同。汝有因故說常耶？無因故說常耶？若常法有因，有因則無常。若無因說常者，亦可說無常。

1.外曰：了因故無過。因有二種：作因（生成作用的生因）及了因（區別隱顯之了因）。作因是無常；我、虛空等常法，以了因故說常。非無因故說常，亦非有因故說常。是故非強說爲常。

內曰：這樣論說是不然。汝雖說常法有因，但這了因說是不對的。神之爲因，先已破，其餘的常法後當破。

2.外曰：應有常法，作法是無常，不作法是常。眼見瓶等諸物是作法，故是無常，若異此作法是無常，即不作法應是常。

內曰：「無」亦共「有」。汝以與作法相違，故名不作法。今見作法中有相，故應無「不作」法，因作法都有相。

復次，不作法與作法不相違，故不作法也是無常。因爲不作法與作法二者同樣是「無觸」（作法怎會是無觸？令人不解），故不作法應無常。如是遍常與不遍常（有不遍的常嗎？外道以爲是微塵），悉已總破，今當別破。

（2）外曰：定有虛空法，常亦遍亦無分，一切處、一切時信有故。世人信一切處有虛空，是故遍。信過去、未來、現在一切時有虛空，是故常。

內曰：「分中分」合故（部分之中還有部分，它們是合和的），分不異（部分是沒有差別）。若瓶中向中虛空，是虛空爲都有或爲分有？若都有者則不遍，若是爲遍，瓶亦應遍。若分有者，虛空但是分，無有有分名爲虛空（虛空沒有部分的虛空），是故應虛空非遍亦非常。

1.外曰：定有虛空。若無虛空，則無舉無下，無去來等。因爲無容受處故。今實有所作，是以有虛空，亦遍亦常。

內曰：不然，虛空處虛空（虛空的地方是虛空）。若有虛空法，應有住處（住留的地方），若無住處，是則無法。虛空不住孔穴中，亦不「實」中住（實密無間隙），因爲「實」無空，是實不名空。若無空則無住處，以無容受處故。

a.汝言作處（生起的地方）是虛空，實中無作處，則無虛空，是故虛空亦非遍亦非常。

b.無相故無虛空（虛空沒有相狀，故無虛空）。諸法各各有相，以有相故知有法。如地堅相，水濕相，火熱相，風動相，識知相，而虛空無相，故是「無」。

2.外曰：虛空有相，汝不知故無，「無色」是虛空相。

內曰：不然。無色名破色，非更「有」法。如斷樹，更無有法，是故無有虛空相。

a.汝說無色是虛空相，若色未生即是無色，但是時並無虛空相。

b.色是無常法，虛空是有常法。若色未有時，應先有虛空法，若未有，色無所滅，虛空則無相（若空中未有色，應有虛空，此時空中未有色而呈現無相)。若無相則無法，是故「無色」不是虛空相，虛空但有名而無實。

諸遍常亦如是總破。

（3）外曰：有時法，常相有故。有法雖不可現見，以共相比知故信有。如是時雖微細不可見，以節氣花實等故知有時。此則見果知因。復次，以一時不一時，久近等相，故知有時，無「不有」時是故常。

內曰：過去未來中無，是故無未來。如泥團時現在，土時過去，瓶時未來。此則時相常，故過去時不作未來時。汝經言「時」是一法，是故「過去時」終不作未來時，亦不作現時。若過去作未來者，則有雜過。又過去中無未來時，是故無未來。現在亦如是故。

1.外曰：受過去故有「時」。汝受過去時，故必有未來時，是故實有「時」。

內曰：非未來相，過去（是過去)。過去土不作未來瓶，若墮未來相中，是爲未來相，云何名過去？是故無過去。

2.外曰：應有「時」，自相有分別故。若現在有現在相，若過去有過去相，若未來有未來相，是故有時。

內曰：若三時有自相者，今盡應現在。若是未來，在今是爲無，若有，不名未來，應名已來，是故此義不然。

3.外曰：過去時未來時不行現在相，過去時行過去相，未來時行未來相，是名行自相，故無過。

內曰：若過去是「過去」的話，不叫過去，因爲過去已離自相（自身的相狀)。如火捨熱，不名爲火，因離熱的自相。若過去不過去者（過去沒有駛向過去)，今不應說過去時行過去相。未來亦如是破。是故「時」法無實，但有言說。

（4）

1.外曰：實有「方」，常相有故。日合處是方相，如我經說，若過去、若未來、若現在，日初合處是名東方，如是餘方隨日爲名。

內曰：不然。東方無初故（東方沒有開始）。日行四天下，繞須彌山。鬱丹越（四大洲中北方大洲）日中，弗于逮（東方大洲名）日出，弗於逮人以爲東方；弗於逮日中，閻浮提（南方大洲）日出，閻浮提人以爲東方；閻浮提日中，拘耶尼（西方大洲）日出，拘耶尼人以爲東方；拘耶尼日中，鬱丹越日出，鬱丹越人以爲東方。如是悉是東方、南方、西方、北方。

a.日不合處是中（中部），無方，以無相故。

b.方是不定的。此以爲東方，彼以爲西方，是故無實方。

2.外曰：不然。方相是就一天下（一個大洲）說而非以四大洲合起來一塊說，是故東方也非無初過（太陽初次升起的過錯）。

內曰：若是這樣，則方有邊（界限）。有邊故有分（部分），有分故無常。是故言說有方，實爲無方。

（5）外曰：雖無遍常，有不遍常，微塵是，果相有故。世人或見果知有因，或見因知有果，如見芽等知有種子。世界法見諸生物，先細後粗故，可知二微塵爲初果，以一微塵爲因，是故有微塵圓（周遍圓滿）而常，以無因故。

內曰：二微塵非一切身合（二微塵非是身體的所有部分都結合），果不圓故。諸微塵果生時，非一切身合。何以故？二微塵等果，若眼可見則不圓故。若微塵身一切合者（與身體的所有部合直接結合），二微塵等果亦應圓。

1.若身一切合，二亦同壞（同樣會壞滅）。若塵重合（重疊而結合）則果高。若多合（多次結合）則果大。以一分合（以一部分結合），故微塵有分（部分），有分故無常。

2.若有微塵，應該可以與虛空分別。是故微塵有分，有分故無常。

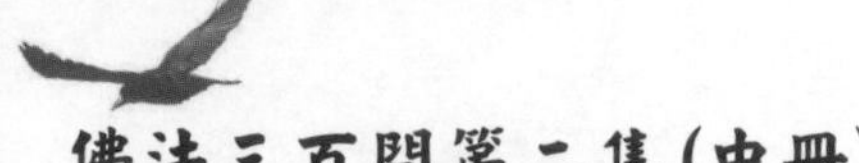

3.若微塵是有，應有色及味等部分，是故微塵有分，有分故無常。

4.若微塵有形體，應有長短方圓，是故微塵有分，有分故無常。微塵有分，則無常。故無微塵。

（6）外曰：有涅槃法，常無煩惱，(與）涅槃不異故。愛等諸煩惱永盡是名涅槃。有煩惱者，則有生死；無煩惱故永不復生死。是故涅槃爲常。

內曰：不然。涅槃作法故。因修道故無諸煩惱。若無煩惱，是即涅槃者，涅槃則是作法，作法故無常。

復次，若無煩惱，是名無所有。若涅槃與無煩惱不異者，則無涅槃。

1.外曰：涅槃爲無煩惱作因。

內曰：不然。能破（似是而非的駁論）非破。若涅槃能爲解脫者，則非解脫。

又，未盡煩惱時，應無涅槃。因爲無果故無因。

2.外曰：此涅槃非是無煩惱，亦非無煩惱因，是無煩惱果，是故非無涅槃。

內曰：縛、可縛、方便，異此（三者）無用。縛名煩惱及業，可縛名眾生，方便名八聖道。以道解縛，故眾生得解脫。若有涅槃異此三法，則無所用。

又，無煩惱是名無所有，無所有不應爲因。

3.外曰：有涅槃，是若「無」(如同沒有)。縛、可縛、方便三事無處，是名涅槃。

內曰：畏處何染？（敬服從那裡耽染）？若涅槃無有諸情及所欲事者，則涅槃於有爲法甚大畏處（有爲法最大敬服之處)。汝何故心染？涅槃名離一切著、滅一切憶想，非有非無，非物非非物，譬如燈滅，不可論說。

4.外曰：誰得涅槃？是涅槃何人得？

內曰：無得涅槃。我先說涅槃如燈滅。一切語滅，無可論說，是無所有，誰能得呢？

沒有涅槃，亦無得者。神或五陰皆不得涅槃，因神是常是遍，五陰是生滅。若言得涅槃，是世界中說。

（十）破空品第十

（1）外曰：應有諸法，「破」有故（因爲諸法有破滅）。若無破，餘法有故（還有別的不破滅之法）。

內曰：破如可破（斥破如同可以破）。

1.一非所執，異亦爾。一及異不可得，先已破，故無所執。

2.汝才是破人。說空人無所執，無執故非破人。汝執自法破他執，故汝是破人。

3.外曰：汝破他法時自法即成。

內曰：不然。成及破不一故。成名稱歎功德，破名出其過罪，難德及出罪不同。

復次，成有畏（對於成立畏服或有不信服），畏名無力。若人自於法畏，故不能成。於他法不畏，故好破。是故成及破不一。若破他法就是自成法，汝何故先言，說空人但破他法，自無所執？

4.外曰：說他執爲過，自執即成立。汝何以不自成法，但破他法？破他法故，即是自成法。

內曰：破他法自成法故，一切不成（一切法即不成）。破他法故自法成，自法成故一切不成（因破斥他法而自己所成立的言教，便一切都不能成立），一切不成故我無所成。

6.外曰：不然，因所立與世間相違。若諸法空無相者，世間人盡不信受。

內曰：是法世間信。是因緣法世間信受。因緣生法是即無相。

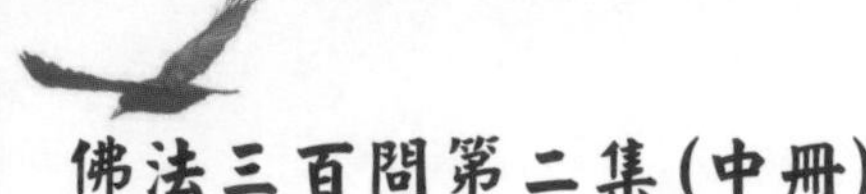

我法不爾，與世人同，故一切信受。

7.外曰：汝言「無執」，這無執即是執。又言我法與世人同，這即是「自執」。

內曰：無執不名執，如同無。我先說因緣生諸法，是故我無所執，無所執不名爲執。譬如言無是處實無，而非言「無」便有「無」可執。

8.外曰：汝說無相法，故是滅法人。若諸法空無相，此執亦無，是則無一切法，無一切法，故是名滅法人。

內曰：破滅法人，是名滅法人。我自無法，則無所破，汝謂我滅法而欲破者，才是滅法人。

9.外曰：應有法，因法有相待。若有長必有短，有高必有下，有空必有實。

內曰：何有相待？若無一（統一）則無相待，若「少許有」不空，應有相待。若無不空則無空，云何相待（相互依賴）。

10.外曰：「無成」就是一種「成」（即執無）。如室空無馬，則有「無馬」之執。如是汝雖言諸法「空無相」，而能生種種心，故應有「無」，是則無成是成（執無成即是一種有或成）。

內曰：不是這樣。這樣的有及無，都是一切無。我實相中種種法門，說有無皆空。何以故？若無「有」，則無「無」（因無由有所變），是故有無是一切無。

（2）外曰：破不是這樣，因自空（自性空）故。諸法自性空，無有作者，以無作故，不應有破。如愚痴人欲破虛空，徒自疲勞。（虛空空無一物，那有東西可破？）

內曰：雖自性空，取相（執取相爲自性有）故縛。一切法雖自性空，但爲邪想分別故縛，爲破是顛倒故言破，實無所破。如是諸法性空，眾生取相故著。爲破是顛倒故言破，實無所破。

（3）外曰：「無」之說法，大經內無故。汝破有破無，今墮非有非無，是非有非無不可說。何以故？有無相不可得故，是名

「無」的說法。

是無說法在「衛世師經「、「僧佉經」、「尼乾法」等大經中皆無，故不可信。

內曰：有第四（表現在第四方面）。汝上說的大經中亦有無說法。如「衛世師經」中，聲不名大不名小；「僧佉經」中，泥團非瓶非非瓶；「尼乾法」中，光非明非暗。如是等諸經有第四種無說法，汝信言無？

1.外曰：若空不應「有」說（不應有言說）。若都空，以無說法爲是者，今何以說善惡法教化耶？

內曰：隨俗語故無過。諸佛說法，常依俗諦及第一義諦，是二皆實，非妄語也。而隨俗語，故不墮妄語，我亦隨佛學，故無過。

2.外曰：俗諦無，不實故。俗諦若實，則入第一義諦，若不實，何必言諦？

內曰：不然，相待故，如大小相待。俗諦於世人爲實，於聖人爲不實。如是隨俗語，故無過。

3.外曰：知是過，得何等利？如初「捨罪福，乃至「破空」，如是諸法皆見有過，得何等利？

內曰：如是「捨我」名得解脫。如是三種破諸法，如初「捨」罪福，中破神，後破一切法，是名無「我」無「我所」。又於諸法不受不著，聞「有」不喜，聞「無」不憂，是名解脫。有解脫之利。

4.外曰：何以言名得解脫，而卻是不實得解脫耶？

內曰：因解脫是畢竟清淨。破神故無人（因斥破神，所以沒有人），破涅槃故無解脫。云何言「人」得解脫？於俗諦才說名解脫。

172.十二門論的大綱為何？

一、總論

所謂「十二門論」，指本論分十二章來講解「空觀」的道理，即序分所說「以十二門入於空義」。

十二門爲：觀因緣門、觀有果無果門、觀緣門、觀相門、觀有相無相門、觀一異門、觀有無門、觀性門、觀因果門、觀作者門、觀三時門、觀生門。

觀是般若正觀，是照達之意。

門有三義：第一、開通無滯，從正面申述佛教義理，進行入空義；第二、遮閉眾非；第三、發起無得之正觀。

1.從「觀因緣門」「觀有果無果門」「觀緣門」三章，討論一切事物沒有自性的問題，由因緣故空，所以被稱爲「性空品」。

2.從「觀相門」「觀有相無相門」「觀一異門」「觀有無門」「觀性門」「觀因果門」六章，討論「相」的問題，所以被稱爲「無相品」。性、相二俱不可得。

3.從「觀作者門」「觀三時門」「觀生門」三章，討論造作、生起、功用的問題，所以被稱爲「無作品」。

如此知「性」、「相」、「用」三者無不空寂，畢竟不可得，最後歸入「無生法忍」。

二、各論

（一）觀因緣門

1.眾緣所在法，是即無自性。若無自性者，云何有是法。

2.因緣有外因緣及內因緣。

外因緣：如泥團、轉繩、陶師等和合，故有瓶生。又如種子、地、水、火、風、虛空、時節、人功等和合，故有芽生。

內因緣：所謂無明、行、識、名色、六入、觸、受、愛、取、有、生、老死，各各先因而後生。

3.若法自性無，他性亦無，自他亦無。

（二）觀有果無果門

若果因中先有，則不應生；先無，亦不應生；先有無，亦不應生。

（1）因中有果

1.未生先有果：

a.若果因中先有而生，是則無窮。

b.生也本有果，不生也有果，則生與不生二者同時俱有，無有是處。

c.若未生定有者，生已則應無。

d.有與無相違，無與有相違。

e.有已先成，何用更生？

f.若有生，因中未生時果應可見，而實不可見。

2.果雖先有，以未變（還未發生變化）故不見。是事不然。

a.若泥中無瓶相、牛相、馬相等相，那到底是有何相而說先有？

b.若瓶等在泥中先有，若先有而變，也應當可見，而實不可得。

故先有變，但不可得見。是事不然。

c.有而不可見，有下列情形：太近不可知、太遠看不到、眼根壞了、心不住、有障礙、同境中（黑上黑點）、勝境中（鐘鼓聲蓋過捎拂聲）、太微細看不到。

變法及瓶等果法，不同於上八因緣，因爲上述八因緣只要與其因緣相反即可看見瓶果。如太近就遠一點看等。

3.未生時細，生已轉粗，是故生已可得，未生不可得。是事不然。

a.若爾者，因中則無果。

因中只有細，沒有粗，而粗是果，可見因中只有細而沒有粗的果。

b.若因中先有果，則因因相壞，果果相壞。

c.若不作，不名果。

d.若因中有果而不可得，應有相現。

e.若因中先有果生，則不應言因縷有疊，因蒲有席。

f.若果無所從作，則爲是常，如涅槃性。

g.若因中先有果生，則果更與異果作因，如疊與著爲因，如席與障爲因，而實不與異果作因。

h.了因但能顯發，不能生物。

i.若因中先有果生，則不應有今作、當作差別。

（2）因中無果

1.因中先無果而果生者，是亦不然。若無而生者，應有第二頭、第三手生。

如泥團中無瓶，石中亦無瓶，何故名泥團爲瓶因。

2.若因中先無果而果生者，則一一物應生一切物。如指端應生車馬、飲食等。

若因中先無果而果生者，則諸因不應各各有力能生果。如須油者，要從蔴取，不榨於沙。

3.我今不但破一事，皆總破一切因果。因中有果、無果、有無果，是三皆不成。

4.若因中無果而果生者，諸因相則不成。

（3）因中先亦有果亦無果，而果生，是亦不然。

1.有無性相違，云何一處？如明暗、苦樂、去住、縛解，不得同處。

2.果畢竟不生。有果、無果、有無果俱不生，故果畢竟不生。

（三）觀緣門

1.瓶等果，一一緣中無，和合中亦無，若二門中均無，云何從緣生。

2.四緣生諸法，更無第五緣，四緣即因緣、次第緣、緣緣、增上緣。

3.因緣：隨所從生法，若已從生、今從生、當從生，是法名因緣。

次第緣：前法已滅，次第生，是名次第緣。

緣緣：隨所念法，若起身業、若起口業、若起心心數法，是名緣緣。

增上緣：以有此法故，彼法得生，此法於彼法爲增上緣。

4.如是四緣，皆因中無果。

因中有果、緣中有果、緣及因有果，三者俱不可得。

緣及果均無故，一切有爲法空。有爲法空故，無爲法亦空。有爲、無爲法空故，云何有我耶？

（四）觀相門

1.有爲及無爲，二法俱無相，以無有相故，二法則皆空。

2.萬物各有有爲相。牛有牛的外相，瓶有瓶的外相，人有人的外相。

若生是有爲相，即應有三相（生、住、滅）。這三相又有三相，如是則有無窮過。

若生是無爲者，無爲不可分別生、住、滅三相，是故無三相。

生住滅空故，有爲法空。有爲法空故，無爲法亦空。有爲、無爲法空故，一切法皆空。滅有爲，名爲涅槃。是故涅槃亦空。

3.無生、無住、無滅，名無爲相。無生住滅，則無法，無法不應作相。

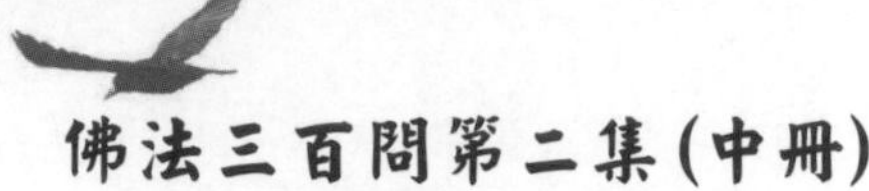

若謂無相是涅槃相，是事不然。無相是何相？是無？但無不可知。

（五）觀有相無相門

1.有相中相（名詞）無所相（表現，動詞），即有相之相，既已有相，無須再去表現出其相。

無相中相亦無所現，即既無相矣，已無相可以表現其相。

而離有相、無相，更無第三法可以相相（第一個相爲動詞之表相，第二個相爲名詞）。

2.相無所相故，可相法亦不成。可相即可以表相。

以是因緣故，相及可相俱空。相及可相空故，萬物亦空。離相、可相，更無有物。物無故，非物亦無。物、無物空故，一切有爲法皆空。有爲法空故，無爲法亦空。有爲、無爲空故，我亦空。

（六）觀一異門

1.相及可相（可以被表相的事物）二者是一是異，皆不可得。是故相、可相皆空。相、可相皆空故，一切法皆空。

2.識是相也是可相，是事不然，因識不能識自己。相是因，可相是果，因果不能爲一。

3.相，異於可相，是亦不然。因爲滅愛（相）與涅槃相（可相），二者其實不異，故不得言相、可相異。

4.可相中少分是相，如正見是道相，於道是少分。是事亦不然。因爲一也不是，異也不是，少分當然也不是。

5.如是種種因緣相及可相，一、異均不可得。更無第三法成相、可相。是故相、可相互俱空。所以一切法皆空。

（七）觀有無門

1.有無一時無，離無「有」亦無，不離無有「有」，有則應常無。

有無「一時」（同時）無，指有及無同時存在是「沒有」的。

離無，則有亦是無。指若離無則有，但此有亦是無。

離無「有」有，是錯的，因有與「無常」共生，而無常是滅相，故有也是無。

不離無常，「有」有，此有則應常無。

若離無常，「有」有生者，是亦不然。因離無常，有實不生。

無常雖共生，後乃壞有者，是事不然。

如是有無「共」不成，「不共」亦不成，是故有、無空。有、無空故，一切有爲空。一切有爲空故，無爲亦空。有爲、無爲空故，眾生亦空。

（八）觀性門

1.一切法空，因諸法無性，即自性空。

若諸法有性，則不應變異。但見一切法皆變異，故知諸法無性。此處的「性」是指自體。

不作法、不因待他，名爲性。若諸法有定性（有自體），則不應從眾緣生。但諸法從眾緣生，故知諸法無性，一切法空。

2.諸法無性是指其自性空，而非指諸法無。有二諦：世諦及第一義諦。自性指自體，不同於禪宗，自性指眞如佛性。

世諦即是世間法非無，而是假有。

第一義諦指萬法無自性。

若不因世諦，則不得說第一義諦。若不得第一義諦，則不得涅槃。故世間有生滅、有苦集滅道四諦、有四沙門果、有賢聖、

有佛法僧等，世間法並非無，而是自性空，是假有。

3.因緣法無自性故，我說是空。

若諸法不從眾緣生，則應各有定性五陰，不應有生滅相五陰。

諸法若有定性（有自體），則無苦滅聖諦及至苦滅道，是故人不受空，則無四聖諦。若無四聖諦，則無得四聖諦，若無得四聖諦，則無知苦、斷集、證滅、修道，亦無佛、法、僧，若無三寶，則壞世俗法。而實際上則不然，是故一切法空。（一切法均無自體）

（九）觀因果門

1.一切法空，何以故，諸法自無性，亦不從餘處來。

2.眾緣若一一中（每一種中），若和合中，俱無果。又是果不從餘處來。若果眾緣中無，亦不從餘處來者，是即爲空。果空故，一切有爲法空。有爲法空故，無爲法亦空。有無、無爲尚空，何況我耶？即我也空。

（十）觀作者門

（1）一切法空，何以故？自作、他作、共作、無因作，不可得故。

1.眾緣名爲他，眾緣作苦故，眾緣爲他，爲何不能言他作？

若眾緣名爲他，苦是從眾緣生，則是眾緣性。若既是眾緣性，云何名爲他？

2.眾緣亦不自性有，故不得自在。是故不得言從眾緣生果。

如是苦不得從他作、自作，共作亦不然，無因生亦不然。

（2）裸形迦葉問佛：「苦自作耶？」，佛不答。

1.苦實非我作。若我是苦因，因我生苦，我即無常。若我無常，則罪福果報皆悉斷滅，修梵行福報是亦應空。而實有罪福果報、梵行福報。

2.若我是苦因，則無解脫。而實有解脫。

3.若他作苦者，則爲是自在天。作如此邪見問故，佛亦不答。而實不從自在天作。因萬物若從自在天生，皆應似自在天，是其子故。

4.若自在天作眾生者，不應以苦與（給與）子。

（3）眾生從自在天生，苦樂亦從自在所生，以不識樂因，故與其苦。上說未得其是。

1.若眾生是自在天子者，唯應以樂遮苦，不應與苦。

2.彼若自在作者，不應有所須（自身以外有所需求）

3.若自在作眾生者，誰復作是自在？

4.若自在是作者，則於作中無有障礙，念即能作。

5.若自在作萬物者，爲住何處而作萬物？

6.若自在作者，何故苦行供養於他，欲及歡喜從求所願？

7.若自在作萬物，初作便定，不應有變，馬則常馬，人則常人。

8.若自在所作者，即無罪福、善惡、好醜，皆從白在作故，而實有罪福。

9.若眾生從自在生者，皆應敬愛，如子愛父，而實不爾，有憎有愛。

10.若自在作者，何故不盡作樂人，而盡作苦人。

11.若自在作者，眾生皆不應有所作。

12.若自在作者，善惡、苦樂事不作而自來，而實不爾。

13.若無因緣而自在者，一切眾生亦應自在，而實不爾。

（4）此經但破四種邪見，不說苦爲空。

說苦從眾因緣生，即是說空義。何以故？若從眾因緣生，則無自性。無自性，即是空。如苦空，當知有爲、無爲及眾生，一切皆空。

（十一）觀三時門

1.一切法空，因與有因法，前時（因前果後）、後時（因後果前）、一時（因果同時）生，不可得故。

是故三時因果皆不可得。

2.破（破斥）、可破（可以被破斥），二者在三時中亦不成。

因諸法空，無「破」，無「可破」。

3.先時因（因在前），如陶師作瓶（陶師是先因）；後時因，如因弟子有師（先有老師後有弟子，弟子是後時因）；一時因，如燈與明（燈與明同時有）。

以上三者，前時、後時、一時，都是因緣空，當知一切有爲法、無爲法、眾生皆空。

（十二）觀生門

如是生、不生、生時皆不成。生法不成故，無生、住、滅亦如是。生、住、滅不成故，則有爲法亦不成。有爲法不成故，無爲法亦不成。

有爲、無爲法不成故，眾生亦不成。是故當知一切法無生，畢竟空寂故。

173-1.大智度論的大綱為何？

一、總論

大智度論，又稱智度論、摩訶般若釋論，是解釋「大品般若經」之釋論，龍樹著，後秦鳩摩羅什譯，共一百卷。

本論主張「性空幻有」的論點，先舉出法相的各種不同解釋，最後歸結爲實相無相、法性空理。

二、各論

（一）緣起論

佛以何因緣故說「摩訶般若波羅蜜經」？

佛於三藏中廣引種種諸喻，爲聲聞說法不說菩薩道，佛今欲爲彌勒等廣說諸菩薩行，是故說「摩訶般若波羅蜜經」。

1.有菩薩修念佛三昧，佛爲彼等欲令於此三昧得增益故。

2.佛受請說法。諸法甚深者般若波羅蜜，以是故說。

3.有人疑佛不得一切智。欲斷一切眾生疑，以是故說。

4.自現最妙功德，出大神力，佛欲宣示一切諸法實相斷一切眾生疑結故。

5.佛欲令眾生歡喜故。

6.一切眾生爲結使病所煩惱，無始生死已來，無人能治此病者，常爲外道惡師所誤，是故佛說。

7.有人念言，佛與人同，亦有生死，實受飢渴寒熱老病苦，佛欲斷彼意，故說。

8.如是等人於第一義中失涅槃正道，佛欲拔此二邊令入中道，故說。

9.分別生身法身供養果報故，故說。

10.欲說阿鞞跋致（不退轉）、阿鞞跋致相故說。爲當來世人供養般若波羅蜜因緣故，又欲授三乘（聲聞、緣覺、菩薩）記別故。

11.佛欲說第一義悉檀相故。

12.欲令長爪梵志等大論議師，於佛法中生信故。

13.諸佛有二種說法，一者觀人心隨可度者，二者觀諸法相。今佛欲說諸法實相故。

（二）大小乘的關涉

（1）欲辯二乘義故，佛乘及聲聞乘。

聲聞乘陋小，佛乘廣大；聲聞乘自利自爲，佛乘益一切；聲聞乘多說眾生空，佛乘說眾生空、法空。

摩訶衍經初何以不但說菩薩眾？

摩訶衍廣大，諸乘諸道皆入摩訶衍。

聲聞乘狹小，不受摩訶衍。

（2）何等名菩提？何等名薩埵？

菩提名諸佛道。薩埵名或眾生或大心。

大心：是人諸佛道功德盡欲得其心，不可斷不可破，如金剛山，是名大心。

菩提薩埵：菩薩心自利利他故，度一切眾生故，知一切法實性故，行阿耨多羅三藐三菩提道故，爲一切賢聖之所稱讚故，是名菩提薩埵。是人爲一切眾生脫生老死故索佛道，是名菩提薩埵。

（3）十二因緣法，種種法門能巧說。

煩惱、業、事法次第展轉相續生，是名十二因緣。

是中，無明、愛、取名煩惱；行、有名業；餘七分名爲體事。

無明、行過去世攝；生、老死未來世攝；中八現世攝。

若一心觀諸法實相清淨則無明盡，無明盡故行盡，乃至眾苦和合集皆盡。是十二因緣相，如是能方便不著邪見爲人演說，是名爲巧。十二因緣觀中，斷法愛，心不著，知實相，是名爲巧。

（4）三十七品是聲聞辟支佛道，六波羅蜜是菩薩摩訶薩道，何以故於菩薩道中說聲聞法？

菩薩摩訶薩行般若波羅蜜，悉學一切善法一切道，所謂乾慧地乃至佛地。

佛以大慈故，說三十七品涅槃道。隨眾生願、隨眾生因緣，各得其道。

（5）何以故以此三事（陀羅尼、諸三昧、等忍）次第讚菩薩摩訶薩？

1.陀羅尼：秦言（中國語言）能持，或言能遮。

能持：集種種善法，能持令不散不失，譬如完器盛水水不漏散。

能遮：惡不善根心生，能遮令不生，若欲作惡罪，持令不作，是名陀羅尼。

2.三三味：空、無作、無相。思惟近涅槃，令人心不高不下平等不動，是稱三三味。

a.空：觀五陰無我、無我所。知一切諸法實相，所謂畢竟空，是名空三味。十八空是名空三味。

b.無作：住是三味，不為後世，故起三毒，是名無作。不觀諸法若空、若不空、若有、若無等，不著有、不著無，是名無作三味。種種有中心不求，是名無作三味。

c.無相：緣離十相（色、聲、香、味、觸、男、女、色、心、非色非心）故，五塵男女生住滅故，是名無相。一切法無有相，一切法不受不著，是名無相三味。一切諸相破壞不憶念，是名無相三味。

3.等忍：

有二種等：眾生等、法等。

有二種忍：：眾生忍、法忍。

a.眾生等：一切眾生中，等心、等念、等愛、等利，是名眾生等。一切眾生中，不著種種相，眾生相空相一等無異，如是觀，是名眾生等。

b.等忍：若人是中心等無礙，直入不退，是名得等忍。

c.眾生等忍：得等忍菩薩，於一切眾生不瞋不惱，如慈母愛子，是名眾生等忍。

d.法等忍：善不善法、有漏無漏、有為無為等法，如是諸法入不二入法門，入實法相門，如是入竟，是中深入諸法實相時，心忍直入，無諍無礙，是名法等忍。

e.無生忍：已得解脫，空非空，是等悉捨，滅諸戲論。言語道斷，深入佛法，心通無礙，不動不退，名無生忍。

（三）五波羅密

一、般若波羅蜜是何等法？

（1）無漏慧根是般若波羅蜜相。一切慧中第一慧，是名般若波羅蜜。

若菩薩未斷結，云何得行無漏慧？

若菩薩未斷結，行相似無漏般若波羅蜜，是故得名行無漏般若波羅蜜，如聲聞人行暖法、頂法、忍法、世間第一法，先行相似無漏法，後易得生苦法智忍。

（2）若菩薩斷結使清淨，復何以行般若波羅蜜？

雖斷結使，十地未滿，未莊嚴佛土，未教化眾生，是故行般若波羅蜜。

斷結有二種：一者斷三毒，心不著人天中五欲；二者雖不著人天中五欲，於菩薩功德果報五欲未能捨離。

1.般若波羅蜜是有漏慧，何以故？

菩薩至道樹下乃斷結，先雖有大智慧，有無量功德，而諸煩惱未斷，是故言菩薩般若波羅蜜是有漏智慧。

2.從初發意乃至道樹下，於其中間所有智慧，是名般若波羅蜜。成佛時，是般若波羅蜜轉名薩婆若（一切智）。

3.菩薩有漏無漏智慧，總名般若波羅蜜，何以故？

菩薩觀涅槃、行佛道，以是事故，菩薩智慧應是無漏；以未斷結使，事未成辦故，應名有漏。

4.菩薩般若波羅蜜，無漏、無爲、不可見、無對。

5.是般若波羅蜜不可得相，若有若無、若常若無常、若空若實。是般若波羅蜜非陰界入所攝，非有爲非無爲，非法非非法，無取無捨，不生不滅，出有無四句，適無所著，不可觸，以邪見火燒故。

（3）上種種人說般若波羅蜜，何者爲實？

各各有理皆是實。

此般若中，有亦無，無亦無，非有非無亦無，如是言說亦無，是名寂滅無量無戲論法。是故，不可破不可壞，是名眞實般若波羅蜜，能破一切語言戲論，亦不有所破。

般若波羅蜜皆是實相，以「不住法住」般若波羅蜜中，能具足六波羅蜜。

（4）云何名不住法住般若波羅蜜中能具足六波羅蜜？

1.如是菩薩觀一切法，非常非無常，非苦非樂，非空非實，非我非無我，非生滅非不生滅，如是住甚深般若波羅蜜中，於般若波羅蜜相亦「不取」，是名「不住」法住。若取則爲住。

2.若不取者，云何得具足六波羅蜜？

我必當度脫一切眾生，以精進波羅蜜力故，雖知諸法不生不滅，如涅槃相，復行諸功德，具足六波羅蜜，因「不住」法住般若波羅蜜中。

二、云何名檀？

（1）檀名布施。心相應善思，是名爲檀。

從善思起身口業，亦名爲檀。有信、有福田、有財物三事和合時，心生捨法能破慳貪，是名爲檀。

1.檀有三種：或欲界繫、或色界繫、或不繫。

2.施有二種：有淨，有不淨。

不淨施：有爲求財、愧人、嫌責、畏懼、欲取他意、狂人令喜、自以富貴、憍慢自高等。

淨施：與上相違，名爲淨施。爲道故施，清淨心生，無諸結使，不求今世後世報，恭敬憐愍故，是爲淨施。

（2）云何名檀波羅蜜滿？

是名渡布施河到彼岸。

1.云何名不到彼岸？

譬如渡河未到而還，名不到彼岸。若能直進不退，成辦佛道，名到彼岸。如舍利弗被乞人乞其眼，乞者乞得其眼，嫌臭又唾而棄地並腳蹋，舍利弗一思惟不如自調（守戒），早脫生死。思惟是已，於菩薩道退回小乘，名不到彼岸。

檀有二種：一者魔檀，二者佛檀。

魔檀：若爲結使賊所奪，憂惱怖畏，是爲魔檀，名曰此岸。

佛檀：若有清淨布施，無結使賊，無所怖畏，得至佛道，是爲佛檀，名曰到彼岸，是爲波羅蜜。

若施有三礙，我與、彼受、所施者財，是爲墮魔境界。如菩薩布施，三種清淨，無此三礙，得到彼岸，爲諸佛所讚，是名檀波羅蜜。

此六波羅蜜能令人渡慳貪等煩惱染著大海到於彼岸，以是故名波羅蜜。

2.阿羅漢、辟支佛亦能到彼岸，何以不名波羅蜜？

阿羅漢、辟支佛亦能到彼岸，但與佛渡彼岸，名同而實異。

彼以生死爲此岸，涅槃爲彼岸，而不能渡檀之彼岸。

彼不能以一切物、一切時、一切種（種子或本源）布施，設能布施亦無大心。或以無記心（不善不惡心）或有漏善心或無漏心施，無大悲心，不能爲一切眾生施。

而菩薩施者，知布施不生不滅，無漏無爲，如涅槃相，爲一切眾生故施，是名檀波羅蜜。

3.云何名具足滿？

於一切眾生平等心施，施不求報，又得施實相（無相空），是名具足滿。

一切時常等施，心無悔惜，乃至頭目髓腦施而無吝，是爲具足滿。

a.菩薩從初發心至菩提樹下三十四心（八忍八智十六心及九無礙九解脫十八心），於是中間名爲布施具足滿。

b.七住菩薩得一切諸法實相智慧……皆發阿耨多羅三藐三菩提心，如是乃至十住，是名檀波羅蜜具足滿。

c.菩薩有二種身：一者結業生身；二者法身。是二種身中檀波羅蜜滿，是名具足檀波羅蜜。

d.檀有三種：一者物施，二者供養恭敬施，三者法施。是三種施滿，是名檀波羅蜜滿。

e.檀波羅蜜中，言財、施、受者三事不可得。

4.三事和合故名爲檀，今言三事不可得，云何名檀波羅蜜具足滿？

汝言有名故有是事。不然！如有草名朱利（賊），但草實非賊而名爲賊。

而且因緣會故有，因緣散故無。

心生有從實生，有從不實生。故名從不實中能令心生。

「有」有三種：一者相待有，二者假名有，三者法有。相待有，只是相待而有名，是中無實法。

假名有，是因緣合故假名爲有，如酪有色香味觸四事和合而假名爲酪。

5.亦不必一切物皆從因緣和合故有，如微塵至細故無分……云何可破？

至微無實，強爲之名。

若有極微色，則有十方分；若有十方分，是不名爲極微（還應有更小者）；若無十方分則不名爲色（色必有十個方向之部分）。

以是推求則微塵不可得。不言有微塵，是名分破空（分別破有而得空）。

復有觀空。四大圍虛空名為身，是身識（六識）動作、來往、坐起，假名為人，分分求之，亦不可得。復次，一切眾（五陰）、界（十八界）、入（十二入）中，我不可得。故施人不可得。我有種種名字，人天、男女、施人受人、受苦人受樂人、畜生等，是但有名而實法不可得。

6.若施者不可得，云何有菩薩行檀波羅蜜？

因緣和合故有名字，如屋如車實法不可得。財物，施人、受人不可得。

7.若施於諸法是如實相，無所破、無所滅、無所生、無所作，何以故言三事破析不可得？

如凡夫人見施者、見受者、見財物，是為顛倒妄見。佛為破妄見故，言三事不可得，實無所破。何以故？諸法從本已來畢竟空故。

三、尸羅

（1）云何為尸羅波羅蜜？

1.菩薩持戒，為佛道故作大要誓，必度眾生，不求今世後世之樂，不為名聞虛譽法故，亦不自為早求涅槃，一心持戒為生善處，見善人生智慧，得行六波羅蜜而得佛道，如是持戒為尸羅波羅蜜。

2.菩薩持戒心樂善清淨，不為畏惡道，亦不為生天，但求善淨，以戒熏心，令心樂善，是為尸羅波羅蜜。

3.菩薩以大悲心持戒得至佛道，是名尸羅波羅蜜。

4.菩薩持戒能生六波羅蜜，是則名為尸羅波羅蜜。

5.菩薩持戒不以畏故，亦非愚癡非疑非惑，亦不自為涅槃故，持戒但為一切眾生故，為得佛道故，為得一切佛法故，如是相名為尸羅波羅蜜。

6.若菩薩於罪不罪不可得故，是時名為尸羅波羅蜜。

（2）若捨惡行善是爲持戒，云何言罪不罪不可得？

若深入諸法相，行空三昧，慧眼觀故罪不可得。罪無故，不罪亦不可得。

（3）今眾生現有，云何言眾生不可得？

肉眼所見是爲非見，若以慧眼觀則不得眾生，如上檀中說，無施者、無受者、無財物，此亦如是。

1.若有眾生，是五眾耶（五眾的和合？）或離五眾耶？（離五眾別有眾生）

五眾是五，眾生是一，五不可當作一，故知五眾不得作一眾生。

2.五眾生滅無常相，眾生法從先世來到後世，受罪福於三界。

若五眾是眾生，譬如草木自生自滅，如是則無罪縛，亦無解脫，以是故知非五眾是眾生。若離五眾有眾生，如先說神常遍中已破。

3.離五眾則我見心不生。若離五眾有眾生，是爲墮常，則無生無死，何以故？生名先無今有，死名已生便滅。若眾生常者，應遍滿五道中。先已常有，云何今復來生？若不有生，則無有死。

（4）定有眾生，何以故言無？

若五眾（五陰）因緣有眾生法者，除五眾則別有眾生法，然不可得。

眼自見色，耳自聞聲，鼻嗅香，舌知味，身知觸，意知法空無我法，離此六事更無眾生。但諸外道輩顛倒見，言眼見色是爲眾生，乃至意能知法是爲眾生，又能憶念能受苦樂是爲眾生。不知除上六事相外，更無我人。

1.因眾生於五眾因緣而有，五眾無常，眾生亦應無常。若眾生無常，則不至後世，此不應理。

2.若如汝言，眾生從本已來常有，若爾者眾生應生五眾，五眾不應生眾生。今五眾因緣生眾生名字，無智之人逐名求實，以是故眾生實無。若無眾生，亦無殺罪，無殺罪故，亦無持戒。

3.是五眾深入觀之，分別知空，加夢所見，如鏡中像。殺五陰空相眾生亦復如是。

4.若人不樂罪，貪著無罪，是人見破戒罪人則輕慢，見持戒善人則愛敬，如是持戒則是起罪因緣。以是故言於罪不罪不可得故，應具足尸羅波羅蜜。

四、羼提

（1）云何名生忍？

有二種眾生來向菩薩：一者恭敬供養；二者瞋罵打害。爾時，菩薩其心能忍，不愛敬養眾生，不瞋加惡眾生，是名生忍。

（2）云何名法忍？

忍諸恭敬供養眾生及諸瞋惱淫欲之人，是名生忍。忍其供養恭敬法及瞋惱淫欲法，是爲法忍。

1.法忍者，於內六情不著，於外六塵不受，能於此二不作分別。何以故？內相如外，外相如內，二相俱不可得故，因是一相，因緣合故，其實空故。常清淨故，如眞際法性相故，不二入故（即不二），雖無二亦不一。如是觀諸法，心信不轉，是名法忍。

2.一切法有二種：一者眾生，二者諸法。法有二種：心法、非心法。非心法中有內有外，外有寒熱風雨，內有飢渴老病死。心法有二種：一者瞋恚、憂愁、疑等，二者淫欲、憍慢等。菩薩於此二法能忍不動，是名法忍。

五、精進

（1）汝先讚精進，今說精進相，是名何精進？

是一切善法精進中相。

（2）今說摩訶般若波羅蜜論議中，應說精進波羅蜜，何以故說一切善法中精進？

初發心菩薩於一切善法中精進，漸漸次第得精進波羅蜜。

（3）一切善法中精進多，今說精進波羅蜜，已入一切善法精進中。

爲佛道精進名爲波羅蜜。諸餘善法中精進，但名精進，不名波羅蜜。

六、禪定

（1）菩薩法以度一切眾生爲事，何以故閑坐林澤，靜默山間，獨善其身，棄捨眾生？

菩薩身雖遠離眾生，心常不捨，靜處求定，得實智慧，以度一切。

1.菩薩雖遠離眾生，遠在靜處求得禪定，以禪定清淨故，智慧亦淨。

2.若求世間近事，不能專心則事業不成，何況甚深佛道而不用禪定？禪定名攝諸亂心，若欲制之，非禪不定。禪定難得，行者一心專求不廢，乃當得之。

（2）云何方便得禪波羅蜜？

卻五事（五塵），除五法（五蓋），行五行（欲、精進、念、巧慧、一心）。

1.云何卻五事當呵責五欲？

哀哉！眾生常爲五欲所惱而猶求之不已。此五欲者得之轉劇，如火炙疥。

世人愚惑貪著五欲，至死不捨，爲之後世受無量苦。欲求禪定，皆應棄之。

2.貪欲之人去道甚遠。

若心著貪欲，無由近道。

瞋恚蓋者，失諸善法之本，墮諸惡道之因，諸樂之怨家，善心之大賊。

睡眠蓋者，能破今世三事：欲樂、利樂、福德，能破今世後世究竟樂，與死無異，唯有氣息。

悼悔蓋者，掉之為法破出家心，如人攝心猶不能住，何況掉散。

疑蓋者，以疑覆心故，於諸法中不得定心，定心無故，於佛法中空無所得。

除卻五蓋，其心安隱，清淨快樂。

3.若能呵五欲除五蓋，行五法（欲精進念巧慧一心）。

行此五法，得五支（覺、觀、喜、樂、一心）成就初禪。

-欲：欲於欲界中出欲，得初禪。

-精進：離家持戒，初夜、後夜專精不懈，節食攝心，不令馳散。

-念：念初禪樂，知欲界不淨狂惑可賤，初禪為尊重可貴。

-巧慧：觀察籌量欲界樂、初禪樂，輕重得失。

-一心：常繫心緣中不令分散。

a.初禪相有覺、觀、喜、樂、一心。

b.既得二禪，得二禪中未曾所得，無比喜樂。

c.行者以第三禪樂動故求不動處，以斷苦樂。

d.捨念清淨，入第四禪。無苦無樂，但有不動智慧。

（3）云何於五蓋無所捨？

1.貪欲蓋非內、非外、亦不兩中間。

貪欲若先生（先有生後有貪欲）、若後生、若一時生，是事不然。

2.貪欲、貪欲者不一不異。

（四）般若波羅密

（1）云何名般若波羅密？

諸菩薩從初發心。求一切種智，於其中間知諸法實相慧，是般若波羅密。

（2）若爾者不應名爲波羅蜜，何以故，未到智慧邊故。

（3）佛一切諸煩惱及習已斷，智慧眼淨，應如實得諸法實相。諸法實相即是般若波羅密。菩薩未盡諸漏，慧眼未淨，云何能得諸法實相？

菩薩智慧雖與煩惱習合而能得諸法實相，亦如前燈亦能照物。佛智慧盡諸煩惱習，亦得諸法實相，如後燈倍復明了。

（4）云何是諸法實相？

此中實相者，不可破壞，常住不異，無能作者。若菩薩觀一切法，非常非無常，非苦非樂，非我非無我，非有非無等，亦不作是觀，是名菩薩行般若波羅密。

是義捨一切觀，滅一切言語，離諸心行，從本已來不生不滅如涅槃相，一切諸法相亦如是，是名諸法實相。

（5）何以獨稱般若波羅密爲摩訶，而不稱波羅蜜？

摩訶，秦言大；般若言慧；波羅蜜言到彼岸。以其能到智慧大海彼岸，到諸一切智慧邊，窮盡其極故，名到彼岸。

能與眾生大果報，無量無盡常不變異，所謂涅槃。而其餘五波羅蜜不能爾。布施等離般若波羅蜜，但能與世間果報，是故不得名大。

智者入三種法門（蜫勒、阿毘曇、空門）。

（6）云何名蜫勒？云何名阿毘曇？云何名空門？

6.1.蜫勒門有隨相門及對治門。

1.隨相門：佛雖不說餘門，但說四念處，當知已說餘門（四正勤、四如意足、五根、五力）；佛於四諦中或說一諦或二或三。當知道諦已在中不相離故。

2.對治門：佛若說四念處可以對治四倒，則知已說四倒。若說四倒則已說諸結。說三毒，已知說三分八正道。若說三毒，當知已說一切諸煩惱毒。

十五種愛是貪欲毒；十五種瞋是瞋恚毒；十五種無明是愚癡毒。

若說三分八正道，當知已說一切三十七品。

如是等諸法名爲蜫勒門（意譯篋藏，迦旃延作明亦有亦空之理）。

6.2.阿毘曇門（意譯無比法，即發智六足等之小乘論）

云何名阿毘曇門？

如佛直說（即十二部經之修多羅），世間第一法不說相義，何界繫何因何緣何果報？從世間第一法，種種聲聞所行法乃至無餘涅槃，一一分別相義，如是等是名阿毘曇門。

6.3.空門

（1）生空

色生時但空生，色滅時但空滅。是中無吾我，無人無神。無人從今世到後世，除因緣和合名字等眾生，凡夫愚人逐名求實。

因緣生即是生空。

（2）法空

十二因緣無明乃至老死，若有人言是老死，若言誰老死，皆是邪見。

若有人言身即是神，若言身異於神，是二雖異，同爲邪見。

若說誰老死，當知是虛妄，是名生空；若說是老死，當知是虛妄，是名法空。

諸法皆空，是爲實。

1.若言神常、神無常；世間常、世間無常等均是邪見。

2.佛處處說觀有爲法無常、苦、空、無我，令人得道。

而有爲法亦非「無常」性。因善人若身壞死時，善心意識長夜以信、戒、聞、施、慧薰心故，必得利益上生天上。

若一切法念念生滅無常，佛云何言諸功德薰心故必得上生？

3.若無常不實，佛何以說無常？

佛隨眾生所應而說法，破常顛倒故說無常。說罪福業因緣百千萬劫不失，是對治悉檀，非第一義悉檀。諸法實相非常非無常，佛亦處處說諸法空，諸法空中亦「無」無常。是故說世間無常是邪見，是故名爲法空。

4.若一切諸法性常自空眞空無所有者，云何不墮邪見名無罪、無福、無今世後世。

無罪無福人，不言無今世，但言無後世。而不知觀身內外所有自相皆空，這是不同處。邪見人多行眾惡，斷諸善事，觀空人善法尙不欲作，何況作惡。

5.破果破因者，言無因無緣無罪無福，則是破因；無今世後世罪福報，是則破果。觀空人言皆空，則罪福因果皆無，與此有何等異？

邪見人於諸法斷滅令空，摩訶衍人知諸法眞空不破不壞。

6.觀空人亦言眞空無所有，與第三邪見（破因破果，破一切法，皆令無所有）與有何等異？

邪見破諸法令空，觀空人知諸法眞空不破不壞。

a.觀空人知諸法空，不取相、不戲論。

b.邪見人雖口說一切空，然於愛處生愛，瞋處生瞋，慢處生慢，癡處生癡，自誑其身。眞空人，心不動，一切結使生處不復生，種種煩惱不復著其心。

c.邪見人言無所有，不從愛因緣出；眞空名從愛因緣出，是爲異。

d.是見名爲邪見，眞空見名爲正見。

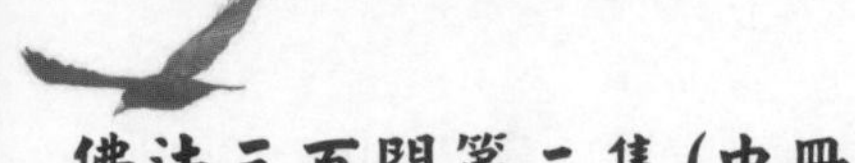

e.眞空中有空空三昧，邪見空雖有空而無空空三昧。

f.眞空人，先有無量布施、持戒、禪定，其心柔軟，諸結使薄，然後得眞空。邪見中無此事，但欲以憶想分別邪心取空。

g.若不得般若波羅蜜法，入阿毘曇門則墮有中；若入空門則墮無中；若入蜫勒門則墮有無中。

（7）菩薩雖知諸法一相，亦能知一切法種種相；雖知諸法種種相，亦能知一切法一相，菩薩如是智慧名爲般若波羅蜜。

1.菩薩觀一切法一相，所謂無相。

2.菩薩觀一切法一因，是一法諸法中一心生，

3.菩薩觀諸法有所因故有，如人身無常。

4.一切諸法無所因故有，如人身無常生滅故，因生滅故知無常。

5.菩薩觀一切法有相，無有「法無相」者。

6.菩薩觀一切法皆無相，是諸相從因緣和合生，無自性故無。

如地，色香味觸四法和合故名地，不得以四爲地，亦不得離四爲地。

6-1 我不以四爲地，但因四法故地法生，此地在四法中住。

若從四法生地，地與四法異。地若異此四法，應更有異根異識知，而知實無，故無有地。

6-2 若上說地相有失，應如阿毘曇說地相，地名四大造色，但地種是堅相，地是可見色。

若地是可見色，先已說其過失。地及地種也不應異。

6-3 是四大各各不相離，地中有四種，水火風也各有四種，但地中地多故以地爲名。

上說不然！若三大在火中，不熱則不名爲火；若熱則捨自性，皆名爲火。

故地相不可得。若地相不可得，一切法相也不可得。是故一

切法皆一相。

6-4 以無相破諸法相。

若有「無相」的相，則此「無相」的相也是一種法相。若「無相」不算法相，則不應批難「無相」，譬如火木（帶火的木）可以然（點燃）諸薪柴，又可以自燃。

是故聖人行無相，此無相三昧也破無相。

（8）菩薩觀一切法不合、不散、無色、無形、無對、無示、無說、一相，所謂無相。如是等諸法一相，云何觀種種相？

1.若諸法性眞空，云何分別諸法種種名字？何以不但說眞空性？

菩薩摩訶薩不說空是可得可著，若可得可著不應說諸法種種異相。若菩薩摩訶薩知不可得空，還能分別諸法，憐愍度脫眾生，是爲般若波羅蜜力。取要言之，諸法實相是般若波羅蜜。

2.一切世俗經書及九十六種出家經中皆說有諸法實相，又聲聞法三藏中亦有諸法實相、何以不名爲般若波羅蜜，而此經之諸法實相則獨名般若波羅蜜？

聲聞法中雖有四諦，以無常、苦、空、無我觀諸法實相，以智慧不具足，不能爲一切眾生，不爲得佛法故，雖有實智慧，不名般若波羅蜜。

諸菩薩但觀外緣中實相：非淨非不淨、非常非非常、非樂非苦、非空非實、非我非無我。如是等諸觀不著不得世俗法故，非第一義周遍清淨不破不壞。諸聖人行處，是名般若波羅蜜。

3.已知般若體相是無相無得法，行者云何能得是法？

佛以方便說法，行者如所說行則得，譬如絕崖險道假梯能上。又如深水因船得渡。

當具足是諸因緣：

a.行布施：財施因緣故得大富，法施因緣故得大智慧。能以此二施引導貧窮眾生，令入三乘道。

b.以持戒因緣故，生人天尊貴，自脫三惡道，亦令眾生免三惡道。

c.以忍辱因緣故，障瞋恚毒，得身色端正威德第一，見者歡喜敬信心伏，況復說法。

d.以精進因緣故，能破今世後世福德道法懈怠，得金剛身不動心，以是身心破凡夫憍慢，令得涅槃。

e.以禪定因緣故，破散亂心離五欲罪，樂能爲眾生說離欲法，禪是般若波羅蜜依止處。

（9）知欲界中多以慳貪罪業閉諸善門。

1.要行五波羅蜜，然後得般若波羅蜜，亦有行一二波羅蜜得般若波羅蜜耶？

波羅蜜有二種：一者一波羅蜜中相應隨行，具諸波羅蜜；二者隨時別行波羅蜜，多者受名。

相應隨行者，一波羅蜜中具五波羅蜜，是不離五波羅蜜，得般若波羅蜜。

隨時別行者，或因一因二得般若波羅蜜。

a.如破布絁中說，因布施實相解。一切法亦如是，是名因布施得般若波羅蜜。

b.若菩薩觀罪者不罪者心無憎愛，如是觀者，是名但行尸羅得般若波羅蜜。

c.不分別是忍事忍，法者深入畢竟空故，是名法忍，得是法忍，常不復瞋惱眾生，法忍相應慧，是名般若波羅蜜。

d.若智慧籌量分別諸法，通達法性，是時精進助成智慧，又知精進實相離身心如實不動，如是精進能生般若波羅蜜。

e.以是智慧依禪定一心觀諸法實相，是名禪定中生般若波羅蜜。

f.或有離五波羅蜜，但聞讀誦思惟籌量，通達諸法實相，是方便智中生般若波羅蜜。或從二或三四波羅蜜生般若波羅蜜。如聞說一諦而成道果，或聞二三四諦而成道果。

2.佛何以說三行：梵行、天行、聖行？

行無行故名爲聖行。一切聖行中不離三解脫門。

梵行、天行中因取眾生相故生，雖行時無過，後皆有失，又即今求實皆是虛妄。若賢聖以無著心行此二行則無咎。

若能如是行無行法皆無所得。顛倒虛妄煩惱畢竟不生，如虛空清淨故，得諸法實相，以無所得爲得。

如無所得般若中說，色等法非以空故空，從本已來常自空常自無所得。

3.若無所得無所行，行者何以求之？

答：無所得有二種：一者世間欲有所求不如意是無所得，二者諸法實相中受決定相不可得，故名無所得。如凡夫人分別世間法故有所得，諸善功德亦如隨世間心說有所得，諸佛心中則無所得。

173-2.大智度論的大綱為何？

（五）我法二空

（1）有二種空義：觀一切法空，所謂眾生空、法空。法空者，諸法自相空，如佛告須菩提：「色，色相空，受、想、行、識，識相空」。

1.法自相空，有法空故有罪福，若無法空不應有罪福。何以故？

2.諸法實相能滅諸苦，是諸聖人眞實行處。

3.佛爲眾生欲墮斷滅見者，說言有我受後世罪福。若人欲墮常見者，爲說言無無作我者受者，離是五眾假名，更無一法自在者。

（2）若爾者，何等爲實？無我是實。

無我是實，如法印中說，一切作法無常，一切法無我，寂滅是安隱，涅槃法印名爲諸法實相。

（3）若爾者，離我、無我二邊爲中道，今云何言無我是實，有我是方便說？

說無我有二種：一者取無我相、著無我；二者破我，不取無我，亦不著無我，自然捨離。如先說無我則是邊，後說無我是中道。

佛說有我無我有二因緣：一者用世俗說故有我，二者用第一實相說故無我。如是等說有我無我無咎。

（4）不應別說有無，有即是有我，無即是無我，何以更說？

不然！佛法有二種空：一者眾生空，二者法空。說無我示眾生空；說無有法示法空。說有我示知假名相不著我者；說有我於五眾（五蘊）中著我相者。爲破是著我故說，但有五眾，無常、苦、空、無我、寂滅涅槃是名有。

有二種斷見：一者無後世受罪福苦樂者，爲說有我，從今世至後世受罪福果報；二者一切法皆空無者，是邪見。爲是眾生說有一切法，所謂有爲無爲法。

1.不大利根眾生，爲說無我；利根深智眾生，說諸法本末空。何以故？若無我則捨諸法。

說我者，一切法所依止處；若說無我者，一切法無所依止。

2.佛法有二種說：若了了說則言一切諸法空；若方便說則言無我。

3.有我有法，多爲在家者說，有父母罪福大小業報。爲出家人多說無我無法，因出家人多向涅槃故。

4.有人信等諸根未成就故，先求有所得然後能捨；有人信等諸根成就故，於諸法不求有所得，但求遠離生死道，爲是人佛說諸法空無所有。

（5）若是二事皆實，佛何以故多讚歎空而毀呰有？

般若波羅蜜即是無所有空。佛或時說有法，爲教化眾生故。久遠當入無所有法藏中。

（6）若爾者，云何般若波羅蜜言若觀五眾空無所有非是道？

是般若波羅蜜中說有無皆無。如「長爪梵志經」中說三種邪見：一者一切有，二者一切無，三者半有半無。

若我受其中一見，則與另二人共諍，鬥諍故相謗，相謗故致惱。見是諍謗惱故，捨是無見，餘見亦不受，不受故即入道。

若不著一切諸法空，心不起諍，但除結使，是名爲實智。若取諸法空，起諍，下滅諸結使，依止是智慧，是爲非實智。

如佛所說，爲度眾生，故有所說，無不是實。但眾生於中有著不著，故有實不實。

（7）初說身無失、口無失、念無失，今復說身口意業隨智慧行，義有何差別？

先三種無失不說因緣，今說因緣隨智慧行故不失。佛先以智慧起身口意業故無失。我一切身口意業先以智慧，然後隨智慧行。

（8）三十七品雖無處說獨是聲聞、辟支佛道非菩薩道，以義推之可知。是三十七品但說涅槃法，不說波羅蜜，亦不說大悲，以是故知非菩薩道？

答：菩薩雖久住生死中，亦應知實道非實道，是世間是涅槃。知是已，立大願：「眾生可愍，我當拔出著無爲處。」以是實法行諸波羅蜜，能到佛道。以般若波羅蜜箭，射三解脫門空中，復以方便箭射般若箭，令不墮涅槃地。

1.菩薩摩訶薩求是道品實智時，以般若波羅蜜力故，能轉世間爲道果涅槃。何以故？三界世間，皆從和合生，故無有自性，是則爲空，空不可取，不可取相是涅槃。

2.聲聞、辟支佛法中，不說世間即是涅槃。何以故？智慧不深入諸法故。菩薩法中說世間即是涅槃，智慧深入諸法故。

佛告須菩提：色即是空，空即是色；受想行識即是空，空即是受想行識；空即是涅槃，涅槃即是空。

菩薩摩訶薩得是實相故，不厭世間，不樂涅槃，三十七品是實智之地。

（六）三假釋論

（1）有二種說，一者著心說，二者不著心說。今須菩提以不著心說空，佛不訶之。

1.須菩提常行空三味，知諸法空故。佛告須菩提：爲諸菩薩說般若波羅蜜，而菩薩畢竟空。是故須菩提驚言：云何名菩薩？佛即述成：菩薩如是從發心已來乃至佛道，皆畢竟空故不可得。若如是教者，是即教菩薩般若波羅蜜。

2.凡有二法：一者名字，二者名字義。如火能照能燒是其義，照是造色，燒是火大，是二法和合名爲火。但義與名二法不相合。而且火不在二法外、內、中間，火但有假名。菩薩亦如是：所謂名色，色事異，名事異。若定有菩薩，應更有第三事，而無有事則知假名。

眾生乃至知者、見者，皆是五眾因緣和合生假名法，是諸法實不生不滅，世間但用名字說菩薩、菩薩字。般若波羅蜜亦如是，皆是因緣和合假名法。十二處、十八界亦如是。

3.菩薩有二種，一者坐禪，二者誦經。坐禪者，常觀身骨等諸分和合故名爲身，一一推尋，皆無根本。

菩薩如是學三種波羅聶提：

a.法波羅聶提：五眾等法是名法波羅聶提。

b.受波羅聶提：五眾因緣和合故名爲眾生，諸骨和合故名爲頭骨，如根莖枝葉和合故名爲樹，是名受波羅聶提。

c.名字波羅聶提：用是名字取二法相，說是二種，是爲名字波羅聶提。

4.

a.眾微塵法和合故有粗法生，如微塵和合故有粗色，是名法波羅聶提。

b.名色有故爲人，名色是法，人是假名，是爲受波羅聶提。

c.取色取明故，名爲受多名字邊，更有名字。如樑椽瓦等名字邊，更有屋名字生，是爲名字波羅聶提。

d.行者先壞名字波羅聶提到受波羅聶提，次破受波羅聶提到法波羅聶提，破法波羅聶提到諸法實相中。

諸法實相即是諸法及名字空般若波羅蜜。

e.所謂般若波羅蜜亦不見般若波羅蜜名字，又不見菩薩及菩薩名字。用是智慧故破無明等諸煩惱。

用是不見亦不見智慧故，破「著」般若波羅蜜、般若波羅蜜名字，菩薩及菩薩名字。諸法實相清淨通達無礙。菩薩得如是智慧，若見若聞若念皆如幻化，皆是虛誑，以是故不著色等。住是無礙智慧中，增益六波羅蜜入菩薩位，得如是等利益。

5.佛多說法空，故反問須菩提：若諸法不空，頗有一法定是菩薩不？所謂色是菩薩不？乃至如是菩薩不？

菩薩知眾生空不可得故，應行般若波羅蜜。色是菩薩義，乃至無作畢竟空亦如是。

一切法不可得空般若波羅蜜。非但菩薩獨不可見，都無有法見法者。法性無量不可見故，是故諸法不見法性。諸法因緣和合生，無有自性畢竟空故。法性不見諸法色性、不見法性。法性不見色性，乃至識性（心性或識體）亦如是。離有爲性不得說無爲性，離無爲性不得說有爲性，是二法中攝一切法故。菩薩都無所見則無所畏。

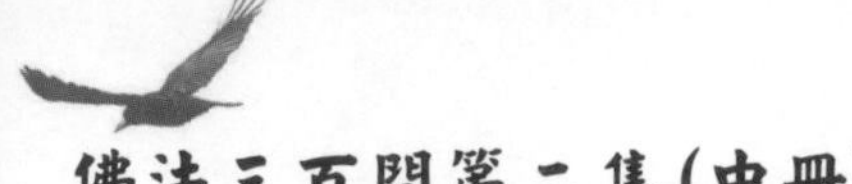

（2）若佛已說不恐畏因緣，須菩提何以故重問？

須菩提若謂法都空無所，恐墮邪見，因佛弟子得正見故名爲行道人，云何言都不可見？

佛說：言一切心、心數法不可得不可見故無畏。凡夫人欲入空中，見心、心數法可得，外法不可得故恐怖。菩薩以心、心數法虛妄不實，顛倒果報，不能示人實事，故不恐怖。

（3）若爾者，何以復有第三問？

心、心數法意識中可見，意及意識是心、心數法根本。因意識中多分別故生恐怖，五識時頃促（五識由根塵會頃刻而生），故無所分別。欲破怖畏根本，以是故重問無咎。

若菩薩能行如是般若波羅蜜，雖不見四種事：菩薩、菩薩字、般若波羅蜜、般若波羅蜜字，能三種因緣不畏，即是教菩薩般若波羅蜜。若但了菩薩般若波羅蜜相，是爲行菩薩般若波羅蜜，不從十方求，亦無與者，亦非如金銀寶物力求而得

173-3.大智度論的大綱為何？

（七）中道思想

（1）佛法中諸法畢竟空，而亦不斷滅；生死雖相續，亦不是常。

若諸法都空者，此品中不應說往生淨土。

畢竟空不遮生死業因緣，是故說往生。

何者是般若波羅蜜？

般若波羅蜜者，是一切諸法實相不可破不可壞。常是一邊，斷滅是一邊，離是二邊行中道，是爲般若波羅蜜。

1.無明是一邊，無明盡是一邊；乃至老死是一邊，老死盡是一邊；諸法有是一邊，諸法無是一邊。離是二邊行中道，是爲般

若波羅蜜。

內六情是一邊，外六塵是一邊，離是二邊行中道，是名般若波羅蜜。

2.離有、離無、離非有非無，不墮愚癡，而能行善道，是爲般若波羅蜜。

（2）十八空內空等，後皆言非常非滅故，此義云何？

1.行是空以破有，亦不著空，離是二邊以中道行。是十八空以大悲心以度眾生。是故，十八空後皆言非常非滅，是名摩訶衍。

般若波羅蜜中說諸法實相。

諸法實相中無戲論垢濁故，名畢竟清淨。

畢竟清淨故，能遍照五種法藏，所謂過去、未來、爲現在、無爲及不可說。

舍利弗言：

般若波羅蜜能照一切法，畢竟淨故。

般若波羅蜜能守護菩薩，救諸苦惱，能滿所願。

-言不著三界，因三界中三毒泥所不汙故。

-言破無明黑闇，因破一切愛等百八煩惱、我見等六十二見故。

-言一切助道法中最上，因以智慧爲本，分四念處等三十七品故。

-言安隱，因能斷生老病死等諸怖畏苦惱故。

-言能與光明，因是般若波羅蜜中攝五眼故。

-言能示正道，因離有邊無邊等諸二邊故。

-言一切種智，因菩薩住金剛三味，斷一切煩惱，微習令無遺餘，得無礙解脫故。

（3）菩薩用是畢竟空，學六波羅蜜乃至十八不共法，云何言無法可學？

1.舍利弗言：若凡夫人所見皆是不實，今是諸法云何有？

佛言：諸法無所有，凡夫人於無所有處亦以爲有。因凡夫人離無明邪見不能有所觀，以是故說著無所有故名爲無明，因著而以爲有。

2.何等法無所有著故名無明？

佛答：色乃至十八不共法。

a.名墮：因無明愛，憶想分別是明是無明，墮有邊無邊失智慧明；失智慧明故，不見、不知色畢竟空無所有相，自生憶想分別，而著乃至識眾（六識眾）十二入、十八界、十二因緣；或聞善法，所謂六波羅蜜乃至十八不共法，亦如世間法憶想分別著，聖法亦如是著，以是故名墮。

b.名爲凡夫小兒：佛今說凡夫所失故，言不能過三界，亦不能離二乘；不得聖人意故，聞說諸法空而不信，不信故不行，不住六波羅蜜乃至十八不共法，以失如是功德故，名爲凡夫小兒。

c.名爲著者：是小兒著五眾、十二入、十八界、三毒諸煩惱，乃至六波羅蜜、十八不共法、阿耨多羅三藐三菩提皆著，是故名爲著者。

3.若菩薩如是行，是名不行般若波羅蜜，不行般若波羅蜜，不得薩婆若。

佛言：如是，如是。

即爲說因緣，所謂新行菩薩無方便力，聞是般若波羅蜜，憶想分別，尋求欲取，作是念：我捨世間樂，復不能得般若波羅蜜，是爲兩失；專求欲得，或謂說空是般若波羅蜜，或說空亦空是般若波羅蜜，或說諸法如實相是般若波羅蜜。如是用六十二見、九十八使煩惱心，著是般若波羅蜜，乃至一切種智亦如是著，以是著心學諸法，不能得薩婆若。

4.所謂不見般若波羅蜜，不見行者，不見緣法，不見亦不見。

舍利弗更問不見之因緣？佛答：是菩薩入十八空故不見，非以無智故不見。

（八）般若與方便

（1）諸佛阿耨多羅三藐三菩提甚深，我當問佛所以甚深。

若人取如相，佛言如亦空，無生住滅故。若法無生住滅，是法即無。法性實際亦如是。

若有取畢竟空者，亦言非也。因若畢竟空是定相可取，即非畢竟空，是故言甚深。

須菩提問：般若不盡義？

佛答：如虛空不盡故，般若亦不盡；如虛空無有法但有名字，般若波羅蜜亦如是。

1.應生般若者，無明虛空不可盡故。若法從因緣和合生，是法無有定性；若法無定性，即是畢竟空寂滅相；離二邊故，假名為中道，是故說十二因緣如虛空無法故不盡。癡亦從因緣和合生故無自相，無自相故畢竟空如虛空。

2.因緣生故無實。是法定相不可得。一切法入如故。若得是無明定相，即是智慧，不名為癡，是故癡相智慧相無異。癡實相即是智慧，取著智慧相即是癡，是故癡實相畢竟清淨，如虛空無生無滅。是故說得是觀故回向阿耨多羅三藐三菩提，即名般若波羅蜜。

（2）若無無明亦無諸行等，云何說十二因緣？

1.說十二因緣有三種：一者凡夫肉眼所見顛倒著我心，起諸煩惱業，往來生死中。

2.二者賢聖以法眼分別諸法，老病死心厭，欲出世間，求老死因緣由生故。無煩惱人則不生，是故知煩惱為生因。煩惱因緣是無明，無明故應捨而取，應取而捨。

應捨而取：老病諸苦因緣煩惱應捨，以少顚倒樂因緣故而取。

應取而捨：持戒、禪定、智慧諸善根本是涅槃樂因緣，是事應取而捨。

是法無定相，但從虛誑因緣相續生。

3.三者諸菩薩摩訶薩大智人利根故，但求究盡十二因緣根本相，不以憂怖自沒，求時不得定相。「老」法畢竟空，但從虛誑假名有。頭白等是色相非老相，二事不可得故無老相。

4.菩薩觀諸法實相畢竟空，無所有無所得，亦不著是事故，於眾生中而生大悲。

須菩提言：若一切法性空，性空中無法及非法，亦無眾生，菩薩云何住是空中求一切種智？

佛答：菩薩安立性空中故，能行是布施等諸善法。

又問：性空破一切法，悉盡無餘，云何菩薩住性空中能行布施等諸善法？

佛言：菩薩知諸法實相，住是中能得阿耨多羅三藐三菩提。諸法實相者即是性空。

爲眾生說性空法，所謂色性空，受想行識性空，乃至爲眾生說一切種智，斷煩惱習性空法。十八空能令一切法空。性空無實住處，無所從來，去無所至，是名常住法相。常住法相是性空之異名，亦名諸法實相。菩薩住是中，見一切法性空，於阿耨多羅三藐三菩提不退、不疑、不悔。

不見諸法能障礙者，以方便力故度眾生。方便力者畢竟無法亦無眾生而度眾生。

（3）上來已處處說諸法性空，云何分別有善不善？

善名欲界中善法，喜樂果報；不善名憂悲苦惱果報；不動名生色無色界因緣業。菩薩知是三種業皆是虛誑不實，

住二空中爲眾生說法：畢竟空破諸法，無始空破眾生相。

住中道爲眾生說法：所謂五眾、十二入、十八界皆是空，如夢如幻乃至如化。

是菩薩方便力故，於顛倒中拔出眾生著破顛倒法中，譬如慳貪是顛倒法，以布施破慳貪法。以持戒拔出眾生令離欲、行禪定。種種因緣爲說布施、持戒、禪定無常過失，令住涅槃。

菩薩方便力故，先教眾生捨罪，稱讚持戒、布施福德；次復爲說持戒、布施，亦未免無常苦惱；然後爲說諸法空，但稱讚實法，所謂無餘涅槃。

（九）般若智慧答問

（1-1）須菩提問：云何行般若？云何生？云何修？

有人言，行者在乾慧地；生者得無生忍法；修者得無生忍法，後以禪波羅蜜熏修般若。

佛答：菩薩以般若波羅蜜利智慧力故，能破五眾通達令空，即是涅槃寂滅相。

1.名般若：從寂滅出，住六情中，還念寂滅相，知世間諸法皆是空、虛誑、不堅實，是名般若。

2.行般若：行般若無定相故不可得說若有若無。

3.生般若：言語道斷故空如虛空，是故說如虛空生。般若波羅蜜亦如是，能觀世間似如虛空，是名生般若波羅蜜。

4.修般若：般若波羅蜜捨一切法不著相故，是名修般若波羅蜜。

（1-2）佛自說涅槃法有三相，云何言無相？

1.生相先已種種因緣破生，畢竟不可得故，云何有無生？離有爲相、無爲相不可得，是故無爲但有名字，無有自相。

2.涅槃無相無量不可思議，滅諸戲論，此涅槃相即是般若波羅蜜，是故不應有心、心數法，如先品說。

3.先世無明顛倒邪見因緣故得是身，是身中心、心數法雖有

善因緣生，故無自性虛誑不實。因虛誑故果亦虛誑。般若波羅蜜眞故，心、心數法不行。

須菩提問：修般若波羅蜜得薩婆若不？

佛答：不。何以故？修名常行積集，皆應是心、心數力，是故言修，修尚不得，何況不修。能觀實相故言修，二俱有過故言不。

（2）菩薩應學色等諸法，今何以言學一切法不可說？

佛答：菩薩雖應學色等法，但應作不增不減故學。若菩薩學不生不滅法，即是學不增不減。

（3）云何學不生不滅？

1.問：云何學不生不滅。

答：不起不作諸行業若有若無故。

有名三有：欲有、色有、無色有。

無名斷滅邊，離八聖道強欲求滅。

以是二事，凡夫人起諸行業若善若不善。是菩薩知諸法實相，所謂不生不滅，是故不作三種業，不起業相應諸法，是名無作解脫門。不生不滅是無相解脫門。

2.問：何等方便故能不作不起作諸行業？

答：若菩薩能觀諸法自相空，所謂色、色相空，乃至阿耨多羅三藐三菩提、阿耨多羅三藐三菩提相空，菩薩爾時能作二事：一能不作不起諸行業，二能於一切法中行自相空。

3.問：若色等法自相空，云何菩薩應般若波羅蜜中行？

答：不行是名菩薩般若中行。般若波羅蜜體不可得，行者、行法、行處不可得。法空故行法、行處不可得；眾生空故行者不可得。

一切戲論不可得故，菩薩不行名爲般若波羅蜜行。

（4）若不行是般若行者，初發心菩薩云何應行般若？

1.佛答：初發心菩薩應學無所得法，無所得法即是無行學名。以方便力漸漸行，所謂布施時以無所得法故，應布施諸法實相畢竟空。應若多若少布施，布施物、與者、受者平等觀故，所謂皆不可得，乃至薩婆若亦如是。

2.問：云何有所得？云何無所得？

答：二相是有所得，無二相是無所得。二相者，眼一、色一，兩一和合名爲二。以眼故知是色，以色故知是眼，眼色是相待法。

（5）若不見色時亦有眼，云何眼不離色？

答：以曾見色故名爲眼，今雖不觀色，以本爲名。是故一切有爲法皆屬因緣，因屬果，果屬緣，無有定自在者乃至意法。凡夫無智各各分別，作善不善業，智者知是二法皆虛誑屬因緣，不以是二爲二。

（6）是二法即是有所得，不二法即是無所得。從有所得法中無所得，從無所得法中無所得爲緣諸法取相行道故，得是畢竟空無所得。若有所得中無所得者，有所得即是顛倒，行顛倒云何得實？從無所得中得無所得者，無所得即是無所有，無所有云何能生無所有？

佛以二俱過故不聽。

有所得無所得二事皆能平等觀。平等即是畢竟空無所得。因無所得破有所得事既辦，亦捨無所得，是名眞無所得者，無有過失。

（7）若般若不可得，菩提不可得，菩薩不可得，云何菩薩學般若，分別諸法相？

若菩薩行般若波羅蜜，色等法不可得，云何能具足檀波羅蜜等諸善法？云何能入菩薩位中？

答：菩薩不以得色等諸法相故行般若。

復問：爲何等事故行般若？

佛答：以無所得故行般若。何以故？一切法空、無相、無作、無起；般若波羅蜜、菩薩、菩提亦無相、無作、無起。

菩薩爲一切法實相故行般若，非以顚倒故。

（8）雖以名相爲眾生說無有實事，將無虛妄耶？

佛答：聖人隨世俗言說，於中無有名相著處。

凡夫說苦著名取相，諸佛及弟子，口說苦而心不著，若著，不名苦聖諦，苦諦即是名相等，無有定實。凡夫著者亦是名相，無有定實。若空名相中著名相者，空亦應著空。凡夫苦諦相但有名相，名相亦不住名相中。菩薩入是名相等諸法門中，住是名相般若中，應觀一切法無有實。

（9）若一切法但有名相，菩薩爲何等故發心？

1.佛答：若一切法但有名相者，名相中名相亦空，是法皆畢竟空。入如、法性、實際中，是故菩薩能發阿耨多羅三藐三菩提，乃至能以三乘度眾生。今菩薩知一切法名相等空，則離世間顚倒；亦知名相空，亦離名相空。如是離有離無處中道，能度眾生。菩薩行是中道般若，得一切種智。

2.問：若諸法實相中，若道若涅槃無所有，若無所有何以分別是須陀洹乃至辟支佛習氣未盡，佛習氣盡？

佛言：三乘聖人皆以無爲法而有差別，雖因無爲有差別，而有爲法中可得說。

問：實以無爲法故有差別耶？

答：世俗法語言名相故可分別，第一法中無分別。何以故？第一義中一切語言道斷，以一切心所行斷故。但以諸聖人結使斷故，說有後際，後際者所謂無餘涅槃。

問：諸法自相空故，前際不可得，何況後際？

答：自相空諸法中前後際不可得。

菩薩應以自相空法行般若，內外法乃至佛法不著故。

（10）上來說般若波羅蜜相，今何以更問？

答：般若波羅蜜相以何義故名般若？佛言以第一度一切法到

彼岸名般若波羅蜜。

第一度者，聲聞人以下智度，辟支佛以中智度，菩薩以上智度故名第一度。復次，煩惱有九種，上中下各有三品。智慧亦有九種：下下智慧從鈍根須陀洹來，乃至上下是第一聲聞舍利弗等；上中是大辟支佛；上上是菩薩。以上上智慧度故名第一度。

聲聞、辟支佛但總相（共相）度，於別相少；菩薩則一切法總相、別相皆了了知故名第一度。

菩薩度時智慧遍滿可知法中，二乘人可知法中不能遍滿，是故名第一度。第一度者，大乘福德智慧、六波羅蜜、三十七品具足滿故安隱度，又十方諸佛大菩薩諸天皆來佐助安隱得度。

1.佛說三乘人，以是般若波羅蜜度到彼岸，涅槃滅一切憂苦，以是義故名般若波羅蜜。

2.是般若波羅蜜中，一切法內外大小思惟籌量分別推求，乃至如微塵不得堅實，既到微塵，則不可分別，心、心數法乃至一念中亦不可分別。是般若波羅蜜中，心色二法破壞推求不得堅實，以是義故名般若波羅蜜。

3.般若名慧，波羅蜜到彼岸，彼岸名盡一切智慧邊，智慧名不可破壞相即是如、法性、實際，以其實故不可破壞。

4.般若波羅蜜無有法與法有合有散，畢竟空故是般若無色、無形、無對，一相所謂無相。

5.問：若深般若中義非義不可得，云何言菩薩爲深般若義故行般若？

答：諸法有三分，貪欲等諸煩惱是非義，六波羅蜜等諸善法是義，色等法無記故非義非非義。

惡法、善法、無記法一如相，無有義非義，如相無二無分別故。佛得道時不見一法若義、若非義。諸多法實相有佛、無佛常住，不作義、非義，若如是知即是義。但破分別心故，說義、非義不應行。菩薩應行是離義非義般若波羅蜜。

（11）何緣故般若非義，非非義？

答：一切法無作、無起相故無所能作，云何般若波羅蜜作義以非義。

（12）若一切諸佛及弟子皆以無爲法爲義，佛何以說般若波羅蜜不能作義以非義？

答：一切聖人雖以無爲法爲義，不作義以非義，無增無損故。

虛空無法故無有義以非義，何況虛空如？

虛空雖無法，一切世間因虛空故得有所作。般若波羅蜜亦如是，雖無相、無爲而因般若能行五波羅蜜等一切沸道法，以著心故說般若無義非義。無著心故說第一實義，以世諦故說言義，第一義中無有義。

般若有二種：一者有爲，二者無爲。學有爲般若，能具足六波羅蜜，住十地中；學無爲般若，滅一切煩惱習，成佛道。

（13）菩薩學無爲般若，得一切智，云何言無義？

答：雖得薩婆若，不以二法故，得分別取相者，是名二法。

復問：不二法能得不二法耶？

答：不也。何以故？不二法即是無爲，無爲無有得不得相，是無爲法不可行故。

復問：可以二法得不二法不？

答：不也。何以故？二法虛誑不實故，云何行不實而得實法？

復問：若不以二、不以不二，云何當得一切種智？

答：無所得即是得。此中二不二即是無分別，皆無所得。是無所得不以有所得爲行。

雖行有爲法，得是無所得，心不取相故無所得。何以故？與空、無相、無作合行故。

（十）般若釋論之餘

（1）佛反問：何以名爲大波羅蜜？

須菩提答：色等諸法不作大不作小故。

1.凡夫人於色或作大或作小，隨憶想分別故破諸法性。

般若波羅蜜隨色性如實觀不作大小。不合不散者，般若波羅蜜，不說微色和合更有色生，但有假名無有定相色，是故無合無散。

般若波羅蜜遠離空實故，言非量非無量。

般若波羅蜜知和合相，不說一法有力，不說言無力。故名摩訶般若波羅蜜。

2.眾生不生，如色等諸法，生相不可得，此不生二法攝一切法，若眾生若法。此二法因緣故和合生，但有假名，無有定性。若法無定性，此法即是無生。

3.眾生力不成就故，般若波羅蜜力亦不成就者。先說一切法從因緣和合生，各各無自力。般若波羅蜜知諸法各各無自力故，無自性；無自性故空。般若波羅蜜從諸法生故無自力，無自力故亦同諸法畢竟空。

是故

（2）先說色等諸法不作有力，不作無力，今何以更說眾生及色等諸法力不成就故，般若波羅蜜力亦不成就？

1.答：上說般若觀諸法，不作有力，不作無力，聽者謂般若波羅蜜能作是觀，即有大力，是故此中說，眾生色等力不成就故，般若波羅蜜力亦不成就。如是等種種因緣故，名摩訶波羅蜜。

2.問：何等是阿鞞跋致（不退）深奧處？阿鞞跋致菩薩住是深奧處，能具足六波羅蜜、四念處乃至一切種智？

答：空等乃至涅槃，是名深奧。

（3）諸有法種種細分別，人不解故有深，空無所有以何爲深？

分別解諸有相，內不見有我，外不見定實法。得是空已，觀一切法相皆是虛誑有諸過罪。若滅諸相，更不作願生三界。此空是得道空，非但口說，是故言深。

1.空亦復空，若著是空則有過失，是不名深。若空從破邪見有故出，是爲深。若於空中亦不著空故亦深。

2.觀五眾生（五蘊）滅，破常顛倒，觀畢竟空，破生滅。因空中無無常，無生滅故。

破生滅，故言無生滅，亦不著是不生不滅，名爲深。

如法性實際爲深涅槃，諸梵天等九十六種道所不能及故深。

3.涅槃中一切得道人，入者永不復出，故深。

（4）此中說空等法深，是何等空？

1.有人言，三三昧：空、無相、無作、心數法名爲定，定故，能觀諸法空。

有人言，外所緣色等諸法皆空，緣外空故名爲空三昧。

此中說離是二邊說中道，所謂諸法因緣和合生。是和合法無有一定法故空。是畢竟從本以來空，非佛所作，示非餘人所作。

是空相不是一切諸法實體，不因內外有是空，有種種名字，所謂無相、無作、寂滅、離涅槃等。

2.問：但涅槃甚深，諸法不甚深耶？

答：色等如故甚深，色等如即是正觀。所謂如非是色非離色。

佛以微妙方便力故，令菩薩離色等諸法處於涅槃，亦不著涅槃、亦不住世間，是微妙方便。

佛言：如是甚深法與般若相應，觀察籌量等一念生時，得無量無邊阿僧祇福德。

（5）須菩提問佛以初心得無上道，爲用後心得者？

1.不但以初心得，亦不離初心得。初心集種種無量功德，後心則具足。具足故能斷煩惱習，得無上道。

2.汝自見炷焦，非初非後而炷焦。我亦以佛眼見菩薩得無上道，不以初心得，亦不離初心；亦不以後心得，亦不離後心，而得無上道。

（6）上處處已說空、無相、無作乃至無起、無所有是般若相，今諸天子何以復問何等是般若相？

1.是般若波羅蜜如幻化，如似可得而無定相可取，唯諸佛能正遍知其相，諸天子雖有利智不能了知故問？

2.是諸天子有後來者不聞故問。

佛答天子空等是般若波羅蜜相。

空相：內外空等諸空。

無相相：若諸法空者即是無有男女、長短、好醜等相，是名無相相。

無作相：若空無相不復生願著後世身，是名無作相。

三解脫門是初入般若波羅蜜相，三乘共有。

不生不滅、不垢不淨、無所依止虛空等，是般若波羅蜜深相。

佛憐愍眾生，以世諦故說空等諸相，非以第一義諦。

3.問：行者云何生般若波羅蜜？

答：若行者觀色等諸法不生相，是則生般若波羅蜜。

問：云何觀色等不生故，般若波羅蜜生？

答：色等因緣和合起，行者知色虛妄不令起，不起故不生，不生故不得，不得故不失。

問：般若無生緣處，如是般若與何法合？終歸何處住？得何果報？

答：般若波羅蜜無生相故無所合。若般若波羅蜜有法合者，若善若不善等，是不名般若波羅蜜。今無所合故，入般若波羅蜜數中。

（7）帝釋已知一切法不合，何以獨問薩婆若（一切智）不合？

帝釋貴重「深著」是般若，於薩婆若愛未斷故。

般若波羅蜜薩婆若亦不合，一切法畢竟無生故。此中佛爲破斷滅邪見故，說合般若波羅蜜，不如凡夫人取相著名作起有爲法合，而是如佛心合。

（8）云何如佛心合？

答：一切相虛誑故，不取相。

1.不受：一切法中有無常等過咎故，不受。

2.不住：吾我心縛著世間皆動相故，不住。

3.不著：能生種種苦惱，後變異故，不著。

4.不斷：一切世間顛倒，顛倒果報不實，如幻如夢，無所滅故，不斷。

5.是故佛不著法，不生高心，入畢竟空善相中，深入大悲以救眾生，菩薩應如佛心合。

6.一切法無合不合，取是空相，言般若空無所有，不牢固，是亦失般若波羅蜜。

7.問：若信般若波羅蜜，信何法？般若波羅蜜空亦不可得，爲決定心，信於何法？

答：色等一切法不可信。何以故？色等一切法自性不可得故，不可信。

（9）若一切諸念空，云何菩薩不離薩婆若念？空中菩薩不可得，薩婆若亦不可得。

1.佛答：若菩薩知一切法離自性，非聲聞辟支佛所作，亦非佛所作，自從因緣出，諸法法相、如、實際、常住世間，即是菩薩不離般若波羅蜜行。

2.問：若般若波羅蜜性空，云何菩薩與般若合，得無上道？

答：若菩薩與般若波羅蜜合則不增不減。諸法如、法性、實際、不增不減故，般若波羅蜜不增不減。

如、法性、實際即是般若波羅蜜。

世間法非一即是二，不異即是一，般若波羅蜜則不爾。是故般若波羅蜜無量無邊，空、無相、無作故不增不減。若菩薩得是不增不減，則能得阿耨多羅三藐三菩提。

3.凡夫著我心故有畏，是菩薩我相斷故無所畏，當知是菩薩即住阿鞞跋致地，亦能正行般若。

（10）般若波羅蜜觀一切空不牢固，是空相為行般若不？

1.佛言：不也。何以故？若空無有法，云何般若。

問：離是空更有法，行般若不？

答：不也。何以故？若一切法空、無相、無作，云何離空更有法，是故說不。

問：般若行般若不？

答：法不自行，應以異法行，是故言不。

問：離般若更有法行般若不？

答：不。何以故？一切法攝在般若中，更無法行般若。

2.今問名字因緣

問：五眾行般若不？

答；不。何以故？是五眾從虛誑和合因緣不自在故無住相，云何能行。

問：若菩薩假名字空不實故不行般若，今六波羅蜜等諸助道法，行般若波羅蜜不？

答：不。何以故？如五眾和合有故不能行。是諸法亦如是，色等法空相不牢固。

問：如法相、法位、法住、實際，是法行般若不？

答：是法無為法不生不滅常住自性故不行。

問：假名字故人不行。諸法亦和合因緣生，無自性故亦不行。誰當行般若？若不行，云何得無上道？

佛反問：於汝意云何？汝以慧眼見，定有一法行般若不？

答：世尊，不見有行般若者。

問：汝見是般若波羅蜜菩薩行處不？

答：不見。何以故？般若波羅蜜中，一切諸觀滅，若常、若無常、若生滅等無一法定相，是般若云何當說是般若波羅蜜。

佛復問：汝以智慧眼不見法，是不見法爲有爲無？

答：無。何以故？佛說智慧眼實，肉眼、天眼虛誑；須菩提以慧眼觀不見故言無。

復問：若法無不可得，是法有生不？

答：不生。是法本自無，畢竟空，無所有，是法有無等戲論已滅，云何有生。

佛語須菩提：若菩薩於是法中通達無礙，信力智慧力故能住是法中，是名無生忍。五眾中假名菩薩得如是法，是名行般若波羅蜜。世俗法故說第一義。第一義中諸戲論語言即是無生。得是無生忍便受無上道記。

174.肇論的大綱為何？

一、總論

作者是僧肇。旨在闡述中觀般若性空學。僧肇同時著有「維摩經注」，又先後寫成「不眞空論」和「物不遷論」等發揮般若性空之義。爲紀念羅什大師，又著「涅槃無名論」。肇論可說是佛教般若學取代玄學的推動爲最具影響力。

現存的肇論爲南朝梁陳時人所編。其中四篇重要的論文在南朝時陸澄所編的「法論目錄」已有載錄。

二、各論

（一）宗本義

1.本無、實相、法性、性空、緣會等是同一義。一切法緣會而生，緣離則滅。

如其眞有，有則無滅。

2.雖今現有，有而性常自空，即自性空。

性常自空，故謂之性空，性空故，故曰法性。法性如是，故曰實相。實相自無，非推之使無，故名本無。

3.雖觀有而無所取相。然則法相爲無相之相，聖人之心爲住無所住矣。三乘等觀性空而得道也。

4.性空者，謂諸法實相也。見法實相，故云正觀，若其異者，便爲邪觀。設二乘不見此理，則顚倒也。

5.漚和（方便）般若者，大慧之稱也。諸法實相，謂之般若，能不形證（在形相中證其無形相），漚和（方便）之功也。適化眾生，謂之漚和；不染塵累，般若力也。般若之門觀空，漚和之門涉有。

6.泥洹（涅槃）盡諦（滅諦）者，直結盡而已，則生死永滅，故謂盡耳。無復別有一盡處耳（盡處即是生死滅處，而非另有盡處）。

（二）物不遷論

1.放光云：法無去來，無動轉者。

必求靜於諸動，故雖動而常靜；不釋動以求靜，故雖靜而不離動。

然則動靜未始異，而惑者不同。靜躁之極（原理），未易言也。

2.夫談眞則逆俗，順俗則違眞。違眞故迷性而莫返，逆俗故言淡而無味（引不起人們的興趣）。

3.道行經云：諸法本無所從來，去亦無所至」。中觀云：觀方知彼去，去者不至方。斯皆即動而求靜，以知物不遷明矣。

夫人之所謂動者，以昔物不至今，故曰動而非靜。我之所謂靜者，亦以昔物不至今，故曰靜而非動。

動而非靜，以其不來；靜而非動，以其不去。

往物既不來（過去物不來現在），今物何所往（往指回到過去）？何則？求向（向指過去）物於向（物在過去存在）；於向未嘗無，故知物不去（不離開過去）。責向物於今，於今未嘗有，以明物不來（物過去有，現在沒有，可見物不來現在）。如此，則物不相往來，明矣。

既無往返之微朕（跡象），有何物而可動乎？

4.若動而靜，似去而留，可以神會，難以事求。

是以言常而不住，稱去而不遷。不遷，故雖往而常靜，故靜而弗留；不住，故雖靜而常往，故往而弗遷。以上言動中有靜，靜中有動。

故談眞有不遷之稱，導俗有流動之說，雖復千途異唱，會歸同致（根本原理）矣。

5.是以人之所謂住，我則言其去；人之所謂去，我則言其住。然則去住雖殊，其致一也。人則求古於今，謂其不住；吾則求今於苦，知其不去。

今若至古，古應有今；古若至今，今應有苦。今而無古，以知不來；古而無今，以知不去。事各性住於一世，有何物而可去來。

（三）不眞空論

（1）不眞空之義是不眞，所以是空。

豈不以其即萬物之自虛（萬物自身本來即是虛假的），故物不能累其神明者也（神明是般若智慧）。

是以聖人乘眞心而理順，則無滯而不通；審一氣（不差別的一性）以觀化，故所遇而順適。

萬象雖殊，而不能自異（不同的自性）；不能自異，故知象非眞象；象非眞象，故則雖象而非象（假象）。

誠以即物順通，故物莫之逆；即僞即眞，故性莫之易。性莫之易，故雖無而有（有不變的性）；物莫之逆，故雖有而無。雖有而無，所謂非有；雖無而有，所謂非無。

經云：色之性空，非色敗（滅）空。以明夫聖人之於物也，即萬物之自虛（自性空），豈待宰割（剖析求空）以求通哉？

放光云：第一眞諦，無成無得；世俗諦故，便有成有得。有得即是無得之僞號，無得即是有得之眞名。

眞諦以明非有（空），俗諦以明非無（假有）。

（2）萬物果有其所以不有，故雖有而非有，有者非眞有；有其所以不無，故雖無而非無，無者不絕虛。

維摩經：說法不有亦不無，以因緣故，諸法生。

瓔珞經：轉法輪者，亦非有轉，亦非無轉，是謂轉無所轉。

以物非無，故邪見（世界絕對虛無）爲惑；以物非有，故常見不得。然則非有非無者，信眞諦之談也。

道行：「心亦不有亦不無」

中觀：「物從因緣故不有，緣起故不無」。

（3）若有不能自有，待緣而後有者，故知有非眞有。有非眞有，雖有不可謂之有矣。萬物若無，則不應起，起則非無，以明緣起，故不無也。

言有是爲假有，以明非無，借無以辨非有。

（4）欲言其有，有非眞生；欲言其無，事象既形。象形不即無，非眞非實有。然後則不眞即空義，顯於茲矣。

以名求物，物無當名之實，非物也；以物求名，名無得物之功，非名也。名實無當，萬物安在？

故知萬非眞，假號久矣。萬物之自虛，不假虛而虛物也。

故經云：不動眞際，為諸法立處。非離眞而立處，立處即眞也。

（四）般若無知論

（1）放光云：般若無所有相，無生滅相。

道行云：般若無所知，無所見。

此辨智照之用，而曰無相無知者，果有無相之知，不知之照？

以聖心無知，故無所不知，不知之知，乃曰一切知。

故經曰：聖心無所知，無所不知。信矣！

是以聖人虛其心而實其照，終日知而未嘗知也。

神無慮，故能獨王於世表（超然獨立於世外）；智無知，故能玄照於事外。

聖智者，欲言其有，無狀無名；欲言其無，聖之以靈（有如聖靈的功能）。聖之以靈，故虛（自性虛，即自性空虛）不失照；無狀無名，故照不失虛。

是以般若可虛而照，眞諦可亡而知。萬動可即而靜，聖應可無而為。斯則不知而自知，不為而自為。

（2）經云：眞般若者，清淨如虛空，無知無見，無作無緣。

斯則知自無知矣，豈待返照然後無知哉？若有知性空而稱淨者，則不辨於惑知。（無法與世俗之知的惑知區別）。

聖人以無知之般若，照彼無相之眞諦。眞諦無兔馬之遺（兔馬渡河有淺深之不同），般若無不窮之鑒。

（3）經云：般若義者，無名無說，非有非無，非實非虛。虛不失照，照不失虛，斯則無名之法，故非言所能言也。是以聖人終日言，而未嘗言也。

是以言知不爲知，欲以通其鑒（鑒是般若之鑒照）；不知非不知，欲以辨其相（相是無相之相）。辨相不爲無，通鑒不爲有。非有，故知而無知；非無，故無知而知。是以知即無知，無知即知。

（4）夫智以知所知，取相故名知。眞諦自無相，眞智何由知？

故所知既生知，知亦生所知。所知既相生，相生即緣法，緣法故非眞，非眞故非眞諦也。

中觀云：物從因緣有，故不眞；不從因緣有，故即眞。

智非所知亦非知，是以眞智之能知，觀眞諦之所知，未嘗取所知。眞智亦無能所。

（5）非無知故不取，又非知然後不取。知即不取，故能不取而知。

經云：盡見諸法，而無所見。

般若之知是，物無不是（是爲肯定），故是而不是；物無不當（當是相當，沒有不相當之物），故當而無當。

生滅者，生滅心也。聖人無心，生滅焉起？然非無心，但是無心心耳（無心之心）。又非不應（應會外物），但是無應應耳（無應之應）。則信若四時之質（春夏秋冬之運行），直以虛無爲體，斯不可得而生，不可得而滅也（聖人之應會外物，如四時之自然運行，以虛寂無爲爲根據，既不能使它生，也不能使它滅）。

（6）聖智之無與惑智之無有何不同？

聖智之無者，無知。無知即般若之無。

惑知之無者，知無。知無即眞諦之無也。

般若與諸法，亦不一相，亦不異相。

般若之內，用即寂，寂即用，用寂體一，同出而異名（同來源但名稱不同）。

（五）涅槃無名論

輒作「涅槃無名論」，論有九折十演。博采眾經，託證成喻，以仰述陛下無名之致。

今演論之作旨，曲辨涅槃無名之體，寂彼廓然排方外之談，條牒如左，謹以仰呈。

（六）九折十演者

1.開宗第一：標明全文宗旨。

1a.夫涅槃之爲道也，寂寥虛曠，不可以形名得；微妙無相，不可以有心知。超群有以幽升，量太虛而永久。

1b.經云：眞解脫者離於言數，寂滅永安，無始無終，不晦不明，不寒不暑，湛若虛空，無名無說。

論曰：涅槃非有亦復非無，言語道斷，心行處滅。

1c.本之有境，則五陰永滅，萬累都捐，與道通洞，沖（空虛）而不改，故大可爲有。

推之無鄉，而幽靈不竭，抱一（一指道）湛然，神而無功，至功常存，故不可爲無。

2.覈體第二；覈核涅槃非有非無之體。

3.位體第三：位是安立其位，即假借無名以安立涅槃非有非無之體。

4.徵出第四：徵求出於有無之外的涅槃之體。

5.超境第五：涅槃是超越有俗二法俗諦之境。

6.搜玄第六：搜尋涅槃不出有無又不在有無之玄境。

7.妙存第七：論述涅槃不出不在而體非斷絕之妙存。

8.難差第八：駁難三乘修證之差別。

9.辨差第九：分辨三乘之差別。

10.責異第十：詰問「彼岸無異，異在自我」之異。

11.會異第十一：會通上述之異。

12.詰漸第十二：詰難漸得無爲之義。

13.明漸第十三：闡明及鏡明「塵亦漸除，明亦漸現」之義。

14.譏動第十四：譏諷動義而明動之眞義即動而常寂，寂而恒動。

15.動寂第十五：明白動寂不二之理。

16.窮源第十六：窮究根源，即能證之眾生與所證之涅槃何者爲先？

17.通古第十七：古今相過，指證與所證、聖人與性空之理無古今先後之異。

18.考得第十八：考核不離諸法而得涅槃。

19.玄得第十九：不存得相而得涅槃。

175.辨中邊論的大綱為何？

一、總論

彌勒菩薩作「辯中邊頌」，贈與無著，無著從兜率天回來後教給世親大師，世親作了論釋，即此「辯中邊論」，唐玄奘帶回梵本譯出，另有眞諦譯本，藏文譯本（後三品合爲一品）及安慧譯本。此書有二部分組成，頌文及論文，前者彌勒名下，後者世親所著。

辯中邊就是辯明中道及二邊，令除邊見，以求中道。

玄奘譯本分上中下三卷，上卷：辯相品、辯障品、辯眞實品。中卷：辯修對治品、辯修分位品。

下卷：辯得果品、無上乘辯品。

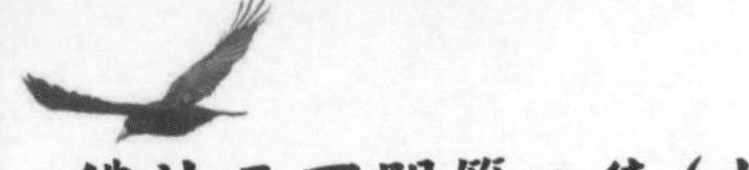

二、各論

（一）辯相品

（1）虛幻分別有九種相：有相、無相、自相、攝相、入無相、方便相、差別相、異門相、生起相、雜染相。

1.有相、無相：

a.有相謂有所取、能取分別，但有此虛妄分別。虛妄分別名有爲。由有空性、虛妄分別故，說非空。

b.無相謂於此虛妄分別，永無所取、能取二性，唯有空性。二取空性名無爲。由無所取能取性故，說非不空。

c.一切法非空非有，是則契中道。

2.自相：

識生變似四境：義（似色等諸境性現）、有情（似自他身五根性現）、我（染末那與我癡等恆相應）、了（餘六識了相粗）。

境非實有，故似義似根無行相，似我似了非眞現，皆非實有。

境無故識無者，謂所取義等四境無故，能取諸識亦非實有。

3.攝相：具攝三種自性：遍計所執自性（依止虛妄分別境）、依他起自性（依止虛妄分別性）、圓成實自性（依止所取能取空）

4.入無相方便相：依於境無所得故，後於識無所得生，由是方便入所取能取無相。

5.差別相：即是欲界、色、無色界諸心心所。

6.異門相：唯能了境總相名心，亦了，名爲受等諸心所法。

7.生起相：緣識者，謂藏識，是餘識生緣故。藏識爲緣，所生轉識，受用主故，名爲受者。

8.雜染相：

a.十二因緣：

覆障（無明）：由「無明」覆如實理，障眞見故。

安立（行）：由諸「行」植本識中業熏習故。

將導（識）：有取「識」引諸有情至生處故。

攝（名色）：謂「名色」攝有情自體故。

圓滿（六入）：謂「六內處」令諸有情體具足故。

三分別（觸）：謂「觸」能分別根、境、識三順、三受故。

受用（受）：謂由「受」支領納順、違、非二境故。

引起（愛）：謂由「愛」力令先業所引後有得起故。

連縛（取）：謂「取」令識緣順欲等連縛生故。

現前（有）：謂由「有」力令已作業所與後有諸異熟果現前故。

苦果（生、老死）：謂「生、老死」性有逼迫酬前因故。

b.三雜染：煩惱雜染（無明、愛、取）、業雜染（行、有）、生雜染（其他支）

c.二雜染：因雜染（煩惱支）、果雜染（所餘支）

d.七雜染：七種因：顛倒因（無明）、牽引因（行）、將導因（識）、攝受因（名色、六處）、受用因（觸、受）、引起因（愛、取、有）、厭怖因（生、老死）

（2）所知空性

1.空性之相：論曰：無二謂無所取能取，有無謂有二取之無。此即顯空無性爲性，故此相非有非無。空與虛妄分別非一非異。

2.空性異門：謂眞如、實際、無相、勝義性、法界。

眞如：由無變義，眞性常如，無轉易故。

實際：由無倒義，非諸顛倒，依緣事故。

無相：由相滅義，此中永絕一切相故。

勝義性：由聖智境義，是最勝智所行義故。

法界：由聖法因義，以一切聖法緣此生故，此中界者即是因義。無我等義如理應知。

3.空性差別：略有二種：雜染、清淨。

此空差別復有十六：內空：能食空者，依內處說即是內空。

外空：所食空者，依外處說即是外空。

內外空；此依身者，謂能所食所依止身，此身空故，名內外空。

大空：諸器世間說為所住，此相寬廣故名為大，所住空故名為大空。

空空：空智也空。

勝義空：勝義即如實行，所觀眞理即空。

有為空：有為法空。

無為空：無為法空。

畢竟空：於有情常作饒益，而觀空。

無際空：觀生死長遠無初後際為空。

無散空：為所修善至無餘依般涅槃位，亦無散捨而觀空故。

本性空：諸聖種性自體本有，非習所成說名本性，菩薩為此速得清淨而觀空。

相空：菩薩為得大士相好而觀此空。

一切法空：菩薩為令力、無畏等一切佛法皆得清淨，而觀此空。

無性空：補特伽羅及法，實性俱非有，名無性空。

無性自性空：此無性空非無自性，空以無性為自性故，名無性自性空。

4.空性的成立意義：

a.此若無雜染，一切應自脫；此若無清淨，功用應無果。

b.非染非不染，因心性本淨故；非淨非不淨，由客塵所染故。

5.此前空義總有二種，謂相、安立。相復有二，謂無及有。

空性有相，離有、離無、離異、離一以為其相。

應知安立即異門等。

（二）辯障品

（1）如是五障，隨其所應，說障菩薩及聲聞等二種種性。

1.有五障：具分障、一分障、增盛障、平等障、於生死取捨障。

具分障：謂煩惱障及所知障，於諸菩薩種性法中具爲障故

一分障：謂煩惱障，障聲聞等種性法故

增盛障：謂即彼貪等行

平等障：謂即彼等分行

於生死取捨障：謂取捨生死，能障菩薩種性所得無住涅槃，名於生死取捨障

2.九種煩惱相：謂愛等九種結。

愛結障厭：由此於順境不能厭離故。

恚結障捨：由此於違境不能棄捨故。

慢結障僞身見遍知：修現觀時有間無間我慢現起，由此勢力彼不斷故。

無明結障身見事遍知：由此不知諸取蘊故。

見結障滅諦遍知：由薩迦耶及邊執見佈畏滅故，由邪見謗滅故。

取結障道諦遍知：取餘法爲淨故。

疑結障三寶遍知：由此不信受三寶功德故。

嫉結障利養恭敬等遍知：由此不見彼過失故。

慳結障遠離遍知：由此貪著資生具故。

（2）障會「障礙」善等十種淨法如下：善、菩提、攝受、有慧、無亂、障、回向、不怖、不慳、自在。

1.善有三障：無加行、非處加行、不如理加行

2.菩提，有三障：不生善法、不起正思惟、資量未圓滿

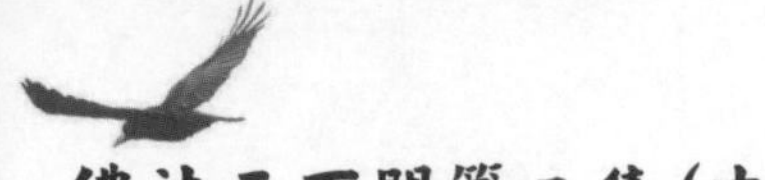

3.攝受，有三障：闕種性、闕善友、心極疲厭性

4.有慧，有三障：闕正行、鄙者共住、惡魔者共住

5.無亂，有三障：顛倒粗重、煩惱等三障中，隨一有餘性、能成熟解脫慧未成熟

6.障，有三障：俱生粗重、懈怠性、放逸性

7.回向，有三障：貪著諸有、貪著資財、心下劣性

8.不怖，有三障：不信重補特伽羅、於法無勝解、如言而思義

9.不慳，有三障：不尊重正法、尊重名譽利養恭敬、於諸有情心無悲愍

10.自在，有三障：匱聞、少聞、不修治勝三摩地

（3）障礙善之障礙有那些：

1.生起障：謂於其善，以諸善法應生起故

2.安住障：謂於菩提，以大菩提不可動故

3.任持障：謂於攝受，以菩提心能任持故

4.照了障：謂於有慧，以有慧性應照了故

5.變壞障：謂於無亂，轉滅迷亂名變壞故

6.分離障：謂於無障，此於障離繫故

7.轉變障：謂於回向，以菩提心轉變相故

8.信解障：謂於不怖，無信解者有怖畏故

9.現了障：謂於不慳，於法無慳者，爲他顯了故

10.至得障：謂於自在，此是能得自在相故

（4）善等所障十法次第義：

1.生起：謂有欲證無上菩提，於勝善根先應生起。

2.任持：勝善根力所任持故。

3.安住：必得安住無上菩提。

4.照了：爲令善根得增長故，次應發起大菩提心，此菩提心與菩薩性爲所依止。

5.變壞：如是菩薩由已發起大菩提心及勝善根力所持故，斷諸亂倒起無亂倒。

6.分離：由見道中無亂倒故，次於修道斷一切障。

7.轉變：既斷障已持諸善根，回向無上正等菩提。

8.信解：由回向力所任持故，於深廣法便無怖畏。

9.現了：既無佈畏，便於彼法見勝功德，能廣爲他宣說開示。

10.至得：菩薩如是種種功德力所持故，疾證無上正等菩提，於一切法皆得自在。

（5）於菩提分有別障，如下：

1.於事不善巧：於四念住有於諸事不善巧障

2.懈怠：於四正斷有懈怠障

3.定減：於四神足有三摩地減二事障

4.不植：於五根有不植圓滿順解脫分勝善根障

5.羸劣性：於五力有羸劣性障

6.見粗重：於七等覺支有見過失障

7.過失：於八聖道支有粗重過失障

（6）於到彼岸有別障者：

1.於「布施」波羅密多說富貴自在障

2.於「淨戒」波羅密多說善趣障

3.於「安忍」波羅密多說不捨有情障

4.於「精進」波羅密多說減過失增功德障

5.於「靜慮」波羅密多說令所化趨入法障

6.於「般若」波羅密多說解脫障

7.於「方便善巧」波羅密多說施等善無窮盡障

8.於「願」波羅密多說一切生中善無間轉障

9.於「力」波羅密多說所作善得決定障

10.於「智」波羅密多說自他受用法成熟障

（7）於地功德有別障者：

初地：遍行義：由通達此證得自他平等法性。

第二地：最勝義：我今於同出離，一切行相應遍修治，是爲勤修相應出離。

第三地：勝流義：知所聞法是淨法界最勝等流。

第四地：無攝義：由通達此乃至法愛亦皆轉滅

第五地：相續無差別義：由通達此得十意樂平等淨心。

第六地：無雜染無清淨義：由通達此知緣起法無染無淨。

第七地：種種法無差別義：由通達此知法無相，不行契經等種種法相中。

第八地：不增不減義：由通達此圓滿證得無生法忍，於諸法中不見一法有增有減。

有四自在：無分別自在、淨土自在、智自在、業自在。第八地唯能通達初、二自在所依止義。

第九地：智自在所依義：亦能通達智自在所依義，圓滿證得無礙解故。

第十地：業自在所依義：復能通達業自在所依義，隨欲化作種種利樂有情事故。

（8）前障總義有十一種：

1.廣大障，謂具分障

2.狹小障，謂一分障

3.加行障，謂增盛障

4.至得障，謂平等障

5.殊勝障，謂取捨生死障

6.正加行障，謂九煩惱障

7.七因障，謂於善等不能作障

8.入眞實障，謂覺分障

9.無上淨障，謂到彼岸障

10.此差別趣障，謂十地障

11.攝障，謂略二障

（三）辯眞實品

（1）十種眞實：根本眞實、相眞實、無顚倒眞實、因果眞實、粗細眞實、極成眞實、淨所行眞實、攝受眞實、差別眞實、善巧眞實

十種善巧：蘊善巧、界善巧、處善巧、緣起善巧、處非處善巧、根善巧、世善巧、諦善巧、乘善巧、有爲無爲法善巧

1.根本眞實：謂三自性

遍計所執自性：常非有

依他起自性：有而不眞

圓成實自性：亦有非有

2.相眞實：

a.遍計所執自性眞實相：於一切法、補特伽羅所有增益及損減見，若知此故彼便不轉。

b.依他起自性眞實相：於諸所取能取法中所有增益及損減見，若知此故彼便不轉。

c.圓成實自性眞實相：

於有非有所有增益及損減見，若知此故彼便不轉。

3.無顚倒眞實：謂無常、苦、空、無我性

a.無常：無性無常、生滅無常、垢淨無常

b.苦：所取苦、事相苦、和合苦

c.空：無性空、異性空、自性空

d.無我性：無相無我、異相無我、自相無我

4.因果眞實：謂四聖諦。

a.苦諦：有三，謂無常等四各三相，如前已說。

b.集諦：習氣集（謂遍計所執自性執習氣）、等起集（謂業

煩惱)、未離繫集(謂未離障眞如)。

c.滅諦:自性滅(謂自性不生故)、二取滅(謂所取、能取二不生故)、本性滅(謂垢寂二,即擇滅及眞如)。

d.道諦:遍知道、永斷道、證得道。

遍計所執唯有遍知,依他起有遍知及永斷,圓成實有遍知及證得。

5.粗細眞實:謂世諦、勝義諦。

世諦:有三種:假世俗、行世俗、顯了世俗

勝義諦:有三種:義勝義(眞如勝智之境),得勝義(涅槃)、正行勝義(聖道,以聖法爲義)

6.極成眞實:

世間極成眞實:若事世間共所安立,串習隨入覺慧所取,一切世間同執此事,是地非火,色彩非聲等。依遍計所執而立。

道理極成眞實:若有理義、聰叡、賢善、能尋思者,依止三量證成道理施設建立。依根本三眞實立。

7.淨所行眞實:

煩惱障淨智所行眞實、所知障淨智所行眞眞實。

煩惱、所知二障淨智所行眞實,唯依圓成實立。

8.攝受眞實:相、名、分別、眞如、正智,攝在根本三眞實。

a.遍計所執攝名。

b.依他起攝相、分別。

c.圓成實攝眞如、正智。

9.差別眞實:有七種眞實,依三根本眞實。

a.流轉眞實、安立眞實

邪行眞實等依遍計所執及依他起。

b.實相眞實、唯識眞實、清淨眞實、正行眞實等依圓成實。

10.善巧眞實:謂對治十我見。

執一性、執因性、執受者性、執作者性、執自在轉性、執增上義性、執常性、執染淨所依性執、觀行者性、執縛解者性。

色蘊有三義：所執義色（謂色之遍計所執性）、分別義色（色之依他起性，此中分別以爲色故）、法性義色（色之圓成實性）

（2）十種善巧：蘊善巧、界善巧、處善巧、緣起善巧、處非處善巧、根善巧、世善巧、諦善巧、乘善巧、有爲無爲法善巧

1.蘊善巧：有三種：非一義（色有種種，若過去未來現在、若內外、若粗細、若劣勝、若遠近）、總略義（如契經言，如是一切略爲一聚）、分段義（如契經言，說名色蘊等，各別安立色等相）。

2.界善巧：眼等六內界、色等六外界、眼識等六識界。

3.處善巧：六內處（能受受用門義）、六外處（若所了境受用門義）。

4.緣起善巧：於因、果、用若無增益及無損減，是緣起義。

因：

增益因：執行等有不平等因。

損減因：執彼無因。

果：

增益果：執有我行等緣無明等生。

損減果：執無明等無行等果。

用：

增益用：執無明等於生行等有別作用。

損減用：執無明等於生行等全無功能。

5.處非處善巧：由七種不得自在，應知其相

於非愛不得自在：謂由惡行雖無愛欲而墮惡趣。

於可愛不得自在：謂由妙行雖無愛欲而昇善趣。

於清淨不得自在：謂不斷五蓋不修七覺支，決定不能作苦邊

際。

於俱生不得自在：謂一世界，無二如來、二轉輪王俱時出現。

於勝主不得自在：謂女不作轉輪王等。

於證得不得自在：謂女不證獨覺、無上正等菩提。

於現行不得自在：謂見諦者必不現行害生等事，諸異類生（凡夫）容可現行。

6.根善巧：二十二根依於六事增上義立

a.謂於取境，眼等六

根（眼耳鼻舌身意）有增上義。

b.命根於住一期相續有增上義。

c.男女二根於續家族有增上義。

d.於能受用善惡業果，樂等五根（意樂善捨）有增上義。

e.於世間淨，信等五根（信進念定慧）有增上義。

f.於出世淨，未知等根（未知根、已知根、具知根）有增上義。

7.世善巧

過去義：於因果俱已受用

未來義：於因果俱未受用

現在義：若已受用因，未已受用果

8.諦善巧：即四聖諦

苦聖諦：一切受及受資糧

集聖諦：即彼苦所因諸行

滅聖諦：前二種究竟寂滅

道聖諦：即苦集能對治道

9.乘善巧：謂即三乘

聲聞乘：若從他聞涅槃功德生死過失而起此智，由斯智故得出離者，是聲聞乘。

獨覺乘：不從他聞涅槃功德生死過失而起此智，由斯智故得出離者，是獨覺乘。

無上乘：若自然起無分別智，由斯智故得出離者，名無上乘。

10.有爲無爲法善巧

有爲：如是若假若因若相及相應法

無爲：所說若諸寂靜若所觀義

（3）眞實總義略有二種，謂即能顯、所顯眞實。

能顯眞實：謂即最初三種根本，能顯餘故。

所顯眞實：所顯有九：離增上慢所顯眞實、對治顚倒所顯眞實、聲聞乘出離所顯眞實、無上乘出離所顯眞實、能伏他論所顯眞實、顯了大乘所顯眞實、入一切種所知所顯眞實、顯不虛妄眞如所顯眞實、入我執事，一切秘密所顯眞實。

（四）辯修對治品

即修一切菩提分法。

（1）入四聖諦理，最初說修四念住觀。

身：粗重由身而得顯了，故觀察此入苦聖諦。

受：諸有漏受說爲愛因，故故觀察此入集聖諦。

心：心是我執所依緣事，故故觀察此入滅聖諦。

法：於染淨法遠離愚迷，入道聖諦。

（2）修四正斷

前修四念住，已能遍知一切障治的品類差別，今爲遠離所治障法，及爲修集能對治道，於四正斷精勤修習，也說已生惡、不善法爲令斷故（使巳生的惡及不善法斷絕；使未生的惡法不生；使未生的善法生起；使已生的善法增長等爲四正斷）。

（3）修四神足

1.五種過失：懈怠、忘聖言、昏沉掉舉、不作行、作行

2.爲除五過失，修八斷行：

a.爲滅懈怠修四斷行：欲、正勤、信、輕安。

b.爲對治後四過失，修餘四斷行：念、正知、思、捨

（4）修五根：五種增上：欲增上、加行增上、不忘境增上、不散亂增上、思擇增上，此五即信等五根（信進念定慧）

（5）修五力：信有因果、精進、住正念、心得定、如實知。

（6）須抉擇；暖、頂（五根位）；忍、世第一（五力位）

（7）修覺支：廣有七種，略爲五支：

念、擇法、精進、喜、無染。

無染復三種：安、定、捨

（8）修道支：廣八略四。

1.分別支：正見

2.誨示他支：正思惟、正語

3.令他信支：正語、正業、正命

4.對治障支：正精進、正念、正定。

（9）修治差別：有顛倒順無顛倒（異生），無顛倒有顛倒隨（有學位），無顛倒無顛倒隨（無學位）。

（10）菩薩與聲聞緣覺之所修對治有三種差別相：

1.

聲聞、獨覺：以自相續身等爲境而修對治。

菩薩：以自他相續身

2.

聲聞、獨覺：以無常等行相思惟而修對治

菩薩：以無所得行相思惟

3.

聲聞、獨覺：修念住等，但爲身等速得離繫。

菩薩：不爲身等速得離繫，但爲證得無住涅槃。

（11）修對治總義有如下修：開覺修、損減修、瑩飾修、發上修、鄰進修（鄰進見道）、證入修、增勝修、初位修、中位修、後位修、有上修、無上修、作意至得殊勝修。

（五）辯修分位品

（1）修行分位（位階）爲何？

1.差別分位有十八種：因位（住種性補特伽羅）、入位（已發心）、加行位（發心已未得果証）、果位（已得果）、有所作位（住有學）、無所作位（住無學）、殊勝位（已成就諸神通功德）、勝解行位（勝解行地一切菩薩）、證入位（極喜地）、出離位（次六地）、受記位（第八地）、辯說位（第九地）、灌頂位（第十地）、證得位（佛法身）、勝利位（受用身）、成所作位（變化身）。

（2）於眞法界位略有三：

不淨位：從因位乃至加行

淨不淨位：謂有學位

清淨位：謂無學位

（3）修分位總義者，謂堪能位，即種性位；發趣位，即入加行位；不淨位；淨不淨位；清淨位；有莊嚴位；遍滿位，謂遍滿十地故；無上位。

（六）辯得果品

1.有五果：異熟果（器）、增上果（力）、等流果、士用果、離繫果（淨）。

2.其餘的果可分爲十種：

後後果：謂因種性得發心果，如是等果輾轉應知。

最初果：謂最初證出世間法。

數習果：謂從此後諸有學位。

究竟果：謂無學法。

隨順果：謂因漸次應知，即是後後果攝。

障滅果：謂能斷道，即最初果，能滅障故說為障滅。

離繫果：謂即數習及究竟果，學、無學位如次，遠離煩惱繫故。

殊勝果：謂神通等殊勝功德。

有上果：謂菩薩地，超出餘乘，未成佛故。

無上果：謂如來地，此上更無餘勝法故。

（七）無上乘辯品

三種無上乘：正行無上、所緣無上、修證無上

（1）正行無上：即於十種波羅密多，隨修差別有六正行：最勝正行、作意正行、隨法正行、離二邊正行、差別正行、無差別正行。

1.最勝正行：

a.十二種最勝：廣大最勝、長時最勝、依處最勝、無盡最勝、無間最勝、無難最勝、自在最勝、攝受最勝、發起最勝、至得最勝、等流最勝、究竟最勝。

b.十到彼岸施等各別事業：

布施波羅密多：於諸有情普能饒益。

淨戒波羅密多：於諸有情不為損害。

安忍波羅密多：故他損害時深能忍受。

精進波羅密多：增長功德。

靜慮波羅密多：起神通等，能引有情令入正法。

般若波羅密多：能正教授教誡有情令得解脫。

方便善巧波羅密多：迴向無上正等菩提，能令施等功德無盡。

願波羅密多：攝受隨順施等勝生，一切生中恆得值佛，恭敬

恭養常起施等。

力波羅密多：具足思擇修習，二力伏滅諸障，能令施等常決定轉。

智波羅密多：離如聞言諸法迷謬，受用施等增上法樂，無倒成熟一切有情。

2.作意正行：

a.若諸菩薩以聞思修所成妙慧，數數作意思惟大乘，依布施等，如所施設契經等法，如是名爲作意正行。

b.於此大乘有十法行：

書寫、供養、施他、若他誦讀專心諦聽、自披讀、受持、正爲他開演文義、諷誦、思惟、修習行。

c.於此大乘修諸法行，由二緣故獲最大果：

一最勝故：能攝益他諸有情。

二無盡故：由雖證得無餘涅槃，利益他事而恆不息。

3.隨法正行：

a.無散亂轉變

六散亂：自性散亂、外散亂、內散亂、相散亂、粗重散亂、作意散亂。

六散亂的相狀分別是出定（總是出離於定）、於境流（隨外境流盪）、味沉掉（心沉溺於欲望而掉舉不安）、矯示（詐現修定的僞相欺誑他人）。

b.無顛倒轉變

b1.十無倒名：

於文無倒：能正通達止觀二相。

於義無倒：能正通達諸顛倒相。

於作意無倒：於倒因緣能正遠離。

於不動無倒：善取彼相。

於自相無倒：修彼對治無分別道。

於共相無倒：能正通達本性清淨。

於染淨無倒：了知未斷及已斷障。

於客無倒：如實了知染淨二相。

於無怖、無高（慢）俱無倒：諸障斷滅得永出離。

b2.十金剛句：十無倒如次安立於十種金剛句中：

有非有、無顛倒、所依、幻等喻、無分別、本性清淨、雜染清淨、虛空喻、無減、無增。

4.離二邊正行：

何等二邊：異性與一性；外道及聲聞；增益、損減；有情、法；所治及能治；常住與斷滅；所取能取；染淨；

分別二邊性：有非有、能寂所寂可怖可畏、所能取正邪、有用無用、不起及時。

5.差別正行：

於十地中，十到彼岸，隨一增上而修集者，應知說爲差別正行。

6.無差別正行：

於一切地皆等修集布施等十波羅密多，如是正行名無差別。

7.六正行總義者：

謂即如是品類最勝，由此思惟如所施設大乘法等，由如是品無亂轉變修奢摩他，及無倒轉變修毘鉢舍那，爲如是義修中道行而求出離，於十地中修習差別無差別行。

（2）所緣無上

有十二種所緣：安立法施設所緣、法界所緣、所立所緣、能立所緣、任持所緣、印持所緣、內持所緣、通達所緣、增長所緣、分證所緣、等運所緣、最勝所緣。

（3）修證無上

1.如是修證總有十種：

種性修證、信解修證、發心修證、正行修證、入離生修證、成熟有情修證、淨土修證、得不退地受記修證、佛地修證、示現菩提修證。

2.無上乘總義者，略有三種無上乘義，謂正行無上、正行持無上、正行果無上。

176-1.大乘玄論的大綱為何？

一、總論

大乘玄論作者是吉藏（549-623）。共有五卷，八個部分。

第一卷講二諦義；第二卷講八不義；第三卷講佛性義、一乘義、涅槃義；第四卷講二智義；第五卷講教跡義、論跡義。

本書論及三論宗的所有基本概念，如二諦、八不、中道、佛性、判教等。並保留了一些成實師及毘曇師等派別的思想資料。

二、各論

（一）第一卷講二諦義

二諦義有十重：

（1）第一、標大意

1.二諦者，蓋是言教之通詮，相待之假稱，虛寂之妙實，窮中道之極號。明如來常依二諦說法，一者世諦，二者第一義諦，故二諦唯是教門，不關境理。

2.何故作此四重二諦？

第一重：空有二諦

俗諦：有

眞諦：空

第二重

俗諦：空、有

眞諦：非空非有

第三重

俗諦：二、不二

眞諦：非二非不二

第四重

俗諦：二、不二、非二非不二

眞諦：言忘慮絕

（2）第二、釋名

1.非只以審實爲義：

有二諦：明此眞俗是如來二種教門，能表爲名，則有二諦。

有一諦：若從所表爲名，則唯一諦。

2.以審實爲義：二於諦

3.就因緣教諦：即有多義。

4.以誠諦之言釋諦：此二教表不二之道，教必不差違，即是諦義。

（3）第三、立名

三門分別：辨立名、辨絕名、辨借名

1.辨立名：

立名者，不眞不俗，亦是中道，亦各無所有，亦名正法，亦名無住，此非眞非俗，無名今假爲立名。

2.辨絕名：以四句辨之：

俱絕、俱不絕：眞絕俗不絕、俗絕眞不絕。

a.俱絕、俱不絕：

大論：「如瓶衣等法，世界悉檀即有，第一義悉檀即無。眞如實際等，於第一義悉檀即有，世界悉檀即無」，此名字互有互無，故知二種俱絕俱不絕。

b.眞絕俗不絕：經云：「以世諦法故說，非第一義」。

c.俗絕眞不絕：如言生不可說，不生亦不可說，生不生亦不可說，不生非不生亦不可說，四句皆不可說，即是絕名。

3.辨借名：但有名無實，故言絕。但有名字，故言借。

二諦俱絕，即是兩種皆借名；俱不絕，即相與不借。

（4）第四、有無。有三問。

問：何物非有非無耶？

答：「非有非無」是指世諦，非是指「性」（本性）的有無。

問：何物非有非不有耶？

答：不有是指假有，有是指實有。

非有非不有是指眞諦。

（5）第五、二諦體

常解不同，有五家。

第一解：以有爲體，空爲用。以有爲體，即以有爲理，但今聖人皆見空斷結，以空爲理。

第二解：空爲體有爲用。但以空爲諦，有非是諦，空有都是諦，爲何偏用一空爲體，故知不然。

第三解：假有是世諦體，假有即空爲眞諦體。若二諦各有體，如此空有如何相即呢？

第四解：二諦唯一體。這一體是有體或空體或離空有之外另有別體？如此則空及有二諦如何有不同？

第五解：二諦及中道都爲體。此是開善所提，此體無名無相，而且是二諦所攝，非二諦外物。

以上五解，不出四句。第一有句，第二無句，第三、四亦有亦無句，第五是非有非無。此四句都錯誤，正確是絕四句，言亡慮絕。

（6）第六、中道

6.1.就八不明中道：有三種方言。

1.第一方言：以八不爲中道，欲洗淨一切有所得心，有得之徒無不墮此八計中（即生滅、常斷、一異、來出）。今八不，橫破八迷（即上八計），豎窮五句（生、滅、不生不滅、亦生滅亦不生滅、非生滅非不生滅），以求彼生滅不得故，言不生不滅。

a.世諦中道：非生非不生。

b.眞諦中道：非不生非非不生。

c.二諦合明中道：非生滅非不生滅。

2.第二方言：辨三中。

俗諦中道：無生滅生滅。

眞諦中道：生滅無生滅。

二諦合明諦中道：非生滅非無生滅。

明三中有四階：第一明性空、中前假義；次後明假、中後假義；第三明用中、假有非有、假無非無；第四明體中、假後中義。

3.第三方言：

世諦中道：不生不滅

眞諦中道：非不生非不滅

二諦合明中道：非生滅非不生滅

6.2.就二諦明中道：有三意。「不」表「假」；「非」表「中」。

1.第一、單義論單複

偏說一「假有」、不說無，是單假

偏說一「假無」、不說有，是單假

偏說一「非有」或「非無」，都是單中。

雙說「假有假無」，是複假。

雙說「非有非無」，是複中。

對利根人說單假，對鈍根人說複假。

次言互相出入有八句：

a.從單假入單中：假有不名有，從有入非有。

b.從單中出單假：非有假說有，非無假說無。

c.從複假入複中：假有不名有，假無不名無，從無入非有無。

d.從複中出複假：非有非無假說有無。

e.從單假入複中：假有不名有，假無不名無，從假有或假無入非有非無。

f.從複中出單假：非有非無假說有，非無非有假說無。

g.從複假入單中：有無即非有。

h.從單中出複假：非有假說「有不有」，非無假說「無不無」。

2.第二、複義論單複

a.正明單複

b.明出入

3.第三、就二諦論單複

a.正明單複

b.出入

（7）第七、相即

1.龍光二諦異體

2.開善一體

3.今明二諦非一非異，離四句為體

（8）第八、攝法

1.常有三解。

第一、莊嚴智旻云：「二諦攝法不盡」

佛果體非虛假，故非世諦；不復可空，故非眞諦。佛果是超出二諦外。

第二、開善解二諦攝盡：大品云：「設有一法過涅槃者，我亦說如幻如夢，大涅槃空如來空」。

第三、冶城解云：「佛果為眞諦所攝，而非俗諦」

問：以何文證二諦是教？

答：舉一經一論。論云：「佛依二諦說法」故二諦爲教。

大品經云：「菩薩住二諦中，爲眾生說法，爲著有者說空，爲著空者說有。

2.諦有二種：於諦、教諦。

a.於諦：

俗諦：色於凡是有。萬法不失。

眞諦：色約聖是空。有佛無佛，性相常住。

b.教諦：

諸佛菩薩了色未曾有無。爲化眾生故，說有無爲二諦教，欲令「因此有無」去悟「不有無」故，有無是教。

說二諦是理者，指於諦。

（9）第九、辨教

常途諸師有頓、漸、無方三種判教。

於漸教中有五時二諦：

四諦教時：事理二諦

般若時：空有二諦

淨名經時：褒貶二諦

法華經時：會有三歸一二諦

涅槃經時：常、無常二諦

小乘明事理二諦；一切大乘經通明空有二諦

（10）第十、同異

有二師：一者空假名，二者不空假名。

一者空假名：成實論開善智藏的觀點，謂此世諦，舉體不可得。

二者不空假名：是昆曇學者所持觀點，即我空法有，空是析法空，不是體法空。指性無（本性是空），但假色不空實有，是假名（假世諦），但不是全無，內空外殼存，如鼠嘍栗（老鼠吃栗子，裡面的果實已吃完，但外殼仍存），即析法空。

若作假有觀，舉體世諦；若作無觀，舉體是眞諦。如水中按瓜，手舉瓜令體出，是世諦；手按瓜令體沒，是眞諦。

吉藏認爲，出無別出，還是沒者出，即有而空，故空無別空，說有者爲空。

沒無別沒，還是出者沒，即空而有，故有無別有，說空爲有故。

（二）第二卷講八不義

（1）辨大意

1.八不是諸佛之中心，眾聖之行處也。

2.八不豎貫眾經，言其深；橫通諸論，言其廣也。

3.「非」、「不」、「無」，三名亦得通目一法，亦不無其異。

不同在於，「非」指「中道」，非有或非無爲單中，非有非無爲複中。

「不」指「假」，即眞諦。

「無」或「有」指「實無或實有」，即俗諦。

「不」非止入經深，亦廣明眾行。

（2）明三種中道

1.世諦中道：不有不無

（不生不滅）

2.眞諦中道：非不有非不無（非不生非不滅）

3.二諦合明中道：假語不名語，假不語不名不語，非語非不語，即是，非有非不有及非無非不無，才是二諦合明中道，即非生滅非不生滅。

4.作者見解：

第一階中道（世諦中道）非有非無（假有，即假）或非無非有（假無，即空）中道。尚在小乘（人我空）或三賢（十行位、十迴向位或法我空）階段。

a.不有是假有，假有不是眞有，所以是非有。假有當然不是無，所以是非無。

綜上，所以是非有非無。

b.不無是假無，假無不是無，所以是非無；假無當然不是有，所以是非有。

綜上，所以是非無非有。

第二階中道（眞諦中道）：非空非假中道。空是不無，假是不有，所以也是非不無非不有中道。此階段位入菩薩初地，見道位。或用中、偏中。

第三階（二諦合明中道）：亦空亦假。即非生滅非不生滅。此階段位在菩薩二地-十地，或體中。

第四階（佛）：即空即假即中。生滅即不生滅中道，圓中。

（3）明智慧中道：所言二智中道者，二智是方便慧及以實慧，亦具三中道也。

二慧各明中道：

實方便、方便實。

1.實方便：則非方便

2.方便實：則非實

3.二慧合明中道：

即非實非方便，名爲一正觀。

非眞非俗，名爲一正中，亦得是一正境故。

（4）雜問

問：八不明中假二諦，自心所作，有出處耶？

答：「菩薩瓔珞本業經」下卷及「大經二十五師子吼品」，與「中論」次第小異而意同也。

問：八不、八非、八無是一是異？

答：亦可一，亦可異。

異者八不，以「中」（中道）爲正（正見），故八不無對

（沒有對象的限制，只須考慮單邊）。

「非」則有對（對象的限制，即須考慮二邊）。

問：假不假寧異耶？

答：「假」是「不」的意思。假有假生（不生）、假滅（不滅）二者都是假，都是用，都是末。故不生不滅只是世俗中道。

不假是非不生、非不滅，才是中，才是體，才是本，故非不生非不滅，才是眞諦中道。

問：中論四諦品云：「因緣所生法，我說即是無，亦是假名，亦是中道」這三義為何？

答：因緣所生法是空生、空滅，能生所生均空無，故「我所說即是無」。

假生、假滅都是假，所以亦是假名。

空是非無非有，假是非有非無，所以亦是中道。但空或假都只是世諦中道（不生不滅）。非空非假才是眞諦中道（非不生非不滅）。

問：因緣語通，故生與不生皆是因緣。八不但是不生，云何言因緣即是八不也？

答：八不不生，此是因緣不生，故不生即得生也。

a.借因緣破不因緣：經中說，若見因緣即名見法，見法即見佛也。若不見因緣即不見法，不見法即不見佛也。此是借因緣破不因緣。

b.借不因緣破因緣：大經云：「是諸外道，無有一法不從因緣生。佛性不爾，不從因生」。故是借不因緣破因緣。

問：佛性既非因緣，是無因以不？

答：佛性非因亦非果也。爲破無因外道，說十二因緣，此是借因破無因。又文中破四緣生，故是借非因緣破因緣。

故正法是未曾是因緣，及不因緣也。

問：能說是因緣，善滅諸戲論，與因緣所生法，二處因緣，是因緣是同是異？

答：因緣二字，有時說緣爲因，如因有依因、習因、生因。

有時說因爲緣，如四緣。故因緣義通。

八不爲因緣有三義：

一者當體得因緣名：因不生故不滅，不滅故不生，則八不是因緣。佛八不不一切故也。

二者八不是因緣本，故名因緣。

三者破因緣已得名：八不不一切，破外道因緣義。具此三意，故得悟方法有不同，但深淺沒有不同，

（5）辨單複中假義

有三意：明單義論單複、明複義論單複、辨二諦單複義。

此處論單複義，大多同於二諦義中論單複，故略。

（6）料簡不有有

若相對而解釋，有十六意。

第一不有有者，明其道非有非無，而結爲有。「不有」是「非有非無」，由不有歸結爲有。

第二不有有：就假上明之，三假有是不有之有也。不有即「假有」，即假有之有。

第三不有有者：道非有非無，而側出有一用故，言不有有。由「不有」（非有非無）起出一用的「有」。

第四不有有者：明用之「假有」非是有，故言不有。即不「有」的「假有」。

第五不有有者：爲破有執故，執者謂有是有，不知不有爲有。即不有是「不知非有是有」。

第六不有有者：破法是無，以不有之有破「無」。

第七不有有者：破一切有，所以說是不有，包括有有及不有有。

第八不有有者：不有指不（否定）一切有一切無，因合空故

言不有，而又起「一切有一切無」之用（即有），合言不有之有。

第九不有有者：橫門明義，不有自有，以「無」爲有，無即有，故言不有之有。

176-2.大乘玄論的大綱為何？

（三）第三卷講佛性義、一乘義、涅槃義

（1）佛性義：有十門

1.大意門

佛性如同良藥居於高山之上，由來已久。寶珠沉於水中，也有時日，意指佛性如同良藥及寶珠，已本有在身中很久了。但世間人不知本已有的佛性，所以有六味及三乘的不同，不知一味的佛性及只有一乘的佛性。如果能蕩識還原，自然就能見佛性。

2.明異釋門

2.1.今正出十一家，以爲異解。十一家大明不出三意。

1.假實二義：第一家以「眾生」爲正因，第二家以「六法」爲正因。明眾生即是假人；六法即是五陰及假人也。

2.以心識爲正因：有五家：以心、冥傳不朽、避苦求樂、眞神、阿賴耶等爲正因。

3.以理爲正因：有四家：當果、得佛理、眞諦、第一義空等四家。

2.2.次第破十一家：

1.難第一家：如來說眾生即非眾生，既已說有眾生相則非菩薩，有眾生者皆是妄想，妄想顚倒怎會是正因呢？而且初教只是說眾生，但未說眾生爲正因。又說只言眾生悉「有」佛性，而未說眾生「是」佛性。

2.難第二家：經云：「佛性者不即六法，不離六法」，不即不離均非指六法「是」佛法。

3.難其次五家：經云：「有心之者必得菩提」。是指有心者必「得」菩提，而非指心是正因佛性。

下經云：「心是無常佛性常」，故心非佛性。

所以與心有關的「冥傳不朽」、「避苦求樂」等，皆不應理。何況涅槃經中處處明佛性，卻未提到冥傳不朽及避苦求樂是正因佛性。勝鬘經云：「若無如來藏者，不得厭苦樂求涅槃者」，此正明因有如來藏，眾生才會厭苦樂求涅槃，可見如來藏才是正因佛性。

4.批難以理爲正因之四家：前二家以當果及得佛之理爲正因佛性者，彼言是世諦之理。次有二家，以眞諦與第一義空爲正因佛性者，此是眞諦之理。

涅槃文：空者不見空與不空名爲佛性，故知以中道爲佛性，不以空爲佛性。

以眞諦爲佛性，因不知何經所出、承習是誰？無有師資，亦無證句，故不可用。

當果是始有義，若是始有，即是作法，作法無常，非佛性也。

得佛理爲佛性者，缺無師資相傳，故不可用，何況其師以心爲正因佛性，而弟子卻以佛理爲正因佛性，豈非背師自作推畫耶？故不可用。

2.3.以三重破十一家：

1.作有無破

有無是二邊，不得言理。

2.作三時破

三時如已理、未理、理時有理，三者都未符理。

3.即離破

得佛之理，非當即空，也非當離空，即空離空，皆成二見。

二見顛倒豈是正因耶？

2.4.總結：以「併反」來破他爲正因，如以眾生爲正因，則以非眾生爲正因。其他如以六法、眞諦、俗諦爲正因者，則以非六法、非眞諦、非俗諦爲正因。

故云非眞非俗中道爲正因佛性也。

3.尋經門

問：云何爲佛性？以何義故名爲佛性？

佛性者名第一義空，第一義空名爲智慧。

佛性者即是三菩提中道種子。是故今明第一義空名爲佛性，不見空與不空，不見智與不智，無常無斷名爲中道，只以此爲中道佛性也。

4.簡正因門

有兩種檢之：一、作車輪明義，無始終檢；二、作二世明義，有始終檢。

一、作車輪明義，無始終檢：

涅槃經：「佛性者，有因有因因，有果有果果者」

是以無始終義，作四句明之：

所言因者：即是境界因，謂十二因緣也。

所言因因者：即是緣因，謂十二因緣所生觀智也。

所言果者：即三菩提

所言果果者：即是大般涅槃。

菩提是智，涅槃是斷，由智故說斷也。

因生因因，十二因緣與觀智又互爲因與因因，是無始終也。

二、作二世明義，有始終檢：

有三句：一者是因非果，即境界因。是因非果如佛性。

二者是果非因，即是果果性。是果非因如大涅槃。

三者是因是果，即如了因及三菩提，斯即亦因亦果。望後爲因，望前爲果，故名有始終。

第五句，非因非果名爲佛性也。因、因因、果、果果均未是正因，非因非果乃是正因。

5.釋名門：有通名、別名。

5.1.通名有三家：佛性兩字，皆是果名；佛性者此是因中；佛是果，性是因。

此三說今並不用，皆須洗之。

今明佛性義爲「無在無不在」，佛性在因，性佛在果。

二不二是體，不二二是用，體用平等，不二中道，方是佛性。若知因果平等不二，方乃稱名爲佛性。

涅槃亦然，生死涅槃平等不二，此乃得稱名爲涅槃。

5.2.別名

先言正因佛性，非因非果。非因而因，故有二因，謂境界因與了因。非果而果，故有二果，謂菩提與涅槃也。

境界因：即十二因緣能生觀智，以是觀智境界，故名境界因。

觀智從十二因緣之因而生，因「因」而生，故名因因。

了因：觀智能了出佛果，故名了因。

菩提：此言正遍知道，是從智爲名。

菩提由觀智因而生，故名爲果。

涅槃：此言寂滅，是則從斷爲目的。

涅槃從三菩提果而有，故名果果。

而非因非果才是正因。

6.本有始有門

駁斥地論師之理性本有，佛性始有。

主張佛性義，非有非無，非本非始，亦非當現。但爲眾生說言本始也。

若能得悟本始非本始，是非平等，始可得名正因佛性。

7.內外有無門

1.理內理外：

一切諸法有生滅者，皆是理外，悉屬外道：若一切諸法無生滅者，皆是理內，則屬內道。

2.佛性有無：

義中自有四句，故內外有無不定。

至於佛性，非有非無，非理內非理外，是故若得悟有無內外，平等無二，始可名為正因佛性。

亦得言眾生有佛性，依如來藏故；亦得言佛性有眾生，如來藏為生死作依持建立故。

8.見性門

請參閱《佛性辨正》P121

9.會教門

9.1.經中有明佛性、法性、眞如、實際等，並是佛性之異名。

大聖隨緣善巧，於諸經中說名不同。

於涅槃經名為佛性

於華嚴名為法界

於勝鬘名為如來藏自性清淨心

於楞伽名為八識

於首楞嚴經名為首楞嚴三味

於法華名為一道一乘

於大品名為般若法性

於維摩名為無住實際

9.2.以何義而說種種名？名字雖異，理實無二。

1.佛性：為諸眾生覺悟之性

2.如來藏：義隱生死

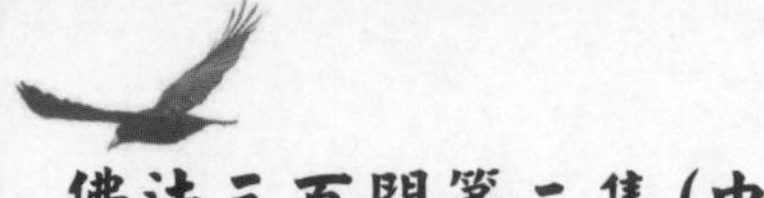

3.自性清淨心：融諸識性，究竟清淨

4.法性：爲諸法體性

5.眞如：妙實不二

6.實際：盡原之實

7.三味：理絕動靜

8.般若：理無所知，無所不知

9.一乘：善惡平等，妙運不二

10.涅槃：理用圓形寂

9.3.所言空者，不見空與不空，名爲佛性。

二乘之人但見空，不見不空，不見佛性。

若於有所得人，不但空非佛性，佛性亦非佛性也。

若於無所得人，不但空爲佛性，一切草木並是佛性也。

（2）一乘義

1.釋名門

1.1.一之釋名：

1.唯有一理，唯教一人，唯行一因，唯感一果，故名爲一。

2.一謂同義，如來

法身、聲聞法身、緣覺法身，三乘同一法身，故名爲一。

1.2.乘之釋名：

乘者，運出爲義，運出有三種：一者以理運人、二者以德運人、三者以自運他。

一者以理運人：從因至果，如大品云：「是乘從三界出，到薩般若（一切種智）中住」。

二者以德運人：如法華云：「得如是乘，令諸子等喜戲快樂」。

三者以自運他：如涅槃云：「乘涅槃船，入生死海，濟度群生矣」。

2.出體門

一乘爲體者，正法中道爲體。

以及理、行、果，今以正法爲體。

理以不動，能令眾生運出，順忍爲運，得無生忍爲出。果乘與理乘，自不運而能運他。

此經明乘，以正法中道爲經宗，爲一乘正體。

（3）涅槃義

1.釋名門

涅槃離四句，中道正觀，永勉爲正度。非人非法，此是正度。而此正法，離有所得，而假名義，名爲正度。涅槃無名，強爲立名。

2.辨體門

涅槃體者，法身是也。以中道正法爲涅槃體。

3.八倒門

三修：常無常、苦樂、我無我。

常者凝然也，無常者遷流，樂者怡愈，苦者逼惱，我者性實，無我者不自在通稱。

八倒：因中苦、無常、無我、不淨、果上取常、樂、我、淨。對治八倒即八修。

八倒體者，謂三倒是也，一、心倒（一切心了別），二、想倒（一切心想像），三、見倒（一切心決了）。

（四）第四卷講二智義

（1）翻名門

智則般若，或言智慧，或翻爲遠離，或翻爲明度，或清淨。

或單名爲智，或但名爲慧，或俱翻智慧。

智慧：達照解知

遠離：斷眾惑遠離生死名相之法

明度：明了無暗

清淨：體絕穢染

（2）釋名門

1.般若略有八義

a.般若照實相境：從所照爲名，故稱爲實。

b.般若從實相生：從能生受名，故稱爲實。

c.如實而照故，當體名實：體離虛妄非顛倒慧，故名爲實。

d.對凡夫不實顛倒之慧故，嘆般若爲實。

e.對二乘未實謂實故，明般若爲實

f.對方便之用，以般若爲體，故名實

g.對虛名實，非虛非實乃名妙實

h.虛實爲二，非虛實爲不二，非二非不二乃名爲實。

2.方便略論十對

a.直照空有名爲般若，行空不證，涉有無著，故名方便。

b.照空爲實，涉有爲方便。

c.以內靜鑒爲實，外反動爲權。

d.般若爲實，五度爲方便：般若以空爲實，五度有行爲權。

e.照空爲實，知空亦空即能不證空爲權

f.知苦無常故名爲實，而不取滅名爲方便

g.直知身病非故非新故名爲實，而不厭離稱爲方便

h.不疾之身爲實，現疾之跡爲權

I.照空有二爲方便，照非空有不二爲實，空有宛然，不動不二，善巧能二，故名方便。

j.空有爲二，非空有爲不二，照二與不二皆名方便，照非二非不二名實。

3.論大義

般若稱大，略明十義

a.實相曠而無邊，深而無底，無有一法出法性外。漚和雖

巧，不照實相故不名大。

b.故名爲大。因於一般若開爲三乘智慧，三乘智慧攝入般若觀中，故名爲大

c.以般若無著，能道成眾行，亦無所著故，不住三界，故名爲大

d.五十二種大賢聖位在般若觀中。故名爲大

e.三大阿僧祇劫，修此大慧，故名爲大

f.二乘雖傾四住，未能斷之，菩薩照窮實相，方除此大惑，故名爲大

g.拔三界內外一切大苦，故名爲大

h.諸大菩薩之所行法，故名爲大

i.於眾行中最勝無過，故名爲大

j.信之而得大福，毀之而招大罪，故名爲大。

（3）釋道門

菩薩有二道，般若道及方便道

般若有三：實相般若（實相能生般若）、文字般若（文字能詮般若）、觀照般若（觀照當體名爲波般）。

方便有三：境、智、文字。

般若爲體，方便爲用。般若照實相故，般若亦爲本，所以爲體。諸法爲末，方便照諸法故，方便爲用。

般若有四力：照實相、無所著、斷諸惑、能導方便

方便有三力：有照境之功、有不證空力、起行之用

（4）境智門

非境無以發智，境爲能發、智爲所發；非智無以照境，智爲能照、境爲所照。

境智互爲能所，非境前智後，亦非智前境後，亦非同時，兩者是能所關係。

般若是俱知無知，因般若知實相即緣觀俱寂，是故無知。而

境智宛然，故不失知。此無知而知，知則無知。

（5）同異門

二智有「五時」說：

1.三藏教二智：照事中之法爲權，鑒四諦之理爲實。

2.大品教二智：照眞空爲實，鑒俗有爲權。

3.淨名經二智：應病授藥爲實，知病識藥爲權。

4.法華二智：照一乘爲實，鑒二乘爲權。

5.涅槃二智：照常住爲實，鑒無常爲權。

（6）長短門

總論眾經，具有四句：

1.實智長權智短：此約動靜言之，靜鑒空有爲實故，實義即長。外反動爲權，權但是有用，所以爲短。

2.權長實短：此約鑒空爲實，照有爲權言之。照空爲實，實智唯是靜鑒，故名爲短。照有爲權，權備動靜，內照根藥爲靜，外應病授藥爲動，權通動靜，故言長也。

3.二智俱長：就空有以分權實。實智照空權智鑒有……鑒有之中明動靜二有，實智照空動靜皆空，是故二智無有長短。

4.二智俱短：就有中以分於二。內靜鑒有爲實，外動用爲權，故俱短也。

（7）六智門

明三雙、六種二智：

三雙：方便實、權實；實方便、權方便；方便權、實權。

1.方便實：對方便以辨於實，謂知實相慧，故名爲實也。

權實：有二義：一、就菩薩辨之，如照有爲權，就此權中，更復明實。如內靜鑒根藥爲實，外反動爲權故名權實。又如不病之身，爲權中之實，亦明權實。二、約聲聞明權實者，二乘照事中之智爲權，鑒苦空之理爲實。

2.實方便：對照實相之智，名爲實方便。

權方便：對上二乘之實，明二乘方便，此是權方便。

3.方便權：此以照空爲實，照有爲方便，就方便中，更復起權，如內照有爲實，外動用爲權。

（8）開合門

具有開合四句：

1.開於二慧：照諸法實相名般若；照實相諸法稱爲漚和。

2.二合二慧：二慧是體用關係，般若爲體，漚和爲用。

3.合權實皆名權：照有功用既名爲方便，照空之巧，亦是方便故，二照同巧，即兩皆方便。

4.不開不合：即泯上三句明諸法，正觀未曾有實，亦未曾是權，亦未曾開，亦未曾合，故云「是法不可示」，皆是無名相中，而所以說有開合不同，是爲了眾生開了出處。

（9）斷伏門

畢竟無斷，如是了悟即是斷也。於一切處求解惑無從，即心無所依。心無所依，即眾累清淨，故名爲斷也。斷與不斷不相違。

有所得空有二慧，俱不能斷；無所得空有，俱能斷也。

方便實慧，即不斷而斷；實慧方便，斷而不斷。方便是不斷，而不斷而斷，即是實慧。

有所依著，是諸煩惱根；諸法實相，是無著之本。由實相無所依，故生般若，般若即無所著，故眾惑清淨，故名斷也。

二是假名，不二爲中道，中道即是實相，故事名實法。迷因緣假名二諦，稱爲假惑；迷不二實相，目實惑也。

二、不二皆名爲假，非二、不二方爲實。

迷此假實，名假實惑也。

故惟忘言絕慮才是中道實相。

（10）攝智門

問：權實二智攝智盡不？

答：攝智皆盡。經有一智（如實智）、二智（一切智、一切種智）、三智（涅槃經：眾生般若下智、二乘昆鉢舍那中智、佛菩薩闍那上智）、四智（我生已盡斷集之智、梵行已立修道之智、所作已辦證滅智、不受後有知苦智）、五智（法住智、泥洹智、無諍智、願智、邊際智），乃至七十七智，皆二智攝。

（11）常無常門

略明四句：

1.語同意異：此是無分別中（語同）善巧分別（意異）。雖二而不二，我、無我及常、無常均無有二相。愚者但謂不二，智人了知不二而二。不二即不識常、無常，不知境智，故是無明，無明故爲愚。智人了知常、無常是不二而二。

2.語異意異：有所得人，不善分別；無所得大乘能善分別，故名語異。有所得心不善分別，無所得心善分別，二者不同，故名意異。

3.語同意同：語與諸佛、菩薩、方等經論相同，意與諸佛、菩薩無依正觀亦同，故名語同意同。

4.語異意同：語雖異經論，而意符合道，或語異舊宗，而意同會佛旨，亦得用之。

5.有二種人：始學大乘，謂必須一向與舊宗爲異，則成謗法。

讀經論或會得與無得其心各別，而有意異，但不可令語亦異。

二者學小乘人，義與大乘意異，卻強謂義同，是亦謗法。如成實論者，謂無相、滅諦與方等理均，是名謗法。

故大小學人，宜開同異四句。

（12）得失門八

權實是聖人之觀心，眞俗爲眾聖之妙境。上已略明二慧，次廣論眞俗。眞俗之本若成，權實之末自正，故開十二門詳其得失。

（五）第五卷講教跡義、論跡義

（1）教跡義

1.釋教不同

a.成論師：或言四時，或言五時。

-涅槃經：從牛出乳、從乳出酪、從酪出生酥、從生酥出熟酥、從熟酥出醍醐。

-從佛出十二部經、從十二部經出修多羅、從修多羅出方等經（維摩經）、從方等經出般若波羅蜜、從般若波羅蜜出大涅槃。

b.地論師：有三宗、四宗。

三宗者：立相教、捨相教、顯眞實教

四宗者：毘曇是因緣宗、成實謂假名宗、三論名不眞宗、十地論爲眞宗。

c.十門判佛教

十門：菩薩藏、聲聞藏、大乘、小乘、有餘、無餘、作、無作、了、不了、有邊、無邊、頓、漸、半、滿、常、無常、有量、無量。

2.感應門

有三義：

a.感應者：感者牽召義，應者赴接義。眾生有善，至彼佛前，垂形（佛現形象）赴接，理無乖越（眾生不乖越佛理），謂之感應。凡夫感而不應，諸佛應而不感，菩薩亦應亦感。

感者不同，略有四種：感形不感聲（但見佛不聞法）、感聲不感形（直聞教不見佛）、形聲俱感（見佛聞法）、不見佛不聞法（直感神力密益）。

b.感應體：

三世善感，過去現在爲正感，未來爲傍感。經云：過去久修善根，及今念佛，得見如來。

c.表應部：

佛滅度後，有形像及經書，此名表應，非為正應。以丈六及言教觀機而現，既其應機，應謂之正應。眾生見聞之後，造像表其所見，書寫傳其所聞，由眾生非正由佛，此為表應非正應也。

3.淨土門

有二義：通、別。

3.1.通：有五種

1.淨：菩薩以善法化眾生，眾生具受善法，同構善緣，得純淨土。

2.不淨：若眾生造惡緣，感穢土也。

3.不淨淨：不淨緣盡，後淨眾生來，則土變成淨

4.淨不淨：初是淨土，此眾生緣盡，後惡眾生來，則土變成不淨。

5.雜土：眾生具起善惡二業，故感淨穢雜土。

以上五種皆是眾生自業所起，應名眾生土，或報土。

佛有王化之功，能現應土。應土也有五種，故合有十土。

問：以何為土體？

答：有三種：法身淨土，以中道為體。報佛淨土，七珍為體（如西方淨土）。化身淨土，以應色為體。

通論之，皆以中道為體，以二是用。

3.2.別

別論西方淨土，有五之別：

1.常無常者：今明常住。究竟一乘至於彼岸，故知是常。

2.明三界非三界者：無粗三界（欲界色界無色界），但有細三界。

3.有聲聞無聲聞者：應有聲聞。及阿羅漢。

4.有天人無天人者：非天非人。實無人天別。

5.有胎生無胎生者：皆應化生，無胎生。

（2）論跡義

有五門：明破申大意、明四論宗旨、明經論能所、明釋中觀論名、明論緣起。

1.明破申大意：

有三雙能破邪顯正：

a.佛與菩薩：佛以中道二智所說名經；菩薩以中道二慧所吐名論。中道二智是圓中；中道二慧是偏中。

以上經論，緣教相應，無不悟入。言悟入者，教辨眞俗，緣悟不眞不俗；教說因果，緣悟不因不果。

b.經論：如上所說經及論。

c.破申：龍樹菩薩顯八不教門，折彼斷常，周還不二，破申之義，大略如此。

有得是邪須破，無得是正須申。

2.明四論宗旨

四論同者：有二義：一者能造論人，同是四依，同稟佛教，同有二智。二者所造之論，同是無依無得，同申正教。

四論異者：有二：一者捉「釋論」望三論辨異；二者就三論中自復有異。

一者捉「釋論」望三論辨異：有二義：

a.文義通別有殊

三論是別通論，通申一切諸教罄無不申，通破一切諸迷，無迷不洗。

釋論是通別論，意致乃復通漫（涉及廣泛），而釋一部文言（一部經）。

b.破收之異

若三論望釋論，唯破不收；若釋論望三論，亦收亦破。

三論橫破諸法，豎除五句（有、無、亦有亦無、非有非無、非非有非非無)。

故三論唯破不收；釋論亦破亦收，破稟教緣迷，申所迷之教。

二者就三論中自論有異者：有八條：

1.辨三論受名不同

2.宗旨有異

3.智有長短

4.破有內外

5.用假不同

6.申有遠近

7.破有傍正

8.論對與不對

177.三論玄義的大綱為何？

一、總論

三論玄義爲隋吉藏著。吉藏是三論宗的創始人。

三論是指中論、百論、十二門論。

玄義即深奧玄妙的義理。除上述三論外，亦涉及大智度論，故也可稱爲四論玄義。

全書分二卷，卷上及卷下。內容述及批判外道，包括印度婆羅門教、耆那教、順世論、數論、勝論等，也包括中國的孔子、老子、莊子等。也批判小乘的毘曇師、成實師以及大乘的攝論師、地論師、天台宗等。同時探討三論宗的判教及中心哲學理論，包括一切皆空與八不、二諦、中道實相等。更深入比較四論之異同。

二、各論

三論玄義　卷上

（一）總序宗要

（1）開爲二門：通序大歸、別釋眾品

（2）三論所斥：摧外道、折毘曇、排成實、呵大執（地論、攝論、天台宗）

外道達二空、橫存人、法；吡曇已得無我，而執法有性；成實具辨二空，而照猶不盡；大乘乃言究竟，但封執成迷。

1.摧外道：天竺異執、震旦眾師。

1.1.天竺異執：

四執盛行：計邪因邪果、執無因有果、立有因無果、辨無因無果。

1.邪因邪果：大自在天能生萬物，萬物若滅，還歸本天。然後天非物因，物非天果，蓋是邪心所畫。

2.執無因有果：復有外道，無所由籍，故謂無因，而現覩諸法，當知有果。本既自有，即末不因他，是故無因而有果也。

無因與自然約義不同，實際上是同一偏執。無因是據其因無，自然是明乎果有（果自然而有）。

3.立有因無果：斷見之流，唯有現在，更無後世。如草木，盡在一期，枯了就沒了。

4.辨無因無果：既撥無後世受果，亦無現在之因。最爲尤弊，現在斷善，後生惡趣。

1.2.震旦眾師

佛教與外道的優劣：

略陳六義：

1.外但辨乎一形（形壞則一世結束），內則鑒三世。

2.外（外道）則五情（五根）未達，內（佛教）則說六通（神通）窮微。

3.外未即萬有而爲太虛（不認識萬有是如太虛的空），內說不壞名而演實相。

4.外未能即無爲而遊萬有，內說不動眞際建立諸法。

5.外存得失之門，內冥二際（生死及涅槃）於絕句之理（絕離四句）。

6.外未境智兩泯，內則緣、觀俱寂。

2.折毗曇：一立宗，二破斥

2.1.一立宗

毗曇有六種部類

1.如來自說法相毘曇，盛行天竺，不傳震旦。

2.亞聖名舍利弗解佛語，故造阿毘曇，凡二十卷，傳來此土。

3.佛滅後三百餘年有迦旃延造「八犍度」凡二十卷，傳來此土。

4.六百年間有五百羅漢，是旃延弟子，於北天竺共造「毘婆沙」釋八犍度。

5.七百餘年有「法勝」羅漢，嫌婆沙太博，略撰二百五十偈，名「阿毘曇心論」凡有四卷，亦傳此土。

6.千年之間，有達摩多羅，撰三百五十偈，足四卷，合六百偈，名爲「雜心」。

2.2.破斥第二：凡有十門。

1.乖至道：不符合三論宗的終極道理中道實相。

2.扶眾見：扶持各種邪惡的錯誤見解。

3.違大教：違背大乘佛教義理。

4.守小筌：頑固堅持小乘佛教觀點，固步自封，不向大乘邁進。

5.迷自宗：執迷於本派的主張。

6.無本信：不相信佛教的本源-大乘佛教。

7.有偏執：固執己見，其主張偏斜不正。
8.非學本：不是學習佛教的本源-大乘佛教。
9.蔽眞言：遮蔽眞諦之空。
10.喪圓旨：喪失了眞俗二諦的圓滿旨趣。
3.排成實第三
3.1.一立義
眞諦：用經部義也，檢俱舍論經部之義，多同成實。
3.2.二破斥
今以十義證，則明是小乘，非大乘矣：
1.舊序證：從「僧叡」爲成實論所作的序進行論證。
2.依論徵：依據成實論本身進行檢驗。
3.無大文：成實論內沒有引證大乘佛教的經文。
4.有條例：大小經論的條例不同。
5.迷本宗：執迷於本宗派觀點。
6.分大小：區分大乘和小乘。
7.格優降：衡量大乘佛教和小乘佛教所講的空的優劣。
8.無相即：成實論不能即空觀有，即有觀空。
9.傷解行：成實論的內容傷害大乘佛教的見解和修行。
10.檢世人：從當世人進行檢驗。
4.毘曇與成實優劣云何？
1.有四種門：阿毘曇門、空門、毘勒門、非空非有門
阿毘曇門：不得般若、方便，學毘曇門則墮有見。
空門：墮空見。
毘勒門：墮亦空亦有見。
非空非有門：墮愚癡論。
成實、毘曇各執空、有，互相排斥，障道增見，皆失佛旨。
2.毘曇但明人空，成實具明二空，云何兩論無有優劣？
小乘內分三品：

a.俱不得二空：下根人也。如犢子部云：「四大和合有於眼法，五陰和合別有人法」

b.薩衛之流，但得人空，不得法空：爲次根人也。

c.具得二空：譬喻訶梨之流，爲上根人也。

d.約空義淺深，毘曇爲小乘之劣，成實爲小內之勝也。

3.有人言成實論探大釋小，此有何過？

探大釋小則小、大不收，進不馳於白牛（大乘），退失於羊、鹿（指小乘），介大小乘之間）騍論之言（介於大小乘之間），驗之久矣。

4.呵大執第四

4.1.立宗第一

1.佛教略判：有二科：頓教、漸教

漸教內開爲五時：

a.三乘別教：爲聲聞人說於四諦。

b.三乘通教：般若通化之機。

c.抑揚教：淨名、思益，讚揚菩薩，抑挫聲聞。

d.同歸教：法華會三歸一。

e.常住教：涅槃名常住教。

4.2.破執第二

1.前責五時，次難二諦

2.次難五時：不應制於五時，略引三經三論證之。

a.三經：

大品經：「諸天子歎曰：我於閻浮見第二法輪轉」

法華經：：「昔於波羅捺轉於四諦，今在靈鷲山說於一乘」

涅槃經：「昔於鹿林轉小，今於雙樹說大」

故知教唯二門，無五時也。

b.三論：

智度論：「佛法有二，一者三藏，二者大乘藏」

地持論：「十一部經名聲聞藏，方等大乘名菩薩藏」

以經論驗之，唯有二藏無五時矣。

問：華嚴、般若、法華、涅槃此四皆是菩薩藏，有何不同？

答：華嚴：但教菩薩，不化聲聞。但化聲聞，不教菩薩，謂三藏教也。

般若：顯教菩薩，密化二乘，大品以上。

法華：顯教聲聞，顯教菩薩，法華教也。

涅槃：化菩薩，亦化二乘。

正觀論云：「前爲聲聞說生滅法，次爲菩薩說無生滅法」，唯有二藏，無五時矣。

3.別難五時：但應立大小二教，不應制於五時，略引三經三論證之。

次難二諦：迷失二諦，凡有三人：

a.毘曇，執定性之有，迷於假有

b.學大乘者，名方廣道人，執於邪空，不知假有

c.即世所行，雖具知二諦，或言一體，或言二體

4.2.二、顯正第二

1.言人正：指龍樹其人正確。

楞伽經：「大慧菩薩問：世尊滅度後是法何人持？佛說偈答：於我滅度後，南天大國中，有大德比丘名龍樹菩薩，住初歡喜地，爲人說大乘，能破有、無見，往生安養國」

2.顯法正：指龍樹的教法正確。

中論序：「天竺十六大國，方八千里，有向化之緣，並爲委誠龍樹爲無相佛，敢預學者之徒，無不翫味斯論，以爲喉衿」

問：「若內外並呵，大小俱斥，此論宗旨何所依據耶？

答：既內、外並冥，大、小俱寂，始名正理。則斷、常斯寂，二邊既捨，寧非正宗耶。

難曰：既其是無，何由離斷？

答：既斷常斯寂，則有無等皆離，不應更復謂染於無。

難曰：若無是無非，亦不邪不正，何故建篇章稱破邪顯正？

答：有非有是，此則爲邪；無是無非，乃名爲正。所以命（建立）篇以辨別破邪顯正。

問：心有所著，有何過耶？

答：若有所著，便有所縛，不得解脫生老病死、憂悲苦惱。

問：此論名爲正觀，正有幾種？

-體正：非眞非俗，名爲體正。諸法實相言亡慮絕，未曾眞俗，故名之爲體。絕諸偏邪，目之爲正。

-用正：眞之與俗，目爲用正。體絕名言，物無由悟，雖非有、無，強說眞、俗，故名爲用。此眞之與俗亦不偏邪，目之爲正。

-體觀：因於體正發生正觀。

-用觀：藉二諦用，生二諦觀，名爲用觀。

-體論：觀辨於心，爲眾故，如實說體，名爲體論。

-用論：若說於用，名之爲用論。

三論玄義　卷下

一、次明經論相資

（1）次明經論能所絞絡有四句不同：

1.經能爲論所：經能是佛慧，能爲論（今昔兩教）所入。

2.經所爲論能：經所即是佛之二諦，爲能生；論能是論主二慧，爲所生。

即佛二諦能生論主二慧。

3.論能爲經所：論主二慧爲經所生。

4.論所爲經能：論所即論主言教，經能即佛二諦。

即論主言教能申佛二諦。

（2）次會四句爲二句

1.經若能若所並是能資（能資助論），經若能若所悉是爲所申（爲論所申明解釋）。

2.論若能若所皆是所資（被經所資助），論若能若所悉爲能申（申明解釋經）。

（3）次別明造論緣起

1.問：何等是迷經之人？即是諸部異執（各部派執不同主張者）

二部：上座部及大眾部。以後分裂爲五部、十八部、二十部、五百部。

（4）部派之分裂及形成

1.百一十六年外，分裂成大眾部及上座部：有舶主兒，名摩訶提婆

2.大眾部之分裂：

a.至二百年中，從大眾部又出三部：一說部、出世說部、灰山住部

b.至二百年中，從大眾部又出一部，名多聞部

c.於二百年滿，大眾部又分有支提山部及北山部。

d.大眾部共有五部、七部或八部

五部：一說部、出世說部、灰山住部、多聞部、多聞分別部。

七部：加支提山部及北山部。

八部：再加根本大眾部。

3.上座部之分裂：

a.至三百年初，分成二部：上座弟子部、薩婆多部

b.百年從薩婆多分出一部，名「可住子」弟子部，即是舊犢子部。

c.次三百年中，從可住子部復出四部：法尚部、賢乘部、正量弟子部、密林部。

d.三百年，從薩婆多復出一部，名正地部。

e.三百年中，從正地部又出一部，名法護部。

f.三百年中，從薩婆多部又出一部，名善歲部。

g.三百年中，從薩婆多部又出一部，名說度部，亦名說經部。

4.總結：

從上座部合有十一部，大眾部有七部，合成十八部，足根本二部，爲二十部。

5.「薩婆多傳」有異世五師、同世五師。

異世五師：迦葉、阿難、末田地、舍那婆斯，優婆掘多。

同世五師：於優婆掘多世，即分成五部，一時並起，名同世五師：曇無德、摩訶僧祇、彌沙塞、迦葉維、犢子部。

6.所言五百部者：

智度論釋「般若信毀品」:「佛滅度後五百歲後，有五百部不知佛意，爲解脫故，執諸法有決定相，聞畢竟空，如刀傷心」，龍樹、提婆爲諸部異執失佛教意，故造論破迷也。

（5）次明諸部通、別義

大乘通論：中論、十二門論、百論、攝大乘論、持地論

大乘別論：十地經論、大智度論

小乘通論：成實論

小乘別論：舍利弗阿毘曇論

百論也是大小乘通論。

（6）次明眾論立名不同門，有從法立名、從人立名、從喻立名。

從法立名：四論並是從法立名。

大智度論，從所釋之經立名

中論，從所理、實立名

十二門論從言教爲目。

百論從偈句爲稱也。

（7）次明眾論旨歸門

大乘正明正觀，故大乘經，同以「不二正觀」爲宗。但小乘教以四諦教爲宗。

（8）今四論約用不同，故辨四宗差別

1.智度論：正釋大品，以實慧、方便慧爲宗，

2.中論：申二諦，還以二諦爲宗。

a.問：何人迷二諦？

有三種人：小乘五百部；方廣道人、外道、凡夫；人得二諦名而失二諦旨者。

b.問：何以得知此論用二諦爲宗？

有三種：瓔絡經佛母品、青目序、曇影中論序

瓔絡經佛母品：明二諦不生不滅，乃至不來不去。今論正明八不，故知即是辨於二諦。故以二諦爲宗。

青目序：論意明外人失二諦，龍樹爲此造中論。即知破外迷失，申明二諦，故以二諦爲宗。

曇影中論序：此論雖無理不窮，無言不盡，統其要歸，會通二諦。故知二諦爲宗。

c.問：既名中論，何故不用中道爲宗？

答：即二諦是中道，既以二諦爲宗，即是中道爲宗。還就二諦以明中道，故有世諦中道、眞諦中道、二諦會明非眞非俗中道。

3.百論：以二智爲宗，即欲明諦、智互相成也。

問：百論何故用二智爲宗耶？

答：提婆權智，巧能破邪，巧能顯正，而實無所破，亦無所顯，故名實智。

中論用所申爲宗，百論用能申爲宗，欲明佛與菩薩能、所共相成也。

4.十二門論：宜以境智爲宗。

本論云：「大分深義，所謂空也。若通達是義，即通達大乘，具足六波羅密無所障礙」

大分深義，謂實相之境，由實相境發生般若，由般若故萬行得成、即是境智之義。

（9）次明四論破、申不同門

1.有三義：

a.破外人迷教之病，申佛二諦教門。

b.申佛正教而邪迷自破。

c.論主申明「佛破」，故各申破。

問：何以知龍樹申佛破耶？

答：最後「邪見品」云：「瞿曇大聖主憐愍說是法，悉斷一切見，我今稽首禮」故知論主申明佛破，非自有破也。

2.四論破申有何同異？

a.三論通破眾迷，通申眾教；智度論別破般若之迷，別申般若之教。

b.百論正破外、傍破內；餘二論正破內，傍破外。

c.問：百論何故得破內耶？

答：有三種義：

c1.外人立義不成，引內爲證，故須破內。

c2.內人立義與外道同，如立虛空常遍，乃至立涅槃身智俱無，並與外道同，故須破內。

c3.外道立義與內人同，故須破之。如「破因中無果品」中，說外道立於三相（生住滅），前後相生，與譬喻部同；立三相展轉一時生，與薩婆多部同，故須破壞內。

d.問：中論何故傍破外耶？

答：凡有四義：

d1.欲顯中觀，無法不窮，無言不說。

d2.內人立義與外道同，故須破外。

d3.外道立義與內人同，故須破外。

d4.欲顯中實非內非外，不正不邪，故須破外。

e.問：百論破外，亦有收取義不？

答：有四句：

e1.破而不取：即是外道邪言，障中迷觀，於緣無益有損。

e2.取而不破：外道偷竊如來遺餘善法，今並收之。

e3.亦破亦取：外道偷竊佛教，不識旨歸，今破其迷教之情，收取所迷之教。

e4.不破不取：即顯道門（中道實相），未曾內外也（不屬於佛教內部，也不屬於外道）。

（10）次明別釋三論

問既有四論，何故常稱三論耶？

略有八義：

1.三論各具三義：破邪、顯正、言教。以同具此三義，故合名三論。

2.三論具合，方備三義。中論明所顯之理，百論破於邪執，十二門名爲言教。

3.中論爲廣論，百論爲次論，十二門爲略論。三部具上中下三品，故名三論。

4.一切經論凡有三種：但偈論，即是中論；但長行論，所謂百論；亦長行亦偈論，即十二門論。以上三部互相開避，而共相成。

5.此之三部，同是大乘通論，故名三論。

6.此三部同顯不二實相，故名三論。

7.同是四依菩薩所造。

8.同是像末（像法末期）所作，但欲綱維（乃方丈、上座、維那三綱）大法也（指提綱挈領）。

（11）次論三論通別門

1.以智度論對三論：

智度論爲別論，三論爲通論。

2.就三論中自有三別：

百論爲通論之廣：

通破：障世、出世一切邪。

通申：世、出世一切正。

中論爲通論之次：但破大小二迷，通申大小二教。不破世間迷，不申世間教。

十二門論爲通論之略：但破執大之迷，申大乘之教。

（12）次論四論用假不同門

凡有四門：

1.因緣假：如空有二諦，有不自有，因空故有；空不自空，因有故空。

2.隨緣假：如隨三乘根性，說三乘教門也。

3.對緣假：如對治常，說於無常，對治無常，說於常。

4.就緣假：外人執有諸法，諸佛菩薩就彼推求，檢竟不得。

智度論多用因緣假；中論、十二門論多用就緣假；百論多用對緣假。

（13）次明四論對緣不同門

略明二種：

1.提婆是撰集與邪師辯論之言以爲百論，

2.龍樹是潛帷著筆，探取外情，破病申經，才造中論。

（14）次明三論所破之緣有利鈍不同門

凡有四種：

1.自有一種根緣，聞「百論」始捨罪福，終破空有，當此言下得悟無生。

2.有諸外道雖聞提婆當時所破，言理俱屈，猶未得悟，後出家竟，稟受佛經，方乃得悟，此中根人也。

3.有諸外道聞提婆之言，不了尋經，翻更起迷，爲中論所破方得悟，此下根人也。

4.有諸外道初稟提婆之言，乃至尋中論亦未得解，後因十二門觀玄略，方乃得悟。

（15）次別釋中論名題門

1.有廣略：

a.略：所言略者，但稱「中論」，但釋中、論二字。

b.廣：加之以「觀」，寂此諸邊，名之爲中；問答拆徵，稱之爲論；觀者，直以觀辨於心，論宣於口耳。

因中發觀，由觀宣論，要備三法，義乃圓足也。

2.次第門

二種次第：

a.能化次第：中謂三世十方諸佛菩薩所行之道，故前明「中」，由此道故，發生諸佛菩薩正觀，故次明「觀」；由內有正觀，故佛宣之於口，名之爲經，菩薩宣之於口，名之爲論。

b.所化次第：約所化悟入次第者，稟教之徒，因「論」識「中」，因中發「觀」；若望於佛，因教識理，因理發觀。

（16）次制立門

但明三字不多不少者，略有三義：

1.諸佛菩薩凡有二德：自行及化他。「中」與「觀」，謂自行也，「論」即是化他。

2.化於眾生，要必具生：有所悟之理、因理發觀、由觀宣論，故但明三也。

3.以中對觀，是境、智之名；以觀對論，爲行、說之稱。

（17）次論通別門

1.通門

a.三字皆中：理實不偏，故理名爲中。因中理發觀，觀非偏觀，觀亦名中。因中、觀宣論，論非偏論，論亦名中。

b.三字皆觀：中是義相觀，觀是心行觀，論是名字觀。

亦如三種般若，中是實相般若，觀是觀照般若，論是文字般若。

c.三字皆論：論是能論，中及觀是所論。

2.別門：理實不偏，與其「中」名；智是達照，當其「觀」稱；「論」是言教，故目之爲論。

（18）次明互發盡門：中、觀互相產生（發）；緣、觀互相消滅（盡）

1.中發觀：如十二因緣，不生不滅，能生觀智。

2.觀發中：以正觀檢生滅不可得，方悟因緣是中。

3.緣盡觀：凡夫二乘及有所得偏邪之緣，盡菩薩正觀之內。

4.觀盡緣：邪緣既盡，正觀亦息，名觀盡於緣。

緣盡於觀，故非緣；觀盡於緣，故非觀。非緣非觀，強名正觀。

中是智境，觀是境智，同理，境盡於智，智盡於境。

（19）次明別釋三字門

1.總論釋義，凡有四種：

a.依名釋義：中以實爲義，中以正爲義。以中爲名者，照其實也。離偏曰中，對邪曰正。

b.就理教釋義：中以不中爲義。諸法實相，非中非不中。

c.就互相釋義：中以偏爲義，偏以中爲義。中及偏都是因緣之義，說偏令悟中，說中令識偏。

d.無方釋義：中以色爲義，中以心爲義，是故一法得以一切法爲義，一切法得以一法爲義。

2.中有幾種？

一中：一道清淨，更無二道。即一中道。

二中：世諦中、眞諦中。

三中：二諦中及非眞非俗中。

四中：對偏中、盡偏中、絕待中、成假中。

成假中有單複疏密橫豎。

單：說有爲單假，非有爲單中。

複：有無爲複假，非有非無爲複中。

疏：有無爲疏假，非有非無爲疏中。

密：不有有爲密假，有不有爲密中。

橫豎：疏即是橫，密即是豎。

3.釋中不同

有四種：

a.外道明中：

僧佉人（數論派）言：泥團非瓶非非瓶即是中義。

衛世師（勝論派）：聲不名大，不名小。

勒沙婆（耆那教）：光非闇非明。

此之三師，並以「兩非」爲中。

b.毘曇明中：釋中者，有事有理。事中者，無漏大王不在邊地，謂不在欲界及非想也。理中者，謂苦、集之理，不斷不常也。

c.成實明中：論文直言離有離無，名聖中道。中道有三：世諦中道、眞諦中道、非眞非俗中道。

d.大乘人明中：

攝論師明非安立諦，不著生死，不住涅槃，名之爲中也。

義本者（維摩經觀眾生品以絕百非爲根本）以無住爲體中，此是合門。於體中開爲兩用，即眞俗。此是用中。

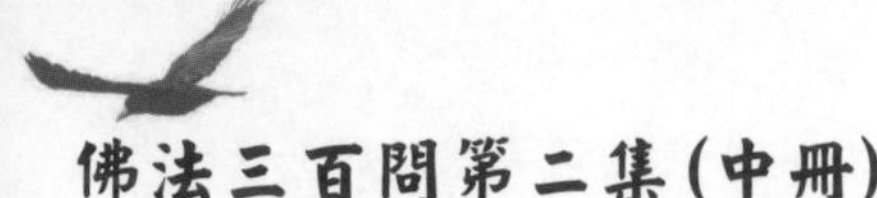

中假師（三論宗主張中道及假名者）云：非有非無爲中，而有而無爲假。

178.中觀與三論宗有不同嗎？

一、相同

二宗均主張緣起自性空。中觀主要在印度及西藏盛行；三論宗則在中國隋朝由吉藏大師創立並興盛於北朝、隋朝及唐初，並流傳至日本及韓國。

二、不同

（1）歷史不同

1.印度的中觀哲學有三個時期：

a.初期中觀派（二-五世紀）：龍樹、提婆、羅侯羅跋陀羅活躍之時期。

b.中期中觀派（五-七世紀）：此時期分爲二派：歸謬論證派及自立論證派。前者以佛護、月稱等「中論」注釋家爲首；後者以清辨爲主。

c.後期中觀派（八-十一世紀）：以自立論證派的寂護、蓮花戒爲首。此時期中觀由寂護、蓮花戒傳至西藏。

2.吉藏之前的中觀哲學

在中國，有二個階段：

a.鳩摩羅什來長安以前的早期般若學（179-401）。此時期盛行以「格義」解釋般若經的哲學。即利用道家老莊或儒家的固有哲學術語以解釋般若經。

這一時期譯出的般若經有：支婁迦讖「道行般若經」、支謙「大明度經」、竺法護「光讚般若經」、竺叔蘭「放光般若經」、竺佛念「摩訶般若鈔經」等。

這時期研究般若經的學者，相傳有六家七宗（本無宗、本無異宗、即色宗、緣會宗、識含宗、幻化宗、心無宗），甚至十二家之多。其中以支遁的「即色宗」最貼近般若經的精神，其他各家都是「格義」意味濃厚的般若學。

b.鳩摩羅什到吉藏間的三論宗哲學。

鳩摩羅什大量翻譯許多般若經及印度中觀學派包括三論的論典，並作實相論，以實相爲宗，極力在中國弘法。所以鳩摩羅什爲中國三論宗的開山始祖，其弟子出名者有僧肇、僧叡、曇影、僧導、智林（注宗論）及周顒（三宗論）等。其後傳僧朗、僧詮、法朗等直至吉藏（549-623），始集三論大成，創立三論宗。

（2）派別不同

印度中觀學派從早期龍樹、提婆開始，至中期分爲二派，即佛護、月稱、寂天的應成派及清辨的自續派，至晚期的寂護、蓮花戒的自續隨瑜伽行派及清辨的自續隨經部行派。

三論宗無派別之分，包括三論：中論、十二門論、百論。

（3）理論不同

中觀應成派主張諸法於勝義及名言均自性空。此與三論宗的空無自性相同。

中觀自續派雖許可勝義無「自相有」，但不承認名言無自性，主張就名言的範圍而言，諸法以自相而存在。此與三論宗的畢竟空無自性的主張不同。

中觀自續派又分爲二，一者承認自證分而不承認外境的瑜伽行中觀自續派，如寂護；二者不承認自認分，主張外境以自相存在的經部行中觀自續派，如清辨。

179.三論宗的所批判外道及佛教內部派別為何？

一、破外道：用八不正觀破之。

（一）天竺異執：印度共有九十六種外道。區分如下：

（1）破邪因邪果：破大自在天

破無因有果：破「偶然論」

破有因無果：破斷見之流

破無因無果：破順世外道

（2）四種外道

1.順世論：創始人是斫婆迦。是惡意知識，只能得世間利，不能得法利，反對輪迴，視同斷見。認爲精神現象是由物質產生，

2.數論：音譯聲佉，創始人相傳是迦毗羅仙人。明一切法不出二十五諦，又名制數論。將萬有分爲自性（物質原理）及神我（精神原理）。由自性生覺，又稱大，相當於中陰識。覺生我慢，即自我意識。我慢生地水火風空五大。以上八種稱爲根本自性。由五大生五唯（色聲香味觸）、五知根（眼耳鼻舌身）、舌、手、足、大遺（排泄器官）、男女根以心根，以上十六種從他物所生，稱十六變異。

自性、神我理論與三論宗的一切皆空互相矛盾。

3.勝論：音譯衛世師，創始人是優樓迦。主張因中無果，造六句論。六句爲實句、德句、業句（同作諦）、同句（總相諦，總萬法爲一大有）、異句（別相諦如瓶衣不同）、和合句（無障礙義諦）。

慧月主張有十句義，另加有能（有可能）、無能（沒有可能）、俱分（亦同亦異）、無（非存在）。

4.耆那教：創始人是筏陀摩那，佛教稱爲尼乾陀.若提子。白衣派及天衣派（裸形外道）。主張宇宙是無始無終，是由森羅萬

象的本體構成。本體分爲存在體及非存在體。存在體又分爲命及非命。命是靈魂，又分爲解脫的、或完善的及受束縛二大類。非命分爲法及非法、空間、補特伽羅。

（二）震旦眾師：老莊、孔子

二、破小乘

排成實師：破成實宗之拆法空、不知空中有不空及執涅槃空之空執。用二藏三法輪及俗諦五十二位破之。

折毘曇師：破一切有部之三世實有執；及俱舍之以四諦及萬法爲有。用緣起性空破之。

三、破大乘：呵大執，破有所得執，認無上正覺爲有所得，即涅槃爲實有。

地論師：南道派判教有因緣宗、假名宗、誑相宗、眞實宗。

北道派判教多法界宗。

攝論師：認爲有三無性，而其實應是三自性爲自性空，而非有無生、無相、無實之三無性。

用無所得破之。

180.三論宗的教判為何？

一、二輪三藏

二輪：

聲聞藏：又稱小乘教，如四阿含經屬之。

菩薩藏：又稱大乘教，如華嚴經等諸大乘經。

三藏：

1.根本法輪：指佛初成道時，對菩薩說華嚴經，屬一乘教，爲諸法根本。一乘即佛性的同義詞。

2.枝末法輪：由於眾生對一乘教不易了解，乃次說阿含、般若、方等諸經，此種種經，對根本而言，是屬枝末，即三乘。

有些般若經沒有明白說到佛性，但有些「後分」般若經如「金剛般若」及「摩訶般若」都有說到佛性。

3.攝末歸本法輪：指佛說法華經，會三乘歸一佛乘，即攝枝末歸於根本。法華經壽量品談及釋迦的「法身」是「常住」的，其中已有佛性的思想了。

世親的「法華論」有述及「法華經」有七段經文是在闡述「佛性」的道理。

總結，吉藏認爲從「大品般若經」一直到「法華經」、「涅槃經」、「華嚴經」等，都在闡述「一乘」、「佛性」、「常住」的道理，因此一切大乘經都是平等而無差別的。

二、對成實論二教、五時的批判

成實論的判教爲二教、五時。二教是頓、漸教。漸教五時是三乘別教（如阿含經）、三乘通教（如般若經）、抑揚教（如維摩經）、同歸教（如法華經）、常住教（如涅槃經）。

以上五時判教是慧觀所提出，被大亮成論師所採用，連梁代三大師-法雲、僧旻、智藏也都採用。

成論師認爲般若經沒有說到緣因佛性及正因佛性，被判爲第二時的三乘通教中。

法華經有說到緣因佛性，即透過行善等修行緣因即可成佛，所以法華經歸於第三時的同歸一乘教，但未說到正因佛性。

成論師也將成實論列入第二時的三乘通教中。

三、對慧觀五時的批判

（一）認爲「大品般若經」、法華經、涅槃經等三經都只說到二種教，並未談及五時教。

（二）大智度論、地持論、正觀論等三論只說到大小兩乘的教法，並沒有說到五時教。

故吉藏、三論玄義：「以經論驗之，唯有二藏，無五時矣。」

（三）五時之說，非但無文，亦復害理：

1.第一時阿含經的「三乘別教」：

鹿園先說小，後明大。並非佛於鹿野苑只說小乘。因此第一時但說小乘是錯誤的。

2.第二時、三乘通教：

大品般若經是三乘通教的說法是錯誤的。

般若有二種：摩訶般若及一般三乘共學的般若。前者只有大乘菩薩才能修學。因此大品般若經並不是三乘所能「共通」學習的經典。

3.第三時、抑揚教：指維摩詰經。

吉藏不認為維摩詰經是貶抑小乘、讚揚大乘的經典。

吉藏以維摩詰經不但貶抑小乘，也呵斥大乘來批判之。

4.第四時、同歸教：指法華經。

法華經會三乘歸一乘屬於同歸教是沒有錯的，但法華經也有常住的性質，未明常住，不列入第五時的常住教，讓法華經成了不談「常住」的不了義經是錯誤的。

5.第五時、常住教：指涅槃經。

涅槃經以究竟眞理而言，是不可言詮的，涅槃之體是絕百非、超四句，是非常非無常。說常、無常都只是它的「用」（功用）而已。

四、對頓教和不定教的批叛

五時都是漸教，漸教之外另有「華嚴經」的頓教，和「勝鬘」、「金光明」、「遺教」、「佛藏」等經之「（偏方）不定教」。

（一）吉藏認為「涅槃經」屬於漸教，而「華嚴經」屬於頓教，是一種錯誤的主張。因為：1.佛初成道時（即說華嚴經時）即已宣說了「涅槃經」的常住內容。2.「像法決疑經」中說：有人見到釋迦入涅槃的時候（即正在宣說涅槃經的時候），又有另外一些人同時見到釋迦的報身正在宣說「華嚴經」，旁邊並有百千釋迦的化身圍繞著。

可見「華嚴經」並不一定是在第一時所說。

（二）吉藏在法華玄論卷 3 批評不定教。指出不定教的說法並沒有經典的佐證。因此所有經典都只能依據其內容之不同而予分類，不應沒有根據而將它們分成頓、漸、不定三教。

五、對地論師三、四、五、六宗的批判

三宗：立相教（二乘）、捨相教（大品般若廣明無相）、顯眞實教（華嚴經）。

四宗：因緣宗（毗曇）、假名宗（成實）、不眞宗（三論）、眞宗（十地論）。

南三北七中北地第六家、佛馬大三藏和慧光（光統）的四宗：因緣宗（毗曇六因四緣）、假名宗（成實三假）、誑相宗（大品、三論）、常宗（涅槃、華嚴、地論等常住佛性）。

北地第七家五宗說：上光統四宗再加上法界宗（華嚴、地論）。

光統六宗說：因緣宗、假名宗、誑相宗、常宗、眞宗（法華）、圓宗（華嚴）

1.五時既不成，四宗自廢。

2.十地經論的譯者菩提留支只說到半、滿二教，並沒有說到四宗等的教判，可見四宗等教判沒有根據，而且違背其開山祖師菩提留支之本意。

吉藏認為究竟眞理不可言詮，凡可言詮者都是方便說的立場，故大力批判含有預設的五時教判和三宗乃至六宗說了。並認

爲大小乘經典都是不可言詮之眞理的「方便」教說，因此也都互有優劣，而非絕對無誤的眞理。

吉藏說：「一切大乘經明道無異，即顯實旨同」。「般若與法華無有優劣」。「船若與涅槃，二經無異」。「法華即華嚴，華嚴即是法華」。

181.什麼是真俗二諦、三種二諦、四重二諦？

一、真俗二諦

1.此宗明二諦非所證理所觀境，而是能詮之言教，二諦是教義，乃是表中道之妙教，窮文言之極說，道非有無，寄有無以顯道，理非一二，因一二以明理，故知二諦是教也，即對他明二所謂約教二諦是也。

2.諸佛依二諦爲眾生生說法，一以世俗諦，二以第一義諦。是二諦皆實，非妄語也。

俗諦：諸法爲假有

眞諦：諸法爲自性空（即性空）

二、三種二諦

1.所依於諦：依凡聖自己之見。

俗諦：實有（失）

眞諦：空（得）

2.迷教於諦：依最高眞理不可言詮。

俗諦：實有（失）

眞諦：空（失）

3.教諦：依佛所教說。

俗諦：假有（得）

眞諦：空（得）

三、四重二諦

1.第一重：針對毗曇師以事爲俗，以理爲眞的說法。

俗諦：有

眞諦：空

2.第二重：針對成實師說一切法空，不知有不空。唯有捨離有、無，體悟非有、非無才是眞諦。

俗諦：空、有

眞諦：非空非有

3.第三重：針對攝論師將二與不二分割。三論宗認爲二與不二的區分仍然是相對的，還是俗諦，只有超越相對、分別，非二非不二，即二而不二、不二而二才是眞諦。

俗諦：空、有及非空非有是二

眞諦：不二

4.第四重：針對地論師及攝論以三性爲俗諦，三無性爲眞諦。

三論宗以爲三性及三無性仍是俗諦，只有達到不涉語言、不關思慮的境界才是眞諦。

俗諦：二、不二

眞諦：言亡慮絕

見《佛性辨正》P287-298

182.什麼是八不正觀及中道？

一、八不正觀

眞體離言絕相，凡有所立，皆不契中，故就廣義言之，當破者實不止八類，不論任何執著，皆名爲邪，皆在當破之列。

（一）不生不滅

世諦生滅，非實生實滅，但由緣生而假生，緣滅而假滅，因緣生，雖生而不起，雖滅而不失。故生滅宛然，而不生不滅。不生不滅，名世諦中道。非不生非不滅，名眞諦中道。非生滅非不生滅，名二諦合明中道。

（二）不常不斷

1.如僧佉計自性是常，從自性生大，從大生意等；薩婆多部明三世常有，此即執於常義。

衛世師執一切世間知無知物，一切法無彼者無和合者，即謂因滅果生；大眾部執三世無，此即執於斷義。

2.雖世諦假名，說有常斷，而假常不可名常；假斷不可名斷，不常不斷，名爲中道。

（三）不一不異

1.一有：僧佉言一切法一；大眾部言因果一體，如轉種子爲芽。

異有：上座部言因果異體，種子芽各一物；衛世師言一切法異。

2.眾因緣法，因果不同，能所二義，故非一；因是果之因，果是因之果，故非異。不一不異，名爲中道。

（四）不來不出

1.外來義有：

塗灰外道，計眾生苦樂、萬物生滅皆從自在天來；成實明木無火性，但假緣生；衛世師計二微和合。

內出義有：尼犍陀若提子等，計苦樂之果皆是我之自作自受；毘曇計木有火性；僧佉計自性是常。

2.眾因緣生法，不偏在因，故不從內出；亦不遍在緣，故不從外來。不來不出，名爲中道。

二、八不

（一）八不就是二諦

菩薩瓔珞本業經：「二諦義者，不一亦不異，不常亦不斷，不來亦不去，不生亦不滅。」

（二）八不就是緣起

1.涅槃經卷二十五：「十二因緣，不生，不滅，不常不斷，不一亦不異，不來不去。」

2.中論：「不生亦不滅，不常亦不斷，不一亦不異，不來亦不去，能說是因緣，善滅諸戲論。」

3.大般若經卷四七二：「若菩薩修行般若波羅蜜多時，如實知一切從緣生法，不生不滅，不常不斷，不一不異，不來不去，絕諸戲論，本性淡泊。」

（三）八不就是中道

1.大智度論卷四三：「常是一邊，斷是一邊，離是二邊，行於中道，是爲般若波羅蜜。」

2.對中道之中字有四種解釋：

a.依名釋義：中道以實相爲其意義；中以正爲其意義。

b.就理教釋：中以不中爲其意義。

一切事物的實相都是非中非不中。

說中是爲了顯示不中。

華嚴經：「一切有無法，了達非有無」

c.用不同名稱之間的相互關係進行解釋：

對偏說中，對中說偏，中和偏相待互爲因緣而成立。

涅槃經：「說世諦，令識第一義諦；說第一義諦令識世諦也」

d.以非固定方式解釋其意義：

中以色法爲其意義，中以心法爲其意義。

華嚴經：「一中解無量，無量中解一」一即一切，一切即一，圓融無礙。

（四）八不就是畢竟空

大智度論卷七四：「畢竟空，波羅蜜觀一切法，不生不滅，不增不減，不垢不淨，不來不去，不一不異，不常不斷，非有非無。」

（五）八不就是實相

大智度論卷三四：「是諸法實相不生不滅，不常不斷，不一不異，不來不去。」

三、中道

（一）四中

一中：一道清淨更無二道，所謂一道即一中道。

二中：世諦中、眞諦中。

三中：世諦中、眞諦中、非眞非俗中

四中：對偏中、盡偏中、絕待中、成假中

（二）四種中道

對偏中：爲治大小學人斷常偏病，且說中道。

盡偏中：偏病若盡，即名中道。

絕待中：偏病既除，中亦不立，非中非偏。

成假中：假說有無，以有無爲假，非有非無爲中，如此之中，爲成於假之中。

（三）中道與實相

中道與實相同義。

吉藏、大乘玄論：「二是假名，不二爲中道，中道就是實相」

僧叡、中論序：「以中爲名者，照其實也」

（四）中道與二諦

俗諦中道：非生非滅

眞諦中道：非不生非不滅

二諦合明中道：非生滅非不生滅

（五）中道與八不

見上 182 問之 3：八不就是中道。

（六）中道與空、假名

中道與空、假名同義。

中論：「因緣所生法，我說即是空，亦爲是假名，亦是中道義。」

眞俗二諦都是假名，非眞非俗才是中道，所以中道和眞俗二諦合稱中假。非眞非假的中道是體，眞假二諦是用。中即實即正，正有體正及用正。體正即是非眞非假的中道，用正即是眞俗二諦。當由體起用，體用一致，則中即是假，假即是中，中假圓融，相即無礙，體用一致。

所以說，亦爲是假名，亦是中道義。

參閱《佛性辨正》P296-298

183.什麼是中道佛性？

一、中道與佛性同義。

吉藏、大乘玄論二諦義：「離斷、常二見，行於中道，見於佛性」

二、中道是佛性。

吉藏、大乘玄論卷 3：「但河西道朗法師，與曇無讖法師，共翻「涅槃經」，親承三藏，作「涅槃義疏」，釋佛性義，正以中道爲佛性。」

大乘玄論卷三：「非眞非俗中道爲正因佛性」

所以吉藏以「中道」爲正因佛性。眞諦及俗諦皆非正因佛法。

「非眞非俗」才是中道佛性。

大乘玄論卷三：「非因非果，即是中道，名爲正因。故以中道爲正因佛性」

吉藏並認爲非眞非俗的中道佛性，起越了因果，所以是非因非果；超越了本有始有，所以是非本有非始有。

三、佛性者名爲第一義空。不見空與不空二邊爲中道。

中道佛性在迷的眾生爲隱而不顯，即如來藏。當轉迷成悟，中道佛性即顯而非隱，名爲法身。

請參閱《佛性辨正》P291

184.四句及五句有多少種類？

一、四句

（1）單四句：

有：如說一切有部的三世一切有。

無：如方廣道人的無塵、無識。

亦有亦無：如般若六派七宗之「心無之說」的有塵無識；如唯識學的無塵有識。

非有非無：如「愚癡論」

（2）複四句：

有「有」有有、有無

無「有」無有、無無

複四句：

有：有有、有無

無：無有、無無

亦有亦無：亦有有、有無，亦無有無無

非有非無：非有有有無，非無有無無

吉藏認爲那些「立大乘之宗」的「異部眾師」雖能免於墮入單四句中，卻仍不免墮入複四句的第一句、第二句之中。

異部眾師指：

1.南方眞諦的攝論宗落於複四句第二句「無」；因三性中之圓成性是無之無有性；三無性之「無性性」是無之無無性。

2.及北方兼學攝論的地論師之第九阿摩羅識也落於複四句第二句「無」。

第九阿摩羅識是第二句無之「無有」，因其爲眞識。

又是無之「無無」，因其爲眞如。眞如是絕四句。

（3）重複四句：描述單四句的四個語句，即稱「複四句」。單四句是複四句所描述的對象，所以稱爲「對象語言」；反之，而複四句則稱爲「後設的語言」。

即「複四句」描述並否定「單四句」，「單四句」描述並否定「現象界的事物，如自我、五蘊」。

（4）豎深四句

在重重否定單四句、複四句、重復四句之後，如果再有眞理，再有絲毫正邪之分，再有所言詮，即非「未曾邪正」的「至道」了。則仍須再予否定，故豎深四句即在否定重複四句。

二、五句

第一句：實生實滅爲俗諦

第二句：不生不滅爲眞諦

第三句：假設的生滅爲俗諦中道（非生非滅）

第四句：假設的不生不滅爲眞諦中道（非不生非不滅）

第五句：非生滅非不生滅爲二諦合明中道

請參閱《佛性辨正》P288-291

185.什麼是諸法實相？

實相是指本然的眞實，泛指事物眞實無僞、常住不變的體相，與實際、實性、眞如等含義相同。

1.實相捨離一切名言分別，只能以否定去遮詮，才可顯示其眞義，故說：「實相無相」。

2.僧肇、肇論宗本義：「本無、實相、法性、緣會，一義耳」

3.吉藏、大乘玄論卷四：「虛空非有非無，言語道斷，心行處滅，即是實相」

4.鳩摩羅什著「實相論」，但已失傳，由「大乘大義章」所記載羅什對實相的了解如下，實相又名如、法性、眞際，乃語言文字或吾人思惟所無法描述或達到的絕對眞理。

菩薩在順忍中，未得無生法忍時，觀察諸法實相，稱爲如。

若得無生法忍時，觀察實相，稱爲法性。

若成佛（坐道場）時，所觀實相，即稱眞際。

以上如、法性、眞際三者都是空或空性的異名。

5.中道即實相，此宗所謂中道實相者，非有非空、非中非不中之無名相法，但爲引導眾生，寄中以宣之。

6.中論觀法品：「諸法實相者，心行言語斷，無生亦無滅，寂滅如涅槃……。自知不隨他，寂滅無戲論，無異無分別，是則名實相」

請參閱《佛性辨正》P291

186.吉藏十一家正因佛性說為何？

1.眾生爲正因佛性
2.六法爲正因佛性
3.心爲正因佛性
4.冥傳不朽爲正因佛性
5.避苦求樂爲正因佛性
6.眞神爲正因佛性
7.阿梨耶識自性清淨心爲正因佛性
8.當果爲正因佛性
9.得佛之理爲正因佛性
10.眞諦爲正因佛性
11.第一義空爲正因佛性

大乘玄論卷三：「非因非果，即是中道，名爲正因。故以中道爲正因佛性」

故中道才是正因佛性。

請參閱《佛性辨正》P299-303

187.吉藏的佛性思想為何？

1.中道是正因佛性

大乘玄論二諦義：「離斷、常二見，行於中道，見於佛性」

2.佛性非本非始

大乘玄論卷三：「至論佛性，理實非本始。……不但非是本始，亦非是非本非始，……若能得悟本始非本始，是非平等，始可得名正因佛性」

3.理內理外佛性（以唯識理，理內有佛性，因唯識有心無境，外境既無，豈有佛性。以修證理，理外有佛性。因若修證得佛，心內亦一切空，無復有佛性；而外境亦一切成佛境，故有佛性。

4.草木也有佛性三因

大乘玄論卷三：「不但眾生有佛性，草木亦有佛性」

「若於無所得人，不但空爲佛性，一切草木並是佛性也」

5.一切草木亦得成佛

「若悟諸法平等，不見依正二相故。理實無有成不成相，無不成故，假言成佛。以此義故，若眾生成佛時，一切草木亦得成佛」

「眾生有心迷故得有覺悟之理。草木無心故不迷，寧得有覺悟之義」

由上知，若眾生成佛時，由於佛是依正不二，所以一切草木亦得成佛。但草木無心，無夢覺，故吉藏並未明確指出草木自己能否依己成佛，但認爲眾生若成佛時，其依正之草木也能成佛。

6.佛性非有非無

大乘玄論卷三：「佛性非有非無，非理內非理外。是故若得悟，有無、內外，平等無二，始可名爲正因佛性也」

7.非定非不定

「故涅槃經云，若有人說一闡提定有佛性定無佛性，皆名謗佛法僧，今既不欲謗佛法僧，豈敢定判」

8.佛性就是一乘、涅槃

大乘玄論卷三：「般若廣破有所得，明無依不得爲正宗；佛性、一乘爲其傍義」

「大乘若有三則有三性，既道理唯一佛乘，所以唯一佛性也」

「佛性有五名，一乘則五中之一」

「涅槃體者，法身是也。……今以中道正法爲涅槃體」而中

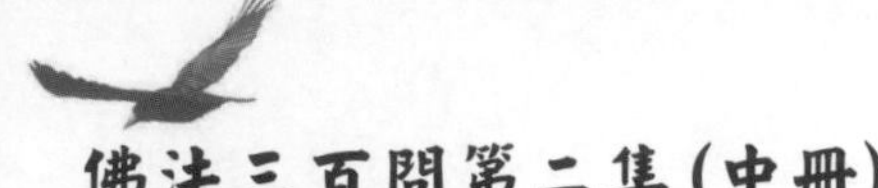

道即是佛性也，故佛性即是涅槃體。

9.佛性可見不可見

「……見有二種，一者十地，或言十住，名爲慧眼見，舉珠喻釋；二者外道凡夫名爲信見，或如羊角，或如火聚等。師子吼品明慧眼見故，見不了了。佛眼見故則了了。經文如此，判釋多言。十住菩薩，方見佛性猶如羅縠，九住以還未見佛性」

佛以佛眼可以了了見佛性；十地菩薩之明慧眼只能見佛性不了了；九住（地前）以還未見佛性；凡夫外道只能信見佛性，而非眼見佛性。

請參閱《佛性辨正》P303-312

188.三論宗如何修行及絕待涅槃？

一、如何修行

（1）行法

1.龍樹於菩提資糧論，舉出十波羅密及四無量心等爲佛菩提資糧。

2.此論以空慧爲宗，故以般若波羅密爲菩提初資糧。

般若波羅密即以一念相應智，覺了諸法，即信解及覺知諸法無所得畢竟空之智慧。

3.清辨論師於掌珍論中，詳述悟入有爲性空及無爲性空之觀行。

4.修觀行者，如是慧行無分別故，不行而行，行即不行。遠離一切所緣作意，於一切法都無所住，猶如虛空，棄捨一切遍計分別，淡泊寂然，如入滅定，觀諸法性。

5.雖如是觀，而無所見，不見而見，見即不見，以無相之妙慧，契無相之虛境，內外兩冥，緣觀俱寂，斯則無得正觀之極致也。

6.此宗之觀行，在圓滿自利利他，以大智慧觀無所得空。

7.本宗論成佛之義，有眞俗二種說法。就眞諦言之，一切有情本來是佛，無迷無悟，湛然寂滅，若說別有佛道可成，即是頭上安頭，成爲戲論。

但就俗諦言之，則迷之與悟，截然不同，眾生由迷至悟，仍須經修行而證果。

行證有五十二位程序，如下：

五十二位聖賢程序：

十信：伏「見一切住地」

十住：斷見一切住地盡，伏欲愛住地。

十行：伏色愛住地。

十回向：伏有愛住地。

十地：初地初心斷四住地盡；初地至十地斷十重無明。

等覺

妙覺

（2）果位

就俗諦假名門言之，則迷之與悟，截然不同，而根有利鈍，惑障有厚薄，故成佛有遲速。

利根者，一念成八不正觀，頓得佛果。

鈍根者，三祇積集萬行，經五十一位而至妙覺。

然一念不礙三祇，三祇不妨一念，念劫融即，利鈍平等。

眾生本有覺體，但由迷故，流轉六道，苟翻迷還覺，但以一念中道之風，拂八倒無體之塵，與純淨之佛行，唯無所得之正觀，斯爲靈妙至極之大道，本有覺體，即宛爾而顯。

（3）佛身佛土

1.佛身

a.正法法身、理法身、自性身

b.修成身：報身、智法身、自受用身、外應身

c.應化身

應身：他受用身、外應身

化身：變化身

2.佛土

a.佛土有淨土、不淨土、淨不淨土、不淨淨土、雜土。

b.佛土有法身土、報身土、應身土。

c.淨土有凡聖同居土、大小同住土（方便有餘土）、獨菩薩所住土（實報無障礙土，有香積世界、七寶世界）、諸佛獨居土（常寂光土）。

二、絕待涅槃

（一）涅槃絕能所四句百非。

（二）中論云

1.無得亦無至，不斷亦不常，不生亦不滅，是說名涅槃。

無得：於行於果無所得。以如來爲能得人，三德涅槃爲所得法。

無至：無處可至。金剛心道諦因爲能至，佛果爲所至。

不斷：五陰先來畢竟空故，得道入無餘涅槃時亦無所斷。五住惑斷爲斷。

不常：涅槃寂滅，無法可分別故，故曰不常。常樂果爲常。

不生：佛果爲生。

不滅：二死盡前生爲滅。

2.受諸因緣故，輪轉生死中，不受諸因緣，是名爲涅槃。

3.世間與涅槃，無有少分別。涅槃與世間，亦無少分別，世間與涅槃，二而不二。

4.涅槃之實際及與世間際，如是二際者無毫釐差別。

（三）中論疏

1.今明涅槃不受有無等法，故云無得無至等。

2.涅槃者，超四句，絕百非，即是累無不寂，德無不圓。

3.涅槃即：有亦無、無亦無、有無亦無、非有非無亦無之諸法實相也。

4 非有非無，則是中道，中道之法，名爲涅槃，此則二諦合明，以累寂德圓爲涅槃也。

（四）大乘玄論

他家生死在此，涅槃在彼，眾生在生死，佛在涅槃。

（五）肇論、涅槃無名論

涅槃非有亦復非無。

禪宗（189-207 問）

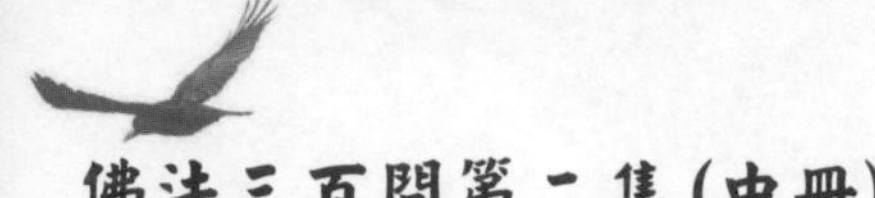

189.印度禪及中國禪學思想的來源及中國禪學的理論基礎為何？

一、印度禪

（一）外道禪

白騾奧義書及慈氏奧義書將「禪」包括在瑜伽之中。瑜伽禪定曾爲印度婆羅門教和耆那教等許多教派普遍使用，民間也廣爲流行。釋迦牟尼曾隨數論派先驅修習過禪定。所以如「無所有處定」和「非想非非想定」都成爲佛教禪定的內容。

外道禪採用瑜伽等修行方法追求斷滅輪迴、親證梵我同一以實現解脫。而佛教禪以「無我」破人及神的實在性，而且不以禪定爲最終目的，只視禪定爲獲取智慧的手段之一，並排斥苦行，不以獲得神通爲最高境界，而是證得佛性爲終極目標。

（二）佛教小乘禪

小乘禪即小乘佛教的禪，有四禪、八定、九次第定、四無量，八解脫、八勝處、十遍處等。又有世間禪及出世間禪之區分。

（三）佛教大乘禪

大乘禪即大乘佛教的禪。繼承了小乘禪的許多內容及方法，只是範圍更擴大，有無量無數的三昧名稱。

大乘禪不再只側重於坐禪，而是進一步融合大乘佛教的般若空觀及空有互融的諸法實相理論。將透過禪觀而證悟實相之理，即「實相禪」。其次結合念佛法門而對治各種煩惱，以達涅槃解脫或死後往生佛國。小乘只承認釋迦牟尼佛，而大乘則認爲三世十方有無數佛，通過念佛而得往生佛國。此念佛的禪觀與各種大乘思想結合，即形成「念佛禪」，如「般舟三昧」，以念佛及結合人法皆空的空觀，可使十方諸佛出現眼前或死後生往佛國。

如「觀無量壽佛經」的觀想念佛而見諸佛現前，並體悟諸沸如來皆唯心所現的大乘佛理。如「文殊說般若經」所說，通過念佛禪而入「一行三味」，並證得般若空觀。大小乘禪均可獲得五通（神足通、天眼通、天耳通、他心通、宿命通），但只有大乘禪能獲得「漏盡通」。小乘以戒定慧三學來概括全部佛法，大乘以六度（布施、持戒，忍辱、精進、禪定、般若）爲修習之主要內容，由上知大小乘均注重禪定。

（四）小乘禪與大乘禪的不同

1.鳩摩羅什來華之前，雖大小乘禪都已傳至中國，但實際上早期卻以小乘禪爲主。安世高系的禪數之學雖主止觀俱行，實際上只重坐禪數息。至佛陀跋陀羅仍重數息觀與不淨觀，至羅什才將禪與般若實相結合起來。

2.佛陀跋陀羅之後，中土禪學已漸成系統，但仍重坐禪苦行，以依教修禪爲業，不以講經爲意。常頓跡幽林，苦修苦行。

3.早期禪學頗重神通，認爲通過修禪可以得到天眼通、天耳通、神足通等神奇靈力。如僧稠可以冥知宣帝將來加害自己，僧實可以遙感江南某寺將塌。極似中土的道術神異。

4.隨中土禪學發展，禪行內涵，「心」的地位日益突顯。從康僧會的「明心」，到僧稠的「修心」和僧實的「離心」，無不強調「修心」之重要，漸漸走向「心宗」發展。隨「維摩經」的廣泛流傳，「宴坐」逐漸受到貶斥，而格義玄學與大乘般若學漸漸盛行。直至支道林的即色遊玄，已漸離坐禪入定的藩離。

5.魏晉的般若學與南北朝的佛性論的盛行，使得禪學先後與般若學及佛性論結合，從羅什的禪智雙修，禪觀空觀並行，及至僧叡的禪觀與眞空妙有，到竺道生的佛性與般若實相結合及頓悟觀念，造成日後禪宗即心即佛的心性思想及頓悟成佛的發展。

（五）漢代禪經初譯

最早來華傳譯佛經的主要有安世高與支婁迦讖。他們譯介了小乘說一切有部的理論和大乘般若學，同時也譯出了數部禪經，將大小乘禪法介紹到了中國。在東土最早得到流行的是安世高譯介的小乘禪數之學。

二、中國禪學

（一）來源

中國禪法始於後漢的安世高，三國吳的康僧會也值得重視。還有符秦道安，除合譯毗曇外，也是重視禪數之學。羅什來長安時，僧叡請他翻譯禪經，包括「坐禪三味經」、「禪法要解」和「禪秘要法」。佛馱跋陀羅翻譯「達摩多羅禪經」，劉宋時曇摩密多譯了「五門禪經要用法」，沮渠京聲譯了「治禪病秘要法」，於是禪法便流行起來。

羅什系統的禪法由道生、慧觀等取得非凡資訊進展。

寶志（418-514）對江南禪法的興隆作出了貢獻。玄高接受佛馱跋陀羅系統的禪法，後成爲北魏太子拓跋晃的老師，在廢佛時期被殺害。

佛陀禪師是北魏重要的習禪者，弟子有慧光和道房。

僧稠（480-560）初跟道房修止觀，後又修四念處、十六特勝法。後拜佛陀爲師，師說：蔥嶺以東禪學之最是汝其人。北齊文宣帝很尊敬他，爲造雲門寺。

「十地經論」譯者勒那摩提也傳授禪法。弟子有道房、僧實。北周太祖推崇僧實爲國三藏。

北方禪法是繼承佛馱跋陀羅、佛陀禪師、勒那摩提等系統加以發展而成的。但菩提達摩開創與此完全不同的系統。達摩禪爲後代禪宗奠下了基礎，成爲中國禪宗的始祖。以釋迦牟尼當年以心傳心付予摩訶迦葉，代代相傳，傳至第二十八代菩提達摩。

禪宗第二代祖師由慧可繼承。達摩傳與四卷楞伽經，因此也稱楞伽宗。達摩的二入四行對「金剛三味經」影響很大。二祖傳三祖僧璨，僧璨傳四祖道信，四祖旁出牛頭禪法融，道信傳五祖弘忍，號東山法門。弘忍門下略分爲南北二支，北支神秀，傳普寂、義福，皆名重一時，稱爲「半宗」或「北宗」。南支由六祖慧能獨得弘忍衣法之傳，弘法於南方，開創「南宗」，成爲禪宗六祖正系。

中國禪宗由誰創立，眾說紛紜，不過學界一般認爲，菩提達磨爲中國禪宗的開拓者，道信、弘忍對中國禪宗的建立有卓越的貢獻，慧能爲中國禪宗的實際創立者。

慧能下有四個著名弟子：南嶽懷讓、青原行思、荷澤神會、南陽慧忠、永嘉玄覺，爲禪宗主流。其中，懷讓、行思兩系較爲突出。南嶽懷讓傳馬祖道一，創立洪州禪。道一傳百丈懷海，後分二支，一支傳黃檗希運，再傳臨濟義玄，形成臨濟宗。另一支傳溈山靈祐，再傳仰山慧寂，形成溈仰宗。

青原行思傳石頭希遷，創石頭宗。希遷下分二支，一支傳藥山惟儼，再傳雲嚴曇晟，再傳洞山良价，良价傳曹山本寂，建立曹洞宗。另一支傳至雪峰義存，下分二支，一支傳雲門文偃，創立雲門宗另一支傳至清涼文益，創立法眼宗。至此合爲五宗，稱一花開五葉。此時由於五家禪相繼成立，禪宗進入極盛時期。五宗宗風略有不同，臨濟宗是互換爲機，雲門宗是涵蓋截流，溈仰宗是方圓默契，法眼宗是一切現成。其中溈仰、雲門、法眼三宗至北宋中期相繼絕嗣，而臨濟、曹洞二宗則傳承至今。

兩宋時期，臨濟宗汾陽善昭創立「公案代別」和「頌古」，開「文字禪」之先鋒。汾陽善昭傳石霜楚圓，弟子五十人，以黃龍慧南及楊岐方會最爲有名。楊岐方會創立「楊岐派」，黃龍慧南創立「黃龍派」。五宗加上黃龍、楊岐二支，稱爲禪宗的「五家七宗」。

入宋以後，禪宗由「不立文字」變成了「不離文字」，開始有「代別」（對公案或他人禪語的短評和解釋）、「頌古」、「拈古」（提出古代公案語句加以評議）、「評唱」（以拈、頌古代的各種公案加以講說，闡發禪理）等禪門偈頌行世，此四種是文字禪的四大形式，旨在文字推敲中解悟禪理。

楊岐派圜悟克勤的「碧巖錄」創作「評唱」，使得禪宗由直指人心變成繞路說禪，影響頗大。克勤弟子大慧宗杲銷毀碧巖錄刻板，欲杜絕不明根本、專尚文字的禪病，另主張「看話禪」，深受士大夫喜愛。曹洞宗的宏智正覺提倡「默照禪」，欲恢復古典禪法，也有影響。

元代的禪宗，北方有萬松行秀、雪庭福裕一系的曹洞宗師，與海雲印簡一系的臨濟宗師。南方有雲峰妙高等臨濟宗匠。

明代的禪宗，以臨濟爲最，曹洞次之。太平天國以後有號稱禪宗四大叢林：金山、高旻、天童、天寧。

清末有江南宗門五老：冶開、清虛、清然、全振、圓德。

民國時期有虛雲、敬安、圓瑛、來果、月溪等高僧，還有袁煥仙、賈題韜、南懷瑾等居士結社傳禪。虛雲被譽爲「禪宗泰斗」。

元明清及民國以來，禪宗已日漸歸「淨」，變參禪爲念禪，參話頭爲念話頭，由禪入淨，與淨土宗相合流。

（二）理論甚礎

（1）眞如緣起論

1.楞伽經：「如來藏自性清淨，轉三十二相，入於一切眾生身中」、「如來藏雖自性清淨，客塵所覆故，猶見不淨」

2.初祖達摩、菩提達摩略辨大乘入道四行觀：「深信含生同一眞性」

3.二祖慧可、景德傳燈錄：「本迷摩尼謂瓦礫，豁然自覺是眞珠。……觀身與佛不差異，何須更覓彼無餘」

4.三祖僧璨、信心銘：「眞如法界，無他無自，要急相應，唯言不二」

5.四祖道信、入道安心要方便法門：「一者知心體，體性清淨，體與佛同；二者知心用，用生法寶，起作恒寂，萬惑皆如」

6.五祖弘忍：「身心本來清淨，不生不滅，無有分別。自性圓滿清淨之心，此是本師，乃勝念十方諸佛」、「如無有生，如無有滅。如者，眞如佛性，自性清淨」、「但於行住坐臥中，常瞭然守本眞心」

7.六祖慧能、壇經般若品：「善知識！不悟，即佛是眾生；一念悟時，眾生是佛。故知萬法盡在自心，何不自心頓見眞如本性」

8.神秀、唐玉泉寺大通禪師碑：「立萬法者，主乎心矣：……觀心若幻，乃等眞如」

9.神會、南陽和尚問答雜徵義：「眞如之性，即是本心」

神會、最上乘：「如不覺本性，則起妄念」、「只就心起故，遂有生滅」

10.黃檗希運、黃檗斷際禪師宛陵錄：「從佛至祖並不論別事，唯論一心」、「萬法盡由心變」

（2）心性思想

1.禪宗的心：惠能所指「心」的涵義有點複雜，有指緣慮法如妄心、邪心、善心、正心等，如心正轉法華，心邪法華轉。

2.禪宗的心性思想：心性不二

心性與眞如、自性、眞性、佛性、如來藏等同義。

禪宗的心性指眞性、眞如，與一般的心性看法不同，一般而言，性是體、心是用，禪宗則以爲心即性，性即心，體用無分，即是眞如、眞性。

禪宗的自性與中觀的自性也不同，中觀以自性爲自體、自相，爲自體有，有常、獨一、不變的特性，而禪宗的自性是指眞性、佛性、眞如。

禪宗的萬法唯心現，此心也指佛性、眞如、如來藏，故爲眞如緣起或如來藏緣起或性起。唯識宗的萬法唯識現，其識是指阿賴耶識，所以是阿賴耶緣起，與禪宗不同。阿賴耶識的心體即是禪宗的心或性，即是眞如、佛性、如來藏。只是禪宗較少以如來藏來稱呼心或性。

a.二祖

慧可、楞伽師資記慧可傳：「天下有日月，木中有炭火，人中有佛性」

景德傳燈錄：「是心是佛」、「本迷摩尼謂瓦礫，豁然自覺是眞珠」

b.三祖

僧璨、信息銘：「一心不生，萬法無咎」

舒州刺史獨孤及制賜謚碑：「不見法、不見身、不見心，乃至心離名字，身等空界，法同幻夢，無得無證，然後謂之解脫」

c.四祖

景德傳燈錄：「夫百千法門同歸方寸，河沙妙德總在心源」、「一切戒門、定門、慧門，神通變化，悉自具足，不離汝心」、「汝但隨心自在，無復對治，即名常住法身，無有變易」

d.五祖

最上乘論：「一切萬法不出自心」、「三世諸佛，皆從心性中生」

楞伽師資記：「我印可汝，了了見佛性處也」

e.六祖

壇經、般若品：「本性是佛」、「當知愚人智人，佛性本無差別」

壇經、行由品：「人雖有南北，佛性本無南北，獦獠與和尚不同，佛性有何差別？」

f.神會、南陽壇語：「一一身具有佛性」、「自身中有佛性」、「無漏智性本自具足」

g.懷海、古尊宿語錄：「自古至今，佛只是人，人只是佛」

h.義弦、古尊宿語錄：「你欲識佛祖麼？只你面前聽法底是」

i.希運說：「祖師西米，直指切入全體是佛」

j.南宗青原：主張「靈源皎潔，心地自然」

（3）自性空寂（般若性空）

1.慧能、壇經般若品：「心量廣大，猶如虛空」、「世人妙性本空，無有一法可得；自性眞空，亦復如是」、「一切大海、須彌諸山，總在空中，世人性空，亦復如是」

壇經般若品：「心體無滯，即是般若」、「內外不住，去來自由；能除執心，通達無礙；能修此行，與般若經本無差別」

2.神會、南陽壇語：「自性空寂，無有形相」、「心性本體，空無所有，亦無住著，等同虛空」

神會語錄：「自心從本以來空寂」、「心性空寂，更無餘念」、「我心本空寂，不覺妄念起」、「只爲未見性，是以說空；若見本性，空亦不有」

3.僧璨、信心銘：「境由能境，能由境能，卻知兩段，元是一空」

舒州刺史獨孤及賜謚碑：「心離名字，身等空界，法同夢幻，亦無得無證」

慧海、頓悟入道要門論卷下：「一切皆空，若有一法不空，空義不立」、「心有染即色，心無染即空」、「自性本來清淨，湛然空寂」

黃檗、黃檗斷際禪師宛陵錄：「心體亦空，萬緣俱寂」

（4）迷悟之別

1.慧能、壇經般若品：「自性若悟，眾生是佛；自性若迷，佛是眾生」、「佛性本無差別，只緣迷悟不同，所以有愚有智」、「般若之智，亦無大小，爲一切眾生自心迷悟不同」

慧能、壇經定慧品：「迷人漸修，悟人頓契；自識本心，自見本性，即無差別」

2.馬祖道一、景德傳燈錄卷二八：「迷即迷自家本心，悟即悟自家本性」

3.神會語錄：「迷悟雖即有殊，菩提心元來不動」

4.大珠慧海、頓悟入道要門論：「迷人向文字中求，悟人向心而覺」

（5）無念爲宗

1.慧能、壇經定慧品：「我此法門，從上已來，先立無念爲宗」、「於諸境上，心不染，曰無念」、「百物不思，念盡除卻」、「於自念上，常離諸境，不於境上生心」、「於境上有念，念上便起邪見，一切塵勞妄想從此而生」、「無念者，於念而無念；念念之中，不思前境」、「念者，念眞如本性。眞如即是念之體，念即眞如之用」、「眞如自性起念」

2.神會、神會語錄：「無者無有二法，念者唯念眞如」、「起心既滅，覺照自亡，即是無念。是無念者，無一切境界」、「有無雙遣，中道亦亡者，即是無念」

南陽壇語：「不作意、無住心」

（6）定慧等學

壇經、定慧品：「我此法門，以定慧爲本」、師示眾云：「善知識！我此法門，以定慧爲本。大眾！勿迷，言定慧別。定慧一體，不是二。定是慧體，慧是定用。即慧之時定在慧，即定之時慧在定。若識此義，即是定慧等學。諸學道人，莫言先定發慧、先慧發定各別。作此見者，法有二相。口說善語，心中不善。空有定慧，定慧不等。若心口俱善、內外一如，定慧即等。自悟修行，不在於諍。若諍先後，即同迷人，不斷勝負，卻增我法，不離四相。善知識！定慧猶如何等？猶如燈光。有燈即光，無燈即闇。燈是光之體，光是燈之用；名雖有二，體本同一。此定慧法，亦復如是。」

（7）頓悟法門

1.大珠慧海、頓悟入道要門論卷上：「頓者，頓除妄念；悟者，悟無所得」

2.壇經、般若品：「迷聞經累劫，悟則剎那間」、「前念迷即凡，後念悟即佛」、「若識自性，一悟即至佛地」、「我於忍和尚處，一聞言下大悟，頓見眞如本性」

壇經頓漸品：「自性自悟，頓悟頓修，亦無漸次，所以不立一切法」

（8）即心是佛

1.寶誌：「不解即心即佛，眞似騎牛覓牛」

2.二祖慧可、祖堂集卷二：「是心是佛，是心是法」

3.四祖道信、楞伽師資記：「即念佛心是佛，妄念是凡夫」、「佛即是心，心外更無別佛」

4.六祖慧能、壇經付囑品：「自心是佛，更莫狐疑」

壇經懺悔品：「自心歸依自性，是歸依眞佛」

5.石頭希遷、景德傳燈錄卷一四：「即心即佛，心佛眾生，菩提煩惱，名異體同」

6.馬祖道一、古尊宿語錄卷一：「如何是佛？師云：即心是佛」

7.黃檗希運、黃檗斷際禪師宛陵錄：「心即是佛，所以一切諸度門中佛心第一」

（9）無心是道

黃檗希運、黃檗斷際禪師傳心法要：「此心即無心之心，離一切相。眾生諸佛更無差別，但能無心，便是究竟」、「當下無心，決定之一切法本無所有，亦無所得，無依無住，無能無所」

黃檗希運、黃檗斷際禪師宛陵錄：「即心是佛，無心是道。但無生心動念有無、長短、彼我、能所等心；心本是佛，佛本是心」

（10）隨緣任運

1.壇經疑問品：「念念見性，常行平直，到如彈指，便見彌陀」

壇經護法品：「道由心悟，豈在坐也」

壇經疑問品：「行直何用修禪」、「心平何勞持戒」、「成道非由施錢」、「功德在法身中，不在修福」、「不離自性，應用無染」

壇經頓漸品：「住心觀淨，是病非禪」

壇經般若品：「世人若修道，一切盡不妨」

2.臨濟義玄、古尊宿語錄卷四：「設解得百本經論，不如一個無事的阿師」、「看經看教是造業」

3.黃檗、黃檗斷際禪師傳心法要：「愚人除事不除心，智者除心不除事」、「悟在於心，非關六度萬行」

義玄、古尊宿語錄：「你言六度萬行齊修，我見皆是造業」

（11）牛頭禪的老莊思想

法融、絕觀論：「夫大道沖虛幽寂，不可以心會，不可以言宣」、「道本虛空」、「無心爲道」

法融、心銘：「開目見相，心隨境起。心處無境，境處無心」、「靈知自照，萬法歸如。無歸無照，絕觀忘守」、「一切莫作，明寂自現。一切莫顧，安心無處，無處安心，虛明自露」

老子：「道沖，而用之或不盈」

莊子：「吾喪我」、「無己」、「唯道集虛」

（12）融攝空有

1.僧叡將般若性空與涅槃妙有融合。

竺道生從理論上將空有兩系的思想加以會通。

2.菩提達摩將般若實相無相與心性本淨的心性說結合起來，作爲「安心」禪法的所藉之教，奠定中國禪宗心性論的基石。

3.慧能體現了以空融有，空有相融的禪法特色。主張迷悟皆依當下的一念之心，但此心非「本性」或「自性」，本性是指當眾生之心念念不起妄心執著的本性，若有執著即成淨相，而非本性，以般若覺性釋心體，即以非有非無、色空雙離所顯的般若實相來融通人性、佛性。因此多以自心、自性來代替佛性。即眾生心（現實的當下之心）有心眞如及心生滅二種，此乃受大乘起信論之深切影響所致。此眾生心若悟，則是心眞如；若迷則是心生滅，因慧能主張頓悟，所以此現實的當下之心可迷可悟。

4.慧海、頓悟入道要門論：「眞如妙體，無形無相，不可得也，是名亦空。然於空無相體中，具足恒沙之用，即無事不應，是名亦不空。」

5.黃檗、黃檗斷際禪師宛陵錄：「本佛上實無一物，虛通寂靜，明妙安樂而已。

190.中國禪宗成立以前的禪學為何？

一、漢朝早期禪學

（一）安世高小乘禪數之學

（1）善開禪數：於「阿毗曇」中，特說禪定法數。

1.代表作：陰持入經。

該經通過對四諦、五蘊、十二因緣、三十七道品等佛教基本概念的分析來表達禪法思想。經中強調「止觀雙俱行」。對「慧」也充分注重，將止觀對治痴愛的方法，最後集中到「慧」，認爲對治「常樂我淨」這四種顛倒而獲得的「非常、苦、非身、不淨」這四種觀點，就是慧的體現。

2.安般守意經

是數息觀的異譯。安爲入息，般爲出息，安般守意即通過數出入息來守住心意，不使散亂，是五停心觀之一。

光數息並不等於就是守意，必須同時具有六事：數息、相隨、止、觀、還、淨。又稱「六妙門」。對六妙門的內容進一步詳加細說，則又有所謂的「十六特勝」。

經又將六事與三十七道品聯繫起來，認爲六事包括了三十七道品的全部內容。而且修習數息觀，不但應知十二因緣事，而且必須觀悟四諦之理，即識苦、棄習、知盡、行道。

而且必須「坐禪」數息，使坐禪成爲早期習禪的主要形式。

3.安世高禪法的義學色彩：但數息方法及能引發神通，並不在義學範圍。

a.與般若觀相近：對念有念無的雙否定。

b.與「本無所從來，去亦無所去」的本無思想相似。

c.安所傳爲流行於印度西北部從上座部分出的說一切有部之學。有接近空觀的思想。

一般以爲安系禪法重修習實踐，少涉思辨的理論，這種看法是不全面的。

（二）支婁迦讖大乘禪學

1.首楞嚴三味經：宣說「首楞嚴三味」的禪經。首楞嚴即是健行、建相之意，也譯爲「建相三味」或「健相定」，也有意譯爲「勇伏定」或「勇健定」。唯有位在「十地」的菩薩可得。擁有一切神通及涅槃永樂。

2.般舟三味經

在漢末至晉比較流行的一部大乘禪經，將大乘禪法對般若思想的依附與發揮。要求通過念佛而證悟大乘般若空義。

般舟是出現、佛立之意，也可譯爲「佛立三味」或「佛現前定」。經中說，如果一心專念西方阿彌陀佛，一日一夜若七日七夜，即可見阿彌陀佛立於面前。由於須不間斷常行念佛，天台宗又稱其爲「常行三昧」。

提倡「獨一處正念西方阿彌陀佛」的修行方法，並強調了知「本無」（即性空）的重要性。念與所念，見與所見皆「意所想耳」、「無所有也」，如此即證得了佛的智慧，獲得涅槃解脫。此經對「師」的地位和作用很重視，這與中國禪宗所謂「藉師自悟」之精神相通。

二、魏晉禪學

（一）康僧會明心說

作「安般守意經序」，用四禪與六事相配合。但仍然以引發神通爲追求境界。在止上觀察四諦、五蘊、十二因緣以趨向無，獲得解脫，這就是觀。

通過修持安般禪，即可使「淨心」復明，心與鏡同，心淨觀明，得一切智。止是明心的功夫，明心所引發的「神通」即成爲「觀」的內容。

明心說可謂開了後代禪學「修心論」的先河。但其明心只爲了引發神通，不同於禪宗證悟自性的心性說。

（二）支謙禪法

主要弘傳大乘般若學的同時，也譯出「慧印三昧經」和「首楞嚴經」、「維摩詰經」。

慧印三昧經是一種可獲得無上智慧的禪定。慧是佛所具能如實了知一切事物的智慧，印有決定不變及印記、印契之義，謂如來之智慧契於萬法之實相而決定不變，故名慧印。得此三昧，能證得佛智，見十方諸佛。並可往生西方極樂世界。以「亦非有、亦非無」的般若思想，作爲見佛成佛的根本手段。

維摩詰經與楞伽經和圓覺經，有「禪門三經」之稱。此經通過有無雙遣的「不二法門」而消除了世間與出世間的界限，強調塵世與佛國不二、生死與涅槃不二，要達到解脫，不一定要出家，關鍵在於主觀修養，淨化心地。「欲得淨土，當淨其心，隨其心淨，則佛土淨」。

（三）鳩摩羅什與佛陀跋陀羅禪學

大乘禪學的眞正盛行，是在羅什之後。

（1）鳩摩羅什

主要將禪學與大乘般若學結合，用般若空觀來貫通大小乘禪學。

1.坐禪三味經：是大小乘禪法的彙編。經中所說五門禪法：不淨觀、慈心觀、因緣觀、數息觀、念佛觀等，從婆須蜜、僧伽羅叉、漚波崛、僧伽斯那、勒比丘、馬鳴、羅陀等七家的禪要中抄撰而成。

2.禪法要解：敘述了四禪、四無量心、四空處定等小乘禪法，但同時也包括了「觀諸法實相」等大乘禪法思想。

3.首楞嚴三味經：統攝了大乘六度的禪法。

4.側重般若三論思想：

弘傳中觀般若學，並用般若空觀來貫通大小乘禪學。

（2）佛陀跋陀羅

1.達摩多羅禪經（又名不淨觀經或修行方便禪經）：跋陀受羅什門下排擠，至廬山，受慧遠的歡迎，並應慧遠之請所譯。此經詳細介紹佛大先和達摩多羅禪法。

跋陀所傳禪經仍以小乘五種觀法爲主，特重數息觀和不淨觀，稱爲「二甘露門」。但經中也融進了大乘思想，將生滅之法與不變之如性結合起來，這即屬於大乘思想。實乃貫通大小乘禪法的思想，對後來中國禪學的發展影響很大。

2.南方慧觀：提倡「定慧相和，以測眞如」

北方玄高：爲北方十分有影響力的禪學宗師。被河南王崇爲國師。以神異見稱於世。後被北魏太武帝所殺。

（3）北魏佛陀禪師：性愛幽棲，林谷是托，屢往嵩嶽，高謝人世。

傳慧光、道房，再傳僧稠時大顯。

僧稠：志力精苦，棲心寂然，「常依涅槃聖行四念處法，乃至眠夢覺見都無欲想」，從道明禪師受十六特勝法，認爲佛法要務，志在修心，表明了他重「修心」的禪法特色。

北周「僧實」，傳勒那摩提禪法：其人性少人事，退跡爲功，雖三學遍覽，偏以九次雕心。

所修禪法爲「九次第定」，目的是爲了「雕心」。同時也重視「慧心」的運用。

三、南北朝禪學

（1）道安

將大乘般若與小乘禪學二大系融會，提出本無論。

安般守意，就是要宅心本無。即將泯然無名之心契入眞如實相，此須依賴於「慧」，須以慧探本，確立起「正覺」。通過禪定可以「舉足而大千震，揮手而日月捫」，但不以神通爲禪修目的。

提出有無均淨、本末等爾、戒定慧泯然盡息的思想。並肯定心心之本然狀態與眞如實相契合。

（2）慧遠

反本求宗、統本運末。與念佛禪。

將大乘般若學與大乘禪法貫通。主張禪智雙修。

「禪智之要，照寂之謂」禪觀之要在照，般若之要在寂。

「其相濟也，照不離寂，寂不離照」

傳道安的般若「本無說」，而又特重心神之不滅。依循道安「宅心本無」、「崇本動末」的思想、提出「反本求宗」、「統本運末」的思考。以「法性論」爲核心的本體論，法性與本無，爲同實異名，法性是宇宙人生的終極根源，不滅的心神與之冥然相合，體認此不變之法性，就是證得涅槃解脫。

反本求宗就是要「不以生累其神」，「不以情累其生」，從而「冥神絕境」，此即謂涅槃。

念佛禪：「諸三昧，其名甚眾，功高易進，念佛爲先」，其念佛屬於觀想念佛，非淨土宗之稱名念佛。但仍發願期生西方淨土，所以被淨土宗尊爲初祖。

以觀想念佛除欲生西外，以禪觀宅心，而後「洗心」「御心」，以達「冥懷至極，智落宇宙」，這與他「反本求宗」的般若思想還是一致的。要先統本才能運末，統本運末便能任運自然。

（3）支道林：遊心禪苑、即色空

即色遊玄論：將禪法引向般若學的忘念絕慮、無心逍遙，追求心的超然解脫，雖不同於慧遠的法性實有，心神不滅。但追求本身仍有一種執著。未達大智度論的「空空」。

對「道行般若經」和「慧印三味經」特有心得。

喜談玄理，與當時名士許詢等交游，被譽爲玄學清談名士

爲般若六家七宗之即色宗，也是名僧。即色宗主張即色是空。

（4）羅什：般若禪觀

用「非有非無」的「畢竟空」破斥一切執著。反對將禪觀的內容視爲實在。

修行念佛三味只是爲了攝心一處，而不可將定中所見之佛執爲有決定相。一切相都是憶想分別，當是虛妄。

（5）僧肇：發揚羅什所傳之學

提出「不眞空」，因不眞故空，不眞即空。「非離眞而立處，立處即眞也」

每以莊老爲心要，精通般若學。

被譽爲奏人解空第一者。

「肇論」內容有宗本義、物不遷論、不眞空論、般若無知論、涅槃無名論。

（6）僧叡

主張禪智觀與空有觀，將中國禪學與佛性論的結合，般若性空與涅槃妙有的結合。

重視禪法的「厝心」作用。

主張雙修「禪智之業」。

又通過「法華經」及「涅槃經」，從般若性空之學轉向佛性論，開創般若性空與涅槃妙有之結合之道路。

般若的作用在除其虛妄，使達到「非心」、「非待」、「以不住爲宗」、「以無照爲本」、「以無得爲終」的理想境界，有點類似禪宗的無念爲宗、無住爲本、自心解脫的思想。

僧叡也十分關注佛性問題，認爲般若諸經「於實體不足」的缺陷在，「法華經」中得到彌補，並看到法顯的「大般泥洹經」中稱「泥洹不滅，佛有眞我，一切眾生，皆有佛性」，更是「如白日朗其胸襟」，欣樂異常。認爲「般若除其虛妄，法華開一究竟，泥洹闡其實化」，將般若空與涅槃佛性有結合起來之傾向。

（7）竺道生：佛性當有論

將般若實相說作爲其理論基礎，將實相無相與涅槃佛性結合起來，即佛性是無相的，但有佛性我，這佛性我有無量性功德，但無自體，卻有功能體，這功能體即是佛性我。佛性我與禪宗的自性亦能符合。眾生的自性就是佛性，而這佛性是自性自度。

四、印度佛性論與中土心性論

（1）南朝・寶誌：不解即心即佛，眞似騎牛覓牛。

這種思想其實也是中土禪學受魏晉般若學及竺道生以來佛性論影響的結果。

誌公云：「本體是自心作，那得文字中求」、「未逢出世明師，枉服大乘法藥」

現存寶誌偈頌「十四科頌」中，「菩提煩惱不二」、「佛與眾生不二」、「色空不二」、「生死不二」、「眞俗不二」、「解縛不二」等許多思，不只體現了「維摩經」的要旨，而且也是魏晉以來佛教義學所比較普遍發揮的思想。

（2）傅大士：心王銘

以禪修爲業，不重視但不完全排除經教

與梁武帝的對話表現出不可言說、無可執著和眞諦息而不滅等思想與南北朝時期佛教的眞空妙有觀點有相合之處。

作心王銘。也有不少神異傳說。以禪修爲業，不以經教爲重，

景德傳燈錄：「虛懷爲本，不著爲宗」、「逍遙自在」、「任意縱橫」

心王銘：「欲求成佛，莫染一物」

強調自心是佛。

「觀心空王，玄妙難測。無形無相，有大神力。能滅千災，成就萬德。體性雖空，能施法則。」

心空王即是佛性，佛性是無形無相，體性雖空，說明佛性是般若性空；而有大神力。能滅千災，成就萬德。則是說明佛性具有無量性功德，是不空的，此不空的功能體即是佛性我。

「空手把鋤頭，步行騎水牛；人從橋上過，橋流水不流」

僧肇由此得出「萬事萬形，皆由心成」

橋流水不流都是一心的感受。也表有而不有，在空不空。

五、教下諸宗的禪學思想

（1）天台宗

天台宗慧文之一心三觀的禪法，即於一念心中同時觀悟空假

中三諦，並傳給慧思。慧思曾誦法華經，悟法華三味，倡導無相安樂行的行法。其後至南方，倡定慧雙開，並身體力。慧思乃統一南重義理、北重禪修之不同學風的重要人物。

弟子智者大師也是一位禪師，所重在止觀法門，並從一心三觀發展出三諦圓融、一念三千的觀法，將一心三觀與諸法實相聯繫起來，確立止觀並重、定慧雙修的最高修行原則。

（2）三論宗

源於北方羅什僧肇之學，由僧朗傳至南方，坐禪行道，大弘三論之學。僧詮受業僧朗，惟存中觀，頓跡幽林，禪味相得。弟子法朗從寶誌禪師受諸禪法後，從僧詮專攻般若三論之學。達摩禪法源出於性空之宗，與攝山三論相通有默契，故達摩禪法得以廣播南方，是因三論之流行有所致之也。

（3）法相唯識宗

窺基提出「五重唯識觀」即遣虛存實識、捨濫留純識、攝末歸本識、隱劣顯勝識、遣相證性識。

瑜伽師地論是法相宗的根本經論之一，其內容將瑜伽禪觀境界分爲十七地，以詳說三乘觀行的根本事項。由此可見禪觀在相唯識中的地位。

創始人玄奘一生致力於求法譯經之外，也十分重視禪定的修習，常以無暇修禪而致富禪定功夫欠缺爲憾，晚年也曾上師朝廷希望入嵩山少林寺修禪，因唐高宗勸阻而作罷，這也顯示法相宗教觀並重的特色。

（4）華嚴宗

1.初祖杜順本人即是一位禪師，出家後即從因聖寺僧珍禪師修習禪定，作爲「華嚴五教止觀」及「三重法界觀」表現禪觀與義學相結合的特色。

2.二祖智儼，隨師學過禪法，以華嚴教義對止觀作了新詮釋，發展了華嚴教觀。觀法有通觀、二種觀（唯識觀及空觀）、

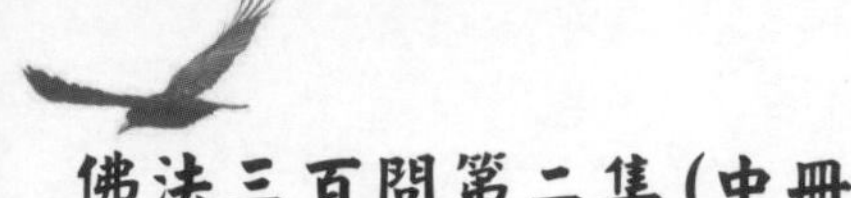

五種觀（不淨觀、慈心觀、緣起觀、安般念觀、界分別觀）、十八種觀（眞如觀、通觀、唯識觀、空觀、無相觀、佛性觀、如來藏觀、壁觀、盲觀、苦無常觀、無我觀、數息觀、不淨觀、骨觀、一切處觀、八勝處觀、八解脫觀、一切入觀）

3.法藏提出「四重法界觀」及「十重唯識觀」、「妄盡還源觀」。

4.澄觀以「觀法即教相」的立場，直接把握眞理而闡明了「華嚴心要觀」及「三聖圓融觀」、「十重唯識觀」、「十二因緣觀」、「華嚴三昧大定」，澄觀的觀法較帶有濃厚的禪宗色彩。

5.宗密提出「十重唯識觀」、「融合的法界觀」及「教禪合一說」，提出三教（將識破境教、破相顯性教、眞心即性教）及禪的三宗（息妄修心宗、泯絕無寄宗、直顯心性宗）及宗密的華嚴禪（指定慧合一、禪教合一的禪）。將禪學分爲外道禪、凡夫禪、小乘禪、大乘禪、如來清淨禪（即神會的荷澤禪）。

請參閱《佛性辨正》P254-259

（5）淨土宗

慧遠：觀想念佛、念佛三昧

曇鸞：念佛三昧（仍以禪定憶念爲主）

道綽：稱名念佛，也講「般舟三昧經」，有「西河禪師」之稱。

善導：實際完成淨係土宗的創宗。將淨土歸入易行道，禪宗歸入難行道，自此念佛與修禪便分了家。

請參閱《佛性辨正》P153-158

191.禪宗成立後的禪宗六祖及其弟子的禪學思想及心性論為何？

一、禪學思想

（一）初祖菩提達摩：二入四行、凡聖等一、藉教悟宗。

（二）二祖慧可：身佛不二、是心是佛、是心是法、不用求眞、唯須息念。

（三）三祖僧璨：任性逍遙、一心爲用。

（四）四祖道信：一行三昧安心法門、二種禪修方便法門、五種方便。

楞伽師資記：「即念佛心是佛，妄念是凡夫」

入道安心要方便法門：「佛即是心，心外更無別佛」

唯心淨土。

（五）五祖弘忍東山法門：守本眞心、妄念不生。

（六）六祖慧能南宗禪：識心見性、見性成佛、自性自度、自性空寂、心性不二、定慧等學、心轉法華、禪非坐臥、頓修頓悟。常行直心、即妄即眞、隨緣任運、唯心淨土。

二、心性論

（一）禪宗六祖師的心性論

見上六祖之「心性思想」。

（二）荷澤禪系的心性論

南陽和尚問答徵義：「眞如之性，即是本心」、「眾生心即是佛心，佛心即是眾生心」、「眾生雖有自然佛性，爲迷故不覺，被煩惱所覆，流浪生死，不得成佛」、「我心本空寂」、「本空寂體上，自有般若智能知，不假緣起」

荷澤大師顯宗記：「知即知心空寂，見即見性無生」

（三）石頭禪系的心性論

（1）石頭希遷景德傳燈錄：「自己心靈，體離斷常，性非垢淨，湛然圓滿」、「即心即佛」、「眞物不可得，汝心見量意旨如此也，大須護持」

（2）法眼宗清涼文益

五燈會元卷十：「若論佛法，一切見成」、

景德傳燈錄卷二八：「一切聲是佛聲，一切色是佛色」、「古聖所見諸境，唯見自心」

（3）天台德韶、景德傳燈錄卷二五：「佛法現成，一切具足」

（4）永明延壽、宗鏡錄卷二：「一切法中，心爲上首」、「舉一心爲宗，照萬法如鏡」、「今約學人隨見心性發明之處，立心爲宗」、「從上稟受，以此眞心爲宗」、「從心所生，皆同幻化，但直了眞心，自然有實」、「心能生世出世間一切諸法，知即是心」、「非如緣境分別之識，非如照體了達之智，直是眞如之性，自然常知」

萬善同歸集卷三：「一理事，以心爲本」、「若達惟心，所見一切，皆是心之相分，終不執爲了外來」

（四）洪州禪系的心性論

（1）馬祖道一：平常心是道

景德傳燈錄卷六：「自心是佛，此心即是佛心」

「和尙爲什麼說即心即佛？師云：爲止小兒啼。僧問：啼止時如何？師曰：非心非佛」

馬祖道一禪師語錄：「心外無別佛，佛外無別心」

宗鏡錄卷九：「今見聞覺知，元是汝本性，亦名本心」

祖堂集：「凡所見色，皆是見心；心不自心，因色故有心」

（2）百丈懷海

古尊宿語錄卷一：「靈光獨耀，迴脫根塵；體露眞常，不拘文字。心性無染，本自圓成；但離妄緣，即如如佛」

「只如今鑑賞，但於清濁兩流凡聖等法，色聲香味觸法，世間出世間法，都不得有絲毫愛取」

（3）南泉普愿

古尊宿語錄卷一二：「智不是道，心不是佛」

「即心即佛釋爲見聞覺知是道，即是迷頭認影，皆是情見」

「大道無形，眞理無對，所以不屬見聞覺知，無粗細想」

「大道無形，理絕思量」

「若言即心即佛，如兔馬有角；若言非心非佛，如牛羊無角」

「眞理非見聞覺知」

（4）大珠慧海

頓悟入道要門論卷下：「心者是總持之妙本，萬法之洪源」

「其心不青不黃，不赤不白，不長不短，不去不來，非垢非淨，不生不滅，湛然常寂」

「自性本來清淨，湛然空寂」

「是心是佛，是心作佛」

（5）黃檗希運

黃檗斷際禪師傳心法要：「唯此一心即是佛，佛與眾生更無異」

「此心是本源清淨佛，人皆有之，蠢動含靈，與諸佛菩薩，一體不異」

「常自圓明遍照，世人不悟，只認見聞覺知爲心，唯見聞覺知所覆，所以不見精明本體」

（6）趙州從稔

1.繼承馬祖主張道不可說，佛不可求。

2.以各種靈活多變的接機方便來破除學人的義解思量。

3.具有以性空實相來解說萬法本質的傾向。

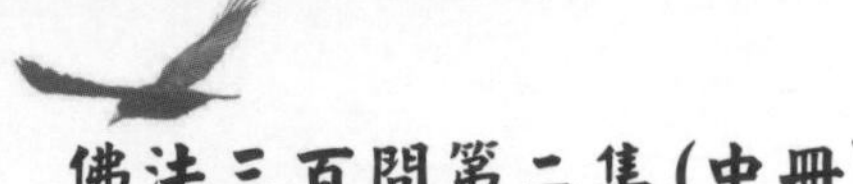

「……眞佛內裡坐，菩提涅槃，眞如佛性，盡是貼體衣服，亦名煩惱。一心不生，萬法無咎。……心若不異，萬法一如。既不從外得，更拘執作麼？」、「未有世界，早有此性；世界壞時，此性不壞」、「如何是此性？答曰四大五蘊」

4.「狗子無佛性」成爲常參的公案或話頭，大慧宗杲對此大力推崇。

請參閱《佛性辨正》P161-163

192.自四祖道信所橫出的法融牛頭禪的禪學思想為何？

一、虛空爲道本，法融牛頭禪的思想重心是「心境本寂、絕觀忘守」，並強調無心可安，以不安爲安的禪修方便。

法融著作：心銘。

心銘：「心性不生，何須知見？本無一法，誰論熏煉？」

「境隨心滅，心隨境無」

「一切莫作，明寂自現」、「去來坐立，一切莫執」

「知法無知，無知知要」

「三世無物，無心無佛」

「無歸無受，絕觀忘守」

宗密、中華傳心地禪門師資傳襲圖：「牛頭宗意者，體諸法如夢如幻，心境本來空寂。執著有爲迷，本無事爲悟。.迷即情生受苦，悟則忘情絕苦」

二、將般若的本寂、本覺、本淨等思想引入禪觀，對覺智、迷悟、定慧等均有獨到的見解。

1.知即是無知，即是迷。無知才是覺，才是悟。

2.本淨的心性自然顯現的便是覺，便是智。

3.法融從心性本寂而走向心性本覺、自性覺悟。

193.五祖弘忍及其門下五大系弟子的禪學思想為何？

一、五祖的禪學思想：守本真心是涅槃之根本

主張農禪作風。著「修心要論」。

修心要論：「三世諸佛，皆從心性中生，先守眞心，妄念不生，我所心滅，後得成佛。故知守本眞心，是三世諸佛之祖也」

「蕭然淨坐，不出文記，口說玄理，默授與人」

最上乘論：「此眞心者，自然而有，不從外來，不屬於修」、「心本來清淨，不生不滅，無有分別」

「先守眞心，妄念不生，我所心滅，後得成佛。但了然守本眞心，妄念雲盡，慧日即現」宗密的「禪門師資承襲圖」及「圓覺經大疏鈔」所列則不同。

二、弟子的禪學思想

五祖有十大弟子，具體指何人，「楞伽師資記」與「歷代法寶記」說法相同，但「禪門師資承襲圖」和「圓覺經大疏鈔」所列人物則不同。

（1）法如系：世界不現、自得本心

以「世界不現」爲法界一相，以「空中月影」來喻禪修之法，以「自得本心」爲禪修之境。

「子勤行之，道在其中矣」要求門人以行證爲要。

「言寂則意不亡，以智則慮未滅」十分強調自心的證悟。

（2）老安系：頓悟心性、逍遙自在，並以行爲動作來啓發學人擺脫言相的執著。

「通徹禪法，逍遙弗且」

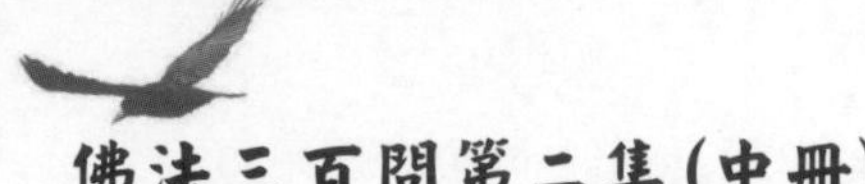

（3）玄賾系：無法可說、無心可言、自性空閑、返歸於本。

弟子淨覺：「眞如無相，知亦無知，無知之知豈離知也，無相之相，豈離相也」

「如自無說，說則非如」、「動處常寂，寂即無求，念處常眞，眞無染著」

（4）智銑系：無憶（戒）無念（定）莫妄（慧）三句，時人稱爲「頓教法」。

息念坐禪、見性成佛。

（5）宣什系：傳香授法、解行並重、念佛修習。

請參閱《佛性辨正》P160-161

194.禪宗的分化，南北宗對立如何形成？

南北宗的對立及抗爭由神會與普寂及其弟子之間所展開。

一、神秀北宗禪

（1）神秀

拂塵看淨、息妄修眞、攝心守眞、攝心內證、觀心看淨、五方便門、漸修頓悟、心性本覺。

觀心論：「一切諸善，以覺爲根」、「凝心入定，住心看淨，起心外照，攝心內證」

大乘無生方便門：「覺心初起，心無初相，遠離微細念，了見心性，性常住，名究竟覺」

大乘五方便：「五方便爲：第一總彰佛體，亦名離念門。第二開智慧門，亦名不動門。第三顯不思議門。第四明諸法正性門。第五了無異門」

漸修頓悟：神秀雖然認爲可以頓悟，但主要著眼於「息妄」的漸修。而惠能卻著眼於不假修習，直了心性的頓悟。

「一念淨心，頓超佛地」

（2）神秀的弟子

1.普寂：尸波羅蜜是汝之師，奢摩他門是汝依處。

寶鏡磨拂與神秀的拂塵看淨。

背無所依，都忘禪睡。

普寂系還將北宗禪法遠播日本和朝鮮。

2.義福：練五門，入七淨。

請參閱《佛性辨正》P163-164

二、慧能南宗禪

（1）惠能

識心（明心）見性、見性成佛、自性自度、自性空寂、自性具足、心性不二、無念爲宗、定慧等學、心轉法華、法超言象、禪非坐臥、頓修頓悟。常行直心、即妄即眞、隨緣任運。

1.識心（明心）見性

壇經付囑品：「自識本心，自見本性」

2.見性成佛

壇經付囑品：「無有青黃長短，但見本源清淨，覺體圓明，即名見性成佛」

3.自性自度

六祖慧能、壇經般若品：「善知識！不悟，即佛是眾生；一念悟時，眾生是佛。故知萬法盡在自心，何不自心頓見眞如本性」

六祖慧能、壇經懺悔品：「於自性中萬法皆現」

壇經付囑品：「外無一物而能建立，皆是本心生萬法」

4.自性空寂

壇經般若品:「世人妙性本空,無有一法可得,自性眞空,亦復如是」

5.自性具足

壇經行由品:「自性本自具足」

6.心性不二

壇經付囑品:「識自心眾生,見自心佛性」

壇經付囑品:「性在身心存,性去身心壞」

7.無念爲宗

壇經定慧品:「我此法門,從上已來,先立無念爲宗」

8.定慧等學

壇經定慧品:「定慧一體,不是二。定是慧體,慧是定用。即慧之時定在慧,即定之時慧在定。若識此義,即是定慧等學」

9.法超言象

壇經般若品:「本性自有般若之智,自用智慧常觀照,故不假文字」

10.禪非坐臥

壇經般若品:「道由心悟,豈在坐也」

11.頓修頓悟

壇經般若品:「迷聞經累劫,悟則剎那間」、「若識自性,一悟即至佛地」、「我於忍和尙處,一聞言下大悟,頓見眞如本性」

12.常行直心

壇經定慧品:「於一切處,行住坐臥常行一直心,……但行直心,於一切法勿有執著」

13.隨緣任運

壇經定慧品:「心不住法,道即通流」

(2)慧能的弟子

1.南獄懷讓:重全體之用。說似一物即不中。繼承惠能的無相、無住、不可言說、無所執著的般若思想，突出的是「任心自行」。提倡不取不捨、無執無礙的禪修觀，認爲佛無定相，禪非坐臥。

後世的臨濟宗、潙仰宗出自懷讓系。

2.青原行思：從心與物、理與事的統一中去加以發揮。

後世的雲門宗、法眼宗和曹洞宗皆出自青原系。

3.荷澤神會；重寂知之性，著顯宗記，在北方嵩洛地區發展。神會主張「於頓中而言其漸」，強調「學道者須頓悟漸修」，此與惠能的「頓悟頓修」不同。神會非常重視空寂之知與寂知之性，這也與惠能不同。同惠能主張佛性不遍一切無情。

贊成惠能的「無相無念」及「定慧等」。

神會多用空寂之體或知見之性，並於體、性上立知見之用，因此更多使用眞如、佛性，較少使用自性、自心。以本智之用觀照本寂之體，如此即是識心見性，證入如來之境。眞如爲無念、無住之體，體性空寂即爲定，體上有自然智，能照本寂之體，即爲慧。因此是自心的自證。與惠能的念念無住的頓悟見性說有一定差異。所以神會主張頓悟後漸修。宗密認同神會的「知」見解。

4.永嘉玄學：著證道歌止觀頌。以般若空觀泯除一切對立，又融合天台的實相說，突出「心」的地位，強調三諦一境，三觀一心。融三乘教禪爲一，以「非有非無，非非有，非非無」來破除一切執著，認爲「學遊中道，則實相可期；如其執有滯無，則終歸邊見」。

5.南陽慧忠：無情有性

思想偏重於般若三論的無所得而與惠能的直了心性禪相通。

「善惡不思，自見佛性」

「斷煩惱者，即名二乘。煩惱不生，名大涅槃」

主張「無情有性」、「無情說法」，而與惠能的「無情無性」

說不合。與牛頭宗「道無所不遍」或三論吉藏的「草木亦有佛性」相通。反對「身心無常，佛性爲常」的觀點，認爲並沒有離無常身心而永恆不滅的靈覺之性。

三、南北宗的不同

依神會所說：

（1）傳承的傍正

（2）法門的頓漸

（3）修習的禪法不同

（4）與帝室關係的不同

（5）地域上的南北不同

（6）一代一人還是多人的不同

請參閱《佛性辨正》P164-165

195-1.六祖壇經的大綱為何？行由第一

《六祖大師法寶壇經》

行由第一

原文：時，大師至寶林。韶州韋刺史（名璩）與官僚入山請師，出於城中大梵寺講堂，爲眾開緣說法。師陞座次，刺史官僚三十餘人，儒宗學士三十餘人，僧尼道俗一千餘人，同時作禮，願聞法要。

大師告眾曰：「善知識！菩提自性，本來清淨，但用此心，直了成佛。善知識！且聽惠能行由，得法事意。惠能嚴父，本貫范陽，左降流于嶺南，作新州百姓。此身不幸，父又早亡。老母孤遺，移來南海，艱辛貧乏，於市賣柴。時，有一客買柴，使令送至客店；客收去，惠能得錢，卻出門外，見一客誦經。惠能一聞經語，心即開悟，遂問：「客誦何經？」客曰：「《金剛經》。」復問：「從何所來，持此經典？」客云：「我從蘄州黃梅縣東禪寺來。其寺是五祖忍大師在彼主化，門人一千有餘；我到彼中禮拜，聽受此經。大師常勸僧俗，但持《金剛經》，即自見性，直了成佛。」惠能聞說，宿昔有緣，乃蒙一客，取銀十兩與惠能，令充老母衣糧，教便往黃梅參禮五祖。

惠能安置母畢，即便辭違。不經三十餘日，便至黃梅，禮拜五祖。祖問曰：「汝何方人？欲求何物？」惠能對曰：「弟子是嶺南新州百姓，遠來禮師，惟求作佛，不求餘物。」祖言：「汝是嶺南人，又是獦獠，若為堪作佛？」惠能曰：「人雖有南北，佛性本無南北；獦獠身與和尚不同，佛性有何差別？」

*解文：依天台智者大師，佛性有三因佛性：正因、了因、緣因。十法界眾生的正因佛性都相同，但了因及緣因則各自不同。依據三論宗吉藏之見解，正因佛性即中道佛性，十法界眾生悉具有，而且人人相同，所不同者在於彼此之緣因及了因則各各有異。佛之三因完全相同，緣因及了因都是正因，但其他九法界眾生之緣因及了因則不同於正因，修行即是使緣了因都變成正因而成佛。

原文：五祖更欲與語，且見徒眾總在左右，乃令隨眾作務。

惠能曰：「惠能啓和尚，弟子自心，常生智慧，不離自性，即是福田。未審和尚教作何務？」祖云：「這獦獠根性大利！汝更勿言，著槽廠去。」惠能退至後院，有一行者，差惠能破柴踏碓。經八月餘，祖一日忽見惠能曰：「吾思汝之見可用，恐有惡人害汝，遂不與汝言。汝知之否？」惠能曰：「弟子亦知師意，不敢行至堂前，令人不覺。」

祖一日喚諸門人總來：「吾向汝說，世人生死事大，汝等終日只求福田，不求出離生死苦海；自性若迷，福何可救？汝等各去，自看智慧，取自本心般若之性，各作一偈，來呈吾看。若悟大意，付汝衣法，爲第六代祖。火急速去，不得遲滯，思量即不中用；見性之人，言下須見。若如此者，輪刀上陣，亦得見之。」（喻利根者）眾得處分，退而遞相謂曰：「我等眾人，不須澄心用意作偈，將呈和尚，有何所益？神秀上座，現爲教授師，必是他得。我輩謾作偈頌，枉用心力。」餘人聞語，總皆息心，咸言：「我等已後依止秀師，何煩作偈？」神秀思惟：「諸人不呈偈者，爲我與他爲教授師；我須作偈，將呈和尚，若不呈偈，和尚如何知我心中見解深淺？我呈偈意，求法即善，覓祖即惡，卻同凡心，奪其聖位奚別？若不呈偈，終不得法。大難！大難！」

五祖堂前，有步廊三間，擬請供奉盧珍，畫楞伽經變相，及五祖血脈圖，流傳供養。神秀作偈成已，數度欲呈，行至堂前，心中恍惚，遍身汗流，擬呈不得；前後經四日，三度呈偈不得。秀乃思惟：「不如向廊下書著，從他和尚看見，忽若道好，即出禮拜，云是秀作；若道不堪，枉向山中數年，受人禮拜，更修何道？」是夜三更，不使人知，自執燈，書偈於南廊壁間，呈心所見。偈曰：

「身是菩提樹，心如明鏡臺，
時時勤拂拭，勿使惹塵埃。」

*解文：神秀是禪宗北宗創始人，其禪法的最大特色是重視坐禪，在禪定中「觀心」、「攝心」、「住心看淨」。神秀以妄心不起，眞心不失爲解脫，強調息妄修眞的「觀心」的漸修頓悟法門。

「身是菩提樹，心如明鏡臺」指身中藏有眞如菩提佛性，是本具而有，即指心性的「性」，也是自性、本性之意。性是本體，心是相用，所以心就像鏡台，可以接受照用。

「時時勤拂拭，勿使惹塵埃」身中的菩提佛性雖自性清淨，但卻被塵埃煩惱所覆，而致鏡面（心）被塵埃所汙，故須時時擦拭才能保持乾淨，這擦拭動作即是漸修，當鏡面擦拭乾淨而呈現出境像，即是頓悟。

原文：秀書偈了，便卻歸房，人總不知。秀復思惟：「五祖明日見偈歡喜，即我與法有緣；若言不堪，自是我迷，宿業障重，不合得法。」聖意難測，房中思想，坐臥不安，直至五更。祖已知神秀入門未得，不見自性。

天明，祖喚盧供奉來，向南廊壁間，繪畫圖相，忽見其偈，報言：「供奉卻不用畫，勞爾遠來。經云：『凡所有相，皆是虛妄。』但留此偈，與人誦持。依此偈修，免墮惡道；依此偈修，有大利益。」令門人炷香禮敬，盡誦此偈，即得見性。門人誦偈，皆歎善哉。

祖，三更喚秀入堂，問曰：「偈是汝作否？」秀言：「實是秀作，不敢妄求祖位，望和尚慈悲，看弟子有少智慧否？」祖曰：「汝作此偈，未見本性，只到門外，未入門內。如此見解，覓無上菩提，了不可得；無上菩提，須得言下識自本心，見自本性不生不滅；於一切時中，念念自見萬法無滯，一眞一切眞，萬境自如如。如如之心，即是眞實。若如是見，即是無上菩提之自性也。」

*解文：五祖告訴神秀你未見本性，只到門外，未入門內。

眞正的無上菩提，須得言下（當下）見識到自己的本心（即眞如佛性），而且認見這「見自本性」是不生不滅；於一切時中，念念都能自見萬法暢通無滯（能在萬法的有無中沒有滯礙），一眞一切眞，萬境自如如（如常眞實且不變），如如之心，即是眞實。若如是見，即是無上菩提之自性也。

原文:「汝且去,一兩日思惟,更作一偈,將來吾看(拿來給我看),汝偈若入得門,付汝衣法。」神秀作禮而出。又經數日,作偈不成,心中恍惚,神思不安,猶如夢中,行坐不樂。

復兩日,有一童子於碓坊過,唱誦其偈;惠能一聞,便知此偈未見本性,雖未蒙教授,早識大意。遂問童子曰:「誦者何偈?」童子曰:「爾這獦獠不知,大師(指五祖)言:『世人生死事大,欲得傳付衣法,令門人作偈來看。若悟大意,即付衣法爲第六祖。』神秀上座,於南廊壁上,書無相偈,大師令人皆誦,依此偈修,免墮惡道;依此偈修,有大利益。」惠能曰:「(一本有我亦要誦此,結來生緣)上人!我此(我在此)踏碓,八箇餘月,未曾行到堂前。望上人引至偈前禮拜。」童子引至偈前禮拜,惠能曰:「惠能不識字,請上人爲讀。」時,有江州別駕,姓張名日用,便高聲讀。惠能聞已,遂言:「亦有一偈,望別駕爲書。」別駕言:「汝亦作偈?其事希有。」惠能向別駕言:「欲學無上菩提,不得輕於初學。下下人有上上智,上上人有沒意智。若輕人,即有無量無邊罪。」別駕言:「汝但誦偈,吾爲汝書。汝若得法,先須度吾。勿忘此言。」惠能偈曰:

「菩提本無樹,明鏡亦非臺;

本來無一物,何處惹塵埃?」

*解文:

1.下下人有上上智,上上人有沒意智」,上上智指佛性,而佛性是所有眾生皆悉有,不管是下下人還是上上人。而上上人也會有埋沒心智的時候。

2.「菩提本無樹」:菩提樹是象徵佛性,而佛性本來即是沒有形相,所以說本無樹。

「明鏡亦非臺」:明鏡臺象徵「心識」,心識也是自性空,也是虛假,所以說「亦非臺」。

「本來無一物,何處惹塵埃」:明鏡臺本身既是假有,鏡臺上的塵埃煩惱也同樣是自性空、空幻虛有。所以說鏡臺及塵埃都是空幻虛有，本來就無，那會再沾染塵埃呢？

原文：書此偈已，徒眾總驚，無不嗟訝，各相謂言：「奇哉！不得以貌取人，何得多時，使他肉身菩薩。」祖見眾人驚怪，恐人損害，遂將鞋擦了偈，曰：「亦未見性。」眾以爲然。

次日，祖潛至碓坊，見能腰石舂米，語曰：「求道之人，爲法忘軀，當如是乎！」乃問曰：「米熟也未？」惠能曰：「米熟久矣，猶欠篩在。」祖以杖擊碓三下而去。惠能即會祖意，三鼓入室；祖以袈裟遮圍，不令人見，爲說《金剛經》。至「應無所住而生其心」，惠能言下大悟，一切萬法，不離自性。遂啓祖言：「何期自性，本自清淨；何期自性，本不生滅；何期自性，本自具足；何期自性，本無動搖；何期自性，能生萬法。」祖知悟本性，謂惠能曰：「不識本心，學法無益；若識自本心，見自本性，即名丈夫、天人師、佛。」

*解文：

1.六祖能寫出此次偈，徒眾覺得非常驚奇，眞的不能以貌取人。

五祖見眾人驚怪，恐人會損害六祖，遂將鞋擦去偈句，並說：「也未見性。」眾人於是也依五祖這樣認爲。

2.五祖問：「米熟了沒？」惠能答：「米熟很久了，猶欠篩在。」此句即意謂，早已見性，但尚未被「印可」。

3.五祖爲說《金剛經》，至「應無所住而生其心」，無所住就是定慧等體，生其心就是生起本心，即證悟佛性。所以說惠能言下大悟，一切萬法，不離自性。

4.六祖認爲自性本自清淨；自性本不生滅；自性本自具足，圓滿湛然；自性本無動搖，不會改變；自性，會以眞如緣起或如來藏緣起而產生萬法。依大乘起信論及慧思見，自性會受無明熏染同時生起阿賴耶識，再由阿賴耶識依「阿賴耶緣起」生起萬法」。

5.五祖知惠能已悟本性，五祖說，若不能識悟本心，學法無益；若識自本心，見自本性，即名丈夫、天人師、佛。

原文：三更受法，人盡不知，便傳頓教及衣缽，云：「汝為第六代祖，善自護念，廣度有情，流布將來，無令斷絕。聽吾偈曰：

『有情來下種，因地果還生，

無情既無種，無性亦無生。』」

*解文：

1.五祖於三更傳授法及頓教，以及衣缽給惠能，並說：云：你是第六代祖，應善自護念，廣度有情，流布將來，無令斷絕。

2.偈曰：有情來下種，因地果還生。

因為有有情來下種子，所以有因而生有情果。

無情既無種，無性亦無生。

無情因為沒有心識，沒有種子，所以沒有自性（佛性），自性空即是無生。

原文：祖復曰：「昔達磨大師，初來此土，人未之信，故傳此衣，以為信體，代代相承；法則以心傳心，皆令自悟自解。自古，佛佛惟傳本體，師師密付本心；衣為爭端，止汝勿傳。若傳此衣，命如懸絲。汝須速去，恐人害汝。」惠能啓曰：「向甚處去？」祖云：「逢懷則止，遇會則藏。」惠能三更領得衣缽，云：「能本是南中人，素不知此山路，如何出得江口？」五祖言：「汝不須憂，吾自送汝。」祖相送，直至九江驛。祖令上船，五祖把艣自搖。惠能言：「請和尚坐。弟子合搖艣。」祖云：「合是吾渡汝。」惠能云：「迷時師度，悟了自度；度名雖一，用處不同。」

*解文：

1.禪宗初是以心傳心，不立文字。而且皆令自悟自解，但仍不排斥藉師助悟。自古，佛佛惟傳本體，本體指眞如本體；師師密付本心，本心指眞如眞心。衣爲爭端，止汝勿傳。

2.五祖云：「逢懷則止，遇會則藏」，其中懷似指南獄。

3.惠能云：「迷時師度，悟了自度；度名雖一，用處不同。」

迷時藉師助悟，但仍須自悟。若自度悟了以後，自度轉成度他，度的作用已不同。

原文：惠能生在邊方，語音不正，蒙師傳法，今已得悟，只合自性自度。祖云：「如是，如是！以後佛法，由汝大行。汝去三年，吾方逝世。汝今好去，努力向南。不宜速說，佛法難起。」

惠能辭違祖已，發足南行。兩月中間，至大庾嶺（五祖歸，數日不上堂。眾疑，詣問曰：「和尚少病少惱否？」曰：「病即無。衣法已南矣。」問：「誰人傳授？」曰：「能者得之。」眾乃知焉）。逐後數百人來，欲奪衣缽。一僧俗姓陳，名惠明，先是四品將軍，性行麤慥，極意參尋。爲眾人先，趁及惠能。惠能擲下衣缽於石上，云：「此衣表信，可力爭耶？」能隱草莽中。惠明至，提掇不動，乃喚云：「行者！行者！我爲法來，不爲衣來。」惠能遂出，坐盤石上。惠明作禮云：「望行者爲我說法。」惠能云：「汝既爲法而來，可屏息諸緣，勿生一念。吾爲汝說。」明良久。惠能云：「不思善，不思惡，正與麼時，那箇是明上座本來面目？』惠明言下大悟。」

*解文：「不思善，不思惡」，意指吾人雖會知善惡，但不會刻意去分別，雖應避惡行善，但於善行沒有得心，不炫耀，不求

人回報，行善起於慈悲無我心，所以行善之後不會思善。修行人天道應行善避惡，即使遇惡行，也不會有失心及悲沮心，也不思報復，因爲惡即體即空，若有若無，五蘊不受其影響。

正與麼時，那箇是明上座本來面目？所謂「明上座本來面目」就是眞如佛性。善與惡的本體都是眞如佛性，善與惡的相用雖然不一樣，但只要見性，相用即變成本體，則善與惡無分別矣。所以說不思善與不思惡。

原文：復問云：「上來密語密意外，還更有密意否？」惠能云：「與汝說者，即非密也。汝若返照，密在汝邊。」

*解文：密是指隱覆的眞如佛性。眞如佛性不可說，不可意會，如果一旦說出口，就不是眞如佛性了。眞如佛性是心的本體，所以必須返照假心，才能從假心照入眞心的「密」，故說密在汝邊。

原文：明曰：「惠明雖在黃梅，實未省自己面目。今蒙指示，如人飲水，冷暖自知。今行者即惠明師也。」惠能曰：「汝若如是，吾與汝同師黃梅，善自護持。』明又問：「惠明今後向甚處去？」惠能曰：「逢袁則止，遇蒙則居。」明禮辭（明回至嶺下，謂趁眾曰：「向陟崔嵬，竟無蹤跡，當別道尋之。」趁眾咸以爲然。惠明後改道明，避師上字）。」

*解文：惠明雖在黃梅，實未省自己面目，即尚不了知佛性。今蒙師指示，如人飲水，冷暖自知，才能見了自性。明禮辭（明回至嶺下，向追趕的大眾說：「六祖已向陟崔嵬方向去了，已不知其蹤跡了，應向別道去追吧。」）

原文：惠能後至曹溪，又被惡人尋逐。乃於四會，避難獵人隊中，凡經一十五載，時與獵人隨宜說法。獵人常令守網，每見生命，盡放之。每至飯時，以菜寄煮肉鍋。或問，則對曰：「但喫肉邊菜。」

一日思惟：「時當弘法，不可終遯。」遂出至廣州法性寺，值印宗法師講《涅槃經》。時有風吹旛動，一僧曰：「風動。」一僧曰：「旛動。」議論不已。惠能進曰：「不是風動，不是旛動，仁者心動。」一眾駭然。印宗延至上席，徵詰奧義。見惠能言簡理當，不由文字，宗云：「行者定非常人。久聞黃梅衣法南來，莫是行者否？」惠能曰：「不敢。」宗於是作禮，告請傳來衣缽出示大眾。宗復問曰：「黃梅付囑，如何指授？」惠能曰：「指授即無；惟論見性，不論禪定解脫。」宗曰：「何不論禪定解脫？」能曰：「爲是二法，不是佛法。佛法是不二之法。」宗又問：「如何是佛法不二之法？」惠能曰：「法師講《涅槃經》，明佛性，是佛法不二之法。」如高貴德王菩薩白佛言：「犯四重禁、作五逆罪，及一闡提等，當斷善根佛性否？」佛言：「善根有二：一者常，二者無常，佛性非常非無常，是故不斷，名爲不二。一者善，二者不善，佛性非善非不善，是名不二。蘊之與界，凡夫見二，智者了達其性無二，無二之性即是佛性。」

*解文：

1.禪宗的指授即無；惟論見性，不論禪定解脫，不可只有禪坐求解脫宗。因爲禪定解脫是二法，不是佛法。佛法是不二之法。什麼是佛法不二之法？惠能曰：「法師講《涅槃經》，明佛性，佛性不生不滅，不非垢非淨，不常不斷，不一不異，不來不去，所以佛性是中道不二之法。」

2.善根有二：一者常，二者無常，佛性非常非無常，是故不斷，名爲不二。一者善，二者不善，佛性非善非不善，是名不二。五蘊與十八界，凡夫見爲二，智者了達其性無二，無二之性即是佛性。佛性是二而不二，不二而二。吉藏的四重二諦更指出，二、不二都是俗諦，言亡慮絕才是第四重眞諦，才是佛性。

智顗認爲七重二諦，圓教的二諦是幻有、幻有即空皆是俗，一切法趣有、趣空、趣不有不空爲眞諦。

原文：印宗聞說，歡喜合掌，言：「某甲講經，猶如瓦礫；仁者論義，猶如眞金。」於是爲惠能剃髮，願事爲師。惠能遂於菩提樹下，開東山法門。

惠能於東山得法，辛苦受盡，命似懸絲。今日得與使君、官僚、僧尼、道俗同此一會，莫非累劫之緣，亦是過去生中供養諸佛，同種善根，方始得聞如上頓教得法之因。教是先聖所傳，不是惠能自智。願聞先聖教者，各令淨心，聞了各自除疑，如先代聖人無別。

一眾聞法，歡喜作禮而退。

195-2.六祖壇經的大綱為何？般若第二

般若第二

次日，韋使君請益。師陞座，告大眾曰：「總淨心念摩訶般若波羅蜜多。」復云：「善知識！菩提般若之智，世人本自有之；只緣心迷，不能自悟，須假大善知識，示導見性。當知愚人智人，佛性本無差別，只緣迷悟不同，所以有愚有智。吾今爲說摩訶般若波羅蜜法，使汝等各得智慧。志心諦聽！吾爲汝說。善知識！世人終日口念般若，不識自性般若，猶如說食不飽。口但說空，萬劫不得見性，終無有益。善知識！摩訶般若波羅蜜是梵語，此言大智慧到彼岸。此須心行，不在口念。口念心不行，如幻、如化、如露、如電；口念心行，則心口相應，本性是佛，離性無別佛。何名摩訶？摩訶是大。心量廣大，猶如虛空，無有邊畔，亦無方圓大小，亦非青黃赤白，亦無上下長短，亦無瞋無喜，無是無非，無善無惡，無有頭尾。諸佛刹土，盡同虛空。世人妙性本空，無有一法可得。自性眞空，亦復如是。

*解文：

1.摩訶般若波羅蜜是梵語，摩訶是大，般若是智慧，波羅蜜是到彼笨。故整句意爲大智慧到彼岸。

大智慧必須心行，不是只用口念。口念心不行，如幻、如化、如露、如電，即是虛假。口念心行，則心口相應，才能顯現大智慧已引領到佛的彼岸，佛性本性也是性佛，佛性即性佛，因即果，離性無別佛。

2.摩訶是大。心量廣大，猶如虛空，無有邊畔，廣大的心量，就是眞如本性，像虛空一樣無邊，亦無方圓大小，亦非青黃赤白，亦無上下長短，亦無瞋無喜，無是無非，無善無惡，無有頭尾。眞如本性就是不二中道。

3.世人妙性本空，無有一法可得。自性眞空，亦復如是。此處是言本性的空寂，但空寂之中，仍有般若智，仍有知；若言其用，則寂而照，仍有照。

原文：善知識！莫聞吾說空，便即著空。第一莫著空，若空心靜坐，即著無記空。善知識！世界虛空，能含萬物色像，日月星宿，山河大地，泉源谿澗，草木叢林，惡人善人，惡法善法，天堂地獄，一切大海，須彌諸山，總在空中。世人性空，亦復如是。善知識！自性能含萬法是大，萬法在諸人性中。若見一切人、惡之與善，盡皆不取不捨亦不染著，心如虛空，名之爲大，故曰摩訶。善知識！迷人口說，智者心行。又有迷人，空心靜坐，百無所思，自稱爲大。此一輩人，不可與語，爲邪見故。善知識！心量廣大，遍周法界，用即了了分明，應用便知一切。一切即一，一即一切。去來自由，心體無滯，即是般若。善知識！

一切般若智，皆從自性而生，不從外入。莫錯用意，名爲眞性自用，一眞一切眞。心量大事，不行小道。口莫終日說空，心中不修此行，恰似凡人自稱國王，終不可得，非吾弟子。

*解文：

1.善知識！莫聞吾說空，便即著空。第一莫著空，若空心靜坐，即著無記空。無記空就是頑空，就是斷滅無，破壞世間的緣起論，等於破壞世間的萬法。以出世間而言，無記空破壞了究竟空中的「不空」，即究竟空中即有般若，即有知，即有無量性功德，就是不空如來藏、如實不空眞如，了因緣因佛性。空是體，不空是相用。

2.善知識！自性能含萬法是大，萬法在諸人性中。

自性是世間萬法生起的「依止因」，無明或阿賴耶識才是世間萬法的「生起因或製造因」。

3.若見一切人、惡之與善，盡皆不取不捨亦不染著，心如虛空，名之爲大，故曰摩訶。

4.善知識！迷人口說，智者心行。又有迷人，空心靜坐，百無所思，自稱爲大。神秀就是空心靜坐，守心看淨。這種修法約只至菩薩初地，尙不能見不空。此一輩人，不可與語，爲邪見故。

5.善知識！心量廣大，遍周法界，是指自性眞如體，由體起用，若能體用一如，則用即了了分明，應用便知一切。因爲眞如自性已即體即用，故一切即一，一即一切。去來自由，心體無滯，即是般若。

6.善知識！一切般若智，皆從自性而生，不從外入。眞如自性是寂而知，這知即是般若智，是本具而有，非從外入。

眞如自性也是寂而照，這「照」即是眞性自用，一眞一切眞。

原文：善知識！何名般若？般若者，唐言智慧也。一切處所，一切時中，念念不愚，常行智慧，即是般若行。一念愚即般若絕，一念智即般若生。世人愚迷，不見般若，口說般若，心中常愚。常自言：「我修般若。」念念說空，不識眞空。般若無形相，智慧心即是。若作如是解，即名般若智。何名波羅蜜？此是西國語，唐言到彼岸，解義離生滅。著境生滅起，如水有波浪，即名爲此岸；離境無生滅，如水常通流，即名爲彼岸，故號波羅蜜。

*解文：

1.般若波羅蜜的解釋如下：般若的解釋及波羅蜜的解釋。

2.般若的解釋：般若者，唐言智慧也。一切處所及一切時中，念念不愚，常行智慧，即是般若行。

3.波羅蜜的解釋：

波羅蜜意爲「到彼岸」，是「離生滅」之義。若著境生滅起，如水有波浪，即名爲此岸；離境無生滅，如水常通流，即名爲彼岸，故號波羅蜜。

原文：善知識！迷人口念，當念之時，有妄有非。念念若行，是名眞性。悟此法者，是般若法；修此行者，是般若行。不修即凡；一念修行，自身等佛。

*解文：能夠悟此法者，是般若法；依此般若法修此行者，是般若行。若不修般若波羅蜜即是凡夫；若能用心一念修行，自身即能證悟成佛。

原文：善知識！凡夫即佛，煩惱即菩提。前念迷即凡夫，後念悟即佛。前念著境即煩惱，後念離境即菩提。

*解文：若能修得般若波羅蜜，則能拋離相對二法，悟入不二之中道佛性。不二法包括「凡夫即佛，煩惱即菩提」。凡佛之

別只在迷悟，前念迷即凡夫，後念悟即佛。

煩惱菩提之別只在著境或離境。前念著境即煩惱，後念離境即菩提。

原文：善知識！摩訶般若波羅蜜，最尊最上最第一，無住無往亦無來，三世諸佛從中出。當用大智慧，打破五蘊煩惱塵勞。如此修行，定成佛道，變三毒爲戒定慧。

*解文：

1.摩訶般若波羅蜜，是最尊、最上、最第一。摩訶是「大」之意。

2.摩訶般若波羅蜜是無住、無往亦無來：

摩訶般若波羅蜜就是眞如佛性，就是「無住本」，無住空性中自有般若，自有知，空而不空。不住就是不著一切法，一切有爲法皆爲空，連空也空。

摩訶般若波羅蜜也是無去無來。無所從來，也無何去處。

3.三世諸佛皆從佛性眞如中出。若能用「摩訶般若波羅蜜」之大智慧，打破五蘊及煩惱塵勞，如此修行，定成佛道，可以變三毒貪瞋癡爲戒定慧。

原文：善知識！我此法門，從一般若生八萬四千智慧。何以故？爲世人有八萬四千塵勞。若無塵勞，智慧常現，不離自性。悟此法者，即是無念，無憶無著，不起誑妄。用自眞如性，以智慧觀照，於一切法不取不捨，即是見性成佛道。

*解文：

1.我此法門，從一般若生八萬四千智慧。因爲世人有八萬四千塵勞，所以必須用此般若智慧消除之。

若能消除塵勞，智慧自能常現，不離自性。

2.悟此法者，即是無念，本法以「無念」爲宗。不追憶不執著，不起妄念，用自眞如本性，以智慧觀照本性之空寂，於一切法不取不捨，即是見性成佛道。

原文：善知識！若欲入甚深法界及般若三昧者，須修般若行，持誦《金剛般若經》，即得見性。當知此經功德無量無邊，經中分明讚歎，莫能具說。此法門是最上乘，爲大智人說，爲上根人說。小根小智人聞，心生不信。何以故？譬如大龍下雨於閻浮提，城邑聚落，悉皆漂流如漂棗葉。若雨大海，不增不減。若大乘人，若最上乘人，聞說《金剛經》，心開悟解。故知本性自有般若之智，自用智慧，常觀照故，不假文字。譬如雨水，不從天有，元是龍能興致，令一切眾生、一切草木、有情無情，悉皆蒙潤。百川眾流，卻入大海，合爲一體。眾生本性般若之智，亦復如是。

*解文：

1.善知識！若欲入甚深法界及般若三昧者，須修般若行，持誦「金剛般若經」，能悟「無所住而生其心」，即得見性。

2.此法門是最上乘，爲大智人說，爲上根人說。根小智人聞，會心生不信。因爲小根人無法信解，故無法承受大雨之滋潤。

3.若大乘人及最上乘人，聞說「金剛經」，心開悟解。故知本性自有般若之智，可以自用智慧之智，常觀照此心，不假文字。

原文：善知識！小根之人，聞此頓教，猶如草木，根性小者，若被大雨，悉皆自倒，不能增長。小根之人，亦復如是。元有般若之智，與大智人更無差別，因何聞法不自開悟？緣邪見障重、煩惱根深。猶如大雲覆蓋於日，不得風吹，日光不現。般若之智亦無大小，爲一切眾生自心迷悟不同，迷心外見，修行覓佛；未悟自性，即是小根。若開悟頓教，不能外修，但於自心常起正見，煩惱塵勞常不能染，即是見性。

*解文：

1.小根之人，聞此頓教，就像草木，若逢大雨，會被淋倒。

2.般若之智因爲被邪見障重、煩惱根深所覆藏，如同大雲覆日，不得風吹，日光不現。般若之智亦無大小，只因一切眾生自心迷悟不同而已。迷心者修行，只爲向外覓佛；未悟自性，即是小根。若能開悟頓教，不須外修，但於自心常起正見，煩惱塵勞常不能染，即是見性。

原文：善知識！內外不住，去來自由，能除執心，通達無礙。能修此行，與般若經本無差別。

*解文：內外不住，內心對外塵不執著，去來自由，能除執心，通達無礙。若能如此修行，即與般若經本無差別。

原文：善知識！一切修多羅及諸文字，大小二乘，十二部經，皆因人置。因智慧性，方能建立。若無世人，一切萬法本自不有，故知萬法本自人興。一切經書，因人說有。緣其人中有愚有智，愚爲小人，智爲大人。愚者問於智人，智者與愚人說法。愚人忽然悟解心開，即與智人無別。善知識！不悟即佛是眾生，一念悟時眾生是佛，故知萬法盡在自心。何不從自心中，頓見眞如本性？《菩薩戒經》云：「我本元自性清淨，若識自心見性，皆成佛道。」《淨名經》云：「即時豁然，還得本心。」善知識！我於忍和尚處，一聞言下便悟，頓見眞如本性。是以將此教法流行，令學道者頓悟菩提。各自觀心，自見本性。若自不悟，須覓大善知識、解最上乘法者，直示正路。

*解文：不悟即佛是眾生。此句話有時會誤解，入菩薩初地即不會退，何況成佛後，是不會再退爲眾生。此句話關鍵在「不

悟」，若不悟就不是佛。再者，一旦成佛，在佛眼中，佛與眾生平等，所以佛與眾生無差。

知一念悟時眾生是佛，故知萬法盡在自心。何不從自心中，頓見眞如本性？

原文：是善知識有大因緣，所謂化導令得見性。一切善法，因善知識能發起故。三世諸佛、十二部經，在人性中本自具有。不能自悟，須求善知識指示方見；若自悟者，不假外求。若一向執謂須他善知識方得解脫者，無有是處。何以故？自心內有知識自悟。若起邪迷、妄念顚倒，外善知識雖有教授，救不可得。若起正眞般若觀照，一剎那間，妄念俱滅。若識自性，一悟即至佛地。善知識！智慧觀照，內外明徹，識自本心。若識本心，即本解脫。若得解脫，即是般若三昧，即是無念。何名無念？若見一切法，心不染著，是爲無念。用即遍一切處，亦不著一切處。但淨本心，使六識出六門，於六塵中無染無雜，來去自由，通用無滯，即是般若三昧、自在解脫，名無念行。若百物不思，當令念絕，即是法縛，即名邊見。

*解文：

1.三世諸佛、十二部經，在人性中本自具有，即人人悉本具佛性。若不能自悟，須求善知識指示方見。

2.但眾生須自度自悟，不假外求。善知識只是從旁協助，因自心內自有般若智慧可以自悟。若自心起邪迷、妄念顚倒，外善知識雖有教授，救不可得。若起正眞般若觀照，一剎那間，妄念俱滅。若識自性，一悟即至佛地。

3.善知識！用智慧觀照，內心外境明徹，識自本心（本心即眞如自性）。若識本心，即本解脫。若得解脫，即是般若三昧。

4.何名無念？若見一切法，心不染著，是爲無念。用即遍一切處，亦不著一切處。但淨本心，使六識不著六根，於六塵中無

染無雜，來去自由，通用無滯，即是般若三昧、自在解脫，名無念行。但無念不是百物不思，若完全絕念，即是法縛，即名邊見。

原文：善知識！悟無念法者，萬法盡通；悟無念法者，見諸佛境界；悟無念法者，至佛地位。

*解文：善知識！若能悟「無念法」，萬法盡通達其空假；若能悟無念法，可以證見諸佛境界；悟無念法者，至佛地位。

原文：善知識！後代得吾法者，將此頓教法門，於同見同行，發願受持。如事佛故，終身而不退者，定入聖位。然須傳授從上以來默傳分付，不得匿其正法。若不同見同行，在別法中，不得傳付。損彼前人，究竟無益。恐愚人不解，謗此法門，百劫千生，斷佛種性。善知識！吾有一無相頌，各須誦取，在家出家，但依此修。若不自修，惟記吾言，亦無有益。

*解文：

1.後代得吾法者，將此頓教法門，須有相同的見解相同的行誼，發願受之持之。如能事佛而終身不退者，定入聖位。

然須傳授從上以來的不立文字的默傳分付，不得藏匿正法。若不同見同行，在別法中，不得傳付。損彼前人，究竟無益。恐愚人不解，謗此法門，百劫千生，斷佛種性

2.吾有一無相頌，各須誦取，在家出家，但依此修行。若不自修，惟記吾言，而不身體力行，亦無助益。

原文：聽吾頌曰：

「說通及心通，如日處虛空，唯傳見性法，出世破邪宗。

法即無頓漸，迷悟有遲疾，只此見性門，愚人不可悉。

說即雖萬般，合理還歸一，煩惱闇宅中，常須生慧日。

邪來煩惱至，正來煩惱除，邪正俱不用，清淨至無餘。
菩提本自性，起心即是妄，淨心在妄中，但正無三障。
世人若修道，一切盡不妨，常自見己過，與道即相當。
色類自有道，各不相妨惱，離道別覓道，終身不見道。
波波度一生，到頭還自懊，欲得見眞道，行正即是道。
自若無道心，闇行不見道，若眞修道人，不見世間過。
若見他人非，自非卻是左，他非我不非，我非自有過。
但自卻非心，打除煩惱破，憎愛不關心，長伸兩腳臥。
欲擬化他人，自須有方便，勿令彼有疑，即是自性現。
佛法在世間，不離世間覺，離世覓菩提，恰如求兔角。
正見名出世，邪見是世間，邪正盡打卻，菩提性宛然。
此頌是頓教，亦名大法船，迷聞經累劫，悟則剎那間。」

*解文：

1.說通及心通，如日處虛空。

意解：即口說及心證的通達眞理，有如每日處在虛空中，得以證悟空性。

唯傳見性法，出世破邪宗。意本宗只傳見悟本性的「見性法」，此法可破世間的邪宗。

2.法即無頓漸，迷悟有遲疾，只此見性門，愚人不可悉。

意解：禪法沒有頓漸，所以有頓漸之分，是因爲世人的迷及悟有快慢之別。這個「見性門」，愚人是無法知悉的。

3.說即雖萬般，合理還歸一，煩惱闇宅中，常須生慧日。

意解：世間萬般法，都歸於眞如自性，因爲都以自性爲「依止因」而生起。但此自性常被煩惱覆蓋，有如在暗宅中，須要慧日（用智慧觀照）常照耀。

4.邪來煩惱至，正來煩惱除，邪正俱不用，清淨至無餘。

意解：內心煩惱積集就是邪，能夠清除煩惱就是正。但邪正都不可執著，才能清淨到底，空又復空。

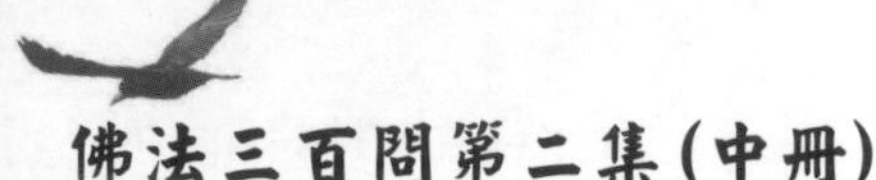

5.菩提本自性，起心即是妄，淨心在妄中，但正無三障。

意解：菩提就是清淨而本有的自性，一旦起心動念而有執著，即是虛妄。淨心的自性其實就是妄的本體，但「正」無惑業苦三障。

6.世人若修道，一切盡不妨，常自見己過，與道即相當。

意解：世人在修道中，若能常自見己過，才能與道相符。

7.色類自有道，各不相妨惱，離道別覓道，終身不見道。

意解：「道」是指眞如自性，色類及心的本體都是「道」，煩惱的本體也是道。但因此「道」即是萬法及心的本體，而不是另有一法名爲「道」，若向外求道，終身不能見道。

8.波波度一生，到頭還自懊，欲得見眞道，行正即是道。

意解：想追求道，必須從「行正」下手。行正即觀照萬法爲「即空即假即中」。

9.自若無道心，闇行不見道，若眞修道人，不見世間過。

意解；眞正修道人已證得眞如本性，視所有眾生及世間法爲平等，因此不會見到世間過。

10.若見他人非，自非卻是左，他非我不非，我非自有過。

意解：若有見到他人的非過，反代表自己的心不平，有所在乎、比較及執著。若認爲他過而我無過，這種「我非」適足以顯現己過，

11.但自卻非心，打除煩惱破，憎愛不關心，長伸兩腳臥。

意解決：但自退卻非人過之心，破除自己的煩惱，內心沒有憎及愛，就能長伸兩腳臥，自得怡然，證得眞如本性。

12.欲擬化他人，自須有方便，勿令彼有疑，即是自性現。

意解；若想度化他人，必須有方便的方法，勿令彼有疑心，才能證悟自性及顯現自性。

13.佛法在世間，不離世間覺，離世覓菩提，恰如求兔角。

意解：佛法要在世間修行，而且必須在世間才能「覺」，即

證悟本覺，即眞如本性。因爲自性即是世間萬法的本體，要由世間法的「相」去證悟世間法的「體性」，由相入性，而非離開世間萬法，直接去追求「性」，因爲「性」無形無相，不可捉摸，無可追求，它只是一個功能體，只能由相去體悟，而非直接去看到或摸到。只能透過法的「相」去證悟它的空「性」，即自性。

14.正見名出世，邪見是世間，邪正盡打卻，菩提性宛然。

意解：正見名證得出世的無爲法；邪見則是執取世間的有爲萬法。若能將邪及正都打退不執取，才能證悟菩提本性。

15.此頌是頓教，亦名大法船，迷聞經累劫，悟則剎那間。」

意解：此頌是屬於頓教，頓教是指頓悟眞如本性；亦名大法船。迷惑聞解雖經累世多劫，但頓悟只在剎那間。

原文：師復曰：「今於大梵寺說此頓教，普願法界眾生，言下見性成佛。」

時韋使君與官僚道俗，聞師所說，無不省悟。一時作禮，皆歎：「善哉！何期嶺南有佛出世！」

195-3.六祖壇經的大綱為何？疑問第三

疑問第三

一日，韋刺史爲師設大會齋。齋訖，刺史請師陞座，同官僚士庶肅容再拜，問曰：「弟子聞和尚說法，實不可思議。今有少疑，願大慈悲，特爲解說。」

師曰：「有疑即問，吾當爲說。」

韋公曰：「和尚所說，可不是達磨大師宗旨乎？」

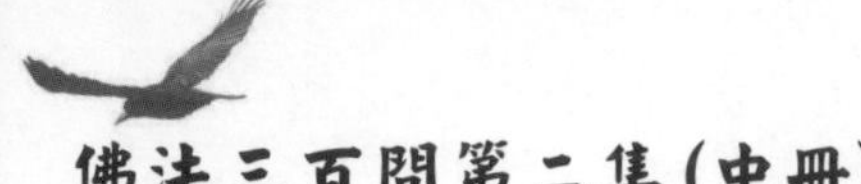

師曰：「是。」

公曰：「弟子聞：達磨初化梁武帝，帝問云：『朕一生造寺度僧、布施設齋，有何功德？』達磨言：『實無功德。』弟子未達此理，願和尚爲說。」

師曰：「實無功德，勿疑先聖之言。武帝心邪，不知正法。造寺度僧、布施設齋，名爲求福，不可將福便爲功德。功德在法身中，不在修福。」師又曰：「見性是功，平等是德。念念無滯，常見本性，眞實妙用，名爲功德。內心謙下是功，外行於禮是德。自性建立萬法是功，心體離念是德。不離自性是功，應用無染是德。若覓功德法身，但依此作，是眞功德。若修功德之人，心即不輕，常行普敬。心常輕人，吾我不斷，即自無功；自性虛妄不實，即自無德。爲吾我自大，常輕一切故。善知識！念念無間是功，心行平直是德。自修性是功，自修身是德。善知識！功德須自性內見，不是布施供養之所求也。是以福德與功德別。武帝不識眞理，非我祖師有過。」

*解文：

1.功德在法身中，不在修福。師又曰：見性是功，平等是德。

能夠證見本性才是功；由本性發用，展現萬法平等，同一體性才是德。

念念無滯於事相，常見本性，並發揮眞實妙用，名爲功德。

內心謙卑低下是功，外行於禮義是德。

自性能夠以之爲依止因而建立萬法是功，心體能夠離念是德。念念不離自性是功，由自性起用，應用無染是德。若覓功德法身，但依此作，是眞功德。

2.若修功德之人，心即不輕蔑別人，常行平等尊敬眾生。心常輕人，我執即不斷，即自無功。若不能見自性，則是虛妄不實，即自無德。

若吾人常自大有我執，而常輕一切，則無功德。善知識！念念能無間契合本性是功，能心行平直是德。自修眞如本性是功，自修本性發用之身是德。善知識！功德須自性內見，不是布施供養之所求也。是以福德與功德別。武帝不識眞理，非我祖師有過。

原文：刺史又問曰：「弟子常見僧俗念阿彌陀佛，願生西方。請和尚說，得生彼否？願爲破疑。」

師言：「使君善聽，惠能與說。世尊在舍衛城中，說西方引化。經文分明，去此不遠。若論相說，里數有十萬八千，即身中十惡八邪，便是說遠。說遠爲其下根，說近爲其上智。人有兩種，法無兩般。迷悟有殊，見有遲疾。迷人念佛求生於彼，悟人自淨其心。所以佛言：『隨其心淨即佛土淨。』使君東方人，但心淨即無罪。雖西方人，心不淨亦有愆。東方人造罪，念佛求生西方。西方人造罪，念佛求生何國？凡愚不了自性，不識身中淨土，願東願西。悟人在處一般，所以佛言：『隨所住處恒安樂。』使君心地但無不善，西方去此不遙。若懷不善之心，念佛往生難到。今勸善知識，先除十惡即行十萬，後除八邪乃過八千。念念見性，常行平直，到如彈指，便覩彌陀。使君但行十善，何須更願往生？不斷十惡之心，何佛即來迎請？若悟無生頓法，見西方只在剎那。不悟念佛求生，路遙如何得達。惠能與諸人，移西方於剎那間，目前便見。各願見否？」

*解文：

1.西方方去此不遠。若論相說，里數有十萬八千，即是身中十惡八邪，便是說遠。

說遠是下根，說近是上智。是人有兩種不同，法則無不同。人有迷悟不同，見自有快慢不同。

2.迷人念佛求生西方，悟人只須自淨其心。所以佛言：『隨

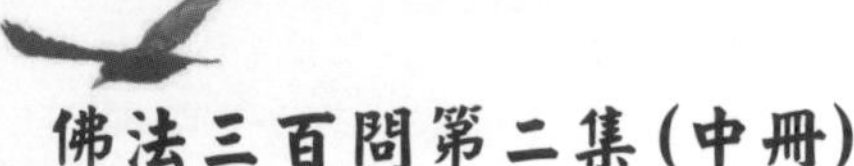

其心淨即佛土淨。』

雖人在東方，只要心淨即無罪。雖西方人，心不淨也有過愆。

東方人造罪，能念佛求生西方。若西方人造罪，念佛能求生何國呢？凡愚不了自性，不識身中淨土，願東願西。悟人則在自心西方淨土。

3.所以佛言：『隨所住處恒安樂。』使君心地但無不善，西方去此不遙。若懷不善之心，即使念佛往生也難到。今勸善知識，先除十惡即行十萬，後除八邪乃過八千。若能念念見性，常行平直，到西方則如彈指，便覩見彌陀佛。

4.使君但行十善，何須更願往生？不斷十惡之心，何佛能來迎請呢？若悟無生頓法，見西方只在剎那間，若不悟只念佛求生西方，路遙如何能到達呢？惠能與諸人，移西方於剎那間，目前便見。各願見否？

原文：眾皆頂禮云：「若此處見，何須更願往生？願和尚慈悲，便現西方，普令得見。」

師言：「大眾！世人自色身是城，眼耳鼻舌是門，外有五門，內有意門。心是地，性是王。王居心地上，性在王在，性去王無。性在身心存，性去身壞。佛向性中作，莫向身外求。自性迷即是眾生，自性覺即是佛。慈悲即是觀音，喜捨名爲勢至，能淨即釋迦，平直即彌陀；人我是須彌，貪欲是海水，煩惱是波浪，毒害是惡龍，虛妄是鬼神，塵勞是魚鱉。貪瞋是地獄，愚癡是畜生。善知識！常行十善，天堂便至。除人我，須彌倒；去貪欲，海水竭；煩惱無，波浪滅；毒害除，魚龍絕。自心地上覺性，如來放大光明；外照六門清淨，能破六欲諸天；自性內照，三毒即除；地獄等罪一時銷滅，內外明徹不異西方。不作此修，如何到彼？」

*解文：

1.大眾！世人自色身有如城廓，眼耳鼻舌有如城門，外有五城門，內有意城門。心是地，性是王。王居心地上，心性在則王在，心性若去則王無。性在身心存，性去身則壞。佛是向自心中求本性而得，不要向身外去求佛。若迷於自性即是眾生，若能覺悟自性本覺，即是佛。慈悲即表觀音菩薩，喜捨名爲大勢至菩薩，能淨自心即是釋迦，能心平直即是彌陀。

2.貪欲是海水，煩惱是波浪，毒害是惡龍，虛妄是鬼神，塵勞是魚鱉。貪瞋是地獄，愚癡是畜生。

3.善知識！常行十善，天堂便至。能除人我執，須彌法山即倒塌；能去貪欲，則海水乾竭；能無煩惱，則波浪滅而水波平。毒害除，則魚龍絕。自心淨，則地上覺性顯，如來放大光明；外照六根清淨，能破欲界六欲諸天；自性內照，貪瞋痴三毒即除；同時地獄等罪一時銷滅，內外明徹不異西方。不作此修，如何到清淨彼岸？」

原文：大眾聞說，了然見性，悉皆禮拜，俱歎善哉。唱言：「普願法界眾生，聞者一時悟解。」

師言：「善知識！若欲修行，在家亦得，不由在寺。在家能行，如東方人心善；在寺不修，如西方人心惡。但心清淨，即是自性西方。」

韋公又問：「在家如何修行？願爲教授。」

師言：「吾與大眾說無相頌。但依此修，常與吾同處無別；若不依此修，剃髮出家於道何益？頌曰：

「心平何勞持戒，行直何用修禪！
恩則孝養父母，義則上下相憐，
讓則尊卑和睦，忍則眾惡無諠，
若能鑽木出火，淤泥定生紅蓮。

苦口的是良藥，逆耳必是忠言，
改過必生智慧，護短心內非賢。
日用常行饒益，成道非由施錢，
菩提只向心覓，何勞向外求玄。
聽說依此修行，西方只在目前。」

*解文：

1.善知識！若欲修行，在家亦得，不一定要出家在寺。在家能行，如東方人心善；在寺不修，如西方人心惡。但心清淨，即能在自性西方。

2.吾與大眾說無相頌。但依此修，常與吾同處無別；若不依此修，剃髮出家於道何益？頌曰：

「心平何勞持戒，行直何用修禪！」

*意解：若能心平直，何須持戒。若能直心修行，何須禪坐？

「恩則孝養父母，義則上下相憐，讓則尊卑和睦，忍則眾惡無諠」

*意解：若能感恩則應孝養父母。若能禮讓，則能尊卑和睦。

若能忍辱，則眾惡不會諠嘩。

「若能鑽木出火，淤泥定生紅蓮。苦口的是良藥，逆耳必是忠言，改過必生智慧，護短心內非賢。」

*意解：若能持續鑽木必能從木中鑽出火來如此則淤泥中也能生出紅蓮。

日用常行饒益成道非由施錢，菩提只向心覓，何勞向外求玄。

聽說依此修行，西方只在目前。」

*意解：意解日常中須常行饒益眾生，成道非由施錢，所成立菩提只能由內心證悟，何必勞動自己向外尋求，聽說依此修

行，西方近在目前。

原文：師復曰：「善知識！總須依偈修行，見取自性，直成佛道。時不相待，眾人且散，吾歸曹溪。眾若有疑，卻來相問。」

時，刺史官僚、在會善男信女，各得開悟，信受奉行。

195-4.六祖壇經的大綱為何？定慧第四

定慧第四

師示眾云：「善知識！我此法門，以定慧爲本。大眾！勿迷，言定慧別。定慧一體，不是二。定是慧體，慧是定用。即慧之時定在慧，即定之時慧在定。若識此義，即是定慧等學。諸學道人，莫言先定發慧、先慧發定各別。作此見者，法有二相。口說善語，心中不善。空有定慧，定慧不等。若心口俱善、內外一如，定慧即等。自悟修行，不在於諍。若諍先後，即同迷人，不斷勝負，卻增我法，不離四相。善知識！定慧猶如何等？猶如燈光。有燈即光，無燈即闇。燈是光之體，光是燈之用；名雖有二，體本同一。此定慧法，亦復如是。」

*解文：

1.善知識！我此法門，以定慧爲本。大眾！勿迷惑，認爲定慧有分別。定慧實是一體，不是二。定是慧的體，慧是定體的發用。即慧之時定在慧，即定之時慧在定。若識此義，即是定慧等學。諸學道人，莫言先有定、後發慧或先慧發定各有別。作此見者，法有二相。只口說善語，心中卻不善。空有定慧，定慧卻不等，則是口善心不善。若心口俱善、內外一如，定慧即等。

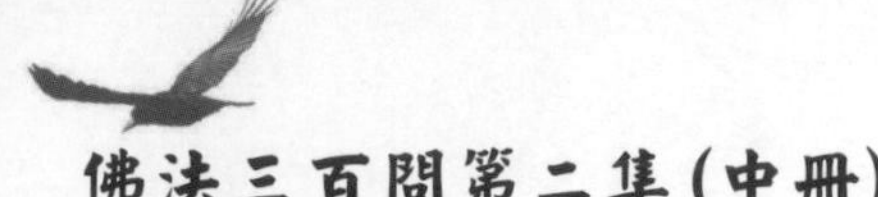

2.自悟修行，不在於諍。若諍定慧先後，即同迷人。若不斷勝負，卻增我執法，不能離生住異滅四相。善知識！定慧猶如燈光。有燈即光，無燈即闇。燈是光之體，光是燈之用；名雖有二，體本同一。此定慧法，亦復如是。

原文：師示眾云：「善知識！一行三昧者，於一切處行住坐臥，常行一直心是也。《淨名》云：『直心是道場，直心是淨土。』莫心行諂曲，口但說直；口說一行三昧，不行直心。但行直心，於一切法勿有執著。迷人著法相、執一行三昧，直言：『常坐不動，妄不起心，即是一行三昧。』作此解者，即同無情，卻是障道因緣。善知識！道須通流，何以卻滯？心不住法，道即通流；心若住法；名爲自縛。若言常坐不動是，只如舍利弗宴坐林中，卻被維摩詰訶。善知識！又有人教坐，看心觀靜，不動不起，從此置功。迷人不會，便執成顛。如此者眾，如是相教，故知大錯。」

*解文：

1.善知識！一行三昧就是於一切行住坐臥處，能常行一直心。「淨名」云：「直心是道場，直心是淨土。」莫心行諂曲，口但說直；口但說一行三昧，卻不行直心。但行直心，不要執著一切法。迷人則是著法相、執一行三昧，直言：「常坐不動，妄不起心，即是一行三昧。」作此解者，即同無情，才是障道因緣。

2.善知識！道須通流，何以卻滯？心不住法，道即通流；心若住法，名爲自縛。若言常坐不動是，只如舍利弗宴坐林中，卻被維摩詰訶責。

善知識！又有人教坐，看心觀靜，不動不起，從此置功。迷人不知，便執成顛。如此者眾，如是相教，故知大錯。

原文：師示眾云：「善知識！本來正教，無有頓漸，人性自有利鈍。迷人漸修，悟人頓契。自識本心，自見本性，即無差別，所以立頓漸之假名。」

*解文：

善知識！本來正教，無有頓漸，是因人性自有利鈍。迷人漸修，悟人能頓契。自識本心，自見本性，即無頓漸差別，所以頓漸是假名。

原文：善知識！我此法門，從上以來，先立無念爲宗，無相爲體，無住爲本。無相者，於相而離相。無念者，於念而無念。無住者，人之本性。於世間善惡好醜，乃至冤之與親，言語觸刺欺爭之時，並將爲空，不思酬害，念念之中不思前境。若前念今念後念，念念相續不斷，名爲繫縛。於諸法上念念不住，即無縛也。此是以無住爲本。善知識！外離一切相，名爲無相。能離於相，即法體清淨。此是以無相爲體。善知識！於諸境上，心不染，曰無念。於自念上，常離諸境，不於境上生心。若只百物不思，念盡除卻，一念絕即死，別處受生，是爲大錯。學道者思之。若不識法意，自錯猶可，更誤他人；自迷不見，又謗佛經，所以立無念爲宗。善知識！云何立無念爲宗？只緣口說見性，迷人於境上有念，念上便起邪見，一切塵勞妄想從此而生。自性本無一法可得，若有所得，妄說禍福，即是塵勞邪見，故此法門立無念爲宗。善知識！無者無何事？念者念何物？無者無二相，無諸塵勞之心。念者念眞如本性。眞如即是念之體，念即是眞如之用。眞如自性起念，非眼耳鼻舌能念。眞如有性，所以起念；眞如若無，眼耳色聲當時即壞。善知識！眞如自性起念，六根雖有見聞覺知，不染萬境，而眞性常自在。故經云：「能善分別諸法相，於第一義而不動。」

*解文：

1.善知識！我此法門，從上以來，先立無念爲宗，無相爲體，無住爲本。

無相者，於相而離相，心不受相的影響牽絆。

無念者，於念而無念，心不會掉舉紛亂。

無住者，人之本性。對於世間善惡好醜，乃至冤親，及遇言語觸刺欺爭之時，能夠視之爲空，不思酬害，念念之中不思前境。若前念、今念、後念，念念相續不斷，名爲繫縛。於諸法上念念不住，即無縛也。此是以無住爲本。

2.善知識！外離一切相，名爲無相。能離於相，即能呈現眞如法體的清淨。此是以無相爲體。無相即是功能體相，即是相。

3.善知識！於諸境上，心不受染，曰無念。於自念上，常離諸境，不於境上生心，使心受污染。無念即是用。

但無念不是指百物不思，盡除一切念。也不是指先斷絕一切念，再去別處受生，這樣是爲大錯。

若不識法意，自錯猶可，不可更誤他人；自迷不見，又謗佛經，所以立無念爲宗。善知識！云何立無念爲宗？只緣只會口說見性。迷人於境上有念，念上便起邪見，一切塵勞妄想從此而生。自性本無一法可得，若有所得，妄說禍福，即是塵勞邪見。故此法門立無念爲宗。無者無二相，無諸塵勞之心。念者念眞如本性。

眞如即是念之體，念即是眞如之用。從眞如自性起念，非從眼耳鼻舌起念。眞如即是無住本，即是體。

眞如雖無形相但有功能性體，所以能起念，但此起是「性起」，而非「緣起」。只有佛依「性起」起念；其他九法界眾生則依「性起」啓動「緣起」而起念。

眞如若無，眼耳色聲當時即壞。此句指若無眞如本體的「性起」之啓動「緣起」，眼耳二根即不能發色聲之用。

善知識！眞如自性起念，六根雖有見聞覺知，但其眞如本性卻不受萬境所染，而眞如本性常自在。故經云：「能善分別諸法相，於第一義而不動。」

195-5.六祖壇經的大綱為何？坐禪第五

坐禪第五

原文：師示眾云：「此門坐禪，元不著心，亦不著淨，亦不是不動。若言著心，心元是妄，知心如幻，故無所著也。若言著淨，人性本淨，由妄念故，蓋覆眞如。但無妄想，性自清淨；起心著淨，卻生淨妄。妄無處所，著者是妄。淨無形相，卻立淨相，言是工夫。作此見者，障自本性，卻被淨縛。善知識！若修不動者，但見一切人時，不見人之是非善惡過患，即是自性不動。善知識！迷人身雖不動！開口便說他人是非長短好惡，與道違背。若著心著淨，即障道也。」

*解文：

1.師示眾云：「此門坐禪，元不著心，亦不著淨，亦不是不動。

2.若言著心，心元是妄，知心如幻，故無所著也。心可迷可悟，心若迷則如幻。除佛外，九法界眾生皆是心迷。佛是心性不二，其他九法界眾生皆是心性爲二，性是體，心是用。

3.若言著淨，人性本淨，由妄念故，蓋覆眞如。但無妄想，性自清淨，眞如就是自性清淨心。起心著淨，卻生淨妄，因爲執著即是妄，即使著淨也是妄。妄無處所，著者是妄。淨無形相，卻立淨相（即著淨），淨相也是一種妄，說是工夫則有錯。作此見者，障自本性，卻被淨縛。

4.善知識！若修不動者，但見一切人時，不見（不去分別計較）人之是非善惡過患，即是自性不動。善知識！迷人身雖不動！卻開口便說他人是非長短好惡，如此即與道違背。若著心著淨，即障道也。

原文：師示眾云：「善知識！何名坐禪？此法門中，無障無礙，外於一切善惡境界，心念不起，名為坐；內見自性不動，名為禪。善知識！何名禪定？外離相為禪，內不亂為定。外若著相，內心即亂；外若離相，心即不亂。本性自淨自定，只為見境，思境即亂。若見諸境心不亂者，是眞定也。善知識！外離相即禪，內不亂即定。外禪內定，是為禪定。《菩薩戒經》云：『我本元自性清淨。』善知識！於念念中，自見本性清淨，自修自行，自成佛道。」

*解文：

1.善知識！何名坐禪？此法門中，無障無礙，外於一切善惡境界，心念不起，名為坐；內見眞如自性不動，名為禪。

2.善知識！何名禪定？外離相為禪，內不亂為定。外若著相，內心即亂；外若離相，心即不亂。本性自淨自定，只為見境，思境即亂。若見諸境心不亂者，是眞定也。眞如自性即是佛性，佛性有三因：正因、了因、緣因。其中正因不受熏染，常恒不變，不生不滅；了因及緣因即會受熏染。所謂外若著相，內心即亂，即指了因及緣因會著相而亂。

3.善知識！外離相即禪，內不亂即定。外禪內定，是為禪定。《菩薩戒經》云：『我本元自性清淨。』本元即是眞如自性，自性是法爾清淨，是指正因佛性，緣了因佛性則不清淨，因可受熏染。善知識！於念念中，自見本性清淨，自修自行，自成佛道。修行就是將了因佛性及緣因佛性都變成正因佛性。

195-6.六祖壇經的大綱為何？懺悔第六

懺悔第六

原文：時，大師見廣韶洎四方士庶，駢集山中聽法，於是陞座，告眾曰：「來，諸善知識！此事須從自事中起，於一切時，念念自淨其心。自修自行，見自己法身，見自心佛，自度自戒，始得不假到此。既從遠來，一會于此，皆共有緣。今可各各胡跪，先爲傳自性五分法身香，次授無相懺悔。」眾胡跪。師曰：「一、戒香。即自心中無非無惡、無嫉妒、無貪瞋、無劫害，名戒香。二、定香。即覩諸善惡境相，自心不亂，名定香。三、慧香。自心無礙，常以智慧觀照自性，不造諸惡；雖修眾善，心不執著，敬上念下，矜恤孤貧，名慧香。四、解脫香。即自心無所攀緣，不思善、不思惡，自在無礙，名解脫香。五、解脫知見香。自心既無所攀緣善惡，不可沉空守寂，即須廣學多聞，識自本心，達諸佛理，和光接物，無我無人，直至菩提，眞性不易，名解脫知見香。善知識！此香各自內熏，莫向外覓。」

*解文：

1.諸善知識！此事須從自事中起，於一切時，念念自淨其心。自修自行，見自己法身，法身即眞如本性，出纏如來藏。欲見自心佛，須自度自戒，始得不假到此。先爲傳自性五分法身香，次授無相懺悔。

2.五分法身香如下：一、戒香。即自心中無非無惡、無嫉妒、無貪瞋、無劫害，名戒香。二、定香。即覩諸善惡境相，自心不亂，名定香。三、慧香。自心無礙，常以智慧觀照自性，不造諸惡；雖修眾善，心不執著，敬上念下，矜恤孤貧，名慧香。四、解脫香。即自心無所攀緣，不思善、不思惡，自在無礙，名解脫香。五、解脫知見香。自心既無所攀緣善惡，不可沉空守

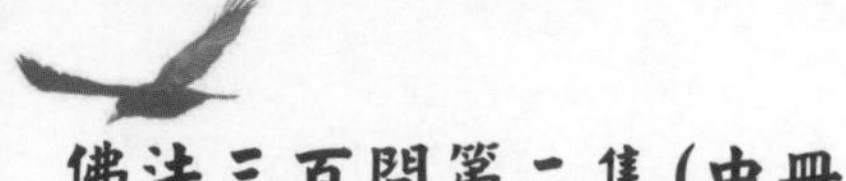

寂，即須廣學多聞，識自本心，達諸佛理，和光接物，無我無人，直至菩提，眞性不易，名解脫知見香。善知識！此香各自內熏，莫向外覓。

五香即是戒、定、慧、解脫、解脫知見。最重要的原則是須具無我執及無法執，如此才能識自本心，達諸佛理，和光接物，無我無人。

原文：今與汝等授無相懺悔，滅三世罪，令得三業清淨。善知識！各隨我語，一時道：「弟子等，從前念今念及後念，念念不被愚迷染。從前所有惡業愚迷等罪，悉皆懺悔，願一時銷滅，永不復起。弟子等，從前念今念及後念，念念不被憍誑染。從前所有惡業憍誑等罪，悉皆懺悔，願一時銷滅，永不復起。弟子等，從前念今念及後念，念念不被嫉妒染。從前所有惡業嫉妒等罪，悉皆懺悔，願一時銷滅，永不復起。』善知識！已上是爲無相懺悔。云何名懺？云何名悔？懺者，懺其前愆，從前所有惡業，愚迷憍誑嫉妒等罪，悉皆盡懺，永不復起，是名爲懺。悔者，悔其後過，從今以後，所有惡業，愚迷憍誑嫉妒等罪，今已覺悟，悉皆永斷，更不復作，是名爲悔。故稱懺悔。凡夫愚迷，只知懺其前愆，不知悔其後過。以不悔故，前愆不滅，後過又生。前愆既不滅，後過復又生，何名懺悔？」

*解文：

1.弟子等，從前念今念及後念，念念不被愚迷所污染，從前所有惡業愚迷等罪，悉皆懺悔，願一時銷滅，永不復起。

2.弟子等，從前念今念及後念，念念不被憍誑染。從前所有惡業憍誑等罪，悉皆懺悔，願一時銷滅，永不復起。

3.弟子等，從前念今念及後念，念念不被嫉妒所污染。從前所有惡業嫉妒等罪，悉皆懺悔，願一時銷滅，永不復起。

4.善知識！已上是爲無相懺悔。懺者，懺其前過，從前所有惡業，愚迷憍誑嫉妒等罪，悉皆盡懺，永不復起，是名爲懺。悔者，悔其後過，從今以後，所有惡業，愚迷憍誑嫉妒等罪，今已覺悟，悉皆永斷，更不復作，是名爲悔。故稱懺悔。凡夫愚迷，只知懺其前愆，不知悔其後過。因不悔改，故前愆不滅，後過又生。前愆既不滅，後過復又生，何名懺悔？

原文：善知識！既懺悔已，與善知識發四弘誓願，各須用心正聽。自心眾生無邊誓願度，自心煩惱無邊誓願斷，自性法門無盡誓願學，自性無上佛道誓願成。善知識！大家豈不道，眾生無邊誓願度。恁麼道，且不是惠能度。善知識！心中眾生，所謂邪迷心、誑妄心、不善心、嫉妒心、惡毒心，如是等心，盡是眾生。各須自性自度，是名眞度。何名自性自度？即自心中邪見煩惱愚癡眾生，將正見度。既有正見，使般若智打破愚癡迷妄眾生，各各自度。邪來正度，迷來悟度，愚來智度，惡來善度；如是度者，名爲眞度。又煩惱無邊誓願斷，將自性般若智，除卻虛妄思想心是也。又法門無盡誓願學，須自見性，常行正法，是名眞學。又無上佛道誓願成，既常能下心，行於眞正，離迷離覺，常生般若。除眞除妄，即見佛性，即言下佛道成。常念修行，是願力法。

*解文：

1.善知識！既懺悔已，與善知識發四弘誓願如下：自心眾生無邊誓願度，自心煩惱無邊誓願斷，自性法門無盡誓願學，自性無上佛道誓願成。

2.善知識！心中眾生，所謂邪迷心、誑妄心、不善心、嫉妒心、惡毒心，如是等心，盡是眾生。各須自性自度，是名眞度。何名自性自度？即自心中邪見煩惱愚癡眾生，將正見度。既有正見，以般若智慧打破愚癡迷妄眾生，各各自度。邪來正度，迷來悟度，愚來智度，惡來善度；如是度者，名爲眞度。

3.又煩惱無邊誓願斷，以自性般若智，除卻虛妄思想心是也。

4.又法門無盡誓願學，須自見性，常行正法，是名眞學。

5.又無上佛道誓願成，既常能下心，行於眞正，離迷離覺，常生般若。除眞除妄，即見佛性，即言下佛道成。常念修行，是願力法。

原文：善知識！今發四弘願了，更與善知識授無相三歸依戒。善知識！歸依覺，兩足尊。歸依正，離欲尊。歸依淨，眾中尊。從今日去，稱覺爲師，更不歸依邪魔外道，以自性三寶常自證明，勸善知識歸依自性三寶。佛者，覺也。法者，正也。僧者，淨也。自心歸依覺，邪迷不生，少欲知足，能離財色，名兩足尊。自心歸依正，念念無邪見，以無邪見故，即無人我貢高，貪愛執著，名離欲尊。自心歸依淨，一切塵勞愛欲境界，自性皆不染著，名眾中尊。若修此行，是自歸依。凡夫不會，從日至夜受三歸戒。若言歸依佛，佛在何處？若不見佛，憑何所歸，言卻成妄。善知識！各自觀察，莫錯用心。經文分明言自歸依佛，不言歸依他佛。自佛不歸，無所依處。今既自悟，各須歸依自心三寶，內調心性，外敬他人，是自歸依也。

*解文：

1.善知識！今發四弘願了，更與善知識授無相三歸依戒。

2.無相三歸依戒，以自性三寶常自證明，勸善知識歸依自性三寶。佛者，覺也。法者，正也。僧者，淨也。如下：

a.歸依覺，即歸依佛，兩足尊。

從今日去，稱覺爲師，更不歸依邪魔外道。自心歸依覺，邪迷不生，少欲知足，能離財色，名兩足尊。

b.歸依正，即歸依法，離欲尊。

自心歸依正，念念無邪見，以無邪見故，即無人我貢高，貪愛執著，名離欲尊。

c.歸依淨，即歸依僧，眾中尊。

自心歸依淨，一切塵勞愛欲境界，自性皆不染著，名眾中尊。

3.凡夫不會，從日至夜受三歸戒。若言歸依佛，佛在何處？若不見佛，憑何所歸，言卻成妄。善知識！各自觀察，莫錯用心。經文分明言自歸依佛，不言歸依他佛。佛在自心，自佛不歸，無所依處，不可向外尋佛，因爲佛無形無處所，它是心的本體，只要斷盡煩惱及無始無明就能成佛。

今既自悟，各須歸依自心三寶，內調心性，外敬他人，是自歸依也。

原文：善知識！既歸依自三寶竟，各各志心，吾與說一體三身自性佛，令汝等見三身了然，自悟自性。總隨我道：「於自色身，歸依清淨法身佛。於自色身，歸依圓滿報身佛。於自色身，歸依千百億化身佛。」善知識！色身是舍宅，不可言歸。向者三身佛，在自性中，世人總有；爲自心迷，不見內性。外覓三身如來，不見自身中有三身佛。汝等聽說，令汝等於自身中，見自性有三身佛。此三身佛，從自性生，不從外得。何名清淨法身佛？世人性本清淨，萬法從自性生。思量一切惡事，即生惡行；思量一切善事，即生善行。如是諸法在自性中，如天常清，日月常明，爲浮雲蓋覆，上明下暗。忽遇風吹雲散，上下俱明，萬象皆現。世人性常浮游，如彼天雲。善知識！智如日，慧如月，智慧常明。於外著境，被妄念浮雲蓋覆自性，不得明朗。若遇善知識，聞眞正法，自除迷妄，內外明徹，於自性中萬法皆現。見性之人，亦復如是。此名清淨法身佛。

*解文：

1.「善知識！既歸依自三寶竟，各各志心，吾與說一體三身自性佛，令汝等見三身了然，自悟自性。於自色身，歸依清淨法身佛。於自色身，歸依圓滿報身佛。於自色身，歸依千百億化身佛。

2.善知識！色身是舍宅，不可言歸。向者三身佛，在自性中，世人總有，佛是三身一身。外覓三身如來，不見自身中有三身佛。汝等聽說，令汝等於自身中，見自性有三身佛。此三身佛，從自性生，不從外得。

3.何名清淨法身佛？世人性本清淨，萬法從自性生。思量一切惡事，即生惡行；思量一切善事，即生善行。如是諸法在自性中，此清明自性，如天常清，日月常明，爲煩惱浮雲蓋覆，上明下暗。忽遇風吹雲散，上下俱明，萬象皆現。風吹雲散指修行斷盡煩惱。萬象皆現指從自性中生起萬法。世人性常浮游，如彼天雲，因世人的自性皆被煩惱雲所蔽覆。善知識！智如日，慧如月，智慧常明，自性中自有般若智慧。於外著境，被妄念浮雲蓋覆自性，不得明朗。若遇善知識，聞眞正法，自除迷妄，內外明徹，於自性中萬法皆現。見性之人，亦復如是。此名清淨法身佛。法身是報身、化身的體，報化身是法身的用。

原文：善知識！自心歸依自性，是歸依眞佛。自歸依者，除卻自性中不善心、嫉妒心、諂曲心、吾我心、誑妄心、輕人心、慢他心、邪見心、貢高心，及一切時中不善之行，常自見己過，不說他人好惡，是自歸依。常須下心，普行恭敬，即是見性通達，更無滯礙，是自歸依。何名圓滿報身？譬如一燈能除千年闇，一智能滅萬年愚。莫思向前，已過不可得；常思於後，念念圓明，自見本性。善惡雖殊，本性無二，無二之性，名爲實性。於實性中，不染善惡，此名圓滿報身佛。

*解文：自歸依是自心歸依自性，是歸依眞佛。能夠除掉自心中的不善心、嫉妒心、諂曲心、吾我心、誑妄心、輕人心、慢他心、邪見心、貢高我慢心，及一切時中的不善行，常能自見己過，不說他人好惡是非，就是自歸依。

能當下，普行恭敬，即是見性通達；又更無滯礙，是自歸依。

何謂圓滿報身？不要思惟過去，已過不可得；常思惟未來，念念圓明，即能自見本性。善惡雖不一樣，本性都是佛性無二，無二之性，名爲實性。於實性中，本來即不會染善惡，此名圓滿報身佛。

原文：自性起一念惡，滅萬劫善因；自性起一念善，得恒沙惡盡。直至無上菩提，念念自見，不失本念，名爲報身。

*解文：自性中緣因，了因會受染而起善惡之念，若能將緣因及了因轉爲正因，使念念能觸及正因佛性，不失本念，名爲報身。

原文：何名千百億化身？若不思萬法，性本如空，一念思量，名爲變化。思量惡事，化爲地獄；思量善事，化爲天堂。毒害化爲龍蛇，慈悲化爲菩薩，智慧化爲上界，愚癡化爲下方。自性變化甚多，迷人不能省覺，念念起惡，常行惡道。迴一念善，智慧即生，此名自性化身佛。善知識！法身本具，念念自性自見，即是報身佛。從報身思量，即是化身佛。自悟自修自性功德，是眞歸依。皮肉是色身，色身是舍宅，不言歸依也。但悟自性三身，即識自性佛。吾有一無相頌，若能師持，言下令汝積劫迷罪一時銷滅。

*解文：

1.「何名千百億化身？若不思萬法，性本如空，一念思量，名爲變化。思量惡事，化爲地獄；思量善事，化爲天堂。毒害化爲龍蛇，慈悲化爲菩薩，智慧化爲上界，愚癡化爲下方。自性變化甚多，指佛性的緣了因可以受染變化。迷人不能省覺，念念起惡，常行惡道。迴一念善，智慧即生，此名自性化身佛。化身佛等於是佛性的緣因及了因，是法身佛性體的發用身，可以應機變化。

2.善知識！法身本具，法身是三身一身，是佛性正因體。念念自性自見，即是報身佛，報身佛是佛性體的發用。從報身思量，即是化身佛。自悟自修自性功德，是眞歸依。皮肉是色身，色身是舍宅，不言歸依也。但悟自性三身，即識自性佛。吾有一無相頌，若能師持，言下令汝積劫迷罪一時銷滅。

原文：頌曰：

「迷人修福不修道，只言修福便是道，
布施供養福無邊，心中三惡元來造。
擬將修福欲滅罪，後世得福罪還在，
但向心中除罪緣，名自性中眞懺悔。
忽悟大乘眞懺悔，除邪行正即無罪，
學道常於自性觀，即與諸佛同一類。
吾祖惟傳此頓法，普願見性同一體，
若欲當來覓法身，離諸法相心中洗。
努力自見莫悠悠，後念忽絕一世休，
若悟大乘得見性，虔恭合掌至心求。」

*解文：頌曰：

1.「迷人修福不修道，只言修福便是道」

解文：迷人以爲修福就是修道，如前所說，福德不同功德。

2.「布施供養福無邊，心中三惡元來造」

解文：布施供養只是修福，心中貪瞋痴三惡還是在。

3.「擬將修福欲滅罪，後世得福罪還在」

解文：修福只可以後世得福報，但並不能消除先世的罪業。

4.「但向心中除罪緣，名自性中眞懺悔」

忽悟大乘眞懺悔，除邪行正即無罪」

解文：只有滅除心中的罪緣，才是期求證悟自性的眞懺悔。

若能除邪行正，滅除罪業，才是證悟大乘的眞懺悔。

5.「學道常於自性觀，即與諸佛同一類。

吾祖惟傳此頓法，普願見性同一體」

解文：只有觀照自性，觀煩惱爲假法及自性空，如此才能證悟自性成佛。

此證悟眞如自性是一種頓法。所證眞如自性是性同一體，大家相同。

6.「若欲當來覓法身，離諸法相心中洗。

努力自見莫悠悠，後念忽絕一世休」

解文：離諸法相就能求得自性清淨心，此自性清淨心即是法身。

7.「若悟大乘得見性，虔恭合掌至心求。」

解文：若能悟大乘就是見性，能見性就是明心。

原文：師言：「善知識！總須誦取，依此修行，言下見性。雖去吾千里，如常在吾邊。於此言下不悟，即對面千里，何勤遠來。珍重！好去。」

一眾聞法，靡不開悟，歡喜奉行。

*解文：上文意明，自解即可。

195-7.六祖壇經的大綱為何？機緣第七

機緣第七

原文：師自黃梅得法，回至韶州曹侯村，人無知者（他本云，師去時，至曹侯村，住九月餘。然師自言：「不經三十餘日便至黃梅。」此求道之切，豈有逗留？作去時者非是。

有儒士劉志略，禮遇甚厚。志略有姑爲尼，名無盡藏，常誦《大涅槃經》。師暫聽，即知妙義，遂爲解說。尼乃執卷問字，師曰：「字即不識，義即請問。」尼曰：「字尚不識，焉能會義？」師曰：「諸佛妙理，非關文字。」尼驚異之，遍告里中耆德云：「此是有道之士，宜請供養。」有魏（魏一作晉）武侯玄孫曹叔良及居民，競來瞻禮。時，寶林古寺，自隋末兵火已廢，遂於故基重建梵宇，延師居之。俄成寶坊，師住九月餘日，又爲惡黨尋逐，師乃遯于前山。被其縱火焚草木，師隱身挨入石中得免。石今有師趺坐膝痕，及衣布之紋，因名避難石。師憶五祖懷會止藏之囑，遂行隱于二邑焉。

「僧法海，韶州曲江人也。初參祖師，問曰：「即心即佛，願垂指諭。」師曰：「前念不生即心，後念不滅即佛；成一切相即心，離一切相即佛。吾若具說，窮劫不盡。聽吾偈曰：

*解文：前念不生即心，此心即指眞心，眞心也是眞如自性，眞如自性是無念，即前念不生。後念不滅即佛，後念不滅即是常，佛是常樂我淨。

成一切相即心，此心即眞如心，眞如心能生萬法，能成一切相。離一切相即佛，佛是無相、無念、無願。吾若具說，窮劫不盡。聽吾偈曰：

原文：「即心名慧，即佛乃定；定慧等持，意中清淨。悟此法門，由汝習性；用本無生，雙修是正。」

*解文：即心名慧，即佛乃定；定慧等持，意中清淨。

佛是定慧等持，即定即慧。心佛眾生，三無差別。佛也是佛心也是眾生心。佛是常樂我淨，是自性清淨心，所以說意中清淨。

悟此法門，由汝習性；用本無生，雙修是正。

須定慧雙修，才能見性成佛。所謂習性，即定慧雙修。定慧雙修是正體，由體生用，用是由體而發，而非自生。

原文：法海言下大悟，以偈讚曰：

「即心元是佛，不悟而自屈，

我知定慧因，雙修離諸物。」

*解文：即心元是佛，佛是心的本體，即是心性不二。佛是定慧雙修，定慧等學。定慧雙修自能離諸物，因爲佛能離諸物。

原文：僧法達，洪州人，七歲出家，常誦《法華經》。來禮祖師，頭不至地。師訶曰：「禮不投地，何如不禮？汝心中必有一物。蘊習何事耶？」曰：「念《法華經》已及三千部。」師曰：「汝若念至萬部，得其經意，不以爲勝，則與吾偕行。汝今負此事業，都不知過。聽吾偈曰：

「禮本折慢幢，頭奚不至地？

有我罪即生，亡功福無比。」

*解文：禮本折慢幢，禮是催折我慢的法幢。法達爲何沒有頭至地的頂禮六祖？若有我執，煩惱障罪業即生。若能不執著功勞，所造福無比。

原文：師又曰：「汝名什麼？」曰：「法達。」師曰：「汝名法達，何曾達法？」復說偈曰：

「汝今名法達，勤誦未休歇，
空誦但循聲，明心號菩薩。
汝今有緣故，吾今為汝說，
但信佛無言，蓮華從口發。」

*解文：你的名字叫法達，辛勤誦讀法華經三千次，未曾休歇。但只口空誦經文，心不得解，只能聽到讀經聲而已，徒勞無用。若能明心見性，登上菩薩地（明心見性有說菩薩初地、七地或十地），即號稱菩薩。

佛是一生無所說法。佛所說法是似蓮華的無染見性法，蓮華是出乎淤泥而不染。

原文：達聞偈，悔謝曰：「而今而後，當謙恭一切。弟子誦《法華經》，未解經義，心常有疑。和尚智慧廣大，願略說經中義理。」師曰：「法達！法即甚達，汝心不達。經本無疑，汝心自疑。汝念此經，以何為宗？」達曰：「學人根性闇鈍，從來但依文誦念，豈知宗趣？」師曰：「吾不識文字，汝試取經誦一遍，吾當為汝解說。」法達即高聲念經，至譬喻品，師曰：「止！此經元來以因緣出世為宗，縱說多種譬喻，亦無越於此。何者因緣？經云：『諸佛世尊，唯以一大事因緣出現於世。』一大事者，佛之知見也。世人外迷著相，內迷著空；若能於相離相、於空離空，即是內外不迷。若悟此法，一念心開，是為開佛知見。佛，猶覺也。分為四門，開覺知見、示覺知見、悟覺知見、入覺知見。若聞開示，便能悟入，即覺知見，本來眞性而得出現。汝愼勿錯解經意，見他道：『開示悟入，自是佛之知見。我輩無分。』若作此解，乃是謗經毀佛也。彼既是佛，已具知見，何用更開？汝今當信，佛知見者，只汝自心，更無別佛。蓋為一切眾生，自蔽光明，貪愛塵境，外緣內擾，甘受驅馳。便勞他世尊，從三昧起，種種苦口，勸令寢息，莫向外求，與佛無二。故云：『開佛知見。』吾亦勸一切人，於自心中，常開佛之知見。世人心邪，愚迷造罪，口善心惡，貪瞋嫉妒，諂佞我慢，侵人害物，自開眾生知見。若能正心，常生智慧，觀照自心，止惡行善，是自開佛之知見。汝須念念開佛知見，勿開眾生知見。開佛知見，即是出世；開眾生知見，即是世間。汝若但勞勞執念，以爲功課者，何異犛牛愛尾。」達曰：「若然者，但得解義，不勞誦經耶？」師曰：「經有何過，豈障汝念？只爲迷悟在人，損益由己。口誦心行，即是轉經；口誦心不行，即是被經轉。」

*解文：

1.經云：『諸佛世尊，唯以一大事因緣出現於世。』一大事者，佛之知見也。佛之知見即是佛的心性，即是佛性，因佛是心性不二。

世人是外迷著相，內迷著空；若能於相離相、於空離空，即是內外不迷。若悟此法，一念心開，心性不二，是爲開佛知見。

2.佛，猶覺也。分爲四門，開展覺知見、顯示覺知見、見悟覺知見、證入覺知見。若聞開示，便能悟入，即覺知見，覺知見就是本來眞性而得出現。汝愼勿錯解經意，見他道：『開示悟入，自是佛之知見。我輩無分。』若作此解，乃是謗經毀佛也。彼既是佛，已具知見，何用更開？因佛知見是法爾本具，本來就有。汝今當信，佛知見者，即是汝自心本性，更無別佛。因爲一切眾生，自蔽佛性明體的光明，貪愛塵境，外緣內擾，甘受驅馳。便勞他世尊，從三昧之定慧心起，種種苦口解說，勸令只須寢息內心的妄念煩惱，無須向外尋求，若能自見本心自性，即與佛無二。故云：『開佛知見。』佛性眾生本具，無須向外尋求。

3.吾亦勸一切人，於自心中，常開佛之知見。世人心邪，愚迷造罪，口善心惡，貪瞋嫉妒，諂佞我慢，侵人害物，自開眾生的迷妄知見，執法我實有及自體實有。若能正心，常生智慧，觀照自心爲空寂常知，止惡行善，如此即是自開佛之知見。汝須念念開佛知見，勿開眾生知見。開佛知見，即是出世；開眾生知見，即是世間。汝若但勞勞執念，以爲功課者，何異犛牛愛尾。」達曰：「若然者，但得解義，不用誦經嗎？」師曰：「經有何過，豈障汝念？只爲迷悟在人，損益由己。口誦心行，即是轉經；口誦心不行，即是被經轉。」

開佛知見，及是出世，即是佛性。只須去除內心的妄念煩惱，即是開佛知見。

原文：聽吾偈曰：

「心迷法華轉，心悟轉法華，
誦經久不明，與義作讎家。
無念念即正，有念念成邪，
有無俱不計，長御白牛車。」

*解文：心若迷，因不解法華經，就會被法華經所轉。心若悟，因能了解法華經，即能轉法華經，依經持行。

若只一味誦經而不明白經義，等於是與義作讎家。

若能無念，念即正。因爲無念，即能念而不念，不念而念。

若有念，念念執著反成邪。若能有無俱不計，就能長御白牛車，此白牛車即一乘，佛乘。

原文：達聞偈，不覺悲泣，言下大悟，而告師曰：「法達從昔已來，實未曾轉法華，乃被法華轉。」再啓曰：「經云：『諸大聲聞乃至菩薩，皆盡思共度量，不能測佛智。』今令凡夫但悟自心，便名佛之知見。自非上根，未免疑謗。又經說三車，羊鹿牛車與白牛之車，如何區別？願和尚再垂開示。」師曰：「經意分明，汝自迷背。諸三乘人，不能測佛智者，患在度量也。饒伊盡思共推，轉加懸遠。佛本爲凡夫說，不爲佛說。此理若不肯信者，從他退席。殊不知，坐卻白牛車，更於門外覓三車。況經文明向汝道：『唯一佛乘，無有餘乘若二若三。』乃至無數方便，種種因緣譬喻言詞，是法皆為一佛乘故。汝何不省，三車是假，為昔時故；一乘是實，為今時故。只教汝去假歸實，歸實之後，實亦無名。應知所有珍財，盡屬於汝，由汝受用，更不作父想，亦不作子想，亦無用想。是名持法華經，從劫至劫，手不釋卷，從晝至夜，無不念時也。」

*解文：

1.又經說三車，羊鹿牛車與白牛之車，如何區別？願和尚再垂開示。」師曰：「經意分明，汝自迷背。諸三乘人，不能測佛智者，患在度量也。自心本性是不能言說的，也無法思慮，若盡思共推，反而離佛性愈遠。

佛本為凡夫說，不為佛說。殊不知，自己若見性，即已坐在白牛車上，何須到門外再去覓三車。況經文明向汝道：「唯一佛乘，沒有餘乘，也沒有二乘或三乘」乃至無數的方便，種種的因緣譬喻言詞，也都只是在說明只有一佛乘，汝何不省，三車是假，為昔時故；一乘是實，為今時故

2.只教汝去假歸實，歸實之後，實亦無名，也不能執實。

是名持法華經，從劫至劫，手不釋卷，從晝至夜，無不念時也。

原文：達蒙啓發，踊躍歡喜，以偈讚曰：

「經誦三千部，曹溪一句亡，
　未明出世旨，寧歇累生狂。
　羊鹿牛權設，初中後善揚，
　誰知火宅內，元是法中王。」

*解文：誦法華經三千次，抵不過曹溪一句見性話。

若未明出世「無住本」的旨義，寧願歇息累生累劫的狂妄知

見。

羊鹿牛三車只是方便的權設，只是佛法初中後三階段的展示。

而火宅內的大白牛車，才是法中王，即是眞如本性。

原文：師曰：「汝今後方可名念經僧也。」達從此領玄旨，亦不輟誦經。

僧智通，壽州安豐人。初看《楞伽經》。約千餘遍，而不會三身四智。禮師求解其義，師曰：「三身者，清淨法身，汝之性也；圓滿報身，汝之智也；千百億化身，汝之行也。若離本性，別說三身，即名有身無智；若悟三身無有自性，即明四智菩提。聽吾偈曰：

「自性具有三身，由三身發明四智，不離見聞緣，超然登佛地。吾今爲汝說，諦信永無迷，莫學馳求者，終日說菩提。」

*解文：

1.僧智通，壽州安豐人。初看《楞伽經》。約千餘遍，而不會三身四智。禮師求解其義，師曰：「三身者，即清淨法身，是汝之性；圓滿報身，是汝之智；千百億化身，是汝之行也。若離本性，別說三身，即名有身無智；若悟三身無有自性，即明四智菩提。

2.自性具三身，即法身、報身、化身。由三身發明成四智，即大圓鏡智、平等性智、妙觀察智、成所作智。

不離見聞覺知的外緣中修行，只要明心見性，即能頓悟而超然登佛地。

吾今爲汝所說的頓悟見性的正法，你要諦信，永無迷惑。

不要學向外馳求眞如本性者，終日口說菩提而不心行。

原文：復說偈曰：

「大圓鏡智性清淨，平等性智心無病，
妙觀察智見非功，成所作智同圓鏡。
五八六七果因轉，但用名言無實性，
若於轉處不留情，繁興永處那伽定。」

如上轉識爲智也。教中云，轉前五識爲成所作智，轉第六識爲妙觀察智，轉第七識爲平等性智，轉第八識爲大圓鏡智。雖六七因中轉，五八果上轉，但轉其名而不轉其體也。

*解文：

1.師曰：「既能了解三身，便能明白四智。若離三身，別談四智，此名有智無身。即此雖有四智而無三身，還成無智。」

2.復說偈曰：

大圓鏡智性清淨，不受萬法污染。

平等性智心無病，萬法平等，不加分別，心無分別心。

妙觀察智見非功，所見萬法都是無功用所作。

成所作智同圓鏡，萬法如實呈現，如圓鏡頓現。

五八六七果，六七於菩薩初地轉識成智；五八佛地轉。

都只是假立名言，並無實性。

若於轉處不留情識計著，繁興萬法永處那伽定處，即都是假法。

原文：如上轉識爲智也。教中云，轉前五識爲成所作智，轉第六識爲妙觀察智，轉第七識爲平等性智，轉第八識爲大圓鏡智。雖六七因中轉，五八果上轉，但轉其名而不轉其體也。

*解文：依唯識理，上菩薩初地，第六識及第七識初步可轉，而第五識及第八識則必須佛地才能轉。

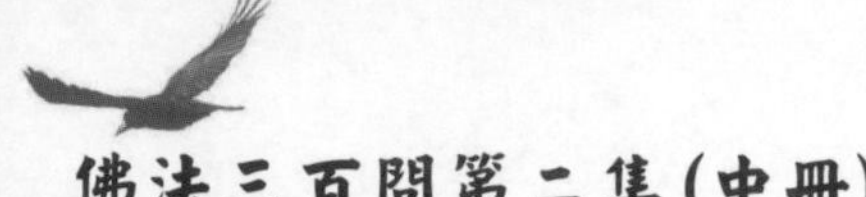

原文：通頓悟性智，遂呈偈曰：

「三身元我體，四智本心明，
身智融無礙，應物任隨形。
起修皆妄動，守住匪眞精，
妙旨因師曉，終亡染污名。」

*解文：「三身元是佛性我之本體，四智則是本心自性所發用。三身四智融合無礙，可以應物任隨形。

若有起有修皆是妄動，守心看靜也非眞精（眞心本性）。

妙旨要從師曉，妙旨是沒有染污名。

原文：僧智常，信州貴溪人，髫年出家，志求見性。一日參禮，師問曰：「汝從何來？欲求何事？」曰：「學人近往洪州白峰山禮大通和尚，蒙示見性成佛之義。未決狐疑，遠來投禮，伏望和尚慈悲指示。」師曰：「彼有何言句？汝試舉看。」曰：「智常到彼，凡經三月，未蒙示誨。爲法切故，一夕獨入丈室，請問：『如何是某甲本心本性？』大通乃曰：『汝見虛空否？』對曰：『見。』彼曰：『汝見虛空有相貌否？』對曰：『虛空無形，有何相貌？』彼曰：『汝之本性，猶如虛空，了無一物可見，是名正見；無一物可知，是名眞知。無有青黃長短，但見本源清淨，覺體圓明，即名見性成佛，亦名如來知見。』學人雖聞此說，猶未決了，乞和尚開示。」師曰：「彼師所說，猶存見知，故令汝未了。吾今示汝一偈：

『不見一法存無見，大似浮雲遮日面，
不知一法守空知，還如太虛生閃電。
此之知見瞥然興，錯認何曾解方便，
汝當一念自知非，自己靈光常顯現。』」

*解文：

1.大通和尚：「汝之本性，猶如虛空，了無一物可見，是名正見；無一物可知，是名眞知。無有青黃長短，但見本源清淨，覺體圓明，即名見性成佛，亦名如來知見。」

以上彼師之說法猶存見知。仍有正見，眞知之執，仍有覺體圓明之如來知見執。

2.不見一法存無見，大似浮雲遮日面。不知一法守空知，還如太虛生閃電。此之知見瞥然興，錯認何曾解方便。

六祖認爲大通仍有無見及空知之執，

汝當一念自知非，自己靈光常顯現。

原文：常聞偈已，心意豁然。乃述偈曰：

「無端起知見，著相求菩提，

情存一念悟，寧越昔時迷。

自性覺源體，隨照枉遷流，

不入祖師室，茫然趣兩頭。」

*解文：無見及空知都不可著相求菩提，不可得也。

情存一念悟，寧越昔時迷。若仍有一念的悟，仍是未超越昔時的迷。

自性覺源體，隨照枉遷流，自性覺源體即眞如自性，可以照見生死遷流的虛假。

不入祖師室，茫然趣兩頭。兩頭是指邊見，祖師室指眞如自性，若不入自性，會有邊見生。

原文：智常一日問師曰：「佛說三乘法，又言最上乘。弟子未解，願爲教授。」師曰：「汝觀自本心，莫著外法相。法無四乘，人心自有等差。見聞轉誦是小乘；悟法解義是中乘；依法修行是大乘；萬法盡通，萬法俱備，一切不染，離諸法相，一無所得，名最上乘。乘是行義，不在口爭。汝須自修，莫問吾也。一切時中，自性自如。」常禮謝執侍，終師之世。

*解文：汝觀自本心，莫著外法相。法實無四乘，是因人心自有等差。見聞轉誦是小乘；悟法解義是中乘；依法修行是大乘；萬法盡通，萬法俱備，一切不染，離諸法相，一無所得，名最上乘。乘是行義，不在口爭。汝須自修，莫問吾也。一切時中，自性自如。」常禮謝。乘是修行之義，而非口說爭論，必須一切時都安住在眞如自性中。

原文：僧志道，廣州南海人也。請益曰：「學人自出家，覽《涅槃經》十載有餘，未明大意，願和尚垂誨。」師曰：「汝何處未明？」曰：「諸行無常，是生滅法；生滅滅已，寂滅爲樂。於此疑惑。」師曰：「汝作麼生疑？」曰：「一切眾生皆有二身，謂色身、法身也。色身無常，有生有滅；法身有常，無知無覺。經云：『生滅滅已，寂滅爲樂』者，不審何身寂滅？何身受樂？若色身者，色身滅時，四大分散，全然是苦，苦不可言樂。若法身寂滅，即同草木瓦石，誰當受樂？又法性是生滅之體，五蘊是生滅之用，一體五用，生滅是常。生則從體起用，滅則攝用歸體。若聽更生，即有情之類，不斷不滅；若不聽更生，則永歸寂滅，同於無情之物。如是，則一切諸法被涅槃之所禁伏，尚不得生，何樂之有？」師曰：「汝是釋子，何習外道斷常邪見，而議最上乘法？據汝所說，即色身外別有法身，離生滅求於寂滅。又推涅槃常樂，言有身受用。斯乃執恪生死，耽著世樂。汝今當知，佛爲一切迷人，認五蘊和合爲自體相，分別一切法爲外塵相，好生惡死，念念遷流，不知夢幻虛假，枉受輪迴。以常樂涅槃翻爲苦相，終日馳求。佛愍此故，乃示涅槃眞樂。剎那無有生相，剎那無有滅相，更無生滅可滅，是則寂滅現前。當現前時，亦無現前之量，乃謂常樂。此樂無有受者，亦無不受者，豈有一體五用之名？何況更言涅槃禁伏諸法，令永不生。斯乃謗佛毀法。聽吾偈曰：

「無上大涅槃，圓明常寂照，
凡愚謂之死，外道執爲斷，
諸求二乘人，目以爲無作，
盡屬情所計，六十二見本。
妄立虛假名，何爲眞實義，
惟有過量人，通達無取捨。
以知五蘊法，及以蘊中我，
外現眾色象，一一音聲相，
平等如夢幻，不起凡聖見，
不作涅槃解，二邊三際斷。
常應諸根用，而不起用想，
分別一切法，不起分別想。
劫火燒海底，風鼓山相擊，
眞常寂滅樂，涅槃相如是。
吾今彊言說，令汝捨邪見，
汝勿隨言解，許汝知少分。」

*解文：

1.僧志道：「不審何身寂滅？何身受樂？若色身者，色身滅時，四大分散，全然是苦，苦不可言樂。若法身寂滅，即同草木瓦石，誰當受樂？又法性是生滅之體，五蘊是生滅之用，一體五用，生滅是常。生則從體起用，滅則攝用歸體。若聽更生，即有情之類，不斷不滅；若不聽更生，則永歸寂滅，同於無情之物。如是，則一切諸法被涅槃之所禁伏，尚不得生，何樂之有？」

2.汝是釋子，何習外道斷常邪見，而議最上乘法？據汝所說，即色身外別有法身，離生滅求於寂滅。又推涅槃常樂，言有身受用。斯乃執悋生死，耽著世樂。汝今當知，佛爲一切迷人，認爲五蘊和合爲自體實相，分別一切法爲外塵相，好生惡死，念念遷流，不知夢幻虛假，枉受輪迴。以常樂涅槃翻爲苦相，終日

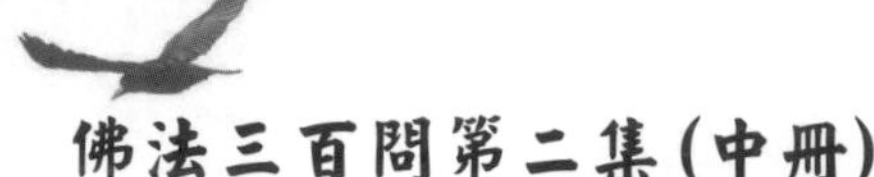

馳求。佛愍此故，乃示涅槃眞樂。刹那無有生相，刹那無有滅相，更無生滅可滅，是則寂滅現前。當現前時，亦無現前之量，乃謂常樂。法身是色身的體，寂滅是生滅的體，是一法的體用關係而非二法。涅槃的常樂相，是絕對常樂相，非「有生有滅」之相對常樂。

3.此樂無有受者，亦無不受者，豈有一體五用之名？何況更言涅槃禁伏諸法，令永不生。斯乃謗佛毀法。聽吾偈曰：

「無上大涅槃，是圓明體而能常寂照，無上大涅槃是空寂的圓明體，但此體可以照見萬法。

凡愚謂大涅槃爲死，外道執爲斷，

諸求二乘人，目以爲無作以上盡屬情所計，都是六十二見本。凡愚認爲大涅槃是死亡；外道認爲是斷滅；二乘人認爲是無作，以上都是六十二見的情所計見。

萬法都妄立虛假名，那有眞實義，惟有超越量知的人，才是通達無取捨。萬法都是自性空所展現，都是虛假非眞實。只有超越六根的量知是虛假相，才是道達眞如之無取捨。

以知五蘊法，及以蘊中我，外現眾色象，一一音聲相，都是平等如夢幻，若能不起凡聖見，不作涅槃解，二邊三際斷。

常應諸根用，而不起用想，分別一切法，不起分別想。

劫火燒海底，風鼓山相擊，眞常寂滅樂，涅槃相如是。

吾今彊言說，令汝捨邪見，汝勿隨言解，許汝知少分。」

原文：志道聞偈大悟，踊躍作禮而退。

行思禪師，生吉州安城劉氏。聞曹溪法席盛化，徑來參禮，遂問曰：「當何所務，即不落階級？」師曰：「汝曾作什麼來？」曰：「聖諦亦不爲。」師曰：「落何階級？」曰：「聖諦尚不爲，何階級之有？」師深器之，令思首眾。一日，師謂曰：「汝當分化一方，無令斷絕。」思既得法，遂回吉州青原山，弘法紹化

（諡弘濟禪師）。

*解文：行思問曰：「當何所務，即不落階級？」師曰：「汝曾作什麼來？」曰：「聖諦亦不爲。」師曰：「落何階級？」曰：「聖諦尙不爲，何階級之有？」師深器之，令行思爲首眾。眞如自性是連眞諦也空，是非眞非俗，萬法平等，沒有階級之分。

原文：懷讓禪師，金州杜氏子也。初謁嵩山安國師，安發之曹溪參扣。讓至禮拜，師曰：「甚處來？」曰：「嵩山。」師曰：「什麼物？恁麼來？」曰：「說似一物即不中。」師曰：「還可修證否？」曰：「修證即不無，污染即不得。」師曰：「只此不污染，諸佛之所護念。汝既如是，吾亦如是。西天般若多羅讖，汝足下出一馬駒，踏殺天下人。應在汝心，不須速說（一本無西天以下二十七字）。」讓豁然契會，遂執侍左右一十五載，日臻玄奧。後往南嶽，大闡禪宗（敕諡大慧禪師）。

*解文：師曰：「什麼物？恁麼來？」懷讓曰：「說似一物即不中。」師曰：「還可修證否？」曰：「修證即不無，污染即不得。」師曰：「只此不污染，諸佛之所護念。汝既如是，吾亦如是。西天般若多羅讖，汝足下出一馬駒，踏殺天下人。應在汝心，不須速說。眞如自性是非有非無，即有即無，若有一物可說即非眞如。眞如是本具，雖須修證，但修證只在除妄，而非求眞。眞如是純淨不受汙染。

原文：永嘉玄覺禪師，溫州戴氏子。少習經論，精天台止觀法門。因看《維摩經》發明心地。偶師弟子玄策相訪，與其劇談，出言暗合諸祖。策云：「仁者得法師誰？」曰：「我聽方等經論，各有師承。後於《維摩經》悟佛心宗，未有證明者。」策云：「威音王已前即得，威音王已後，無師自悟，盡是天然外道。」曰：「願仁者爲我證據。」策云：「我言輕。曹溪有六祖大

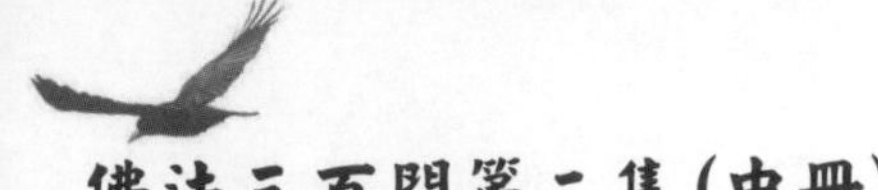

師，四方雲集，並是受法者。若去，則與偕行。」覺遂同策來參，繞師三匝，振錫而立。師曰：「夫沙門者，具三千威儀、八萬細行。大德自何方而來，生大我慢？」覺曰：「生死事大，無常迅速。」師曰：「何不體取無生，了無速乎？」曰：「體即無生，了本無速。」師曰：「如是，如是！」玄覺方具威儀禮拜，須臾告辭。師曰：「返太速乎？」曰：「本自非動，豈有速耶？」師曰：「誰知非動？」曰：「仁者自生分別。」師曰：「汝甚得無生之意。」曰：「無生豈有意耶？」師曰：「無意，誰當分別？」曰：「分別亦非意。」師曰：「善哉！少留一宿。」時謂一宿覺。後著《證道歌》，盛行于世（謚曰無相大師，時稱爲眞覺焉）。

*解文：

1.師曰：「夫沙門者，具三千威儀、八萬細行。大德自何方而來，生大我慢？」永嘉玄覺曰：「生死事大，無常迅速。」師曰：「何不體取無生，了無速乎？」曰：「體即無生，了本無速。」師曰：「如是，如是！」眞如自性是無生無滅，是知而無知，無知而知，即了本無速。

2.師曰：「返太速乎？」曰：「本自非動，豈有速耶？」師曰：「誰知非動？」曰：「仁者自生分別。」師曰：「汝甚得無生之意。」曰：「無生豈有意耶？」師曰：「無意，誰當分別？」曰：「分別亦非意。」師曰：「善哉！少留一宿。眞如自性是動靜皆如，無生無滅，非分別非不分別。

原文：禪者智隍，初參五祖，自謂已得正受。菴居長坐，積二十年。師弟子玄策，游方至河朔，聞隍之名，造菴問云：「汝在此作什麼？」隍曰：「入定。」策云：「汝云入定，爲有心入耶？無心入耶？若無心入者，一切無情草木瓦石，應合得定；若有心入者，一切有情含識之流，亦應得定。」隍曰：「我正入定時，不見有有無之心。」策云：「不見有有無之心，即是常定。

何有出入？若有出入，即非大定。」隍無對，良久，問曰：「師嗣誰耶？」策云：「我師曹溪六祖。」隍云：「六祖以何爲禪定？」策云：「我師所說，妙湛圓寂，體用如如。五陰本空，六塵非有，不出不入，不定不亂。禪性無住，離住禪寂；禪性無生，離生禪想。心如虛空，亦無虛空之量。」隍聞是說，徑來謁師。師問云：「仁者何來？」隍具述前緣。師云：「誠如所言。汝但心如虛空，不著空見，應用無礙，動靜無心，凡聖情忘，能所俱泯，性相如如，無不定時也（一本無汝但以下三十五字。止云：師憫其遠來，遂垂開決）。」隍於是大悟，二十年所得心，都無影響。其夜河北士庶，聞空中有聲云：「隍禪師今日得道。」隍後禮辭，復歸河北，開化四眾。一僧問師云：「黃梅意旨，甚麼人得？」師云：「會佛法人得。」僧云：「和尚還得否？」師云：「我不會佛法。」

*解文：

1.隍曰：「我正入定時，不見有有無之心。」策云：「不見有有無之心，即是常定。何有出入？若有出入，即非大定。」隍無對，良久，問曰：「師嗣誰耶？」策云：「我師曹溪六祖。」隍云：「六祖以何爲禪定？」策云：「我師所說，妙湛圓寂，體用如如。五陰本空，六塵非有，不出不入，不定不亂。禪性無住，離住禪寂；禪性無生，離生禪想。心如虛空，亦無虛空之量。」隍聞是說。眞如自性是非定非亂，不出不入之大定，住寂皆如，體用如如，非虛空也非非虛空。

2.師問云：「仁者何來？」隍具述前緣。師云：「誠如所言。汝但心如虛空，不著空見，應用無礙，動靜無心，凡聖情忘，能所俱泯，性相如如，無不定時也

3.一僧問師云：「黃梅意旨，甚麼人得？」師云：「會佛法人得。」僧云：「和尚還得否？」師云：「我不會佛法。」眞如自性能生萬法，但萬法皆假，所以說我不會佛法。

原文：師一日欲濯所授之衣而無美泉，因至寺後五里許，見山林鬱茂，瑞氣盤旋。師振錫卓地，泉應手而出，積以爲池，乃跪膝浣衣石上。忽有一僧來禮拜，云：「方辯是西蜀人，昨於南天竺國，見達磨大師，囑方辯速往唐土。吾傳大迦葉正法眼藏及僧伽梨，見傳六代，於韶州曹溪，汝去瞻禮。方辯遠來，願見我師傳來衣鉢。」師乃出示，次問：「上人攻何事業？」曰：「善塑。」師正色曰：「汝試塑看。」辯罔措。過數日，塑就眞相，可高七寸，曲盡其妙。師笑曰：「汝只解塑性，不解佛性。」師舒手摩方辯頂，曰：「永爲人天福田。」

*解文：次問：「上人攻何事業？」曰：「善塑。」師正色曰：「汝試塑看。」辯罔措。過數日，塑就眞相，可高七寸，曲盡其妙。師笑曰：「汝只解塑性，不解佛性。」師舒手摩方辯頂，曰：「永爲人天福田。」善塑只有塑性，但未解佛性，而塑性只是人天福田。

原文：師仍以衣酬之。辯取衣分爲三，一披塑像，一自留，一用椶裹瘞地中。誓曰：「後得此衣，乃吾出世，住持於此，重建殿宇。」宋嘉祐八年，有僧惟先，修殿掘地，得衣如新。像在高泉寺，祈禱輒應)。

有僧舉臥輪禪師偈曰：

「臥輪有伎倆，能斷百思想，
　對境心不起，菩提日日長。」

師聞之，曰：「此偈未明心地，若依而行之，是加繫縛。」因示一偈曰：

「惠能沒伎倆，不斷百思想，
　對境心數起，菩提作麼長。」

*解文：

1.有僧舉臥輪禪師偈曰：

「臥輪有伎倆，能斷百思想，
　對境心不起，菩提日日長。」
師聞之，曰：「此偈未明心地，若依而行之，是加繫縛。
2.「惠能沒伎倆，不斷百思想，
　對境心數起，菩提作麼長」
眞正的佛境界是，能所兩亡，對境已無心數起，心境兩失，才是證得菩提。但佛性非是死滅，斷了百思想，而是能在世間面對世法，能當體即空，不受心數影響，即對境仍心數會起，但不受其汙染影響，因爲世法都是即空即假即中。

195-8.六祖壇經的大綱為何？頓漸第八

頓漸第八

原文：時，祖師居曹溪寶林，神秀大師在荊南玉泉寺。于時兩宗盛化，人皆稱南能北秀，故有南北二宗頓漸之分，而學者莫知宗趣。師謂眾曰：「法本一宗，人有南北。法即一種，見有遲疾。何名頓漸？法無頓漸，人有利鈍，故名頓漸。」然秀之徒眾，往往譏南宗祖師，不識一字，有何所長。秀曰：「他得無師之智，深悟上乘。吾不如也。且吾師五祖，親傳衣法。豈徒然哉！吾恨不能遠去親近，虛受國恩。汝等諸人，毋滯於此，可往曹溪參決。」一日，命門人志誠曰：「汝聰明多智，可爲吾到曹溪聽法。若有所聞，盡心記取，還爲吾說。」志誠稟命至曹溪，隨眾參請，不言來處。時祖師告眾曰：「今有盜法之人，潛在此會。」志誠即出禮拜，具陳其事。師曰：「汝從玉泉來，應是細作。」對曰：「不是。」師曰：「何得不是？」對曰：「未說即是，說了不是。」師曰：「汝師若爲示眾？」對曰：「常指誨大眾，住心觀靜，長坐不臥。」師曰：「住心觀靜，是病非禪；長坐拘身，於理何益？聽吾偈曰：

「生來坐不臥，死去臥不坐，
一具臭骨頭，何為立功課？」

*解文：

1.「法本一宗，人有南北。法即一種，見有遲疾。何名頓漸？法無頓漸，人有利鈍，故名頓漸。

六祖主張頓悟頓修。

2.「汝師若為示眾？」對曰：「常指誨大眾，住心觀靜，長坐不臥。」師曰：「住心觀靜，是病非禪；長坐拘身，於理何益。

六祖主張，頓悟見性不能只靠禪坐及住心看靜。

3.生來坐不臥，是指自嬰兒學會開始坐以後，應對世間是以坐為主，臥只是休息或睡覺為輔。

死去臥不坐，指人死只能躺著，已無法坐起。

這付身體只是一具臭骨頭，為世間生活而忙碌，眞不知它的主要功課是什麼？

原文：志誠再拜曰：「弟子在秀大師處學道九年，不得契悟。今聞和尚一說，便契本心。弟子生死事大，和尚大慈，更為教示。」師云：「吾聞汝師教示學人戒定慧法，未審汝師說戒定慧行相如何？與吾說看。」誠曰：「秀大師說，諸惡莫作名為戒，諸善奉行名為慧，自淨其意名為定。彼說如此，未審和尚以何法誨人？」師曰：「吾若言有法與人，即為誑汝。但且隨方解縛，假名三昧。如汝師所說戒定慧，實不可思議。吾所見戒定慧又別。」志誠曰：「戒定慧只合一種，如何更別？」師曰：「汝師戒定慧接大乘人，吾戒定慧接最上乘人。悟解不同，見有遲疾。汝聽吾說，與彼同否？吾所說法，不離自性。離體說法，名為相說，自性常迷。須知一切萬法，皆從自性起用，是眞戒定慧法。聽吾偈曰：

「心地無非自性戒，心地無癡自性慧，
心地無亂自性定，不增不減自金剛，
身去身來本三昧。」

*解文：

1.神秀大師說，諸惡莫作名爲戒，諸善奉行名爲慧，自淨其意名爲定。彼說如此，未審和尚以何法誨人？

2.吾所說法，不離自性。離自性體而說法，名爲「相說」，只是在說法的表相。須知一切萬法，皆從自性本體起用（自性之生起如前文所述）而生起萬法，是眞戒定慧法。

3.偈曰：

心地無非過，就是自性戒。身口意三戒，以心戒最爲重要。

心地無癡疑，就是自性慧。慧是從聞思修而得，而以定生慧，才是自性慧。

心地無紛亂，就是自性定。眞正動靜一如的心不亂，才是自性定。

心性不增不減，即是眞如本性，如金剛永遠不壞。

身去身來，其實都是幻相，有如不變的三昧。

原文：誠聞偈，悔謝，乃呈一偈曰：

「五蘊幻身，幻何究竟？迴趣眞如，法還不淨。」

師然之，復語誠曰：「汝師戒定慧，勸小根智人；吾戒定慧，勸大根智人。若悟自性，亦不立菩提涅槃，亦不立解脫知見。無一法可得，方能建立萬法。若解此意，亦名佛身，亦名菩提涅槃，亦名解脫知見。見性之人，立亦得、不立亦得，去來自由，無滯無礙，應用隨作，應語隨答，普見化身，不離自性，即得自在神通游戲三昧，是名見性。」

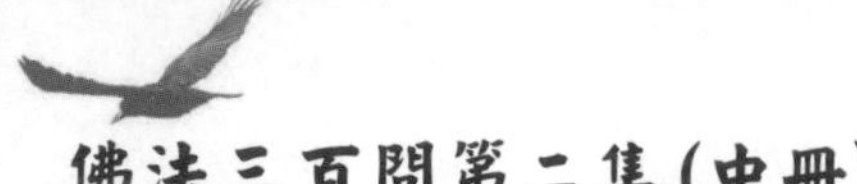

*解文：

1.「五蘊是色受想行識和合而成，因緣和合法都是虛幻。虛幻怎會是究竟法？只有迴趣眞如，眞如是清淨的，還會不淨嗎？

師然之，復語誠曰：「汝師戒定慧，勸小根智人；吾戒定慧，勸大根智人。若悟自性，亦不執立菩提涅槃，亦不執立解脫知見。因爲自性是無一法可得，空無自體，才能藉因緣建立萬法。若解此意，亦名佛身，亦名菩提涅槃，亦名解脫知見。

2.見性之人，立亦得、不立亦得，去來自由，無滯無礙，應用隨作，應語隨答，普見化身，不離自性，即得自在神通游戲三昧，是名見性。見性之人，雖已立菩提涅槃及解脫知見，但不會執著之，因自性是空無一法，連空也空。

原文：志誠再啓師曰：「如何是不立義？」師曰：「自性無非、無癡無亂，念念般若觀照，常離法相，自由自在，縱橫盡得，有何可立？自性自悟，頓悟頓修，亦無漸次，所以不立一切法。諸法寂滅，有何次第？」志誠禮拜，願爲執侍，朝夕不懈（誠吉州太和人也）。

*解文：志誠再啓師曰：「如何是不立義？」師曰：「自性無非、無癡無亂，念念般若觀照，常離法相，自由自在，縱橫盡得，本來即有，有何可立？自性自悟，頓悟頓修，亦無漸次，所以不立一切法。諸法寂滅，有何次第？

六祖主張頓悟頓修。不同於神秀之漸修頓悟，及神會、宗密的頓悟漸修。

原文：僧志徹，江西人，本姓張，名行昌，少任俠。自南北分化，二宗主雖亡彼我，而徒侶競起愛憎。時北宗門人，自立秀師爲第六祖，而忌祖師傳衣爲天下聞，乃囑行昌來刺師。師心通，預知其事，即置金十兩於座間。時夜暮，行昌入祖室，將欲加害。師舒頸就之，行昌揮刃者三，悉無所損。師曰：「正劍不邪，邪劍不正。只負汝金，不負汝命。」行昌驚仆，久而方蘇，求哀悔過，即願出家。師遂與金，言：「汝且去，恐徒眾翻害於汝。汝可他日易形而來，吾當攝受。」行昌稟旨宵遁。後投僧出家，具戒精進。一日，憶師之言，遠來禮覲。師曰：「吾久念汝，汝來何晚？」曰：「昨蒙和尚捨罪，今雖出家苦行，終難報德，其惟傳法度生乎？弟子常覽《涅槃經》，未曉常無常義。乞和尚慈悲，略為解說。」師曰：「無常者，即佛性也。有常者，即一切善惡諸法分別心也。」曰：「和尚所說，大違經文。」師曰：「吾傳佛心印，安敢違於佛經？」曰：「經說佛性是常；和尚卻言無常。善惡之法乃至菩提心，皆是無常；和尚卻言是常。此即相違，令學人轉加疑惑。」師曰：「《涅槃經》吾昔聽尼無盡藏讀誦一遍，便為講說，無一字一義不合經文。乃至為汝，終無二說。」曰：「學人識量淺昧，願和尚委曲開示。」師曰：「汝知否？佛性若常，更說什麼善惡諸法，乃至窮劫無有一人發菩提心者；故吾說無常，正是佛說真常之道也。又，一切諸法若無常者，即物物皆有自性，容受生死，而真常性有不遍之處。故吾說常者，正是佛說真無常義。佛比為凡夫、外道執於邪常，諸二乘人於常計無常，共成八倒，故於《涅槃》了義教中，破彼偏見，而顯說真常、真樂、真我、真淨。汝今依言背義，以斷滅無常及確定死常，而錯解佛之圓妙最後微言。縱覽千遍，有何所益？」行昌忽然大悟，說偈曰：

「因守無常心，佛說有常性，
不知方便者，猶春池拾礫。
我今不施功，佛性而現前，
非師相授與，我亦無所得。」

*解文：

1.「汝知否？佛性若是常，指有一獨立而不變的自體，則一切法都不會改變，也沒有什麼善惡諸法的分別，乃至窮劫也沒有一人會發菩提心，故吾說佛性無常，正是佛說眞常之道也（此處眞常是指絕對中道的常，常即是無常。同於涅槃經所說的佛性眞常）。

凡夫的四顚倒所指是世間法爲因緣法，凡因緣法應是無常，但凡夫卻顚倒爲常，認爲萬法爲常而且實有，因有獨立不變之自體。此自體若離蘊即是神我。

二乘人則將佛性的常樂我淨顚倒爲無常、苦、空、無我。佛則是絕對的常樂我淨，即「常即是無常」。

又，一切諸法若無常者，即物物皆有自性，容受生死，而眞常性有不遍之處。故吾說常者，正是佛說眞無常義（即絕對中道的無常，則無常即是常）。佛比爲凡夫、外道執於邪常，諸二乘人於常計無常，共成八倒，故於《涅槃》了義教中，破彼偏見，而顯說眞常、眞樂、眞我、眞淨。此常樂我淨即爲「絕對中道」的常樂我淨，也就是「常即是無常，無常即是常」。

2.「因守無常心，世間因緣法是有爲無常法。佛說有常性，佛性是常樂我淨，常是絕對常，即常是無常。所以非凡夫之常，也非二乘之無常，也非外道之神我常。

我今不施功，佛性而現前。佛性是現前即超越有無，也超越有無功用行。

佛性非是由師相授所給與，但我亦無所得。

原文：師曰：「汝今徹也，宜名志徹。」徹禮謝而退。

有一童子，名神會，襄陽高氏子。年十三，自玉泉來參禮。師曰：「知識遠來艱辛，還將得本來否？若有本則合識主。試說看。」會曰：「以無住爲本，見即是主。」師曰：「這沙彌爭合取次語？」會乃問曰：「和尚坐禪，還見不見？」師以柱杖打三下，云：「吾打汝痛不痛？」對曰：「亦痛亦不痛。」師曰：「吾亦見亦不見。」神會問：「如何是亦見亦不見？」師云：「吾之所見，常見自心過愆，不見他人是非好惡，是以亦見亦不見。汝言：『亦痛亦不痛。』如何？汝若不痛，同其木石；若痛，則同凡夫，即起恚恨。汝向前見、不見是二邊，痛、不痛是生滅。汝自性且不見，敢爾弄人！」神會禮拜悔謝。師又曰：「汝若心迷不見，問善知識覓路。汝若心悟，即自見性依法修行。汝自迷不見自心，卻來問吾見與不見。吾見自知，豈代汝迷？汝若自見，亦不代吾迷。何不自知自見，乃問吾見與不見？」神會再禮百餘拜，求謝過愆。服勤給侍，不離左右。

*解文：

1.知識遠來艱辛，還將得本來否？若有本則合識主。試說看。」神會曰：「以無住爲本，見即是主。」師曰：「這沙彌爭合取次語？」會乃問曰：「和尚坐禪，還見不見？」師以柱杖打三下，云：「吾打汝痛不痛？」對曰：「亦痛亦不痛。」師曰：「吾亦見亦不見。」神會問：「如何是亦見亦不見？」師云：「吾之所見，常見自心過愆，不見他人是非好惡，是以亦見亦不見。汝言：『亦痛亦不痛。』如何？汝若不痛，同其木石；若痛，則同凡夫，即起恚恨。汝向前見、不見是二邊，痛、不痛是生滅。汝自性且不見（你都尚未見性），敢爾弄人！」

2.汝若心迷不見，問善知識覓路。汝若心悟，即自見性依法修行。汝自迷不見自心，卻來問吾見與不見。吾見自知，豈代汝迷？汝若自見，亦不代吾迷。何不自知自見，乃問吾見與不見？

佛性是絕非「見」的四句，即見、不見、亦見亦不見、非見非不見等四句都不對。佛性其實是離文字的，如果硬要說，則是「見即不見」。但這境界很難描述及思考。見性有三種程度的不同，即初地的不了了見佛性、七地的小頓悟，及十地的大頓悟。

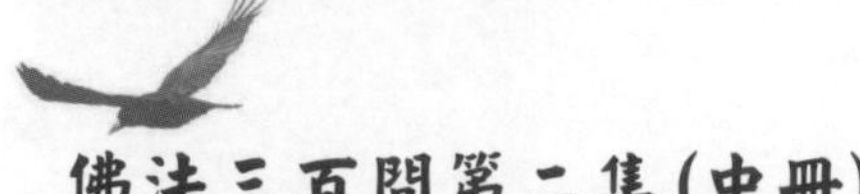

原文：一日，師告眾日：「吾有一物，無頭無尾，無名無字，無背無面。諸人還識否？」神會出日：「是諸佛之本源，神會之佛性。」師日：「向汝道：『無名無字』，汝便喚作本源佛性。汝向去有把茆蓋頭，也只成箇知解宗徒。」祖師滅後，會入京洛，大弘曹溪頓教，著《顯宗記》，盛行于世（是爲荷澤禪師）。

*解文：師日：「向汝道：「無名無字」你又喚作「本源佛性」。汝向去有把茆蓋頭，也只成箇知解宗徒。」祖師滅後，神會入京洛，大弘曹溪頓教，著《顯宗記》，盛行于世（是爲荷澤禪師）。本源佛性是爲眾解說之假名，其實佛性無名無字，即有即無。

原文：師見諸宗難問咸起惡心，多集座下愍而謂日：「學道之人，一切善念惡念應當盡除。無名可名，名於自性，無二之性，是名實性。於實性上建立一切教門，言下便須自見。」諸人聞說，總皆作禮，請事爲師。

*解文：學道之人，一切善念惡念都應當盡除。無名可名，名的自性，也是無二之性，如此即名實性。於實性上建立一切教門，言下便須自見。

195-9.六祖壇經的大綱為何？宣詔第九

宣詔第九

原文：神龍元年上元日，則天、中宗詔云：「朕請安、秀二師宮中供養。萬機之暇，每究一乘。二師推讓云：『南方有能禪師，密授忍大師衣法，傳佛心印，可請彼問。』今遣內侍薛簡，馳詔迎請，願師慈念，速赴上京。」師上表辭疾，願終林麓。薛簡曰：「京城禪德皆云：『欲得會道，必須坐禪習定。若不因禪定而得解脫者，未之有也。』未審師所說法如何？」師曰：「道由心悟，豈在坐也。經云：『若言如來若坐若臥，是行邪道。』何故？無所從來，亦無所去。無生無滅，是如來清淨禪。諸法空寂，是如來清淨坐。究竟無證，豈況坐耶。」簡曰：「弟子回京，主上必問。願師慈悲，指示心要，傳奏兩宮及京城學道者。譬如一燈，然百千燈，冥者皆明，明明無盡。」師云：「道無明暗，明暗是代謝之義。明明無盡，亦是有盡，相待立名故。《淨名經》云：『法無有比，無相待故。』」簡曰：「明喻智慧，暗喻煩惱。修道之人，倘不以智慧照破煩惱，無始生死憑何出離？」師曰：「煩惱即是菩提，無二無別。若以智慧照破煩惱者，此是二乘見解。羊鹿等機，上智大根，悉不如是。」簡曰：「如何是大乘見解？」師曰：「明與無明，凡夫見二；智者了達，其性無二。無二之性，即是實性。實性者，處凡愚而不減，在賢聖而不增，住煩惱而不亂，居禪定而不寂。不斷不常，不來不去，不在中間及其內外，不生不滅，性相如如，常住不遷，名之曰道。」簡曰：「師說不生不滅，何異外道？」師曰：「外道所說不生不滅者，將滅止生，以生顯滅，滅猶不滅，生說不生。我說不生不滅者，本自無生，今亦不滅，所以不同外道。汝若欲知心要，但一切善惡都莫思量，自然得入清淨心體，湛然常寂，妙用恒沙。」簡蒙指教，豁然大悟。禮辭歸闕，表奏師語。

*解文：

1.薛簡曰：「京城禪德皆云：『欲得會道，必須坐禪習定。若不因禪定而得解脫者，未之有也。』未審師所說法如何？」師曰：「道由心悟，豈在坐也。經云：『若言如來若坐若臥，是行邪道。』何故？無所從來，亦無所去。無生無滅，是如來清淨禪。諸法空寂，是如來清淨坐。究竟無證，豈況坐耶。

六祖認爲不是只有靠禪坐即可見性。見性需由心悟。而且是究竟無證，若說有證即是尚未證悟。

2.道並無明暗，明暗只是代謝之義。明明無盡，亦是有盡，明暗是相待立名故。明是因沒有暗，暗是因沒有明。「淨名經」云：「法無有比，無相待故。」

凡相待法都不是道，都是假法。

3.明喻智慧，暗喻煩惱。修道之人，倘不以智慧照破煩惱，無始生死憑何出離？」師曰：「煩惱即是菩提，無二無別。

若以智慧照破煩惱者，此是二乘見解，羊鹿等機。

上智大根，都不是如此，而是「煩惱即是菩提」，打破相對，悟入絕對，及將相對之二法相即相入。

4.簡曰：「如何是大乘見解？」師曰：「明與無明，凡夫見二者有別，智者則了達，其性無二。無二之性，即是實性。實性者，處凡愚其實性不減，在賢聖其實性也不增，實性即不增不減。」

佛性是住煩惱而心境不受擾亂。居禪定而心不死寂，遇緣會以慈悲心再生起。

佛性是不斷不常，不來不去，不在中間及其內外，不生不滅，性相如如（性相融合如一），常住不遷變，名之曰道。

5.簡曰：「師說不生不滅，何異外道？」師曰：「外道所說不生不滅者，是指有一獨一、常住不滅的自體。因自體已生，所以不用再生，此即不生；因自體常住不變，所以不滅。

我說不生不滅者，是自性空，並無常、一之自體。

因自體空，故不會由自體自生，所以說不生；沒有生就沒有滅，所以說不滅。

故本自無生；無生即無滅，所以不同外道。

6.汝若欲知心要，但一切善惡都莫思量，善惡都不執著，自然得入清淨心體，證入湛然常寂的眞如自性，此自性具有無量性功德，可起恒沙妙用。

原文：其年九月三日，有詔獎諭師曰：「師辭老疾，爲朕修道，國之福田。師若淨名托疾毘耶，闡揚大乘，傳諸佛心，談不二法。薛簡傳師指授如來知見，朕積善餘慶，宿種善根，值師出世，頓悟上乘。感荷師恩，頂戴無已，并奉磨衲袈裟及水晶鉢，敕韶州刺史修飾寺宇，賜師舊居爲國恩寺。」

*解文：有詔獎諭師曰：「師因老疾而辭退，爲朕而努力修道，實國之福田。師若淨名托疾毘耶，闡揚大乘，傳諸佛心，談不二法。薛簡傳師指授如來知見，朕因積善有餘慶，又因宿種善根，才得以逢值師出世，知師頓悟上乘。爲感荷師恩，頂戴無已，並奉贈磨衲袈裟及水晶鉢，敕令韶州刺史給予修飾寺宇，並賜師舊居爲「國恩寺」。

195-10.六祖壇經的大綱為何？付囑第十

付囑第十

原文：師一日喚門人法海、志誠、法達、神會、智常、智通、志徹、志道、法珍、法如等，曰：「汝等不同餘人，吾滅度後，各爲一方師。吾今教汝說法，不失本宗：先須舉三科法門，動用三十六對，出沒即離兩邊。說一切法，莫離自性。忽有人問汝法，出語盡雙，皆取對法，來去相因。究竟二法盡除，更無去處。三科法門者，陰、界、入也。陰是五陰——色、受、想、行、識是也。入是十二入，外六塵——色、聲、香、味、觸、法；內六門——眼、耳、鼻、舌、身、意是也。界是十八界，六塵、六門、六識是也。自性能含萬法，名含藏識。若起思量，即是轉識。生六識，出六門，見六塵。如是一十八界，皆從自性起用。自性若邪，起十八邪；自性若正，起十八正。若惡用即眾生用，善用即佛用。用由何等？由自性有，對法外境。無情五對：天與地對，日與月對，明與暗對，陰與陽對，水與火對；此是五對也。法相語言十二對：語與法對，有與無對，有色與無色對，有相與無相對，有漏與無漏對，色與空對，動與靜對，清與濁對，凡與聖對，僧與俗對，老與少對，大與小對；此是十二對也。自性起用十九對：長與短對，邪與正對，癡與慧對，愚與智對，亂與定對，慈與毒對，戒與非對，直與曲對，實與虛對，險與平對，煩惱與菩提對，常與無常對，悲與害對，喜與瞋對，捨與慳對，進與退對，生與滅對，法身與色身對，化身與報身對；此是十九對也。」師言：「此三十六對法，若解用即道，貫一切經法，出入即離兩邊。自性動用，共人言語，外於相離相，內於空離空。若全著相，即長邪見；若全執空，即長無明。執空之人有謗經，直言不用文字。既云不用文字，人亦不合語言。只此語言，便是文字之相。又云：『直道不立文字。』即此不立兩字，亦是文字。見人所說，便即謗他言著文字。汝等須知，自迷猶可，又謗佛經。不要謗經，罪障無數。若著相於外，而作法求眞；或廣立道場，說有無之過患。如是之人，累劫不得見性。但聽依法修行，又莫百物不思，而於道性窒礙。若聽說不修，令人反生邪念。但依法修行，無住相法施。汝等若悟，依此說、依此用、依此行、依此作，即不失本宗。若有人問汝義，問有將無對，問無將有對，問凡以聖對，問聖以凡對。二道相因，生中道義。如一問一對，餘問一依此作，即不失理也。設有人問：『何名爲闇？』答云：『明是因，闇是緣，明沒即闇。』以明顯闇，以闇顯明，來去相因，成中道義。餘問悉皆如此。汝等於後傳法，依此轉相教授，勿失宗旨。」

*解文：

1.吾今教汝說法，不失本宗：先須舉三科法門即五蘊、十二入、十八界。動用三十六對「相對法」。

出沒即離兩邊，固守中道。

說一切法，莫離自性，即由眞如自性生起萬法（即眞如緣起）。

若忽有人問汝法，出語盡雙，皆取「相對法」以對。相對法是互相爲因，如黑是因「沒有白」，白是因「沒有黑」。而且完全將「二法」盡除，即二而不二，不分別爲二。

「更無去處」是指將不二也排除，即不二而二。

三科法門者，陰、界、入也。陰是五陰：色、受、想、行、識；入是十二入，外六塵：色、聲、香、味、觸、法，及內六門：眼、耳、鼻、舌、身、意。

界是十八界，包括六塵、六門（六根）、六識是也。

自性能含萬法，名含藏識。含藏識即楞伽經所說之「如來藏識」。若起思量，即是轉識，轉識是指前七識。生六識，出六門，見六塵。如是一十八界，皆從眞如自性起用。

自性若邪，解釋如下：自性即佛性，若邪是指佛性中會受熏習的了因及緣因。了因有染淨，緣因有善惡，二者可起十八邪，也可起十八正。若起惡用即爲眾生用，若起善用即爲佛用。

2.用由何等？由自性有，對法外境。

a.無情有五對：天與地對，日與月對，明與暗對，陰與陽對，水與火對。

b.法相語言有十二對：語與法對，有與無對，有色與無色對，有相與無相對，有漏與無漏對，色與空對，動與靜對，清與濁對，凡與聖對，僧與俗對，老與少對，大與小對。

c.自性起用有十九對：長與短對，邪與正對，癡與慧對，愚與智對，亂與定對，慈與毒對，戒與非對，直與曲對，實與虛對，險與平對，煩惱與菩提對，常與無常對，悲與害對，喜與瞋對，捨與慳對，進與退對，生與滅對，法身與色身對，化身與報身對。

3.「此三十六對法，若解用即道，貫一切經法，出入即離兩邊以符中道，由自性體啓用，共使用人及言語。外於相離相，內於空離空。若全著相，即長邪見；若全執空，即長無明。

執空之人有謗經，因直言不用文字。既云不用文字，人亦不合語言。只此語言，便是文字之相，自相矛盾。

4.「直道不立文字。」即此不立兩字，也是文字。

見人所說，便即謗他言著文字。汝等須知，自迷猶可，又謗佛經。不要謗經，會有罪障無數。

5.若著相於外，而作法求眞；或廣立道場，說有無之過患。如是之人，累劫不得見性。但聽依法修行，又莫百物不思，而於道性窒礙。若只聽說而不修，令人反生邪念。但依法修行，行無住相法施（即施者、施物、受施者，三輪皆空即是無住相）。汝等若悟，依此說、依此用、依此行、依此作，即不失本宗。

6.若有人問汝義，問有則以無對，問無將以有對，問凡以聖對，問聖以凡對。二道相因，離相對二邊即生中道義。如一問一對，餘問一依此作，即不失理也。設有人問：「何名爲闇？」答云：「明是因，闇是緣，明沒即闇。」以明顯闇，以闇顯明，來去互相爲因，非明非暗，成中道義。餘問悉皆如此。汝等於後傳法，依此轉相教授，勿失宗旨。

原文：師於太極元年壬子，延和七月（是年五月改延和，八月玄宗即位方改元先天，次年遂改開元。他本作先天者非）命門人往新州國恩寺建塔，仍令促工，次年夏末落成。七月一日，集徒眾曰：「吾至八月，欲離世間。汝等有疑，早須相問，爲汝破疑，令汝迷盡。吾若去後，無人教汝。」法海等聞，悉皆涕泣。

惟有神會，神情不動，亦無涕泣。師云：「神會小師卻得善不善等，毀譽不動，哀樂不生；餘者不得。數年山中竟修何道？汝今悲泣，爲憂阿誰？若憂吾不知去處，吾自知去處。吾若不知去處，終不預報於汝。汝等悲泣，蓋爲不知吾去處；若知吾去處，即不合悲泣。法性本無生滅去來，汝等盡坐，吾與汝說一偈，名曰眞假動靜偈。汝等誦取此偈，與吾意同，依此修行，不失宗旨。」眾僧作禮，請師說偈。偈曰：

「一切無有眞，不以見於眞，若見於眞者，是見盡非眞。

若能自有眞，離假即心眞，自心不離假，無眞何處眞？

有情即解動，無情即不動，若修不動行，同無情不動。

若覓眞不動，動上有不動，不動是不動，無情無佛種。能善分別相，第一義不動，但作如此見，即是眞如用。

報諸學道人，努力須用意，莫於大乘門，卻執生死智。

若言下相應，即共論佛義；若實不相應，合掌令歡喜。

此宗本無諍，諍即失道意，執逆諍法門，自性入生死。」

*解文：

1.法海等聞，悉皆涕泣。惟有神會，神情不動，亦無涕泣。師云：「神會小師卻得不思善與不善，毀譽不動，哀樂不生；其他人不得，枉費數年山中竟修何道？汝今悲泣，爲憂阿誰？若憂吾不知去處，吾已自知去處。吾若不知去處，終不會預報於汝。汝等悲泣，蓋因不知吾去處；若知吾去處，即不會悲泣。師的去處即入佛果，有何可悲。

2.法性本無生滅去來，汝等盡坐，吾與汝說一偈，名曰眞假動靜偈。汝等誦取此偈，與吾意同，依此修行，不失宗旨。

3.偈曰：

a.「一切無有眞，不以見於眞，若見於眞者，是見盡非眞。」

解文：眞是眞如本性，無形無相，所以一切無有眞，眞只有

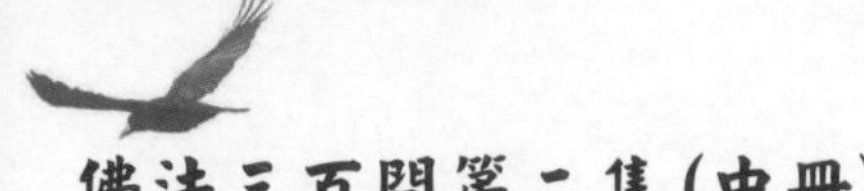

功能體。眞無法眼見，若有見眞，是見爲非眞。

b.「若能自有眞，離假即心眞，自心不離假，無眞何處眞？」

解文：若有眞存在，離假便有眞。眞爲自心之體，假爲心之用，故言自心不離假。眞無形相，爲心之體，只能由假心（即煩惱心）破假，才能證入眞。

c.「有情即解動，無情即不動，若修不動行，同無情不動。」

解文：有情是有動，無情即不動。若修不動行，即同無情一樣，一動也不動。所以不能只修不動行。

d.「若覓眞不動，動上有不動，不動是不動，無情無佛種。」

解文：眞不動才是眞如本性，眞不動是不動中有動，動中有不動，而無情只有不動，因此無佛種。此處「無佛種」有二種解讀，一是無佛的種性，即佛性。即主張無情無佛性。二是無情有佛性，但不能成佛。迄今到底無情可否成佛仍在爭議中。

e.「能善分別相，第一義不動，但作如此見，即是眞如用。」

解文：眞如是萬法的本體，也是心的本體。眞如所生起之萬法，如是「性起」所生，則萬法也是佛，必然是眞如的即體即用，故分別相即是第一義不動相。若經由「緣起」生起之萬法，雖有分別相，但是假法，其體也是第一義空相。

f.「報諸學道人，努力須用意，莫於大乘門，卻執生死智。」

解文：生死智是小乘的解脫智，但非大乘如大智度論所說的三智。學道人應該特別用意，要追求大乘三智而非生死智。

g.「若言下相應，即共論佛義；若實不相應，合掌令歡喜。」

解文：若能與大乘相應，則可共論佛義。若不能相應，只有先合掌令歡喜。

h.「此宗本無諍，諍即失道意，執逆諍法門，自性入生死。」

解文：本宗是以「無念」爲宗，故主張無諍。若有諍即失道意，而且會遠離自性眞如門而入生死流轉門。

原文：時，徒眾聞說偈已，普皆作禮，並體師意，各各攝心，依法修行，更不敢諍，乃知大師不久住世。法海上座，再拜問曰：「和尚入滅之後，衣法當付何人？」師曰：「吾於大梵寺說法，以至于今抄錄流行，目曰『法寶壇經』。汝等守護，遞相傳授。度諸群生，但依此說，是名正法。今爲汝等說法，不付其衣。蓋爲汝等信根淳熟，決定無疑，堪任大事。然據先祖達磨大師付授偈意，衣不合傳。六祖不再傳衣，而以「法寶壇經」傳世。偈曰：

「吾本來茲土，傳法救迷情，一華開五葉，結果自然成。」

*解文：

1.和尚入滅之後，衣法當付何人？」師曰：「吾於大梵寺說法，以至于今抄錄流行，目曰「法寶壇經」。汝等應該守護此經，遞相傳授。度諸群生，但依此說，是名正法。今爲汝等說法，但不付其衣。蓋因汝等信根淳熟，已決定無疑，堪任大事。然據先祖達磨大師付授偈意，衣不合傳。天祖不再傳衣，而以「法寶壇經」傳世。

2.偈曰：

「吾本來茲土，傳法救迷情，一華開五葉，結果自然成。」

解文：初祖來此東土，傳授正法，拯救迷情眾生，將會花開結果，一花開五葉，即指五宗：臨濟宗、溈仰宗、曹洞宗、雲門宗、法眼宗。

原文：師復曰：「諸善知識！汝等各各淨心，聽吾說法。若欲成就種智，須達一相三昧、一行三昧。若於一切處而不住相，於彼相中不生憎愛，亦無取捨，不念利益成壞等事，安閒恬靜，虛融澹泊，此名一相三昧。若於一切處行住坐臥，純一直心，不動道場，眞成淨土，此名一行三昧。若人具二三昧，如地有種，含藏長養，成熟其實。一相一行，亦復如是。我今說法，猶如時雨，普潤大地。汝等佛性，譬諸種子，遇茲霑洽，悉得發生。承吾旨者，決獲菩提。依吾行者，定證妙果。聽吾偈曰：

「心地含諸種，普雨悉皆萌，頓悟華情已，菩提果自成。」

*解文：

1.若欲成就種智，須達一相三昧及一行三昧。

a.一相三昧：若於一切處而不住相，於彼相中不生憎愛，亦無取捨，不念利益成壞等事，安閒恬靜，虛融澹泊，此名一相三昧。

b.一行三昧：若於一切處行住坐臥中，持純一平直心，不動內心道場，眞成淨土，此名一行三昧

2.若人具二三昧，如地中有種子，含藏長養，成熟其果實，一相三昧及一行三昧，亦復如是。

我今說法，猶如時雨，普潤大地。汝等之本具佛性，譬諸種子，遇霑洽滋潤，悉得發生。繼承吾旨者，決獲菩提。依吾行者，定證妙果。

3.聽吾偈曰：

「心地含諸種，普雨悉皆萌，頓悟華情已，菩提果自成。」

解文：眾生心地均含各種種子，以正法普雨滋潤，都會萌芽。若能頓悟本性，即可生花，並結成菩提果。

原文：師說偈已，曰：「其法無二，其心亦然。其道清淨，亦無諸相，汝等愼勿觀靜及空其心。此心本淨，無可取捨。各自

努力，隨緣好去。」爾時徒眾作禮而退。

*解文：師說偈已，曰：「其法無二，其心亦然。其道清淨，亦無諸相，汝等慎勿觀靜及空其心（即不可攝心看淨及令心著空）。此眞如自心本淨，對一切法無可取捨，須各自努力，隨緣好去。

原文：大師，七月八日忽謂門人曰：「吾欲歸新州，汝等速理舟楫。」大眾哀留甚堅。師曰：「諸佛出現，猶示涅槃。有來必去，理亦常然。吾此形骸，歸必有所。」眾曰：「師從此去，早晚可回。」師曰：「葉落歸根，來時無口。」又問曰：「正法眼藏，傳付何人？」師曰：「有道者得，無心者通。」又問：「後莫有難否？」師曰：「吾滅後五六年，當有一人來取吾首。聽吾記曰：『頭上養親，口裡須餐，遇滿之難，楊柳爲官。』」又云：「吾去七十年，有二菩薩從東方來，一出家、一在家。同時興化，建立吾宗，締緝伽藍，昌隆法嗣。」問曰：「未知從上佛祖應現已來，傳授幾代？願垂開示。」師云：「古佛應世已無數量，不可計也。今以七佛爲始，過去莊嚴劫，毘婆尸佛、尸棄佛、毘舍浮佛；今賢劫，拘留孫佛、拘那含牟尼佛、迦葉佛、釋迦文佛。是爲七佛。

*解文：

1.又問曰：「正法眼藏，傳付何人？」師曰：「有道者得，無心者通（無心者即無心合道，如牛頭禪；無心者無心是道，如黃擘所主）又問：「後莫有難否？」師曰：「吾滅後五六年，當有一人來取吾首。聽吾記曰：「頭上養親，口裡須餐，遇滿之難，楊柳爲官。」

2.「吾去七十年，有二菩薩從東方來，一出家、一在家。同時興化，建立吾宗，締緝伽藍，昌隆法嗣。

3.未知從上佛祖應現已來，傳授幾代？願垂開示。」師云：

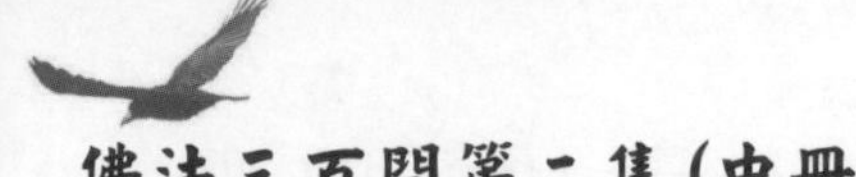

「古佛應世已無數量，不可計也。今以七佛爲始，過去莊嚴劫，毘婆尸佛、尸棄佛、毘舍浮佛；今賢劫，拘留孫佛、拘那含牟尼佛、迦葉佛、釋迦文佛。是爲七佛。

原文：已上七佛，今以釋迦文佛首傳。

第一摩訶迦葉尊者、第二阿難尊者、第三商那和修尊者、第四優波毱多尊者、第五提多迦尊者、第六彌遮迦尊者、第七婆須蜜多尊者、第八佛馱難提尊者、第九伏馱蜜多尊者、第十脇尊者、十一富那夜奢尊者、十二馬鳴大士、十三迦毘摩羅尊者、十四龍樹大士、十五迦那提婆尊者、十六羅睺羅多尊者、十七僧伽難提尊者、十八伽耶舍多尊者、十九鳩摩羅多尊者、二十闍耶多尊者、二十一婆修盤頭尊者、二十二摩拏羅尊者、二十三鶴勒那尊者、二十四師子尊者、二十五婆舍斯多尊者、二十六不如蜜多尊者、二十七般若多羅尊者、二十八菩提達磨尊者（此土是爲初祖)、二十九慧可大師、三十僧璨大師、三十一道信大師、三十二弘忍大師。

*解文：已上七佛，今以釋迦文佛首傳，接續爲：

第一摩訶迦葉尊者、第二阿難尊者、第三商那和修尊者、第四優波毱多尊者、第五提多迦尊者、第六彌遮迦尊者、第七婆須蜜多尊者、第八佛馱難提尊者、第九伏馱蜜多尊者、第十脇尊者……，二十八菩提達磨尊者（此土是爲初祖)。

至菩提達磨爲第二十八祖。

菩提達磨東來中國，爲中土第一祖。其接下爲：二十九慧可大師、三十僧璨大師、三十一道信大師、三十二弘忍大師。

原文：惠能是爲三十三祖。從上諸祖，各有稟承。汝等向後，遞代流傳，毋令乖誤。

大師，先天二年癸丑歲八月初三日（是年十二月改元開元），於國恩寺齋罷，謂諸徒眾曰：「汝等各依位坐，吾與汝別。」法海白言：「和尚！留何教法，令後代迷人得見佛性？」師言：「汝等諦聽！後代迷人，若識眾生，即是佛性；若不識眾生，萬劫覓佛難逢。吾今教汝。識自心眾生，見自心佛性。欲求見佛，但識眾生。只爲眾生迷佛，非是佛迷眾生。自性若悟，眾生是佛；自性若迷，佛是眾生。自性平等，眾生是佛；自性邪險，佛是眾生。汝等心若險曲，即佛在眾生中；一念平直。即是眾生成佛。我心自有佛，自佛是眞佛。自若無佛心，何處求眞佛？汝等自心是佛，更莫狐疑。外無一物而能建立，皆是本心生萬種法。故經云：『心生種種法生，心滅種種法滅。』吾今留一偈與汝等別，名自性眞佛偈。後代之人，識此偈意，自見本心，自成佛道。偈曰：

「眞如自性是眞佛，邪見三毒是魔王，
邪迷之時魔在舍，正見之時佛在堂。
性中邪見三毒生，即是魔王來住舍，
正見自除三毒心，魔變成佛眞無假。
法身報身及化身，三身本來是一身，
若向性中能自見，即是成佛菩提因。
本從化身生淨性，淨性常在化身中，
性使化身行正道，當來圓滿眞無窮。
婬性本是淨性因，除婬即是淨性身，
性中各自離五欲，見性剎那即是眞。
今生若遇頓教門，忽悟自性見世尊，
若欲修行覓作佛，不知何處擬求眞？
若能心中自見眞，有眞即是成佛因，
不見自性外覓佛，起心總是大癡人。
頓教法門今已留，救度世人須自修，
報汝當來學道者，不作此見大悠悠。」

*解文：

1.法海白言：「和尚！留何教法，令後代迷人得見佛性？」師言：「汝等諦聽！後代迷人，若識眾生，即是佛性；若不識眾生，萬劫覓佛難逢。吾今教汝。識自心眾生，見自心佛性。欲求見佛，但識眾生。只為眾生迷佛（眾生迷於佛法而不能成佛），非是佛迷眾生（佛對萬法一視平等，也知眾生心性，所以佛不會迷眾生）。自性若悟，眾生是佛；自性若迷，佛是眾生（非指佛退為眾生，是指眾生心尚未成佛心）。自性平等，眾生是佛；自性邪險，佛是眾生（緣因及了因若被邪險汙染，正因不受汙染，但佛已變成眾生）。汝等心若險曲，即佛在眾生中；一念平直。即是眾生成佛。我心自有佛，自佛是眞佛。自若無佛心，何處求眞佛？眞佛只在心中。汝等自心即是佛，更莫狐疑。外無一物而能建立，皆是本心生萬種法。故經云：『心生種種法生，心滅種種法滅。』吾今留一偈與汝等別，名自性眞佛偈。後代之人，識此偈意，自見本心，自成佛道。所謂心佛眾生三無差別，眾生心即是佛心，佛心即是佛，佛也是眾生。因佛心是眾生心的本體，而佛是因果不二，佛心也是佛。

2.偈曰：

a.「眞如自性是眞佛，邪見三毒是魔王，邪迷之時魔在舍，正見之時佛在堂。」

解文：眾生的心體即是眞如自性，而眞如自性即是佛性，佛性即是性佛（佛是即因即果）。

b.「性中邪見三毒生，即是魔王來住舍，正見自除三毒心，魔變成佛眞無假。」

解文：佛性三因中之緣因及了因可以受邪見三毒熏染，所以說邪見三毒是魔王來住舍。只要以正見自除三毒心，將緣了因佛性變成正因佛性即成佛。

c.「法身報身及化身，三身本來是一身，若向性中能自見，即是成佛菩提因。」

解文：佛是法身、報身及化身，三身成一身，法身等同佛性正因，報身等同佛性了因，化身等同佛性正因。修得佛性三因成一因即成佛。

d.「本從化身生淨性，淨性常在化身中，性使化身行正道，當來圓滿眞無窮。」

解文：法身是眞如自性體，由體起用即是化身，佛是三身一身，了因也是正因，正因是清淨無染的絕對中道體，化身是可以發用而行正道。

e.「婬性本是淨性因，除婬即是淨性身，性中各自離五欲，見性剎那即是眞。」

解文：萬法的體都是眞如自性，淫性也不例外，淫性體本是淨性因。若能除卻淫性，體悟淫性體的眞如自性，即是剎那見性，五欲亦同淫性。

f.「今生若遇頓教門，忽悟自性見世尊，若欲修行覓作佛，不知何處擬求眞？」

解文：六祖主張頓悟頓修，修悟同時。這種主張不同於一般論調。一般以為證入眞如自性是一剎那間，但修行則是漸修，因爲煩惱無法頓斷。

佛即在自心中，不在別處。

g.「若能心中自見眞，有眞即是成佛因，不見自性外覓佛，起心總是大癡人。」

解文：眞是指佛性三因，佛性即是眞如自性。只要將假心修成眞心即成佛。假心的佛性三因中的緣因、了因仍然未修成正因，所以仍然會受熏染。

如果起心向外求佛則是大癡人。

h.「頓教法門今已留，救度世人須自修，報汝當來學道者，不作此見大悠悠。」

解文：六祖主張自度自悟師父的角色是從旁協助而已。

原文：師說偈已，告曰：「汝等好住。吾滅度後，莫作世情悲泣雨淚，受人弔問、身著孝服，非吾弟子，亦非正法。但識自本心，見自本性，無動無靜，無生無滅，無去無來，無是無非，無住無往。恐汝等心迷，不會吾意，今再囑汝，令汝見性。吾滅度後，依此修行，如吾在日；若違吾教，縱吾在世，亦無有益。」復說偈曰：

「兀兀不修善，騰騰不造惡，寂寂斷見聞，蕩蕩心無著。」

*解文：

1.汝等好住。吾滅度後，莫作世情悲泣雨淚，受人弔問、身著孝服，非吾弟子，亦非正法。但識自本心，見自本性，無動無靜，無生無滅，無去無來，無是無非，無住無往。

2.恐汝等心迷，不會吾意，今再囑汝，令汝見性。吾滅度後，依此修行，如吾在日；若違吾教，縱吾在世，亦無有益。

3.復說偈曰：

「兀兀不修善，騰騰不造惡，寂寂斷見聞，蕩蕩心無著。」

解文：兀兀獨立心平靜時，不執著修善。心奔騰時也不造惡。能斷世間的見聞覺知，趨於寂靜。蕩蕩心動時也不執著萬法。

原文：師說偈已，端坐至三更，忽謂門人曰：「吾行矣！」奄然遷化。于時異香滿室，白虹屬地，林木變白，禽獸哀鳴。十一月，廣韶新三郡官僚，洎門人僧俗，爭迎眞身，莫決所之。乃焚香禱曰：「香煙指處，師所歸焉。」時香煙直貫曹溪。十一月十三日，遷神龕併所傳衣鉢而回。次年七月出龕，弟子方辯以香泥上之，門人憶念取首之記，仍以鐵葉漆布固護師頸入塔。忽於塔內白光出現，直上衝天，三日始散。韶州奏聞，奉敕立碑，紀師道行。

師春秋七十有六，年二十四傳衣，三十九祝髮，說法利生三十七載，嗣法四十三人，悟道超凡者莫知其數。達磨所傳信衣（西域屈眴布也），中宗賜磨衲寶缽，及方辯塑師眞相，并道具，永鎮寶林道場。留傳《壇經》以顯宗旨，興隆三寶，普利群生者。

*解文：師春秋七十有六，年二十四傳衣，三十九祝髮，說法利生三十七載，嗣法四十三人，悟道超凡者莫知其數。六祖得到達磨所傳信衣（西域屈眴布也），又獲中宗賜磨衲寶缽，及方辯塑師爲其塑造眞相，併道具，永鎮住於寶林道場。並留傳六祖壇經以顯宗旨，興隆三寶，普利群生者。

196.菏澤神會的禪學心性思想及宗密的判禪為何？

一、菏澤神會的著作

（1）顯宗記

「無念爲宗，無作爲本，眞空爲體，妙有爲用」

「無念念者，即念眞如；無生生者，即生實相。無住而住，常住涅槃。無行而行，即超彼岸」

「般若無知，運六通而弘四智。是知即定無定，即慧無慧，即行無行」

「知即知心空寂，見即見性無生。知見分明，不一不異，故能動寂常妙，理事皆如如」

（2）南陽和上頓教解脫禪門直了性壇語

「心既無住，知心無住不？答：知。知不知？答：知」

神會爲人說法，破清淨禪，立如來禪，立知見，立言說。

「無住心不離知，知不離無住。知心無住，更無餘知。……

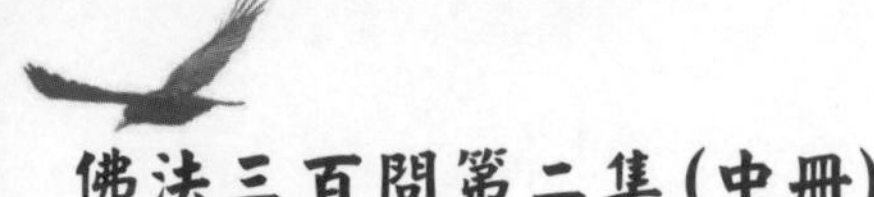

無所住者，今推知識無住心是。而生其心者，知心無住是」

神會以種種啓發式的問答，層層推詰，推到「知心無住」，即是「自本空寂心」；此知也是「唯指佛心，即心是佛」的心。

（3）菩提達摩南宗定是非論

「歸命三寶法，法性眞如藏，……出世破邪宗。」

崇遠法師問神會：「修何法，行何行」？神會告訴他：修般若法，行般若行。並引「壇經」的四句，以說明般若能攝一切法門，爲一切行根本。

後來神會反問崇遠，講什麼經？而結束了這次大會。在這問答中間，又插入了「和上言：告善知識」，有近四千字的長篇，這是長篇開示，與全論的問答體例不合，所以是「身內有身」。

此部書是北宗一位講經法師（非禪師）在神會召開的無遮大會中問難及神會的答辯，結果神會勝。這一大會，對於南北宗的不同、傍正、頓漸等，引起了當時的重視。

（4）南陽和上問答雜徵義

這一部是神會與人問答爲主的集子。除問答外，將「南宗定是非論」(「頓悟最上乘論」已編集在內）部分編入。

（5）頓悟無生般若頌

宗本說：「無念是實相眞如，知見是無生般若，般若照眞達俗，眞空理事皆如，此爲宗本也。」

二、禪學及心性思想

（1）禪學思想

1.依「金剛經」而立宗趣。

2.與北宗諍論的頓悟說，主張頓悟後漸修，不同於神秀之漸修後頓悟。

3.主張無情無性，與南陽慧忠的無情有性形成對立。

4.提出「無念爲宗」的禪學主張，對惠能禪學理論的繼承與發揮。

（2）心性思想

1.南陽和上問答雜徵義：「眞如之性，即是本心」、「眾生心即是佛心，佛心即是眾生心」、「若約不了人論，有眾生有佛；若其了者，眾生心與佛心元不別」、「僧家自然者，眾生本性也」、「眾生本有無師智、自然智，眾生承自然智，得成於佛」、「眾生雖有自然佛性，爲迷故不覺，被煩惱所覆，流浪生死，不得成佛」、「佛性體常，故非是生滅法」、「今言無佛性者，爲被煩惱覆蓋不見，所以言無」、「我心本空寂」、「本空寂體上，自有般若智能知，不假緣起」

2.南陽和上頓教解脫禪門直了性壇語：「一一身具有佛性」、「自性空寂」、「本體空寂，從空寂體上起知」

3.依據「大般涅槃經」主倡「佛性本有今無」，因「佛性體常，非是生滅法」所以爲本有。因「言無佛性者，爲被煩惱覆蓋不見，所以言無」所以說今無。

三、宗密的判禪

（1）心性、佛性看法圓覺經大疏釋義鈔：「唯心者，直是眞如之心」、「畢竟平等，無有變異，不可玻壞，唯是一心，故名眞如」

（2）主張頓悟漸修

宗密說牛頭禪是：「以達空故，於頓悟門而半了；以忘情故，於漸修門而無虧」

對於洪州禪評之曰：「彼宗於頓悟門雖近，而未得於漸修門」

依宗密看，北宗主漸，洪州主頓，牛頭頓漸兼半，南宗先頓後漸，先悟後修。

宗密的頓悟是覺悟煩惱本空，自心清淨的佛教眞理，只是一種信解，煩惱尚未頓除，頂多至初地或七地。不同於竺道生的大頓悟，一悟至十地金剛後心；也不同於慧能的一悟至佛地。所以宗密的頓悟後仍須漸修。提出重修證說，以對治十重迷執。但宗密本質上還是主張無念無修，提出頓悟漸修只是對佛教內部各派的融合。宗密認爲只有華嚴及荷澤宗才講頓悟漸修。

（3）主張禪教合一

反對將教門歸爲漸，禪門歸爲頓。認爲教門中也有頓悟理論，如華嚴宗；禪門也有漸修方法，如北宗。

禪源諸詮集都序記載，收集禪宗近百家的論述。歸爲十家：江西、荷澤、北秀、南銑、牛頭、石頭、保唐、宣什及稠那、天台。又將十家統爲三家，即「息妄修心宗」、「泯絕無寄宗」、「直顯心性宗」。又與三教：依性說相教、破相顯性教、眞心即性教，依次相對應。

並在圓覺經大疏鈔卷三中，略述禪宗七家義如下：

1.神秀、普寂：拂塵看淨、方便通經。

2.智詵系無相：三句用心爲戒定慧。

3.無相的弟子無住：教行不拘而滅識。

4.南嶽懷讓與馬祖道一：觸類是道而任心。

5.牛頭法融系：本無事而忘情。

6.宣什：以念佛爲宗。

7.荷澤神會：以無念爲宗。

宗密是教宗華嚴，禪崇荷澤。

197. 南獄懷讓與馬祖道一（洪州宗）的禪學思想為何？

一、馬祖道一的著作：平常心是道

（1）不修不坐即是禪

江西大寂道一禪師：「道不用修，但莫污染，何爲污染？但有生死心，造作趣向，皆是污染。若欲直接會其道，平常心是道。謂平常心，無造作、無是非、無取捨、無斷常、無凡無聖」

「了心及境界，妄想即不生。妄想既不生，即是無生法忍，本有今有，不假修道坐禪。不修不坐，即是如來清淨禪」

（2）即心即佛

「汝等諸人，各信自心是佛，此心即是佛心」、「夫求法者，應無所求。心外無別佛，佛外無別心」

（3）如何是修道人

「如何是修道？曰：道不屬修，若言修得，修成還壞，即同聲聞，若言不修，即同凡夫」

「作何見解，即得達道？祖曰：自性本來具足，但於善惡事中不滯，喚作修道人。取善捨惡，觀空入定，即屬造作。」

二、禪學及心性思想

（1）禪學思想

平常心是道，性在作用、即眞即妄、自心自佛。

（2）心性思想

景德傳燈錄卷六：「自心是佛，此心即是佛心」

馬祖道一禪師語錄：「心外無別佛，佛外無別心」

宗鏡綠卷九七：「今見聞覺知，元是汝本性，亦名本心」

見聞覺知即是性，一種「性在作用」、「作用見性」的「即心即佛」思想。

祖堂集卷一:「凡所有色,皆是見心;心不自心,因色故有心。」

所有色都是心所現,心不會自己現心,而是因色才返照自心。

景德傳燈錄卷六:「和尚爲什麼說即心即佛?師云:爲止小兒啼。啼止時如何?師曰:非心非佛。」

是及非,二者不二,即不一不二之中道。

「即心即佛」是根本,「非心非佛」是機鋒,二者二而不二,不可割裂;不二而二,也各是性的作用。所以說平常心是道,平常心即是不分別(二而不二),不執著二或不二。

請參閱《佛性辨正》P166

198.青原行思與石頭希遷(石頭宗)的禪學思想為何?

一、石頭希遷的著作

(1)參同契:「靈源明皎潔,枝派暗流注」

解釋:靈源是指眞如自性,也如藏密所說的明體。此眞如體是皎潔明淨的。枝派指各種萬法及各類眾生,這眞如明流卻暗自流注在各支流之中,即指眞如佛性隱藏在眾生或萬法之中。

「門門一切境,迴互不迴互。迴而更相涉,不爾依位住」

「當明中有暗,勿以暗相遇。當暗中有明,勿以明相見。」

(2)草庵歌:從文字表面看,是在描寫他的那間結在石頭上的茅蓬,其實是以之說明現象世界和他內證心境的怡然自得。

「住庵人鎮常在,不屬中間與內外。世人住處我不在,世人愛處我不愛。庵雖小含法界,方丈老人相體解」

解釋:住在庵中的人表面上看是一直在庵中,但其實人沒有在庵內或庵外或中間,此表庵中人已無我執(無人住內外或中間）及法執（庵這個法也不存在）。

「世人住處我不在」表已離世間的所住煩惱。「世人愛處我不愛」表已捨離世人的貪愛欲。「庵雖小含法界」表此庵中人已證得法界。「方丈老人相體解」表已證悟的方丈老人能解法界的相及體。

二、禪學及心性思想

（1）禪學思想

觸目會道、無心合道、即心即佛

（2）心性思想

石頭希遷、景德傳燈錄卷一四：「不論禪定精進，惟達佛之知見」、「自己心靈，體離斷常，性非垢淨，湛然圓滿」、「蠢動含靈卻有佛性」、「真物不可得，汝心見量意旨如此也，大須護持」、「但除卻一切妄運想念見量，即汝真心」、「此心與塵境及守認靜默時全無交涉，不待修治」

希遷認爲佛性就是心、自己心靈、靈源，而非妄運、想、念、見、量、守認、靜默等內心識的作用，更非外塵境所能交涉。此佛性法爾本有，故不待修治。主張即心即佛。

參同契、景德傳燈錄卷三十：「靈源明皎潔，枝派暗流注」

希遷一系的禪法發展到清涼文益而開創法眼宗。

文益：「若論佛法，一切見（現）成」、「一切聲是佛聲，一切色是佛色」、「古聖所見諸境，唯見自心」。

文益的再傳弟子即是永明延壽，著宗鏡錄。「一切法中，心爲上首」。

《佛性辨正》P165-166

199.百丈懷海的禪學思想為何？

古尊宿語錄卷一：「靈光獨耀，迴脫根塵；體露眞常，不拘文字。心性無染，本自圓成；但離妄緣，即如如佛」

靈光是指佛性之光、智慧之光。佛性是脫離六根及六塵的，迴指返照，六根及六塵也可以返照佛性。心體所展露的眞常佛性，是不拘文字，而且心性無染，本來即圓滿自成。若能離一切妄緣，自能證悟如如佛。

「祇如今鑑覽，但於清濁兩流凡聖等法，色聲香味觸法，世間出世間法，都不得有絲毫愛取」、「祇如今鑑覽，但不依住一切有無諸法」、「祇如今鑑覽，但不被有情改變」。

鑑覽是明確覺悟，是入禪的先決條件。只如今是當下，若能當下覺悟，而不絲毫去愛取清濁凡聖及六塵、世間出世間等法；不去依住一切有無諸法；不被有情改變，如此才是鑑覽。

「只如今於一一境法都無受染，亦莫依住知解，便是自由人」

不受一一的「境」及「法」所污染；不依住「知解」，才是沒有繫縛的自由人。

請參閱《佛性辨正》P166

200.百丈懷海的弟子等之禪學思想為何？

1.南泉普愿：智不是道、心不是佛、大道無形、眞理無對。

2.趙州從諗：道不可說、佛不可求、狗子無佛性。

3.大珠慧海：心是總持妙本、萬法洪源、善惡皆由自心、無修無證、無念無著。

4.黃檗希運：無心是道、即心是佛、直下無心、本體自見。

參閱《佛性辨正》P166-167

201.曹溪門徒五家禪的禪學思想為何？

一、臨濟宗

1.無位眞人：「赤肉團上，有一無位眞人，常從汝等諸人面門出入，未證據者看看」

無依道人：「現今目前聽法無依道人，歷歷地分明未曾欠少，你若欲得與祖佛不別，但如是見」

反覆強調「無佛可求，無道可成、無法可得」

2.三玄（三種原則）：

體中玄：用通常的語句顯示眞實的道理。

句中玄：用巧妙的語句顯示微妙玄意。

玄中玄：「於體上又不住於體，於句中又不著於句」，即隨機應用，得意忘言，無所執著。

三玄門又各具理、智、方便「三要」。

三要（三種要點）：一擯絕外物，破除境相、二隨緣應變，不執言句、三隨機發動，返照心源。

3.

a.四料簡（四種簡別的方法）：

奪人不奪境：計對我執重的人，破除對我的執著。

奪境不奪人；計對法執重的人，破除對法的執著。

人境俱奪：；計對我執及法執都很重的人，破除其我法二執。

人境俱不奪：計對我法二執都不執著的人，二執都入須破。

b.四賓主

賓看主：參學者的見識超過禪師，禪師還不懂裝懂。

主看賓：禪師的見識超過參學者，參學者還不懂裝懂。

主看主：禪師及參學者都掌握了禪理。

賓看賓：禪師及參學者都不懂禪理又都裝懂。

c.四照用（四種教授的方法）：

先照後用：計對法執重者，先破其對客體的執著。

先用後照：計對我執重者，先破其對主體的執著。

照用同時：計對我法二執均重者，同時加以破除。

照用不同時：計對已經不再執著我法二執的人，即可應機接物，運用自如。

4.臨濟宗的接機方便：

臨濟喝、三句語、四種喝、

汾陽善昭：三訣、十智同眞

二、潙仰宗

1.出三種生：想生、相生、流注生。

潙山、人天眼目卷四：「吾以鏡智爲宗要，出三種生，所謂想生（主觀心識的想）、相生（客觀塵境的相）、流注生（心識流注不停）。

只要打破這三種生，徹底否定主客觀世界及心識微細流注的變化。

楞嚴經云：想相爲塵，識情爲垢，二俱遠離，則汝法眼應時清明，云何不成無上知覺。想生即能思之心雜亂，相生即所思之境歷然。微細流注俱爲塵垢，若能淨盡，方得自在」

理事不二，無心解脫。

2.強調不假語言思維的自心頓悟，因而在方便接機時倡導一種「不說破」的原則。並常根據學人根機之不同而以「各種不同的手勢」來啓悟學人。

3.以「如何是祖師西來意」爲常參的一個話頭。

善以各種「圓相」來接引學人。

溈仰宗是五家禪中創立最早，也最早衰亡。

三、曹洞宗

1.五位君臣、偏正迴互：雲巖曇晟提出，洞山良介轉述。

五位君臣：

正表理、偏表事、兼表非正非偏中道

正位：君位，屬於空界，理本體，指眞如本體，故本來無物

偏位：臣位，屬於色界，爲萬有形象，紛紜複雜。

臣向君：偏中正，唯見眞如，不見事相，故捨事入理。

君視臣：正中偏，唯見事相，不見眞如，故曰背理就事

君臣道合：兼帶語，體用、理事圓融，染淨不二，理想的最高境界。

2.洞山教人行鳥道：於日常行事中無心任自然的意思。

3.萬松行秀：眞妄不二、事理雙照、融會儒佛道三教。

四、雲門宗

1.文偃：眞空不壞有，眞空不異色。

2.雲門三句：

a.函蓋乾坤：即事而眞，一切現成。

b.截斷眾流：截斷情識心念，不要用語言文字去把握眞如，而應於內心頓悟。

c.隨波逐浪：對參學者應因機說法，應病與藥，採取不同的教學方法。

3.接引學人有「顧鑒咦」三字旨。

以一字回答提問者，稱「一字關」

機鋒問答：

問：如何是祖師西來意？

答：日裡看山
問：如何是清淨法身？
答：花藥欄

五、法眼宗

1.一切現成而不起取捨之心。

常以山水自然順時變化來啓發學人體悟一切現成，無可執著。

「一切諸法現前，何故如此？爲法身無相，觸目皆形；般若無知，對緣而照」

事理不二、禪教兼融。

對病施藥、相身裁縫；同異具濟，理事不差。

2.文益作「宗門十規論」，列數禪門時弊十種加以指摘。

在論中闡發了「理事不二、貴在圓融」、「不著他求，盡由心造」

3.永明延壽：「一心爲宗，照萬法如鏡」，編成「宗鏡錄」一百卷，禪尊達摩，教尊賢首。將南宗的頓悟與華嚴的圓修結合起來，體現了法眼宗取華嚴思想入禪，也表現了教禪相融的新趨勢。

4.接引教化學人採「對病施藥，相身裁縫，隨其器量，掃除情解」

5.宗風：聞聲悟道，見色明心。句裡藏鋒，言中有響。

參閱《佛性辨正》P168-171

202.宋代禪學的看話禪與默照禪為何？

一、看話禪：看話頭，大慧宗杲大力提倡此法。

話頭即一句話的前頭，即一念未生之前，就是話頭；一念才生，已成話尾。也即說話之前，一句未起，那個不生不滅的眞心即是話頭。

出名的話頭有：「萬法歸一，一歸何處」、「念佛的是誰」、「父母未生時本來面目」、「誰教你拖這死屍來」。

其中最爲常用的是「念佛的是誰」，由這誰而啓發「疑情」，疑情愈大，愈能參破眞心。

此外，對古代禪師的某些開示語句進行參究，也稱「看話頭」。

「看話頭」始見於唐代黃檗希運，南宋初年較爲流行，宋臨濟宗楊岐派大慧宗杲大力提倡。

宗杲提出一些話頭：「庭前柏樹子」、「一口吸盡西江水」、「東山水上行」、「狗子還有佛性也無」中的「無」字令學人參究。

看無字話頭，能夠息滅妄想，截斷念慮，革除分別心，杜絕生死心。具有「止」和「作」的作用，止是止息妄念，作是明心見性，二者互爲一體，止息妄念時就是證悟清淨自心時。

同時可在日常生活中參究話頭。

二、默照禪：由曹洞宗宏智正覺以「默照」二字，倡導靜坐默照禪風，世稱「默照禪」。

默即離開言默契，照即靈明不味。通過攝心靜坐、潛神內觀、止息攀緣、捨妄歸眞的一種觀行方法。

他認爲人心本覺、本寂，因煩惱塵垢汙染而不能顯其清白圓明的妙靈之體，若通過「靜坐默究」，去諸妄緣幻習，使心地下

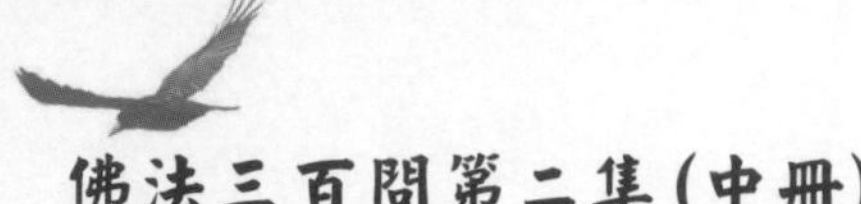

空寂，便能使虛心自照，證得般若智慧，達到解脫。

宏智禪師廣錄卷五：宏智禪師廣錄：「一切法到底其性如虛空，正恁麼時卻空它不得。雖空而妙，雖虛而靈，雖靜而神，雖默而照」。

空、虛、靜、默是心的體，妙、靈、神、照是心的用，契會心體的空虛靜默的本質，活用心體的妙靈神照的功能。

默照禪的基本特徵是：一靜坐守寂，靈然獨照。二休歇諸緣，徹底空心。

默照禪仍難免有守空寂之空執之嫌。

默照禪在宋代曾盛極一時，但受到大慧宗杲的猛烈攻擊及批評。他力排默照爲邪，認爲照來照去，轉加迷悶，無有了期。

請參閱《佛性辨正》P175-176

203.宋代及明清禪宗的燈錄和語錄及文字禪、公案為何？

一、燈錄和語錄

（一）宋

景德傳燈錄三十卷（道原撰）

天聖廣燈錄三十卷（宋李遵勗編）

建中靖國續燈錄三十卷（宋惟白集）

聯燈會要三十卷（宋悟明集）

嘉泰普燈錄三十卷（宋正受編）

五燈會元二十卷（宋普濟撰）

古尊宿語錄四十八卷（宋賾藏主集）

續古尊宿語錄六卷（宋師明集）

五家正宗贊四卷（宋紹曇記）

人天眼目六卷（宋智昭集）
正法眼藏六卷（宋宗杲集）
碧岩錄十卷（宋重顯頌古克勤評唱）
擊節稼二卷（宋重顯拈古克勤擊節）
傳法正宗記（宋契嵩著）
（二）明清
指月錄（明、翟汝稷集）
禪海十診（清、霖道霈編）
五家宗旨纂要（清、三山燈來撰，性統編）

二、文字禪

（1）入宋以後的禪宗有獨特的風格，大量「燈史」、「語錄」、「擊節」、「評唱」等出現，從不立文字的中國禪宗日漸走上「文字禪」之路。尤其宋以後許多燈錄都是由好禪的士大夫參與編撰。士大夫參禪早在唐代已成風尚，至宋代更爲流行。

禪師的「語錄」，唐代已有，宋代更是風行。著名者如宋賾藏主集的「古尊宿語錄」。「燈錄」是宋代始有，兼語錄及史傳特點，是一種禪宗史書。宋代最早是法眼宗道原編纂的「景德傳燈錄」，另又有四部「燈錄」。

此外，宋代還出現了大量對「公案」的文字解釋。公案是指前輩祖師的言行範例，用來判斷是非迷悟。參公案是求開悟的一種修學方法。早在唐代黃蘗的傳心法要：「既是大丈夫，應看個公案」。但公案的大量應用是宋代。

宋代禪門對公案進行語言文字的解釋乃至文字考證，由此開始了「文字禪」。

文字禪倡導者是雲門宗的汾陽善昭，作成「頌古百則」，另作「公案代別百則」及「詰問百則」。代語是禪師代眾自答。別語是公案已有答語，另外再說一別句。

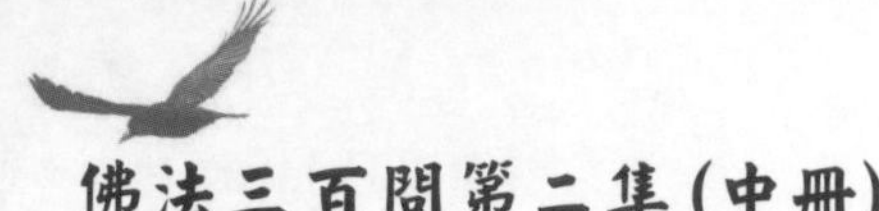

頌古之「繞路說禪」及「不說破」的原則，禪師們紛紛仿效。此後以雲門雪竇重顯最爲突出，作「頌古百則」。

與頌古相聯的還有「拈古」，即拈起古則（公案），以含蓄的語言讓人去體悟言外之旨。拈古自雲門爲始。

拈古後又出現「評唱」即對頌古進行注解。最具代表性如圓悟克勤評唱重顯的「頌古百則」而成「碧嚴錄」，致使禪宗由「直指人心」演變爲「繞路說禪」，影響頗大。而其大弟子大慧宗杲反對這種「學人泥於言句」而焚毀碧嚴錄的刻版，但元代又有流傳，如林泉之「空谷集」。另外又唱「看話禪」，深受士大夫喜愛。萬松行秀評唱天童正覺的頌古而成「從容錄」等，都是文字禪的典型。

1.代別：即對公案或他人禪語的短評或解釋。

2.拈古：提出古代公案語句加以評議。

3.評唱：評而唱之。以拈、頌古代的各種公案，加以講說，闡發禪理。

4.擊節：擊而中節，即對古時禪宗公案的一種註釋。

（2）禪宗語言的主要特色

禪宗從不立文字，到不離文字，到公案所使用的特色文字。同時，禪也由禪走到禪教並重或禪淨雙修，甚而禪密雙修。

事實上，不立文字與不離文字並不衝突，因爲禪已由早期的禪學，進而結合般若性空，更進而由般若性空再結合不空的自性或眞如、佛性，已由性空的「空寂」走到如神會的「寂知」；如馬祖道一的「性在作用」；如慧能的「萬法從自性生」，這自性空能生起萬法的，而非只有空寂。

由於本性、自性、自心、佛性、眞如等，都是絕四句的，所以無法用世間語言去描述，如果硬要用言語描述，就可能出現自相矛盾。反過來說，反而以自相矛盾才能凸顯佛性、眞如或自性的雙遣有無。

同時佛性、自性也無法用心慮去緣取，因爲它是超乎邏輯推理或比量的。所以會出現答非所問的現象。再者，自性依「性起」所展現的萬法，其法的體相用都是一樣的，所以萬法的相用也都變成了佛性眞如體，所以萬法已由多即一，外相或作用在佛看來都是沒有分別的，所以才會有答非所問的現象。反過來說，答非所問正可以表現多即一或法法無分別的佛性或本性。

但「參」，不是知解，因爲「參」是指證入眞如本性，是屬「頓入」。而知解是知識的累積，是漸修而得。當要頓入佛性時，只能頓悟，即理悟須頓悟，行入是漸修。

故「最重要重要的是」當要頓悟入佛性時，千萬不可用上述的佛性「知解」直接去「解知」佛性的境界，而是用「參」，不管參公案或參話頭，參就是先生起疑心（公案通常多利用自相矛盾及答非所問的話來引發疑心；話頭多利用問句的話頭來引發學人的疑心），如公案的懷疑祖師西來意是庭前柏樹子嗎？或如念話頭的念佛的是誰呢？心裡一直起這樣的疑心，而且必須盡量不間斷，而後從小疑漸漸變成大疑，直到有一天突然慧光一閃而爆破這懷疑心，此時會從內心眞正認定，的確是「庭前柏樹子」，這一認證的刹那，即是證悟眞如佛性，即是自見本性。

有不少禪師認爲「禪坐」可以間接幫忙證悟，但六祖則持反對意見。神秀認爲須漸修而後頓悟；神會及宗密均認爲先頓悟後漸修，但六祖認爲是頓悟頓修，修悟同時。

作者認爲只有成佛的時候才能修悟同時，其他九法界眾生都無法達成修悟同時。

作者以爲先頓後漸或先漸後頓，皆依因於所頓悟的境地有所不同所致。而且念話頭及參公案可以在行住坐臥的日常生活中持續進行，比較可以持續地長時間修行。禪坐及默照則有斷斷續續的缺點。

公案的文字特色有如下三種：

1.自相矛盾：

a.例子：石頭垂語曰：言語動用無交涉。師（弟子藥山惟儼）曰：非言語動用亦沒交涉。

頭曰：我這裡針箚不入。師曰：我這裡石上栽花。頭然之。

解：第一句是用「非」的反句。其實四句都無法表現佛性，佛性是離四句的，即有、無、亦有亦無、非有非無都不是佛性。

佛性是即有即無即中，中是非有非無。

但若一執，也即非佛性。只有不間斷地持續起疑，真的是「庭前柏樹子」嗎？直到當有一天或有一刻，真的從內心體認真的是庭前柏樹子，才是見性。

第二句「石上栽花」這是反邏輯的說法。佛性是超越邏輯的。

b.例子：師（雪峰義存）一日在僧堂內燒火，閉卻前後門，乃叫曰：救火！救火！

玄沙將一片柴，從窗櫺中拋入。師便開門。

解：玄沙聽到救火，反而拋入一片柴，更加能助燃。但師父反而開門認可。

這就是以自相矛盾來凸顯佛性。

2.答非所問：

a.例子：有僧問趙州從諗禪師：如何是祖師西來意？師云：庭前柏樹子。

解：以答非所問來凸顯佛性的法法無分別。如果你「真正」能感知「庭前的柏樹子」真的是「祖師西來意」時，就是觸證到了佛性。

b.例子：道悟問如何是佛法大意？師（石頭）曰：不知不得。悟曰：向上更有轉處也無？師曰：長空不礙白雲飛。

解：不知不得，是與常法自相矛盾。

長空不礙白雲飛則是答非所問。

3.方言俚語：方言俚語是禪師的習慣用語，方便表達正法的隱義。

例子：問：大眾雲集，請師說法。師（延沼）曰：「赤腳人趁兔，著靴人吃肉。」

解：「赤腳人趁兔，著靴人吃肉」是唐宋民間俚語，原意爲勞者（赤腳人）不獲（趁兔即追趕者兔子沒有補獲）；獲者（著靴人）不勞（吃肉享受不勞動）。此處隱含了刻意追求則難以悟道，平常無事則契合禪法的意思。

三、公案

（1）公案的意義

公案是禪的基本的「主動體」或生命，是先德提倡的「正題」的意義，且這種正題裡，自充溢著聖賢所體得的眞理。禪的研究，即是實際的「體驗」，除體驗外別有眞實意味的研發是不存的。公案的提倡及體驗，便是佛心的提倡，佛心的體驗。所以「拈弄或拈頌」或「評唱」的，都是公案。古今先德的「上堂」或「小參」所垂示的話頭，無非是公案。尤其語錄內全是公案的提倡及拈弄。又禪宗的偈頌也有很多是公案。所以將這作爲準繩，以之來觀照邪禪、邪法，而斷絕其不正，使能傳正禪正法。

「夫佛祖之機緣，目之曰公案，亦然。蓋非一人之臆見，乃會靈源，契明旨，破生死，越情量，三世十方開士所同稟之至理也。且不可以義解，不可以言傳，不可以文詮，不可以識度」

（2）公案的作用

是要讓學人徹透法的本源，契約於佛祖解脫境上所現起的妙旨，使之入於與佛祖同一境涯。換言之，是在於超越了吾人意識的情量及智性的比量，所謂「入此門來，莫存知解」，不可用「智性」的方式去解決公案，必須讓自己在公案的情境裡生起的非常大的疑情，這疑情大到彷佛已經走到了「死巷」或「山窮水盡」處或「後面是斷崖」的地步，然後突然「致命一躍」或「突然放掉抓住懸崖的手」，忽然間大疑情崩解冰釋，頓感身心脫落，大地粉碎，而契入悟境，這樣才能擊破建築在情量上的生死城郭，使得到無生死、無分別智的眞智，與佛祖同樣地入於遊戲三味之境。

公案和自己打成爲「不二一體」，才得發生眞理。所以黃檗說:「既是丈夫漢，應看個公案。」

（3）公案例子

據說公案有一千七百則，以圓悟克勤的「碧嚴錄」一百則及無門慧開的「無門關」四八則最爲出名。以下爲例子一則：念佛上人與獨湛禪師商量的公案：

禪師一日問上人曰:「師是何宗行者？」上人曰:「淨宗」。禪師曰:「彌陀年幾歲？」上曰:「與我同年。」禪師更曰:「上人幾歲？」曰:「與彌陀同年。」禪師追究曰:「即今彌陀在何時？」上人默然而舉左手。這實在是好個商量也。

204.宋代禪宗的黃龍派與楊岐派的禪學思想為何？

一、黃龍派

黃龍三關：生緣、佛手、驢腳。

第一關「那個是上座生緣處？」

慧南作頌解釋:「生緣有語人皆識，水母何曾離得蝦；但見日頭東畔上，誰人更吃趙州茶」

生緣表人體由四大假合而成，沒有恒常不變的自在實性，所以是空。又以水母浮游於水面，眾蝦依附其上棲息，代表人生是飄浮空幻的。吃趙州茶代表體證眞如佛性。

第二關「我手何似佛手？」

慧南作頌解釋：「我手佛手齊舉，禪流直下薦取；不動干戈道處，自然超越佛祖」

因爲眞如遍在，萬法一如，眾生與諸佛無差。故我手與佛手本是一體，並無差別。

「禪流直下薦取」意指只有直下承當禪意。「不動干戈道處」意指不動思慮分別。才能應機體悟，成佛作祖。

第三關「我腳何似驢腳？」

慧南作頌解釋：「我腳驢腳並行，步步踏著無生；會得雲開日見，方知此道縱横」

「我腳驢腳並行」意指眾生平等，同樣都受因果制約。「步步踏著無生」無生指一心本來空寂，不生不滅，禪修之士應該步步踏實受持這本來空寂心，眞積日久之後，即能撥雲見日，了悟佛性，才能縱横自在。

二、楊岐派：立處極真

「立處極眞，者里領會，當處發生，隨處解脫」

方會先學「經法」，後又學禪，「得法」於楚圓。

繼承臨濟機鋒棒喝或法語啓發學人的風格，又與雲門三句中的函蓋乾坤義旨有相通之處。

方會曾經提出過「心心是佛」的口號，所以方會也是一個「佛性」論者。

楊岐傳五祖法演，有中興臨濟的美譽。

法演傳佛果克勤，著「碧嚴錄」十卷，「擊節錄」二卷。

克勤傳大慧宗杲，編纂六卷「正法眼藏」，除集他人語句外，還有他自己的「著語」（即按語）。

請參閱《佛性辨正》P169

205.元明清之臨濟宗及曹洞宗如何開展？

一、元代

（1）曹洞：萬松行秀

萬松行秀：眞妄不二，事理雙照，融會儒釋道三教。

著有「萬松老人評唱天童覺和尚頌土從容奄錄」六卷，內容是評唱宋代天童寺禪僧正覺的「頌古百則」。及「祖燈錄」六十二卷、「辯宗論」。

（2）臨濟：海雲印簡和雲峰妙高

1.海雲印簡：爲中興禪宗的臨濟第十六代祖師。

「性與道合，心與法冥，細無不入，大無不包。師住臨濟院，能系祖傳以正道統，佛法蓋至此而中興考」

有二大弟子：西雲安及劉秉忠（繼耶律楚材之後的備位大臣）。

2.雲峰妙高：自幼「嗜書力學，尤耽釋典」，出家後，歷參禪僧，後奉朝旨，住持金陵蔣山十三載，眾逾百五百，可見其門庭之盛。

二、明代

（1）臨濟

1.笑嚴德寶

有「笑巖集」四卷行世。

行腳數千里，歷時十餘年，最後才悟得「一心」之外，別無玄妙可得。「法柄在握」的德寶，欲振聾發聵，力挽狂瀾。

2.密雲圓悟

四十六歲，「正傳」於龍池山付予衣、拂，五十二歲正式於龍池出世開堂。據弟子道忞說：「六坐道場，說法二十六年，化溢支持那，言滿天下。」王臣國士參請歸依者，不可勝數。道忞編輯「密雲禪師語錄」。錢謙益撰「塔銘」:「以眞實心，行眞實行，悟眞實道，說眞實法，化眞實眾」，但實際上是一位奔走豪門，結納權貴的人。口裡大講「本來無一物」的高僧，卻經常收藏自己的頭髮和指甲，爲了讓人們在他死後爲他修建「爪髮塔」。

3.漢月法藏

法藏的眞師是唐代義玄，得法師是元代高峰原妙，印可師是宋代覺範惠洪。

曾參「萬法歸一，一歸何處？及披覽範所著「臨濟宗旨」才宛然符契，如對面親質。有「語錄」三十卷，「廣錄」五十卷。

（2）曹洞

1.無明慧經

繼承了百丈的「禪勞結合、寓禪於勞」的傳統，爲一位自甘淡薄、棲心農禪的人。生平佛法，未離钁頭邊。

明人黃伯端稱慧經是中興明代曹洞宗的人。其弟子元賢編輯「無明慧經禪師語錄」四卷。

2.博山元來

先學天台，修止觀，後轉學禪。二十七歲受慧經印可，被譽爲慧經門下「第一上座」。同門元賢說:「……有所請益，唯勉以眞參實究，深戒知解，如鴆毒焉。其說法之語，如雷震，如電激，如雲蒸，莫可涯矣。」。

著有「博山參禪警語錄要」，第一篇「初心參禪者須知」，列出 31 種須知事項；及第二篇「疑情與生滅心」。

弟子匯編成「無異元來禪師廣錄」三十五卷。

3.鼓山元賢

弟子道霈、最後語序:「年四十出家，四十六悟道，五十七歲出世，八十歲入滅。二十餘年間，四坐道場，大作佛事，言滿天下，道被域中」。

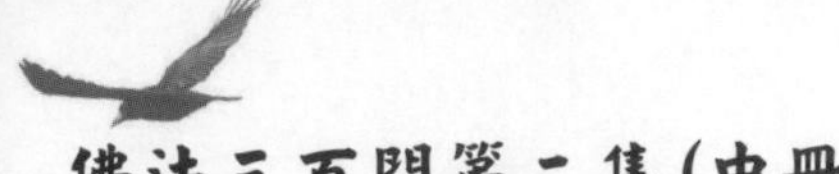

元賢不僅「救禪」，還要「救儒」。得道之後，經世說法，力救儒、禪之弊。

弟子道霈編輯成「永覺元賢禪師廣錄」共三十卷。

元賢撰有以各書：「繼燈錄」、「補燈錄」、「建州弘釋錄」、「法華私記」、「楞嚴翼解」、「楞嚴略疏」、「般若心經指掌」等。

三、清代

（1）臨濟宗

1.木陳道忞

六十四歲，應召「至京面帝」，被封爲弘覺禪師。以自己的新貴行徑誇耀於人，如建「奎煥閣」以報答先帝之恩遇；及建「御書樓」以竭酬恩報德之懷。誠得意忘形，恬不知羞。

自己可能也不會料到，順治時他受到了恩遇，雍正時他卻遭到了譴責，而終膺「木陳系宗門罪人」之謚。

2.玉林通琇

才二十三歲即「出世」開堂，在禪宗史上是少見的。四十六歲第一次奉詔進京見到順治皇帝，並被封爲大覺普濟禪師，之後方才成爲「名重朝野」的禪門顯要。

通琇的爲人是非常仗勢欺人的，包括奪佔善權寺，又讓弟子行豐入主善權。

曾以帝王外護爲榮，並曾借助帝王威力，雄視當世，橫行一時，曾幾幾何時便十分淒涼地死去。

通琇、道忞二人，是二個言高行卑，口是心非的典型。他們兩人，一（琇）爲皇封「國師」，一（忞）爲欽賜「禪師」，而其行徑，竟是如此的卑劣，則當禪風之敗壞，可以想見矣！

（2）曹洞宗

無明慧經系的無異元來和晦台元鏡二支派爲較盛

永覺元賢下的如霖道霈也頗爲活躍，日後又分出四、五個支派，分傳曹洞於各方。

206.禪宗的頓悟法門為何？

一、南頓北漸

1.一是理的頓悟漸悟

依大乘經義，從來都是「悟理必頓」的。

如楞伽經所示的「眞如理的頓悟」:「譬如明鏡頓現一切無相色像，如來淨除一切眾生自心現流，亦復如是頓現無相無所有清淨境界」

無相無所有清淨境界即是指眞如佛性。

頓悟眞如的修行位階有不同說法，包括初地頓悟、古說七地悟無生忍之小頓悟、天台圓教之初發心住即分證實現、均正「四論玄義」立初信位悟入、道生十地金剛後心大頓悟等。

惠能的頓悟是一頓即至佛地。

神會則主張頓悟漸修。

神秀主張漸修頓悟。

2.一是行的頓入漸入

從初發心到證悟。

成佛，如須歷位進修，經三大阿僧祇劫，就是漸；如直捷的證入法身成佛，就是頓。

彌勒系的唯識學及馬鳴的大乘起信論，都主張須三祇成佛，是沒有頓的。

弘忍東山門的即心是佛，是屬頓入氣息。門下法如也爲頓教。

法如以「以一印之法，密印於眾意」及「眾皆屈伸臂頃，便得本心」即不能說不是頓教。

3.根機的利鈍問題

鈍根累劫漸修，等到悟入，還是一樣的眞如自性。

從應機的利鈍說，直捷的開示悟入，是頓；須種種方便，漸次修學而悟人，是漸。如定慧等學及三學等，是頓；戒定慧分別次序修，是漸。

所以南宗所稱「頓教」，是不假方便，直指直示。

北宗從神秀以來，「以方便顯」，門下都在方便漸修中用力。

二、南宗慧能：頓修頓悟

壇經、般若品：「迷聞經累劫，悟則剎那間」、「前念迷即凡，後念悟即佛」、「若識自性，一悟即至佛地」

壇經、般若品：「我於忍和尙處，一聞言人大悟，頓見眞如本性」、「各自觀心，自見本性」、「從自心中頓見眞如本性」、「若起正眞般若觀照，一剎那間，妄念俱滅。若識自性，一悟即至佛地」

壇經、頓漸品：「自性自悟，頓悟頓修，亦無漸次，所以不立一切法」、「法無頓漸，人有利鈍」

壇經、付囑品：「今生若遇頓教門，忽遇自性見世尊」

壇經、護法品：「道由心悟，豈在坐也」

壇經、疑問品：「菩提只向心覓，何勞向外求玄」

壇經、機緣品：「勸一切人，於自心中，常開佛之知見」

神秀：漸修頓悟

三、北宗神秀

1.神秀：「專念以息想，極力以攝心。……趣定之前，萬緣盡閉；發慧之後，一切皆如」

2.普寂：「凝心入定，住心看淨，起心外照，攝心內證」

以上都顯然有進修的層次，就是漸。

四、神會：「我六代大師，一一皆言單刀直入，直了見性，不言階漸」

「若是實九層之台，此即頓悟義」、「不由階漸，自然是頓悟義」、「自心從本以來空寂者，是頓悟」

南陽和尚問答雜徵義：「即心無所得者，爲頓悟。即心是道，爲頓悟。即心無所住道，爲頓悟。存法悟心，心無所得是頓悟。……聞說空不著空，即不取不空是頓悟。……不取無我是頓悟」

神會主張頓悟後漸修。

五、大珠慧海、頓悟入道要門論：「頓者，頓除妄念；悟者，悟無所得」、「見性者，即非凡夫。頓悟上乘，超凡越聖」

古尊宿語錄：「言下領會，不歷於階級地位，頓悟本性」

六、竺道生：七地仍在小頓悟，十地大頓悟

竺道生主張「金剛後心」大頓悟及漸修頓悟。

七、宗密的頓悟漸修

請參閱本書 196 問及《佛性辨正》P270-273

207. 禪宗如何修行？

一、修行方式

（一）看話頭

請參閱本書 202 問。

看話禪的禪修方法是選擇一個話頭，最出名的話頭有「念佛的是誰」及「無」。話頭在心中默念，不可中斷，不可被插入，時時提撕，日夜不輟，實做工夫。如此持續不斷一直參下去，總有一天會進入「無心三昧」，心中雜念全消，煩惱全斷，一片清澈透明，洞見本來面目。

（二）坐禪與公案

坐禪與公案是禪門修行的根本兩輪，缺其一，就不能見性成佛。故坐禪是直透佛心的三味。

「夫截斷生死大事，無過坐禪要徑」(大智假名法語」

坐是四威儀之一，禪是所修之法。

六祖:「外於一切善惡之境不起心念名坐，內見自性不動爲禪」

吉藏:「行亦禪，坐亦禪，語默動靜體安然」

在自性現前的當體，行住坐臥動靜，莫非是禪，不一定要坐才是禪，但這是以理而言，若以實際事修而言，坐仍爲第一要道。

坐禪有三法，有調身、調息、調心。三法不備，眞禪不會現前。

1.調身：目前最常用者爲毗盧遮那佛七支坐法。參閱《佛法三百問》213 問（P256）

2.調息：即調呼吸。若呼吸不調，會發生定中身體浮動，或身體像飛揚空中似的種種魔境生起。

若有浮動將心安於氣海丹田

3.調心：臨濟、曹洞二派見解不同。臨濟爲見性的調心，曹洞爲坐禪的調心。

曹洞的見解:「非思量即坐禪之要術也」這「非」不是否定之意，而是「中道」之義，即是思量而不思量，不會掉舉；不思量而思量，可免散亂昏沉。坐禪的當體，即離造作之念，但又非無心不思的狀態，即「非思量」的正念狀態，此時也時悟入自性的狀態，離迷悟，越凡聖，念念都是「非思量」的正念。

（三）頓悟漸修

1.慧能的頓悟頓修：悟修同時。

2.神秀的漸修頓悟；先漸修後頓悟。

3.神會的頓悟漸修：先頓悟後漸修。

4.宗密的頓悟漸修：先頓悟後漸修。

（四）本證妙修

本證：吾人本來具足佛心，圓成佛性，名之曰本證。

妙修：信得本證上所起之修行，名之曰妙修。

本證妙修即謂證上之修，而修證不二義也，也即六祖惠能所主張之頓修頓悟。

契嵩壇經贊云：夫妙心者，非修所成也，非證所明也，本成也，本明也。以迷明者復明，所以證也。以背成者復成，所以修也。以非修而修之，故曰正修也。以非明而明之，故曰正證也。

（五）二入四行：理入行入及四行：隨緣行、稱法行、報冤行、無所求行。

（六）守一看心、一行三昧

道信及弘忍均住東山，師徒二人將日常生活與禪修實踐結合起立，引接學人，史稱「東山法門」。

道信主張「離心無別有佛，離佛無別有心」，倡導「一行三昧」，以專心稱念一佛名字，坐禪念佛爲入「一行三昧」的門徑。以念佛安心，道信主張「念佛心是佛，妄念是凡夫」，此念佛號之心即是佛，守住這念佛之心即是佛。此念佛心也是將實相念佛與唯心念佛結合，而念心即是觀心、念佛、念實相的結合，此「念佛心名無所念」，故安心念佛，才能「自」成佛道，不同於淨土宗的求生淨土。

東山法門的修行方法是坐禪、念佛、守一、守心。

道信著作「入道安心要方便門」：

「守一不移，動靜常住，能令學者明見佛性，早入定門」

「法界一相，繫緣法界，是名一行三昧」

「欲入一行三昧，應處空閑，捨諸亂意，不取相貌，繫心一佛，專稱名字，隨佛方所，端身正向，能於一佛，念念相續，即是念中，能見過去、未來、現在諸佛。」

「略而言之，凡有五種：一者，知心體。體性清淨，體與佛

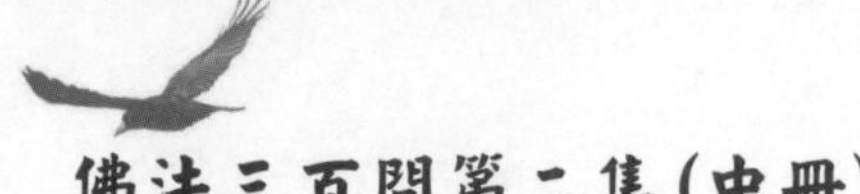

同。二者，知心用。用生法寶，起作恆寂，萬惑皆如。三者，常覺不停。覺心在前，覺法無相。四者，常觀身空寂。內外通同，入身於法界之中。五者，守一不移。動靜常住，能令學者明見佛性，早入定門。」

「守一不移者，以此空淨眼，住意看一物，無間晝夜時，專精常不動。其心欲馳散，急手還攝來。如繩繫鳥足，欲飛還掣取。終日看不已，泯然心自定」

五祖弘忍主張「自心本來清淨」、「即心是佛」之說，並在道信守一不移的基礎上，進一步強調「守心第一」

弘忍著作「修心要論」(即最上乘論」:

「行知法要，守心第一。此守心者，乃是涅槃之根本，入道之要門，十二部經之宗，三世諸佛之祖」

「三世諸佛，皆從心性中生，先守眞心，妄念不生，我所心滅，後得成佛」

（七）攝心看淨

神秀重視坐禪，在禪定中「觀心」、「攝心」、「住心看靜」。

觀心、看淨是心性修行的一種過程，經由「觀空」、「息想」、「息滅妄念」即可認識本有的清淨佛性。神秀以妄心不起，眞心不失爲解脫，主張息妄修眞的「觀心」法門。

透過攝心、觀心，即可絕三毒心，永使消亡；閉六賊門（六根)，不令侵擾，而達解脫。

透過攝心禪定、靜坐觀心，息滅妄念，拂拭客塵，以發明本有佛性，映現本具眞如。

神秀也將念佛與觀心結合起合，但念佛在心不在口，念佛當修正念，正念即是堅持戒行及覺察心源。不能了義，執著外相就是邪念。將念佛（用心念佛）納入觀心的禪修之中。

宗密將神秀禪法概括爲「拂塵看淨，方便誦經」，拂塵是時時勤拂拭，莫使惹塵埃」，此是漸修。方便誦經是將禪修與經教會通，借助經論包括大乘起信論、法華經、維摩詰經、思益梵天所問經、華嚴經等進行禪修，仍然不離「藉教悟宗」的旨意。對禪修的重視及對經論的依持，是神秀保留傳統禪法的特色。

（八）常行直心

六祖惠能認爲「住心看淨，是病非禪；長坐拘身，於理何益」。主張必須「定慧守持」才能「道由心悟，豈在坐」。而且「不看心，亦不看淨」，因心性本自具足，心性本自清淨，沒有坐禪入定的必要。

基於「即心即佛」的理論，惠能特別強調直了本心，即可成佛。此即是「常行直心」，反對坐禪誦經作爲修行的主要方法，認爲「心平何勞持戒，行直何用修禪」，「菩提只向心覓，何勞向外求玄？聽說依此修行，西方祇在目前」。

在禪修實踐方面，提出「智慧觀照」的修行方法，他說：

「無憶無著，不起誑妄，用自眞如性，以智慧觀照，於一切法不取不捨，即是見性成佛道。」

惠能認爲只要「常行直心」，不論在任何時候，採取何種姿勢進行參禪活動，都可以稱爲「一行三昧」。

壇經付囑品：「若於一切處，行住坐臥，純一直心，不動道場，眞成淨土，此名一行三昧」

壇經定慧品：「莫心行諂曲，口但說直，口說一行三昧，心不行直心。但行直心，於一切法勿有執著。迷人著法相，執一行三昧，直言常坐不動，妄不起心，即是一行三昧。作此解者，即同無情，卻是障道因緣」

直心即不分別、不執著心。在直心基礎上，慧能要求弟子：

1.「常須下心，普行恭敬」（壇經懺悔品）

2.「和光接物，無我無人」（壇經懺悔品）

3.「行十善，除人我，去邪心」（壇經疑問品）

4.「恩則孝養父母，義則上下相憐，讓則尊卑和睦，忍則眾

惡無喧」(壇經疑問品)

5.「常自見己過」、「但自卻非心」(壇經般若品)

(九)自性自度

壇經懺悔品:「心中眾生,所謂邪迷心、誑妄心、不善心、嫉妒心、惡毒心,如是等心,盡是眾生,各須自性自度」

什麼是自性自度、壇經懺悔品:

「即自心中邪見煩惱愚癡眾生,將正見度。即有正見,使般若智打破愚癡迷妄眾生,各各自度。邪來正度,迷來悟度,愚來智度,惡來善度」

自性自度就是由自己識心見性,不假他人。認識自己本性的清淨,即是正見。透過正見彰顯智慧,照見佛性。

「於一切時,念念自淨其心,自修其行,見自己法身,見自心佛,自度自戒」。

(十)無心可用

1.南陽慧忠

指出禪修實踐的關鍵在於「無心」,認為有心即有漏,有心即有生滅;無心即無我,無心即無業。善惡都莫思量,自然得見佛性;凡聖一時放卻,當處即得解脫;無心人是眞佛,要人學做無心人。

景德傳燈錄卷二八:「曰:無心可用,阿誰成佛?無心自成,佛亦無心。」

慧忠主張無心度生才是眞度生。

「佛有大不可思議,為能度眾生,若也無心,誰度眾生?師曰:無心是眞度生,若見有生可度者,即是有心,宛然生滅。」

因為眾生自性自度,非佛所度。況佛無我人眾生壽者相。若執我為能度,眾生為所度,即是四相未泯,妄心未滅。

但無心不是無知的木石,也不是攀緣的妄心,慧忠稱之為寂然無事的「無形段金剛大士」:

「一念與金剛相應，能滅恆沙劫生死重罪，得見恆沙諸佛」

2.黃檗希運

黃檗際斷禪師傳心法要：「向外求佛，著相修行，皆是惡法，非菩提道；供養十方諸佛，不如供養一個無心道人」、「若欲得知要訣，但莫於心上著一物」、「起功用行，依次第證，歷劫勤求，永不成道，不如當下無心」、

「不可以心更求於心，不可以佛更求於佛，不可以法更求於法，故學道人，直下無心，默契而已」、「學道人若不直下無心，累劫修行，終不成道」、「一切時中，行住坐臥，但學無心，久久須實得」

（十一）直透三關（洛浦三麗）

破初關：若能凡情頓盡，眞境現前，悟得無生無滅的本地風光，即名破初關或改本參。

依作者見解，約等於入菩薩初地。

過重關：學者見性之後，若能脫離根塵能所，保持佛心，久而不失，即名過重關。

依作者見解，約等於菩薩二地-等覺。

透末後牢關：縱使五欲前前，千軍交殺時，還能運用自如，剎那不離，才算透末後牢關。

依作者見解，約等於入佛地。

請參閱《佛性辨正》P175-176

二、各禪師的修行方式

（1）一祖達摩

請參閱《佛性辨正》P173-181。

二入：理入、行入

四行：報冤行、隨緣行、無所求行、稱法行。

（2）二祖慧可：唯須息念、不用求眞、即心是佛

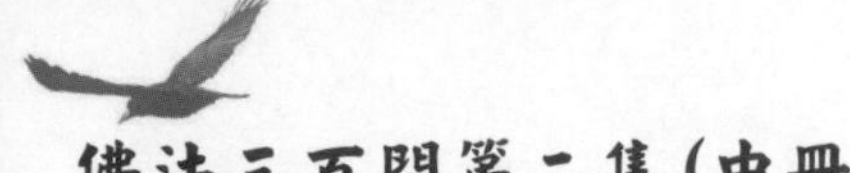

（3）三祖僧璨：任性逍遙

信心銘：「放之自然，體無去住，任性合道，逍遙絕惱」

（4）四祖道信

1.守一不移、一行三昧，即於一切處，行住坐臥，常行一直心是也。

2.二種禪修方便法門：

a.依於究竟處自明淨心，任運而爲。即日後惠能的隨緣任運。

b.可諦看明淨心，或三五年，心更明淨，即日後神秀的觀心看淨。

3.五種方便：參閱上文（一）修行方式之 6.。

（5）五祖弘忍：心本來清淨，守心第一，守本眞心，後得成佛。

（6）六祖慧能

住心觀淨，是病非禪。宜定慧等學，定慧一體，定是慧體，慧是定用。

直了本心，但行直心，莫心行諂曲，一切法勿有執著，不可口說一行三昧，直言常坐不動，妄不起心，執此一行三昧，作此解者，卻是障道因緣。心平行直，才是一行三昧。常須下心，普行恭敬，和光接物，無我無人，行十善，除人我，去邪心，恩則孝養父母，義則上下相憐，讓則尊卑和睦，忍則眾惡無暄。當用大智慧打破五蘊煩惱塵勞，如此修行，定成佛道。

以智慧觀照，於一切法不取不捨，即是見性成佛。各各自度，邪來正度，迷來悟度，愚來智度，惡來善度。於一切時，念念自淨其心，自修其行，見自己法身，見自心佛，自度自戒。

（7）神秀：重視坐禪，觀心、攝心、住心看淨，息妄修眞的觀心法門。並將念佛和觀心結合起來，念佛在心不在口。

（8）臨濟義玄四料簡：見上 201 問。

（9）曹洞宗：偏正迴互及君臣五位，見上文 201 問。

（10）雲門三句：函蓋乾坤、截斷眾流、隨波逐浪。見上 201 問。

（11）黃龍三關：生緣處、佛手、驢腳。見上 204 問。

（12）看話禪：見上 202 問。

（13）默照禪：見上 202 問。

（14）文字禪：見上 203 問。

（15）南陽慧忠：無心可用。無心度生才是眞度生。

（16）黃檗希運：無一切心，離一切相。不可以心更求於心，不可以佛更求於佛，不可以法更求於法，故學道人，直下無心，默契而已。

忘機是佛道，分別是魔境。不生心動念，自然無妄。於一切時中，行住坐臥，但學無心，亦無分別，亦無依倚，亦無住著，終日任運騰騰，如癡人相似。

（17）宗密禪觀五階：外道禪、凡夫禪、小乘禪、大乘禪、最上乘禪。請參閱《佛性辨正》P178

（18）憨山德清的修悟下手處及修悟六原則：

（19）慧能：唯心淨土、頓悟成佛

（20）永明延壽：一心爲用。此一心即如來藏之異名，即心眞如門。

宗鏡錄卷二：「如來藏者，即一心之異名」、「一乘法者，一心是。但守一心，即心眞如名」、「識如夢幻，但是一心：心寂而知，目之圓覺；彌滿清淨，中不容他」

（21）禪淨雙修：東晉慧遠倡導念佛禪。及法眼宗永明延壽禪淨合修爲最佳佛教修行。

其後，雲門宗契嵩、義懷、曹洞宗長蘆及宋宗賾等都主張禪淨雙修。

請參閱《佛性辨正》P176。

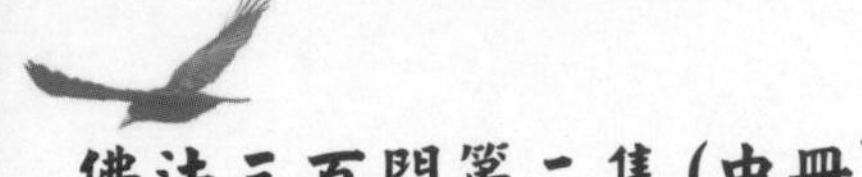

（22）禪教兼重

1.早在石頭希遷已吸取嚴嚴教理，而首倡禪教兼重的是宗密，以三教配三宗，學人稱爲華嚴禪。

2.臨濟宗汾陽善昭：「百川競注歸滄海，萬法多名只一心」

臨濟楊岐派保寧仁勇：「十世古今，始終不離於當念，豎窮三際，橫遍十方，理事圓融，性相平等」

臨濟宗具有華嚴觀者尚有開福道寧、普菴印肅、楚石梵琦、了菴清欲等人。

3.曹洞宗具有華嚴觀者有希遷、良价、本寂、宋元時期的投子義青的六相圓融、眞歇清了的華嚴四種法界、宏智正覺的唯心思想、萬松行秀的一微塵映世界及帝網交羅；明清時代的湛然圓證之三界唯心、無明慧經的萬法從心生、無異元來的唯說一心、永覺元賢的不出一心、爲霖道霈的皆是自心所變現及一眞法界。

4.雲門宗具有華嚴禪思想者有：師薦福承的唯心所現、法昌倚遇的三界唯心、慧林宗本的稱性而起、慈受懷深的凡聖一心。

5.法眼宗文益也引用嚴嚴六相義闡發禪理。永明延壽更以「經是佛語，禪是佛意」編成宗鏡錄一百卷，可說是華嚴禪的進一步開展。

6.天台德韶則引天台的性具實相說發揮禪學，被稱爲智顗的後身。

請參閱《佛性辨正》P177

天台宗（208-214 問）

208.天台宗的源流及歷史發展為何？

一、源流

天台宗因創始人智顗常住浙江天台山而得名。因以「妙法蓮花經」的教義爲主要依據，也稱爲「法華宗」。其學統繼承龍樹、經北齊天台宗開山祖師慧文的「一心三觀」之心要及慧思的「諸法實相」，及得「法華三味」之證悟，而後一脈傳至智顗加以發揚創新，形成了「一念三千」及「三諦圓融」、「止觀並重」、「教觀雙美」的中心思想。並在判教上提出「五時八教」，有別於「南三北七」的判教理念。著作有由弟子灌頂筆錄的「法華文句」、「法華玄義」、「摩訶止觀」的天台三大部及「觀音玄義」、「觀音義疏」、「金光明玄義」、「金光明文句」、「觀經疏」等天台五小部外，尚有其他許多著作。眞正將三大部及大師的學說編纂成卷永傳後世的卻是章安尊者灌頂。

傳至九祖湛然，有所謂的「東土九祖」：龍樹-慧文-慧思-智顗-灌頂-智威-慧威-玄朗-湛然。湛然隨玄朗專修止觀，更主張「無情有性」，是天台宗中興之祖。及至宋知禮提出「理毒性惡」的學說，而掀起其「妄心觀」與恩昭等的「眞心觀」之諍論。此後天台宗即逐漸式微。曾先後傳至日本及朝鮮。

二、歷史發展

（1）龍樹：中論及大智度論的般若眞空觀對智者大師「止觀」的影響。羅什的「妙法華」與龍樹的「智論」，二者頗有思想上的關連性。

（2）羅什：自撰「實相論」。譯有「妙法華經」及「摩訶般若波羅蜜經」、「大品般若」、「大智度論」。智者大師即依據「大智度論」及「中觀論」的思想提出三觀三諦之融會貫通的理論。也由什公所譯「維摩經」而建立三解脫門、三種菩提心及三德涅槃等思想，而融入法華一乘的主張。

智者大師的「生死即涅槃，一色一香，無非中道」則是源自什公的思想而來

（3）慧文：著「一心三觀」心要。

（4）慧思

1.了別「空有一味，凡聖一如」的諸法實相體，成就空觀的法華三昧而妙證法華三昧。並爲「有相行」及「無相行」兼顧的大實踐家，尤其重視無相行，須于諸法不住而能行菩薩道。

法華經中的「妙音菩薩品」及「妙莊嚴王本事品」僅有提到「法華三昧」的名字，並未說明其行法，大師在「法華安樂行義」中解說其行法。並認爲學習法華三昧就是成佛捷徑。

a.有相行：將散亂心，攝而專注於繫念誦持。

b.無相行：依所證禪定力而觀察本性。

2.特別注重「安樂行品」四安樂行和「普賢」品的讀誦行爲。

有四種安樂行：正慧離著安樂行、無輕讚毀安樂行、無惱平等安樂行、慈悲接引安樂行。

3.將教義和觀法融合而闡明法華本義。

4.奉持法華經爲至上及歸類法華經爲判教之「醍醐味」的位置。

5.主張「頓覺」，對「佛陀」的解釋有獨到的見地，即不必斷盡煩惱後才稱爲佛陀，只要能覺悟本來清淨具一切功德，即是覺悟法身如來藏，不必經由次第修持，而是「頓覺」。只憑一心修持，不必經次第階位及斷煩惱等，爲佛道一乘法。認爲深證法華三味是圓頓法。

6.以「忍」爲證入三味無相行之中心論據。

7.以十二因緣觀敘述人之一念，本來具足「無明即涅槃，煩惱即菩提」。

（5）隋朝：智者大師

（6）唐朝

1.智者大師以後的天台教學，分三時期：

第一期，唐朝：從灌頂到湛然。

第二期，宋朝：湛然寂後到知禮。

第三期，明朝：知禮寂後到智旭。

2.唐代章安大師：灌頂

a.記錄編纂智者大師的演講。如天台三大部。

b.著作有：涅槃玄義、涅槃經疏、觀心論疏及「智者大師別傳」、「國清百錄」，後二爲研究智顗及初期天台宗史的重要資料。

3.湛然

a.天台宗受到唐代的法相、華嚴、禪、密教等勢力的壓制，宗勢不振，湛然是天台宗中興之祖。

b.主張一念理具、當體實相、隨緣不變、無情有性（三因互具，無情也具緣了二因）等。

c.當體實相：世間一切諸法，三千大千世界每一微塵，無不當體即是實相。

d.著作有「法華玄義釋籤」、「止觀輔行傳弘訣」、「止觀義例」、「十不二門」、「金剛錍」、「略維摩疏」、「淨名疏記」、「重治定涅槃疏」

高麗的諦觀：天台四教儀。

（7）宋

1.義寂：宋代天台宗的開山祖。得吳越王錢俶的幫助，從朝鮮、日本等地尋回了不少天台宗典籍。從此台宗文獻，失而復得。人稱「螺溪大師」，因在天台山螺溪傳教院傳授天台教義。

著有止觀義例、法華十妙、不二門科節等。

2.義通

出身高麗王族。宋太宗賜所居傳教院爲，「寶雲寺」，後被稱「寶雲大師」。

高足有遵式與知禮。

3.宋代知禮大師（四明尊者）

a.主張妄心理具、性具眞如隨緣、別理隨緣、理毒性惡等。

b.與晤恩掀起山家派-山外派之爭，爭論的是眞心觀與妄心觀的對立問題。山外派的慶昭與智圓也參加爭論。

c.著作有：金光明經玄義拾遺記、金光明經文字記、觀音玄義記、十不二門指要鈔、觀音義疏記、十義書、扶宗記等。

d.知禮的法系很繁榮，有「四明三家」：廣智系的尙賢、神照系的本如、南屏系的梵臻等。

4.慈雲遵式大師（山家派）

a.大師的思想是嚴肅戒律、教弘天台、志行在西方淨土。是戒、教、淨兼備的高僧。

有：淨土觀念、戒律觀念、天台教學觀念、傳持教觀、教觀雙美

b.撰述「天竺別集」卷上的「天台教觀目錄」中，詳細地記載了宋代天台宗的文獻目錄。本人是述而不作，除了幾部懺儀類書，偏重於懺法。因此被稱「慈雲懺主」，對於後世的「趕經懺」影響廣泛。

c.宋眞宗賜「慈雲大師」號。五世法孫是慧觀。

5.悟恩

著「金光明玄義發揮記」對於智顗的「金光明玄義」廣本的否定，而主眞心觀。知禮則認爲廣本是智顗的眞作，主妄心觀，而引發了山家、山外之爭。

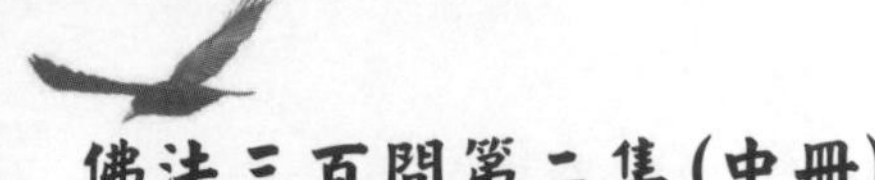

6.知禮大師的再傳弟子

知禮大師傳下的第三代是神照派得到一枝獨秀。但傳至第四代，卻是廣智派的神智從義、草堂處元大師比較著名。

7.宋欽宗（北宋最後一位皇帝）結束後，南宋興起，可以說是禪宗和淨土宗的天下了。連帶知禮後的三系也有傾向淨土的史實。

也有親近禪宗的狀態，尤以南屏系最爲顯著，其他二系也稍有此況。

8.神照系了然大師

力倡一念三千的性具主張，光揚成爲台宗的新教學。主張必須「顯破兼具」才是性具說。

並主張一念即三千，理事是相依相成，俱體俱用，一念的現前即通迷悟、因果、理事、破顯等的常住，而十界應同。

9.廣智系道琛大師

沒有著作，無法知其學說思想。已證得台宗奧旨才能持唯心淨土的論調。門下慧詢、法蓮、仲韻最爲突出。

慧詢門下有善月、法登、宗曉，都是復興知禮教學的要將並有所發揮，將禪、淨融入台宗。法登是傾向禪宗，宗曉專精淨土，善月綜合禪淨而善組織法門體系，可謂是當時天台教學之集大成者。

法登之曾徒孫、廣智之十世法孫，志磐，著「佛祖統記」五十五卷巨著。

廣智系從南宋至元初，即衰微不振。

10.南屏系可觀大師

將禪學思想攝入台宗，認爲天台止觀就是條理層分明的高級禪定學。大慧宗杲嘆其爲「教海老龍」。對「楞嚴經」及「金剛經」特有研究。顯揚天台「教觀雙美」的特色。具有實相論思想。主張「具」與「即」是同義異語，因爲一法對諸法，本有的體德是「具」，相對二法之體則同為「即」而已。批仁岳大師為灰斷滅色的小乘空見，尚不知空含具「妙有」的至理。

宗印：繼承可觀，採廣智系、神照系學說而提倡知禮教學。被寧宗賜號為「慧行法師」。齊名弟子有法照。

法照：不但精通天台，而且是各宗的大通家，被理宗皇帝封為「佛光法師」。以天台止觀配合念佛實踐而努力，成為天台念佛門的特色。

（8）元代

元代：法照系的慧日，被順帝束力為復興玉泉寺。法照系傳至元末失傳

雲夢允澤：宗印第三代孫，曾獲元世祖召見。

其徒懷則，著「天台傳佛心印記」是針對禪宗；「淨土境要門」是以天台學解釋淨土思想。可謂於元初而恢復山家學說。

性澄，與懷則同門，收回國清寺，恢復復為台宗的道場。專志於西藏傳入的新密教研究，成為台密結合在一起新趨勢。但未被門下弟子承受。

上首弟子為本無大師，著「楞嚴經集註」。

同門允若，是法華三味實踐行者。

宗印下第四代孫-蒙潤，著「四教儀集註」而聞名。

其徒必才，著「三大部增治助文」、「法華經講義」，和本無、善繼大師等齊名。

子實，著述豐富，繼承蒙潤大師學風。

（9）明代

直至明末約二百年間，由於趨向諸宗融合，未曾有特出的台宗宗匠出現，直至明末有萬松慧林、千松明德等禪僧，兼為弘揚天台教義而已

1.明末百松眞覺大師：出身禪宗，捨曹洞禪而轉入研究天台。反對當時諸宗合一的風潮。

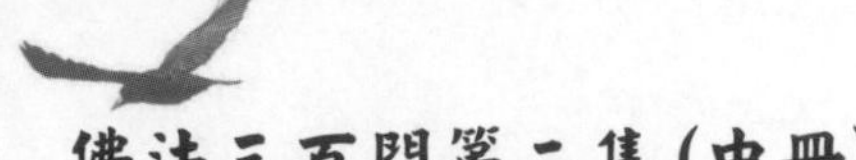

2.傳燈大師：教界三無之一。乃明朝台宗的大學匠，人稱爲「中興」天台之人。實踐修持法華、大悲、光明、彌陀、楞嚴等懺，且倡立國清寺爲天台祖庭，宣楊淨土的「生無生論」。著作有十一種，包括摩訶止觀輔行傳弘決科判、性善惡論。認爲「性」當體即善惡本具，眞如性理，「具」有無明，故稱「性惡」。然善惡之性體不二，以性體而言，性惡與性善相即相融。「乃以本具佛界爲性善，本貝九界爲性惡」，但對善與惡的差別，唯依實際行爲而定，依智所爲屬善，任縱感情屬惡。強調「具」與「能」爲同義。主張能夠「隨緣」的眞如提倡圓教之性具說及力倡禪宗與台宗融通。

（10）清代

出身禪師而研究天台教學者不少，以天溪景淳禪師及智旭大師最爲顯著。

1.智旭大師

精天台教觀、戒律、唯識、般若、懺儀、淨土。

博通三學、三教。融會華嚴教學。稱名念佛。

著作豐富，天台學包括教觀綱宗、法華玄義節要，法華經論貫、大乘止觀釋要等。

2.天溪老人-景淳大師

也是天台學之名匠。

將「摩訶止觀輔行傳弘決」重新分類，整然而簡明化。

3.受登：清初人，弘揚天台教義達三十多年。弟子有靈乘、靈耀等人。

靈耀著有十卷的「楞嚴經觀心定解」，爲當時天台宗的一部重要著作。

4.永智大師：十餘年如一日，每日依次宣講天台三大部。以不思議智之力，一念全體圓具，三千性相，頓感天帝臨空，迎接上生兜率內院。

（11）民國時代

1.諦閑大師：創辦佛學院。創建道場。爲近六十年來之天台學的復興大師。有「諦閑大師全集」及寶靜輯「諦閑大師語錄」。

提出「四運觀心之正觀」：一未起心爲滅將起心生，二未起心爲不滅將起心生，三未起心爲亦滅亦不滅將起心生，四未起心爲非滅非不滅將起心生。如此於未起四句中，觀將起心皆不可得。若不得將起心生，亦不得不生，即於生性而得解脫。

香港：天台寺院一百八十餘處

2.倓虛：建十方叢林九處，弘法支院十七處，佛學院十三處及慈善事業、文化事業印經、授教觀綱宗、始終心要、楞嚴經、金剛經、心經、彌陀經等。

3.寶靜：香港、華南學佛院

4.定西：授天台三大部及五小部

5.覺光、洗塵：能仁學院

（12）台灣之天台

1.斌宗上人：創南天台弘法院、法濟寺

2.慧峰法師：大崗山法華精舍

3.樂果：創埔里佛光寺

4.覺光：創正覺蓮社，及妙清佛學院

5.慧岳：創中國內學院、天台學研究所

6.蔡念生老居民：倓虛高徒，編訂「中華大藏經二十五種藏經目錄」

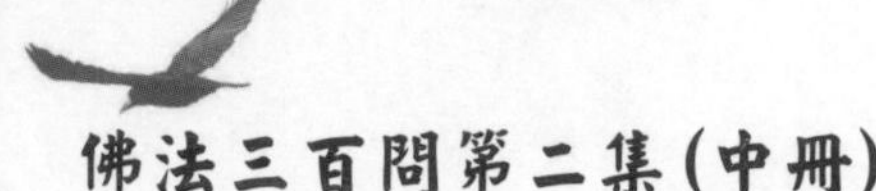

209.天台宗的教義有哪些？

一、如來藏（真如）緣起

如來藏緣起即是眞如緣起。

慧思、大乘止觀法門卷一:「中實本覺，故名爲心」

同上:「眞如者，以一切法眞實如是，唯是一心，故名此一心，以爲眞如。若心外有法者，即非眞實，亦不如是」

同上:「心既是無大小，故毛孔與城廓無大小之別」

同上:「如女胎藏能生於子，此心亦爾」

同上:「心從本以來，俱時具有染淨二性。以具染性故，能現一切眾生等染事，……復具淨性故，能現一切諸佛等淨德」

慧思、諸法無諍三味法門卷上:「若無淨戒禪智慧，如來藏身不可見，如金礦中有眞金，因緣不具，眞金不現。眾生雖有如來藏，不修戒定則不見」

二、萬法互攝

慧思、大乘止觀法門卷二:「是故舉一眾生一毛孔性，即攝一切眾生所有世間法性，及攝一切諸佛所有出世間法性。如舉一毛孔性，即攝一切法性；舉其餘一切世間、一一法性亦復如是，即攝一切法性。……謂以一切世間出世間事，即以彼世間出世間性爲體故。是故世間出世間性體圓融相攝，故世間出世間亦即圓融相攝無礙也」

成佛即能萬法互攝，因爲萬法都是「性起」啓動「緣起」而生起。成佛後，緣起即是性起。

三、實相論

實相與眞如、佛性、法性、實際均爲同義詞。

1.梵語「實相」的譯語：法如是或法性、諸法實相、實際、法的自性、眞實相。

2.法華經的實相論

法華經序品：「今佛放光明，助顯實相義。諸法實相義，已爲汝等說」

法華經：「唯佛與佛，乃能究竟諸法實相」

同上：「我以相嚴身，光明照世間，無量眾所尊，爲說實相印」、「此經開方便門，示眞實相」

同上：「復次菩薩摩訶薩，觀一切法空、如、實相」

有之法，唯佛與佛乃能究竟諸法實相，所謂諸法如是相、如是性、如是體、如是力、如是作、如是因、如是緣、如是果、如是報、如是本末究竟等」

3.大智度論

「法性者，諸法實相」、「一切法實相，名爲法性」、「實際者，如先說，法性名爲實，入處名爲際」

4.入大乘論

「是故因緣法空，名爲眞如、法性、實際」

法華經方便品：「是法不可示，言辭相寂滅，諸餘眾生類，無有能得解」

同上：「諸法寂滅相，不可以言宣，以方便力故，爲五比丘說」

同上：「世尊法久後，要當說眞實，告諸聲聞乘，及求緣覺者」

「有之法，唯佛與佛乃能究竟諸法實相，所謂諸法如是相、如是性、如是體、如是力、如是作、如是因、如是緣、如是果、如是報、如是本末究竟等」

5.智者大師的性具實相

法華玄義卷六上：「若觀己心不具眾生心佛心者，是體狹，具者是體廣」

上文是互具、體具的概念。即體具實相。

6.湛然的當體實相

「一切諸法皆是法界，無非實相，則諸法皆體」

諸法當體就是實相。融合了華嚴的「性起」思想。

當體就是實相，即體具實相之「性具」觀念，及眞如隨緣起諸法之「性起」二者之結合，性具及性起二者結合才是諸法當體即是實相。

四、三法無差

心、佛、眾生三無差別。

華嚴云：「如心佛亦爾，如佛眾生然，心佛及眾生，是三無差別」

所言三法無差者，謂眾生法、佛法、心法，是三雖因果攸殊，自他有別，其爲理性一也。理體無差，融妙不可思議，故曰三法無差。

佛具三千，方攝心生；生具三千，方融心佛；心具三千，豈隔生佛。三法各具三千，互變互攝，互具互融。

五、一心三觀與三諦圓融

一心同時具有空觀、假觀、中觀等三觀。空諦、假諦、中諦三諦都是中諦，即實相。

（1）一心三觀

一心空假中同時俱觀。

妙法蓮華經玄義：「淨心觀者，謂觀諸心，悉是因緣生法，即空即假即中，一心三觀，以是觀故，知心非心，心但有名；知法非法，法無有我；知名無名，……此解起時，於我我所，如雲如幻」

摩訶止觀卷五上：「若一法一切法，即是因緣所生法，是爲假名觀也；若一切法即一法，我說即是空，空觀也；若非一非一切者，即是中道觀。一空一切空，無假、中而不空，總空觀也。一假一切假，無空、中而不假，總假觀也。一中一切中，無空、假而不中，總中觀也。即中論所說不可思議一心三觀」

（2）三諦圓融

三諦是空諦、假諦、中諦。

摩訶止觀卷六下：「三諦具足，祇在一心。……若論道理，祇在一心，即空、即假、即中。三諦不同，而祇一念」

摩訶止觀卷一下：「一念心起，即空、即假、即中。……當知一念即空、即假、即中，……非三而三，三而不三」

請參閱《佛法三百問》221 問

六、一念三千

一念可以生起三千世間及出世間法。

是由「法華經」的「十如是」，「華嚴經」的「十法界」，及「大智度論」的「三種世間」所組成。

（1）十如是

法華經十如是：「佛所成就第一難解希有之法，唯佛與佛乃能究竟諸法實相，所謂諸法如是相、如是性、如是體、如是力、如是作、如是因、如是緣、如是果、如是報、如是本末究竟等」

（2）十界互具

六凡：地獄、惡鬼、畜生、人、阿修羅、天。

四聖：聲聞、緣覺、菩薩、佛。

（3）三種世間：五陰、眾生、國土

由上，十法界各具備十法界，成百法界。一法界各具備十如是，成一千如是，十如是各具備三種世間，合計三千種世間。

請參閱《佛法三百問》222 問

七、性具善惡

佛性、眞如是同時具有善惡，但佛能達惡，不被善惡染。

慧思、大乘止觀法門卷二：「如來藏（佛性）……一一時中，俱具染淨二事」

摩訶止觀卷九下：「若通關十二緣眞如實理，是正因佛性。觀十二因緣智慧，是了因佛性。觀十二緣心具足諸行，是緣因佛性」

觀音玄義卷上：「問：緣、了既具性德善，亦有性德惡否？答：具。問：闡提與佛斷何等善惡？答：闡提斷修善盡，但性善在。佛斷修惡盡，但性惡在」

同上：「闡提既不斷性善，以不斷故，還爲善所染；修善得赴，廣治諸惡。佛雖不斷性惡，而能達於惡，以達惡故，於惡自在，故不爲惡所染，修正惡不得起，故佛永無復惡。以自在故，廣用諸惡，化度眾生」

同上：「闡提不斷性德之善，遇緣善發；佛亦不斷性惡，機緣所激，慈力所熏，入阿鼻同一切惡事化眾生。……闡提亦爾，性善不斷，還生善根。如來性惡不斷，還能起惡，雖起於惡，而是解心無染，……行於非道而通達佛道」

八、色具三千

色由心生，一念心有三千心，也應有三千色。佛對三千色無分別，眾生則有分別。

知禮、四明十義書卷上：「今據此教文，若內若外，若心若色，趣觀一境，皆具三千，以互具互收故也」

同上：「今著外色者，專觀內心；外既歸內，外著則亡。著內心者，令專觀外色，內既趣外，內著方祛。外觀本治內著，若還攝外歸內，則彌增內著，重添他病」

同上：「若爾，應是外色非性本具，舉色不全收諸法耶？若不全收，何名色爲法界耶？」

九、別理隨緣

眞如理可以隨緣受熏而生起萬法。

知禮、四明尊者教行錄卷三：「若稟今圓者，既知性德本具諸法，雖隨無明變造，乃作而無作，以本具故。事既即理故，法法圓常，遍收諸法，無非法界」

同上：「以彼不談性具九界，乃是但理隨緣作九。若斷無明，九界須壞。若九界即是眞如理者，何須除九？豈非九界定能障理耶？」

十不二門指要鈔卷下：「應知不談理具、單說眞如隨緣，仍是離義。故第一記云：以別教中無性德九故，自他俱斷九也。若三千世間是性德者，九界無所破，即佛法故，即義方成，圓理始顯」

同上：「今家明三千之體隨緣起三千之用，不隨緣時三千宛爾。故差別法與體不二，以除無明有差別故」

請參閱《佛法三百問》219 問

十、理毒性惡

眞如理同具「性善」及「性惡」，但佛之性惡即是性善，所以不會起惡。

（1）智顗、請觀音經疏：「用即爲三：一事、二行、三理。事者，虎狼刀劍等也；行者，五住煩惱也；理者，法界無閡，無染而染，即理性之毒也」

（2）知禮：性具論

十二指門要鈔：「應知圓家明理已具三千，而皆性不可變，約事乃論迷解眞，似因果有殊」

「今爲易成觀故，故指一念心法爲總。然此總別不可分，對理事應知，理具三千，事用三千，各有總別，此兩相即，方稱妙境」

四明尊者教行錄卷二：「今事毒在欲界，此約果報，故受事名。行毒從色界，盡別教教道，以不即理，故別受行名。理毒唯圓，以談即故也。蓋煩中分即不即異，故名行名理不同」、「三教不談性惡，……故須別緣真中二理破此王數。……毒既即性，故只以此毒為能消伏。既以毒為能消伏，則當處絕待」

十一、無情有性

有情、無情悉有佛性。有情一旦成佛，其依之器世界也能成佛。

湛然、金剛錍：「余患世迷，恆思點示，是故寐言，無情有性」

同上：「一切世間何所不攝？豈隔煩惱及二乘乎？虛空之言何所不該，安棄牆壁、瓦石等耶？」

同上：「子信無情無佛性者，豈非萬法無真如耶？故萬元法之稱，寧隔於纖塵？真如之體，何專於彼我」

請參閱《佛性辨正》P184-185

十二、六即說

以圓教來劃分六即的修行位階。

（1）六即

理即：摩訶止觀卷一下：「一念心即如來藏理」

名字即：同上：「於名字中通達解了，知一切法皆是佛法」

觀行即：同上：「理慧相應，所行如所言，所言如所行」

相似即：同上：「以其逾觀逾明，逾止逾寂」

分證即：同上：「初破無明見佛性，開寶藏顯真如」

究竟即：同上：「智光圓滿，不復可增」

（2）六即與修行位階

理即（未斷惑之位）

名字即（未斷惑之位）

觀行即（伏惑之位-五品弟子-外凡

相似即（斷見思、塵沙二惑之位）-十信位-內凡

分證即（初斷無明惑之位）-十住位、十行位、十迴向位、十地位、等覺-聖位

究竟即（已斷無明惑之位）-妙覺位-聖位

十三、開權顯實、會三歸一

三乘是權，一乘是實。三乘終將會歸一乘，即佛乘。

（1）開權顯實

智顗、摩訶止觀卷三下：「權謂權謀，暫用還廢；實謂實錄，究竟旨歸」

法華經方便品：「開方便門，示眞實相」

（2）會三歸一

法華經方便品：「如來但以一乘故，爲眾生說法，無有餘乘，若二若三」

法華玄義卷七下：「華合未開，譬隱一乘，分別說三；華葉正開，譬會三歸一，但說一乘」

十四、法華三昧

法華三昧是天台宗特有的三昧，如同華嚴宗有華嚴三昧及海印三昧。

法智、修懺要旨：「……若欲廣知，應尋摩訶止觀，當知止觀一部，即法華三昧之筌第。一乘十觀，即法華三昧之正體。圓頓大乘，究竟於此」

故法華三昧修持方法，不外秉承摩訶止觀內所載之初入道場

時十科方法、二十五種前方便及十乘觀法也。

（1）初入道場時十科方法

1.嚴淨道場

2.清淨身器

3.三業供養

4.奉請三寶

法華三味懺儀：

5.讚歎三寶

6.禮敬三寶

7.懺悔六根

8.遶佛行道

9.讀誦經典

10.坐禪習定

（2）二十五種前方便

1.具五緣

a.具持戒緣

b.具衣食緣

c.具住處緣

d.息諸緣務

e.親近善知識

2.訶五欲

3.棄五蓋

4.調五事

5.行五法

（3）十乘觀法

觀不思議境

起慈悲心

巧安止觀

破法遍

識通塞

修道品

對治助開

知次位

能安忍

無法愛

請參閱《佛性辨正》P201-205

十五、觀行論

（1）教相與觀心論

1.教相

法華玄義卷一上：「教相為了三。一、根性融不融相；二、化導始終不始終相；三、師弟遠近不遠近相。」

法華玄義卷十上：「教相大綱三種：一頓、二漸、三不定。」

2.觀心論

2.1.慧文、慧思

1.慧文：一心三觀

慧文讀到「摩訶般若波羅蜜經」的三智（一切智、一切道種智、一切種智）時，便聯繫「大智度論」的三智可以由一心中得，又與中論的「三是偈」聯結，以三諦（空、假、中）配合三智，以三智觀三諦境，遂成「一心三觀」。

2.慧思

a.繼承慧文的禪法

「諸法無諍三味法門」卷下：「三界虛妄，皆心所作，即觀是心，從何處生」、「復觀心性，無有心性。無有心性，亦無相貌，畢竟無心，亦無不見心。如是觀竟，身心空寂，次第入禪」

發菩薩戒儀：「皆順正法，治生產業，悉入圓宗」

b.慧思的十二因緣觀與如來藏緣起觀

b1.十二因緣觀

諸法無諍三昧法門卷上：「妄識本無體，依因寂法生，妄想生妄想，轉輪十二緣」

十二因緣本在解釋業惑緣起之流轉門，即「妄想生妄想，轉輪十二緣」。

但十二因緣也可以還滅門，即「妄識本無體，依因寂法生」。慧思以空觀無明妄念如虛空，而還滅十二因緣當體即空，皆無所得。

b2.如來藏緣起觀

眾生分爲「身身」、「心身」、「身本」。身身是業感果報肉身；心身是心心數法；身本是如來藏性。如來藏在濁不污，在淨不增，亦名自性清淨心。

諸法無諍三昧法門卷下：「他土之音，有二義：一者本土，是如來藏，一切眾生不能解故，貪善惡業，輪迴六趣」強調本土是如來藏。更以「嚴持淨戒」、「心境契同」、「能所冥一」之實踐工夫，收顯現隱密深奧的如來藏。

2.2.智顗、湛然、知禮

2.2.1.智顗

1.一心三觀

妙法蓮華經玄義：「淨心觀者，謂觀諸心，悉是因緣生法，即空即假即中，一心三觀，以是觀故，知心非心，心但有名；知法非法，法無有我；知名無名，……此解起時，於我我所，如雲如幻」

摩訶止觀卷五上：「若一法一切法，即是因緣所生法，是爲假名觀也；若一切法即一法，我說即是空，空觀也；若非一非一切者，即是中道觀。一空一切空，無假、中而不空，總空觀也。

一假一切假，無空、中而不假，總假觀也。一中一切中，無空、假而不中，總中觀也。即中論所說不可思議一心三觀。」

2.三諦圓融

摩訶止觀卷六下：「三諦具足，祇在一心。……若論道理，祇在一心，即空、即假、即中。三諦不同，而祇一念。」

摩訶止觀卷一下：「一念心起，即空、即假、即中。……當知一念即空、即假、即中，……非三而三，三而不三」

3.心即是識陰，六妙門即是觀心途徑。

a.心即是識陰

摩訶止觀卷五上：「然界內外，一切陰入，皆由心起。……心是惑本，其義如是。若欲觀察，須伐其根，如灸病得穴。今當去丈就尺，置色等四陰，但觀識陰，識陰者，心是也」

b.六妙門

觀心六妙門：數（以數攝心，不令散亂）、隨（捨數隨息，專注呼吸）、止（止息妄心，進入定境）、觀（生起慧觀，破除妄見）、還（返照能觀之心，了知其虛妄不實）、淨（心無所依，寂然清淨）。

2.2.2.湛然

將妄心觀作爲觀法之最。

止觀大意：「如是觀時，名觀心性」、「如是觀者，名觀煩惱」

觀照陰妄心境，即從陰妄的心去觀其心體：

「是觀眞如、是觀實相、是觀眾生、是觀己身、是觀虛空、是觀中道，故此妙境爲諸法本，故此妙觀是諸行源」

湛然：「故攝十妙爲觀法大體」

2.2.3.知禮

a.知禮：「攝乎十妙入一念心，十門示者爲成觀體故也」

b.性具思想

觀音玄義記卷二:「夫一切法不出善惡，皆性本具」

「只一具字，彌顯今天宗」

3.教觀

教相與觀心合稱教觀。

教相是整理佛典內容；觀心是實踐佛法義理，教與觀互相補足，缺一不可。天台宗的化法四教與化儀四教即是教相門，而一心三觀與三諦圓融則是觀心門，以教觀二門總括佛法之要。

智旭、教觀綱宗:「佛祖之要，教觀而已矣！觀非教不正，教非觀不傳。有教無觀則罔，有觀無教則殆」

八教者:一、頓，二、漸，三、秘密，四、不定，名爲化儀四教，如世藥方。五、三藏，六、通，七、別，八、圓，名爲化法四教，如世藥味。

藏以析空爲觀、通以體空爲觀，別以次第爲觀，圓以一心爲觀。

四觀各用十法成乘（十乘觀法），能運行人至涅槃地。藏、通二種教觀，運至眞諦涅槃；別、圓二種教觀，運至中諦大般涅槃。

藏、通、別三，皆名爲權。唯圓教觀，乃名眞實。爲實（一乘）施權（三乘），則權含於實。明權顯實，則實融於權。

4.眞心觀與妄心觀

眞心觀與妄心觀是宋代天台宗山家派與山外派之諍論根本問題。山家派主張妄心觀，即先去觀一般眾生的「心」，這心除佛之外都屬妄心，再從這妄心去觀妄心的本性心體，即眞心佛性、實相、眞如。

眞心觀則主張即直接去觀清淨的眞心。

作者本人認同知禮等山家派的妄心觀，反對晤恩等山外派的眞心觀，因爲清淨的眞心無形無相，又被煩惱無明所隱覆，如何能直接去觀取，只有先觀破煩惱無明的妄心，才能觸及妄心的本體心性，即眞心。

兩派的諍源起自山外派的晤恩著「金光明玄義發揮記」認爲無妄心觀的略本爲智顗的眞作，主張妄心觀的廣本則是僞著。主張「一念不離眞心」的觀法，即眞心觀。

作者以爲天台宗的一念三千即是涵蓋眞心及妄心，除佛外，一念不是只含眞心。

晤恩的眞心觀，由其弟子慶昭及智圓等繼承，並多所發揮。

山家派知禮則認爲，透過觀照刹那所現的種種妄心，以還滅法來轉捨染妄，斷除無明，才能證得眞心。因此作「釋難扶宗記」以破晤恩的「金光明玄義發揮記」。

兩派的諍論歷經七年、第一段的五回合及第二段、第三段的爭論才結束。

請參閱《佛性辨正》P195-200

5.九種心住：內住、等住、安住、近住、調柔、靜慮、最極靜慮、專注一趣、等持。

請參閱《佛法三百問》232 問

6.智顗的觀行

6.1.止觀的種類及典籍

6.1.1.種類

請參閱《佛法三百問》229 問、206 問、207 問、208 問、209 問

6.1.2.典籍

1.智者：摩訶止觀、法華玄義、法華文句、釋禪波羅蜜次第法門、六妙門、修習止觀坐禪法要、觀音玄義、維摩經玄義、維摩經玄疏、金光明經玄義、金光明經文句、四念處、四教義。

a.摩訶止觀

a1.次第三止三觀

次第觀三止：眞體止、方便隨緣止、息二邊分別止

次第三觀：觀空、觀假、觀中

a2.一心三觀：一心空假中同時俱觀

三諦圓融：三諦（空假中）其實是一諦，即中諦（絕對中）

a3.止觀並重

a4.四種三昧

常坐三昧：一行三昧

常行三昧：般舟三昧

半行半坐三昧：方等三昧、法華三昧

非行非坐三昧：隨自意三昧、覺意三昧

a5.十境與十乘觀法

十境：陰界入境、煩惱、業相、病患、禪定、魔事、增上慢、諸見、二乘、菩薩

a6.十乘觀法

觀不思議境

起慈悲心

巧安止觀

破法遍

識通塞

修道品

對治助開

知次位

能安忍

無法愛

請參閱《佛性辨正》P285-288

b.釋禪波羅蜜次第法門

欲界定、未到地定、初禪、中間禪、二禪、三禪、四禪、空無邊定、識無邊定、無所有處定、非想非非想處定、滅盡定、無想天定、四無量心定、明通定、八解脫、八勝處、十遍處、十六

特勝。

《佛性辨正》P262-270

c.六妙門

止息、隨息、止、觀、還、淨

請參閱《佛法三百問》231 問

《佛性辨正》P270-275

d.修習止觀坐禪法要：五悔與止觀十意。

d1.五悔

五悔：懺悔、勸請、隨喜、迴向、發願。

d2.止觀十意：包括二十五方便。

二十五方便：

1.具五緣：持戒清淨、衣食具足、閒居靜處、息諸緣務、近善知識

2.呵五欲：色聲香味觸

3.棄五蓋：貪欲、瞋欲、睡眠、掉悔、疑

4.調五事：食、眠、身、息、心

5.行五法：欲、精進、念、巧慧、一心分明

以上爲二十五方便。

6.正修行：坐中修、歷緣對境修

坐中修：參閱《佛法三百問》P290

歷緣對境修：參閱《佛法三百問》P290-291

7.善根發：外善根發相、內善根發相（參閱《佛法三百問》P291）

8.覺知魔事：四種魔：煩惱魔、陰界入魔、死魔、鬼神魔（有精魅、堆剔鬼、風魔惱）

9.治病：明病發相、明治病方法（參閱《佛法三百問》P292-293）

10.證果：一切智、一切道種智、一切種智。

請參閱《佛法三百問》214-4（P288-293）、230 問

7.湛然的觀行

止觀輔行傳弘決、止觀大意、止觀義例、十不二門。

a.有教無觀則罔，有觀無教則殆：引教證觀、觀與經合。

b.止是觀家之止，觀是止家之觀：止觀不二，境智冥一。

c.以二十五法爲方便，十乘十境以爲正修

d.批評禪宗之「直指單傳」是「有觀無教」，是「暗證」。暗證是盲者之行。

應該要「引教證觀」及「觀與經合」、「印心成行」。強調「教觀並重」及「定慧雙修」。

e.論破他宗，中興天台。

e1.破華嚴澄觀：認爲法華經是開漸顯頓的「漸頓」，是「漸中頓」，而非方等般若經之「漸中漸」。而且智顗認爲，法華經的開權顯實可以避開華嚴的「兼」、三藏的「但」、方等的「對」及般若的「帶」。

湛然認爲華嚴經是「頓部」（部指得悟的時間先後），而非「頓教」（教指教義的深淺）。反對澄觀判法華爲「漸頓」及「漸圓」。批華嚴是「頓部兼別」，非純圓。

認爲法華兼具相待、絕待二義，所以爲絕待妙，華嚴是相待妙。

e2.批判窺基「以三草二木喻三無二有」、「三乘眞實、一乘方便」及「定性聲聞、定性緣覺、無性三種只有理佛性，沒有行佛性，所以不能成佛」之說：

三無二有指定性聲聞、定性緣覺、無性有情三種如同三草，沒有佛性，不能成佛。二木指定性菩薩及不定性者二種有佛性，可以成佛。

湛然認爲五性都有佛性，都能成佛。

湛然認爲三乘是權、是方便，一乘是實。

湛然認爲所有眾生均同時具有理佛性及行佛性。

十六、修行果位

（1）所斷惑：有三惑：見思惑，見惑（意根對法塵起分別，而起邊見、身見等，曰見惑）及思惑（眼等五根對色等五塵起貪愛，而起貪欲瞋恚等，曰思惑）及塵沙惑（塵沙指菩薩所化眾生如塵沙多，眾生有障菩薩化導的見思惑也如塵沙多）及無明惑（障中道實相理之別惑）。

（2）所行三觀

以即中即假即中之一心三觀，破乎三惑，空觀破見思惑，假觀破塵沙惑，中觀破無明惑。由一心三觀證得三智（空觀得一切智、假觀得一切道種智、中觀得一切種智），成乎三德（空觀成般若德、假觀或解脫德、中觀成法身德）。

空觀：若一切法即一法，我即是空，空觀也。

假觀：若一法一切法即是因緣所生法，是爲假名假觀也。

中觀：若非一非一切者，即是中道觀。

三惑頓斷，三智一心得。

（3）修行位次

先於信位斷見思塵沙，初住以後斷無明，依是六即位。

六即與修行位階：

1.理即（未斷惑之位）：一切眾生皆有佛性，有佛無佛，性相常住。

2.名字即（未斷惑之位）：從善知識及從經卷，聞見此言。

3.觀行即（伏惑之位-五品弟子-外凡：於名字中通達解了，知一切法皆是佛法，依教修行。

4.相似即（斷見思、塵沙二惑之位）-十信位-內凡：相似解發，於觀行中，愈觀愈明，愈止愈寂，雖未能眞證其理，然於理彷佛，類似眞證，此十信位也。

5.分證即（初斷無明惑之位）-十住位、十行位、十迴向位、十地佸、等覺-聖位，有四十一品分破分證破一分無明證一分中道又名分眞即初破無明見佛性顯眞如。

6.究竟即（已斷無明惑之位）-妙覺位-聖位

破第四十二品無明道，窮妙覺種智俱圓，是爲究竟即佛。

十七、佛身論、佛土論

（1）佛身論

1.此宗分佛身爲法報應三種。若細分之，法身有自性清淨及離垢清淨。性相常然之毗盧遮那，是法身。理法聚，名法身。

報身有自受用及他受用。與法身契合之盧舍那如來，是報身。智法聚，名報身。

應身有勝應、劣應。

功德如法身，應現成道的釋迦如來是應身。功德法報身。

法報應三身，如次爲理智悲三。法身起中諦德，報身起空諦德，應身起假諦德。

2.以本跡論佛身

久遠實成之佛，本地也，如月。

伽耶成道之佛，垂跡也，如影。

本跡雖殊，皆不思議，故垂跡之釋迦以外，無本地之釋迦。應身以外，無法報二身。三身即一，本跡不二，融即不離。

3.四教之佛身不同

藏教：道樹草座之劣應身。

通教：道樹天衣爲座之帶劣勝應身。

別教：寂滅道場七寶華爲座之尊特身，即盧舍那如來。

圓教：爲道場以虛空爲座三身具足之昆盧遮那法身。

然此四佛，但由四機所見不同。

（2）佛土論

本宗就以上四種佛，立同居穢淨土、方便有餘土、實報無障礙土、常寂光土。

1.凡聖同居土：凡夫與聖者雜居之國土。有淨穢之別，如此土娑婆世界是同居穢土；西方安養世界是同居淨土。

2.方便有餘土：二乘三賢等所居土。依方便道斷三界見思惑，故名方便。尚有塵沙無明惑未盡除，故名有餘。爲三界以外之淨土，無分段生死，但尙有變易生死。

3.實報無障礙土：斷無明證一分中道之菩薩之所居土。乃別教初地以上及圓教初住以上者，以行眞實法，感得殊勝果報，故名實報。已得色心不相妨之中道理，故名無障礙。純菩薩居，無有二乘。

4.常寂光土：全斷無明、已離變易生死之妙覺究竟果佛所居土。常指法身，即法性本在常住之體。寂謂解脫，即法性自在應物之用。光謂般若，即法性明了照物之用，爲諸佛如來所游居處，而常樂我淨四德圓滿究竟之佛土。

請參閱《佛性辨正》P200-205

210.什麼是天台宗的境妙（六種真理境）及智妙（二十種智）？

一、境妙：六種真理境

（1）一諦境：一實諦，即實相。

（2）二諦境：眞諦、俗諦。

七重二諦：

藏教二諦：實有爲俗，實有滅爲眞。

通教二諦：幻有俗，幻有空爲眞。

別入通二諦：幻有俗，幻有空不空爲眞。

圓入通二諦：幻有爲俗、幻有即空不空及一切法趣空不空爲眞。

別教二諦：幻有、幻有即空皆是俗，不有不空爲眞。

圓入別二諦：幻有、幻有即空皆是俗，不有不空及一切法趣不有不空爲眞。

圓教二諦：幻有、幻有即空皆是俗，一切法趣有、趣空、趣不有不空爲眞。

（3）三諦境：空諦、假諦、中諦。

（4）四諦境：苦、集、滅、道。

（5）十二因緣境：無明-行-識-名色-六入-觸-受-愛-取-有-生-老死。

（6）十如境：如是相、如是性、如是體、如是力、如是作、如是因、如是緣、如是果、如是報、本末究竟。

二、智妙

（1）二十種智

藏教智：世智、五停心四念處智、四善根智、四果智、支佛智、六度智、三藏佛智。

通教智：通教方便聲聞智、通教支佛智、通教菩薩入眞方便智、通教出假菩薩智、通教佛智。

別教智：別教十信智、別教三十心智、十地智、別教佛智。

圓教智：圓教五品弟子智，六根清淨智、初住至等覺智、妙覺佛智。

（2）十二因緣四智觀

下智觀（藏教）：觀無明是現世果報之因。觀無明是無常、苦、空、無我，則無明滅，而行至老死皆滅，不造業，不受生死苦。

中智觀（通教）：觀無明是幻化不可得。進一步觀無明是體相本自不有，如幻如化，則行乃至老死亦幻化不可得，由此得解脫。

上智觀（別教）：觀惑業苦三道，各各不同，而進一步以種種方便破除三道障，若無明破則般若現；業破則顯出解脫；識名色等破則顯出法身。除自度外，亦起一切道種智，化導眾生。

上上智觀（圓教）：觀惑業苦三道即是三德。煩惱即般若，業道即解脫，苦道即法身。由此知三道與三德不二，且三道具足一切佛法。

（3）次第三觀智：一切智、一切道種智、一切種智

（4）七番二智：

藏教二諦：析法權實二智

通教二諦：體法二智

別入通二諦：體法含中二智

圓入通二諦：體法顯中二智

別教二諦：別二智

圓入別二諦：別含圓二智

圓教二智：圓二智

211.天台宗的心性與佛性思想為何？

一、天台宗的心性思想即是佛性思想

（1）一念無明法性心，無明即法性，法性即佛性。

智者大師：「其實只一念，無明法性十法界即不可思議一心。具一切因緣所生法，一句名爲一念無明法性心。若廣說四句成一句，即因緣所生心，即空即假即中」、「觀心者，觀一念無明即是明」

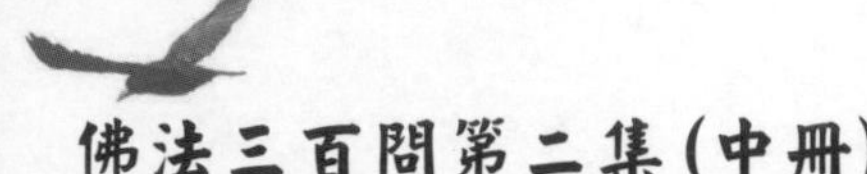

「無明癡惑本是法性，以癡迷故法性變作無明，起諸顛倒善不善等，如寒來結水變作堅冰。又如眠來變心有種種夢，今當體諸顛倒即是法性，不一不異」

（2）一念即實相心，實相即佛性。

摩訶止觀：「一念心起，即空即假即中者，若根若塵，並是法界，並是畢竟空，並是如來藏，並是中道。……當知一念即空即假即中，並畢竟空，並如來藏，並實相，非三而三，三而不三」

涅槃經：「我者即是如來藏義，一切眾生悉有佛性，即是我義」

由上知一念即空即假即中，即是如來藏，即是實相。而如來藏即是佛性。

（3）一念是即空即假即中，而即空即假即中就是佛性。

摩訶止觀：「一念心起，即空即假即中者，若根若塵，並是法界，並是畢竟空，並是如來藏，並是中道。」

涅槃經：「佛性者，即是一切諸佛阿耨多羅三藐三菩提中道種子」

由上文知，一念心起，即空即假即中者，並是中道。

而佛性即是中道種子。

故即空即假即中之一念心就是佛性。

二、天台宗的觀心，是以知禮山家派的妄心觀爲主流，雖然一念無明法性心是屬於無明即法性的眞心，但觀法卻須從無明的妄心觀起，即先觀無明即空即假即中，則無明經「不斷斷」而斷除，自能顯現無明即明的眞心，而非直接去觀法性的眞心，因爲眞心無形無相，不可緣慮，故無法直接去觀眞心，晤恩等的「眞心觀」是非了義的說法。

212-1.天台宗之五時八教判教為何？

一、五時八教

（一）五時

（1）華嚴時（乳味、華嚴經）、阿含時（酪味、四阿含經）、方等時（生酥味、維摩、思益、楞伽、密嚴、三昧、金光明、勝鬘夫人等經）、般若時（熟酥味、般若諸經）、法華涅槃時（醍醐味、法華經、涅槃經）。

（2）教觀綱宗的五時說

華嚴時：正說圓教，兼說別教，約化儀名頓。

阿含時：但說三藏教，約化儀名漸初。

方等時：對三藏教半字生滅門。說通、別、圓教滿字不生不滅門，約化儀名漸中。

般若時：帶通、別二權理，正說圓教實理，約化儀名漸後。

法華涅槃時：「法華」開三藏、通、別之權，唯顯圓教之實，深明如來設教之始終，具發如來本跡之廣遠，約化儀名會漸歸頓，亦名非頓非漸。

「涅槃」重爲未入實者，廣談常住，又爲末世根鈍，重扶三權，是以追說四教，追泯四教，約化儀亦名非頓非漸。

而秘密、不定二種化儀，遍於前之四時。唯「法華」是顯露，故非秘密；是決定，故非不定。然此五時，有別有通，故須以別定通，攝通入別，方便教觀，咸悉不濫。法華屬圓，涅槃均通四教。

（二）八教：化法四教、化儀四教

（1）化儀四教：依據教觀綱宗

1.頓

a.頓教部：只用別、圓二種化法。

「部」指教的證悟時序。

謂初成道，爲大根人之所頓說，唯局限在「華嚴經」。凡一代中，直接說界外大法，不與二乘共者，如「梵網經」、「圓覺經」，並宜收入此部。是謂根據時序的差別（別）來確定整體的主旨（通），此即「以別定通」。或將整體的主旨（通）融匯到某一個別時序（別）中，此即「攝通入別」。

b.頓教相：「相」指教的相義內容。

謂初發心時，便成正覺，能覺悟佛的教義，即性修不二，生佛體同等義，則方等、般若諸經，悉皆有之，都可以頓悟佛的教義。

2.漸

a.漸教部：具用四種化法。

謂惟局阿含爲漸初（凡一代中，所說生滅四諦、十二緣生、事六度等。三乘權法，並宜收入此部）。

方等爲漸中（凡一代中，所說彈偏斥小，歎大褒圓等經，及餘四時所不攝者，並宜收入此部，如增上緣名義寬故）。

般若爲漸後（凡一代中，所說共不共諸般若教，並宜攝入此部）。

b.漸教相

謂歷劫修行，斷惑證明位次第，則「華嚴」亦復有之。「法華」會漸歸頓，不同華嚴初說，故非頓。也不同方等、般若之隔歷未融，故非漸。然仍雙照頓、漸兩相。

3.秘密

a.秘密教：於前四時中，或爲彼人說頓，爲此人說漸等，彼此互不相知，各自得益。第五時的法華正直捨方便，但說無上道，故非屬秘密。

b.秘密咒：謂一切陀羅尼章句，即五時教中，皆悉有之。

4.不定

a.不定教：於前四時中，或爲彼人說頓，爲此人說漸等，彼此互知，各別得益，即是聞頓漸不定，宜聞頓者聞頓，宜聞漸者聞漸也。法華決定說大乘，故非不定教相。

b.不定益：於前四時中，或聞頓教得漸益，或聞漸教得頓益，即是所得益不定，以頓助漸，以漸助頓也。

5.顯露不定，既遍四時，亦還用四種化法。秘密不定，亦遍四時，亦還用四種化法。

（2）化法四教

天台四教儀（高麗、諦觀法師錄）的化法四教

（2.1.）藏教

2.1.1 名義

三藏教有修多羅藏（四阿含經）、阿毗曇藏（俱舍、婆沙等論）、三毗尼藏（五部律）。此之三藏，名通大小，今取小乘三藏也。

2.1.2 四諦義

2.1.2.1 苦諦：二十五有，依正二報是。

1A.二十五有：

1.欲界：即四洲（東弗婆提、西牛貨洲、南贍部洲、北俱盧州）、四惡趣（地獄、畜生、餓鬼、修羅）、六欲天

2.色界：

初禪三天（梵眾天、梵輔天、大梵天）、二禪三天

三禪三天

四禪九天：初三天：（凡夫所居天）、

第四天（無想天、外道所居）、後五天（第三果所居）

3.無色界：

四空處天

1B.別則二十五有，總則六道生死：

一地獄道，八寒八熱等大獄，上品五逆十惡者感此道身。

二畜生道，亦云旁生。此道遍在諸處。互相呑噉，受苦無窮。愚癡貪欲，作中品五逆、十惡者，感此道身。

三餓鬼道：此道亦遍諸趣，有福德者，作山林塚廟神；無福德者，居不淨處，不得飲食，常受鞭打，塡河塞海，受苦無量。諂誑心意，作下品五逆十惡，感此道身。

四阿修羅道：此翻譯爲無酒，又無端正，又無天。或在海岸海底，宮殿嚴飾，常好戰鬥，怕怖無極。在因之時，懷猜忌心，雖行五常，欲勝他故，作下品十善，感此道身。

五人道：四洲不同，謂東弗婆提（壽二百五十歲）、南閻浮提（壽一百歲）、西瞿耶尼（壽五百歲）、北鬱單越（壽一千歲，命無中夭，聖人不出其中，即八難之一），皆苦樂相間，在因之時，行五常、五戒。行中品十善，感此道身。

六天道；二十八天不同。

1.欲界六天：

a.四天王天（居須彌山腹）

b.忉利天：居須彌山頂，自有三十三天）

以上二天單修上品十善，得生其中。

c.夜摩天、d.兜率天、e.化樂天、f.他化自在天。

以上四天空居，修上品十善，兼坐未到地定，得生其中。

2.色界十八天：分爲四禪。

初禪三天：梵眾、梵輔、大梵。

二禪三天：少光、無量光、光音。

三禪三天：少淨、無量淨、遍淨。

四禪九天：無雲、福生、廣果，以上三天凡夫住處，修上品十善坐禪者得生其心中。無想天外道所居。無煩、無熱、善見、善現、色究竟，以上五天，第三果居處。

以上九天離欲粗散，未出色龍，故名色界。坐得禪定，故得禪名。

3.無色界四天有：空處、識處、無所有處、非想非非想處。以上四天只有四陰，而無色陰，故得名也。

2.1.2.2 集諦

即見思惑。又云見修，又云四住，又云染污無知，又云取相惑，又云枝末無明，又云通惑，又云界內惑，雖名不同，但見思耳。

1.見惑：有八十八使。

a.五鈍使：貪瞋癡慢疑

b.五利使：身見、邊見、邪見、見取見、戒取見

c.欲界三十二使：苦諦十使、集諦七使（除身見、邊見、戒取見）、滅諦七使（如上）、道諦八使（除身見、邊見）。

d.色界二十八使：苦諦九使（除瞋）、集諦六使（除瞋、身見、邊見、戒取見）、滅諦六使（如上）、道諦七使（除瞋、身見、邊見）。

e.無色界二十八使：

苦諦九使（除瞋）、集諦六使（除瞋、身見、邊見、戒取見）、滅諦六使（如上）、道諦七使（除瞋、身見、邊見）。

2.思惑：有八十一品。

三界合爲九地。九地爲：欲界合爲一地、四禪、四定。

a.欲界（五趣雜居地）九品思惑：貪瞋癡慢。

b.色界四地三十六品：

離生喜樂地、定生喜樂地、離喜妙樂地、捨念清淨地。

c.無色界四地三十六品：

空無邊處地、識無邊處地、無所有處地、非想非非想處地

八地各具九品，共七十二品：貪、癡、慢，無瞋。

九品是上上、上中、上下、中上、中中、中下、下上、下

中、下下。

2.1.2.3 滅諦：滅前苦集，顯偏眞理，因滅會眞，諦非眞諦。

2.1.2.4 道諦

略則戒定慧；廣則三十七道品。

三十七道品：

四念處：觀身（色蘊）不淨、觀受（受蘊）是苦、觀心（識蘊）無常、觀法（想、行蘊）無我。

四正勤：未生惡令不生、已生惡令滅、未生善令生、已生善令增長。

四如意足：欲、念、進、慧。

五根：信、進、念、定、慧。

五力：信、進、念、定、慧。

七覺支：念、擇、進、喜、輕安、定、捨。

八正道：正見、正思惟、正語、正念、正業、正命、正精進。

2.1.3 行位

2.1.3.1 聲聞行位：

凡有外凡、內凡。亦名七方便位。

外凡：

五停心

別相念處

總相念處

內凡：煖、頂、忍、世。第一

聖位：見道（初果）、修道（二三果）、無學道（四果）。

四果：須陀洹、斯陀含、阿那含、阿羅漢

須陀洹：此翻預流。此位斷三界八十八使見惑，見眞諦故，名爲見道，又名聖位。

斯陀含：此云一來，此位斷欲界九品思中，斷前六品盡，後三品猶在，故更一來。

阿那含：此云不來。此位斷欲殘思盡，進斷上八地思。

阿羅漢：此云無學。又云無生，又云殺賊，又云應供。此位斷見思俱盡，子縛已斷，果縛猶在，名有餘涅槃。若灰身滅智，名無餘涅槃，又名孤調解脫。

2.1.3.2 緣覺、獨覺行位

A.緣覺值佛出世，稟十二因緣教：

1.十二因緣：無明-行-識-名色-六入-觸-受

2.云何開合

B.獨覺：出無佛世，獨宿孤峰，觀物變易，自覺無生，故名獨覺。此人斷三界見思，與聲聞同，更侵習氣，故居聲聞上。

2.1.3.3 菩薩行位

1.從初發心，緣四諦境，發四弘願，修六度行。

2.四弘願：

a.未度者令度，即眾生無邊誓願度，此緣苦諦境。

b.未解者令解，即煩惱無盡誓願斷，此緣集諦境。

c.未安者令安，即法門無量誓願學，此緣道諦境。

d.未得涅槃者令得涅槃，即佛道無上誓願成，此緣滅諦境。

3.釋迦修菩薩道時，歷三阿僧祇劫：

a.從古釋迦至尸棄佛，值七萬五千佛，名初阿僧祇劫。望聲聞位，即五停心、總、別念處。

b.從尸棄佛至然燈佛：值七萬六千元，名第二阿僧祇劫。望聲聞位，即煖位。

c.從然燈佛至毗婆尸佛：七萬七千佛，名第三阿僧祇劫。望聲聞位，即頂位。

d.修行六度，各有滿時：望聲聞位，是下忍位。

e.次入補處，生兜率天，託胎、出胎、出家、降魔，安坐不動，爲中忍位。次一刹那入上忍位，次一刹那入世第一位，發眞無漏，三十四心，頓斷見思習氣，坐木菩提樹下，生草為座，成劣應該丈六身佛，受梵王請，三轉法輪，度三根性，住世八十年，現老比丘相，薪盡火滅，入無餘涅槃者，即三藏佛果也。

（2.2）通教：

1.名義：通前藏教，通後別圓，故名通教。三人同以無言說道，體色入空，故名通教。

2.行位：乾慧等十地，即是此教位次也。

一、乾慧地：未有理水，故得其名，即外凡位，與藏教五停心觀、總、別等三位齊。

二、性地：相似得法性水，伏見思惑，即內凡位，與藏教四善根齊。

三、八人地：人者忍也，見道之苦法智忍等八忍謂之八忍地。即見道十五心之位也。見道十五雖為八忍七智，然今就決定因道之邊，但取八忍而名之也。

四、見地：此二位入無間三昧，斷三界八十八使見盡，發眞無漏，見眞諦理，與藏教初果齊。

五、薄地：斷欲界九品思前六品，與藏教二果齊。

六、離欲地；斷欲界九品思惑盡，與藏教三果齊。

七、已辦地：斷三界見思惑盡，但斷正使，不能侵習，如燒木成炭，與藏教四果齊，聲聞位齊此。

八、辟支佛地：更侵習氣，如燒炭成灰。

九、菩薩地：正使斷盡，與二乘同，扶習潤生，道觀雙流，遊戲神通，淨佛國土。

十、佛地：以一念相應慧，頓斷殘習，坐七寶菩提樹下，以天衣為座，現帶劣勝應身成佛。

3.三乘同異：三乘因同果異。

a.三乘同：同斷見思惑、同出分段生死、同證人我空之偏眞。

b.三乘不同：菩薩有利鈍二種，鈍則但見偏空，不見不空，只能成就「果頭佛」。

利根菩薩，非但見空，兼見不空，不空即中道。中道有但中及不但中。但中是別教接，不但中是圓教接，鈍根菩薩則通教接。

通教之相似位（辟支佛、鈍根菩薩）等同於別教的十迴向及圓教的十信位。通教之眞位（佛地位）等同於別教的初地及圓教的初住位。

4.藏通同異

問：藏通二教同是三乘，同斷四住煩惱（三界一切見住地、欲界、色界、無色界欲），同出三界，同證偏眞，同行三百由旬，同入化城（偏空境），何故分二？

答：所證雖同，大小巧拙不同。藏是界內小拙，不通於大故小；析色入空故拙。通教則界內大巧，大謂大乘初門（有鈍根菩薩），巧謂體色入空。

（2.3）別教

1.名義：此教明界外獨菩薩法（指利根菩薩）。於八義（教、理、智、斷、行、位、因、果），別於前藏通教，也別於後圓教，故名別也。別教之四諦因緣是無量相，非聲聞、緣覺所能知。

2.行位

a.大乘經均廣明，菩薩是歷劫修行，行位有次第，互不相攝，這是別教之相。

b.華嚴經明十住、十行、十迴向為賢位，十地為聖位，妙覺為佛。「纓絡經」明五十二位；金光明經但出十地即為佛果；勝天王經明十地；涅槃經明五行（聖行、梵行、天行、嬰兒行、病行）。因此界外菩薩之位諧，隨機利益，沒有定說。

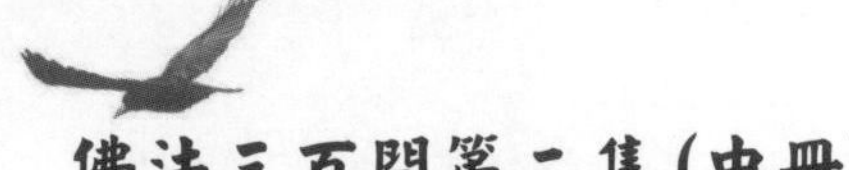

c.依纓絡經之五十二位有：外凡有十信；內凡為十住、十行、十向，內凡亦名為賢；入初地為聖，聖有因及果，因是十地、等覺；果是妙覺。

d.各位內容：

d1.十信位：1 信、2 念、3 精進、4 慧、5 定、6 不退、7 迴向、8 護法、9 戒、10 願。

此十位「伏」三界見思煩惱，故名伏忍位（外凡）。

與藏教七賢位，通教乾慧、性地齊。

d2.十住位：1 發心住（斷三界見惑盡，與藏教初果、通教八人見地齊）、2 治地、3 修行、4 生貴、5 具足方便、6 正心、7 不退（以上 2、3 住為藏教二果，4、5、6 住為藏教三果，7 住為藏教四果）、8 童眞、9 法王子、10 灌頂（以上三住斷界內塵沙或習氣，等同通教辟支佛）。

十住位亦名習種性位，用從假入空觀，是眞諦理（即空諦），得二乘人我空，開二乘慧眼，成就一切智，行三百由旬。

d3.十行位：1 歡喜、2 饒益、3 無違逆、4、無屈撓、5 無癡亂、6 善現、7 無著、8 難得、9 善法、10 眞實（斷界外塵沙惑，入假）。

十行位云性種性，用從空入假觀，見俗諦（假諦），開始除法執，入地前鈍位菩薩位（等於通教之菩薩位），開菩薩法眼，成就道種智。

d4.十迴向：1 救護眾生離眾生相、2 不壞、3 等一切諸佛、4 至一切處、5 無盡功德藏、6 入一切平等善根、7 等隨順一切眾生、8 眞如相、9 無縛無著解脫、10 入法界無量。

十迴向亦名道種性，伏住地無明，行四百由旬，居方便有餘土。

以上住、行、向三位為三賢，從八住至此，為行不退位。

d5.十地

一、歡喜地：從此入中道，非空非假，三觀之中道觀，破分別我執及法執，名聖種性。此是見道位，百界作佛（等於通教佛地），八相成道，利益眾生，行五百由旬（實報土、斷無明、中觀智），初入實報無障礙土，初入寶所（分證寂光）。

二、離垢地；三、發光地；四、焔慧地；五、難勝地；六、現前地；七、遠行地；八、不動地；九、善慧地；十、法雲地（已九地，地地各斷一品無明，證一分中道）。

更斷一品，入等覺位，亦名金剛心，亦名一生補處（最後身菩薩），亦名有上士。更破一品無明，入妙覺位（即佛位），坐蓮華藏世，七寶菩提樹下，大寶華王座，現圓滿報身（即法身）。

（2.4）圓教

1.名義：圓教者，圓名、圓妙、圓滿、圓足夠、圓頓，故名圓教也。所謂圓信、圓斷、圓行、圓位、圓自在莊嚴、圓建立眾生。

2.行位

a.法華經中之開、示、悟、入四字，等於是在圓教的初住以上四十位，即十住、十行、十向、十地。

b.華嚴經云；初發心時，便成正覺。所有慧身，不由他悟，清淨妙法身，湛然應一切。此明圓教四十二位。

c.依「法華」、「纓絡」，略明位次有八：一、五品弟子（外凡、六即之觀行位），二、十信位（內凡、六即之相似位），三、十住位（初聖位、入六即之分證位），四、十行，五、十迴向，六、十地，七、等覺（以上四-七位是因位、六即之分證位），八、妙覺位（果位，六即之究竟位）。

d.五品位者

一、隨喜品：若聞是經，而不毀訾，起隨喜心。內以三觀，觀三諦境；外以五悔勤加精進，助成理解。

五悔：悔、勸請、隨喜、迴向、發願。有理懺，懺煩惱道，端坐念實相；事懺，晝夜六時，三業清淨，對於尊像，批陳過罪，凡五逆、十惡及餘一切，隨意發露，更不覆藏，畢故（懺其前衍）不造新（悔其後過），懺苦道、業道。

二、讀誦品：內以圓觀，更加讀誦，如膏助火。

三、說法品：若有受持讀誦，爲他人說。

四、兼行六度：能持是經，兼行布施等，福德力故，倍增觀心。

五、正行六度：若人讀誦爲他人說，復能持戒，自行化他，觀心無閡，轉勝於前，不可比喻。

此五品位，圓伏五住煩惱，外凡位也，與別教十信位同。

e.十信位，即六根清淨位。

e1.初信：斷見惑，顯眞理，與藏教初果，通教八人見地，別教初住齊，證位不退也。

e2.二信-七信：斷思惑盡，與藏通二佛齊（指圓教七信，等同藏教四果，才是佛位。通教佛應在別教初地位，圓教初住位），圓教七信等同於別教七住位，即藏教四果位，通教成辦位。三界苦集斷盡無餘。

e3.八信-十信：斷界內塵沙惑（假惑）盡，假觀現前，見俗諦理，等同通教辟支佛。開法眼，成道種智，行四百由旬，與別教八、九、十住，及行向位齊（即將入初行），行不退也。

f.十住

f1.入初住：同別教初地，斷一品無明（住地無明），證一分三德，謂解脫、般若、法身，此三德不縱不橫，如世伊字三點，天主三目，現身百界，八相成道，廣濟群生。

f2.從一住至十住：每進一住，各斷一品無明，各增一分中道，照別教十地齊。入初行，與別教等覺齊，入二行，與別教妙覺齊，即別教佛。從三行已去，別教之人，尚不知名字，何況伏斷？因已是別教佛。

f3.從三行已去至十地：各斷一品無明，增一分中道，即斷四十品惑也。

g.等覺：更破一品無明，入等覺位，此是一生補處。

h.妙覺：進破一品微細無明（即大乘起信論之無始無明），入妙覺位，永別無明父母，究竟登涅槃山頂（無住涅槃）。諸法不生，不生不生，名大涅槃。以虛空爲座，成清淨法身，居常寂光土，即圓教佛相也。

3.六即判位

a.理即（一切眾生皆有佛性，有佛無佛，性相常住，一色一香無非中道）

b.名字即（從善知識及從經卷聞見此言）

c.觀行即（依教修行，即外凡位）

d.相似即（相似解發，即十信位）

e.分證即（分破分見，從初住至等覺）、究竟即（智斷圓滿，即妙覺位）。

4.觀心大綱

a.二十五方便：具五緣（持戒清淨、衣食具足、閒居靜處、息諸緣務、近善知識）、訶五欲（色、聲、香、味、觸）、棄五蓋（貪欲、瞋恚、睡眠、掉悔、疑）、調五事（心、身、息、眠、食）、行五法（欲、精進、念、巧慧、一心）。

b.十乘觀法：觀不思議境、眞正發菩提心、善巧安心止觀、破法遍、識通塞、道品調適、對治助開、知位次、能安忍、離法愛。

212-2.天台宗之五時八教判教為何？

（3）教觀綱宗的化法四教

（3.1）三藏教

1.四阿含爲經藏，毗尼爲律藏，阿毗曇爲論藏。

a.詮生滅四諦：

苦：則生異滅遷移。集：則貪瞋癡等分四心流動。

道：則對治易奪。滅：則滅有還無。

b.亦詮思議生滅十二因緣：

b1.流轉：無明緣行-緣識-緣名色-緣六入-緣觸-緣受-緣愛-緣取-緣有-緣生-緣老死。

b2.還滅：無明滅則行滅，行滅則識滅……直至生滅則老死憂悲苦惱滅。

c.亦詮事六度行：布施、持戒、忍辱、精進、禪定、智慧。

d.也詮實有二諦：

陰入界等實法爲俗；實有滅乃爲眞。

2.開示界內鈍根眾生，令修析空觀，出分段生死，證偏眞涅槃，正化二乘，傍化菩薩。亦得約當教，自論六即。

3.六即

a.理即者，偏眞也。諸行無常，是生滅法。生滅滅已，寂滅爲樂。因滅會眞，滅非眞諦。滅尚非眞，況苦、集、道？眞諦在因果事相之外，故依衍教，判曰偏眞。

b.名字即者，學名字也。知一切法，從因緣生，不從時、方、梵天、極微、四大等生，亦非無因緣自然而生。知因緣所生法，皆悉無常無我。

c.觀行即者

一、五停心，二、別相念，三、總相念。屬外凡資糧位也。

d.相似即者

內凡加行位者。

e.分證即者

前三果有學位也。

f.究竟即者

乘無學位也。

4.此教具三乘法，聲聞觀四諦，以苦諦爲初門，最利者三生，最鈍者六十劫，得證四果。

5.十法成乘者

一、觀正因緣境。破邪因緣、無因緣二種顛倒。

二、眞正發心。不要名利，惟求涅槃（二乘志離苦輪，菩薩兼憫一切）。

三、遵修止觀。謂五停名止，四念名觀。

四、遍破見愛煩惱。

五、識道滅還滅。六度是通，苦集流轉，六蔽是塞（六蔽：慳貪、破戒、瞋恚、憐念、散亂、愚癡）。

六、調適三十七品，入三脫門。

七、若根鈍不入，應修對治事禪等。

八、正助合行，或有薄益，須識次位，凡聖不濫。

九、安忍內外諸障。十、不於似道而生法愛。

（3.2）通教

1.鈍根通前藏教，利根通後別、圓。

詮無生四諦：苦無逼迫相；集無和合相；道不二相；滅無生相。

亦詮思議不生滅十二因緣

亦詮理六度行

也詮幻有、空二諦

2.開示界內利根眾生，令修體空觀，出分段生死，證眞諦涅槃，正化菩薩，傍化二乘。亦於當教，自論六即。

3.六即

a.理即者：無生也。

b.名字即者：幻化也。

c.觀行即者：第一地乾慧地也。

d.相似即者：二性地也。

e.分證即者：從八人地至菩薩地，有七位也。

f.究竟即者：第十地佛地也。

4.此教亦具三乘根性，同以滅諦爲初門。然鈍根二乘，但見於空，不見不空，仍與三藏同歸灰斷，故名通前。利根三乘，不但見空，兼見不空，不空即是中道，則被別圓來接，故名通後。中道又分爲二：一者但中，唯有理性，不見諸法。見但中屬別教。二者圓中，此理圓妙，具一切法。見圓中屬圓教。

5.十法成乘者

一、明觀境六道、陰、入、能觀、所觀，皆如幻化。

二、明發心，二乘緣眞自行，菩薩體幻兼人，與樂拔苦，譬如鏡像。

三、安心如空之止觀。

四、以幻化慧，破幻化見、思。

五、雖知苦、集、流轉、六蔽等皆如幻化，亦以幻化道、滅、還滅、六度等通之。

六、以不可得心，修三十七道品。

七、體三藏法，無常、苦、空如幻而治。

八、識乾慧等如幻次位，而不謬濫。

九、安忍乾慧位內外諸障，而入性地。十、不著性地相似法愛，而入八人見地。

（3.3）別教

1.謂教（獨被菩薩）理（隔歷三諦）、智（三智次第）、斷（三惑前後）、行（五行差別）、位（位不相收）、因（一因迴出，不即二邊）、果（一果不融，諸位差別）。

別前藏通二教，別後圓教。

a.詮無量四諦：

苦：有無量相，十法界不同故。

集：有無量相，五住煩惱不同故。

道：有無量相，恆沙佛法不同故。

滅：有無量相，諸波羅蜜不同故。

b.亦詮不思議生滅十二因緣：枝末無明爲分段生因，根本無明爲變易生因。

c.亦詮不思議六度、十度：於第六般若中，復開方便、願、力、智四種權智，共成十度，一一度中，攝一切法，生一切法，成一切法，浩若恆沙。

d.也詮顯中二諦：幻有、幻有即空，皆名爲俗；不有不空爲眞。

圓入別二諦：幻有、幻有即空，皆名爲俗；不有不空、一切法趣不有不空，爲眞。

別三諦：開俗爲兩諦，對眞爲中、中理而已。

圓入別三諦：二諦同前，點眞中道，具足佛法。

2.開示界外鈍根眾生，令修次第三觀（先空次假後中），出分段、變異二種生死，證中道無住涅槃，正化二乘，傍化菩薩。亦於當教，自論六即。

3.六即

a.理即者，但中也，

b.名字即者，解義也。

c.觀行即者：外凡十信位也。

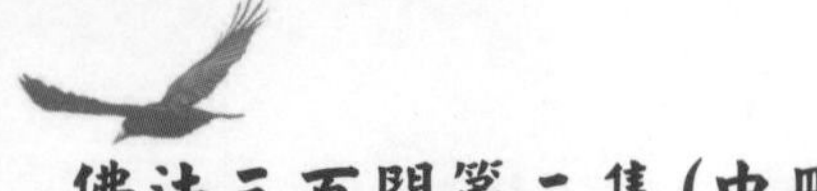

d.相似即者：內凡三十心三賢位也。

初十住：發心住（斷三界見惑，與通教見地齊）、治地住、修行住、生貴住、方便具足住、正心住、不退住）斷三界思惑，與通已辨地齊）、童眞住、法王子住、灌頂住（斷界內塵沙，與通佛地齊）

此十住名習種性，用從假入空觀，見眞諦，開慧眼，成一切智，行三百由旬，證位不退。

次十行；歡喜行、饒益行、無瞋恨行、無盡行、離癡亂行、善現行、尊重行、善法行、眞實行。

此十行名性種性，用從空入假觀，遍學四教四門，斷界外塵沙，見俗諦，開法眼，成道種智。

次十回向：救護眾生離眾生相回向、不壞回向、等一切佛回向、至一切處回向、無盡功德藏回向、隨順平等善根回向、隨順等觀一切眾生回向、眞如相回向、無縛解脫回向、法界無量回向。

此十向名道種性，習中觀、伏無明、行四百由旬，居方便有餘土，證行不退。

e.分證即者：十地聖種性及等覺性也。

f.究竟即者：妙覺性也。

4.此教獨名菩薩法，以界外道諦爲初門（藏通道諦，即界外集；藏通滅諦即界外苦，故以界外道諦治之）。無復二乘，而能接通。通教三乘，既被接後，皆名菩薩，不復名二乘也。

5.十法成乘者

一、緣於登地中道之境，而爲所觀，迴出空、有之表。

二、眞正發心，普爲法界。

三、安心止觀，定愛慧策。

四、次第遍破三惑。

五、識次第三觀爲通；見、思、塵沙、無明爲塞。傳傳檢校，是塞令通。

六、調適三十七品，是菩薩寶炬陀羅尼，入三解脫門，證中無漏。

七、用前藏通法，助開實相。

八、善知信、住、行、向、地、等、妙七位差別，終不謂我叨極上聖。

九、離違順強軟二賊，策十信位入於十住。

十、離相似法愛，策三十心，令入十地。

（3.4）圓教

1.謂圓妙（三諦圓滿，不可思議）、圓滿（三一相即，無有缺減）、圓足（圓見事理，一念具足）、圓頓（體非漸成），故名圓教。所謂圓信、圓妙、圓滿、圓是、圓頓。

a.詮無作四諦：陰入皆如，無苦可捨；無明塵勞即是菩提，無集可斷；邊邪皆中正，無道可修；生死即涅槃，無滅可證。

b.亦詮不思議不生滅十二因緣

c.亦詮稱性六度、十度。

d.也詮不思議二諦

亦詮圓妙三諦

2.開示界外利根菩薩，令修一心三觀，圓超二種生死，圓證三德涅槃，正約此教，方論六即。

3.六即

a.理即者，不思議理性也

b.名字即者，聞解也，了知一色一香無非中道

c.觀行即者：五品外凡位也：隨喜、讀誦、講說、兼行六度、五行六度。圓伏五住煩惱，與別十信齊，而復大勝

d.相似即者：十信內凡位也

e.分證即者：十住、十行、十向、十地、等覺，聖位也

f.究竟即者：妙覺極果

4.此教名最上乘法，亦名無分別法，以界外滅諦為初門，當體即佛，而能接別（圓入別）接通（圓入通）。

5.十法成乘者

一、觀正因緣境：其車高廣。

二、眞正發菩提心：又於其上張設幰蓋。

三、善巧安心止觀：車內安置丹枕。

四、以圓三觀，破三惑遍：其疾如風。

五、善識通塞：車外枕，亦作軫。

六、調適無作道品七科三十七分：有大白牛肥壯多力等。

七、以藏通別等事相法門，助開圓理：又多僕從，而侍衛之。

八、知次位，令不生增上慢。

九、能安忍，策進五品，而入十信。

十、離法愛，策於十信，令令十住，乃至等妙。

（4）以八義（教、理、智、斷、行、位、因、果）明化法四教

1.以八義明藏教

a.教：主要教化聲聞緣覺二乘人，傍化菩薩

聲聞：生滅四諦

緣覺：思議生滅十二因緣

菩薩：生滅六度

b.理：是表達生滅無常之理。視理在生死煩惱外

聲聞：謂理在正使外，即指理是在正現起的煩惱之外

緣覺：謂理在習氣外，指理是在煩惱餘習之外

菩薩：謂理在正習外，指理是在正使、習氣之外

c.智：所修智有別

聲聞：修總相智

緣覺：修總相智

菩薩：修總別智

d.斷：依所見不同，所斷惑也有別

聲聞：斷正使

緣覺：斷習氣

菩薩：斷正習

e.行：所修習有別

聲聞：爲自己而勤修戒定慧

緣覺：爲自己而勤修獨善寂

菩薩：爲眾生而修六度五通

f.位：所證位不同

聲聞：住學無學

緣覺：住無學

菩薩：歷經三大阿僧祇劫而登道場

g.因：三乘人之因地有別

聲聞：帶果行因

緣覺：望果行因

菩薩：伏惑行因

h.果：

聲聞：斷正使，如燒木爲炭

緣覺：斷習氣，如燒木爲灰

菩薩：斷正習，如燒本無炭灰

2.以八義明通教

a.教：主要教化菩薩（地前菩薩），傍通二乘。三乘人共稟因緣即空之教。

b.理：三乘人同見因緣即空之空而入道，或同見偏眞即但空（不見不空）之理。

c.智：三乘人同得巧度一切智，即無生智（知諸法自性空）。

d.斷：三乘人同斷界內惑。即二乘之見思惑及地前菩薩之塵沙惑。

e.行：二乘人之見思無漏行，及地前菩薩（十行、十向位）之出假行（十行位可除塵沙惑，十向位可伏無明）

f.位：乾慧地（小乘三賢位）-性地（小乘四善根）-八人地-小乘初果向，即別教初住）-見地（小乘初果、別教二住）-薄地（小乘二果、別教二三住）-離欲地（小乘三果、別教四五六住）-成辦地（小乘四果、別教七住）-辟支佛地（別教八-十住）-菩薩地（別教十行、十向）-佛地（別教菩薩初地、圓教初住）。

g.因：三乘人皆以九無礙爲因，九無礙即是九無礙道，亦即是九無間道，三乘人以斷一地之九品惑之智爲因。

h.果：三乘人同既斷了，而解脫之智，即是九無礙解脫道，指一地九品惑既斷了，而解脫之智，即是九無礙解脫。

3.以八義明別教

a.教：獨被界外鈍根菩薩。並不通二乘人。

b.理：此教理不與二乘人共。此教理空假中三諦彼此有隔別，只有即空即假，卻不即中，故三諦有隔別。所闡述是無量四諦及不思議生滅十二因緣。

c.智：乃是次第之三智，即一切道、道種智及一切種智，所成就的是道種智。

d.斷：所斷惑別於藏通二教，是斷塵沙無知及界外無明惑，而於藏通二教是斷界內見思惑。另所斷三惑有前後之差別。

e.行：指五行差別，即聖行、梵行、天行、嬰兒行、病行等五種行。歷塵沙劫行諸波羅蜜，自行化他。

f.位：位別，指位位彼此不相收。三十心伏無明是屬賢位，入初地斷無明，才是聖位，而賢聖位彼此有隔別，甚至十地之斷無明惑乃至等覺妙覺斷無明，彼此皆有隔別。

g.因：因別指迴出二邊，不即空假二邊之理爲因。

h.果：果別指解脫涅槃四德異二乘，即證常樂我淨之果，有別於二乘人所證之無常、苦、空、無我之果。

4.以八義明圓教

a.教：教圓指教化對象是界外之利根大菩薩，是最上根、上上智人。

b.理：理圓指正說中道，此中道即一切法，故不偏也。所明之理是不思議不生不滅十二因緣、無作四聖諦、二諦中道理事具足，不像藏通之偏空，也不像別教之隔別空有。

c.智：智圓指一切種智。觀中道理，成就一切種智。

d.斷：斷圓指無明惑不斷而斷。因無明即煩惱，生死即涅槃，能解此，即是不斷而斷。

e.行：行圓指一行一切行，以大乘圓因契涅槃圓果，因果具足無缺，所以是一行一切行。

f.位：位圓指初一地即具足諸地功德，或指入初發心住時，一住一切住，一切究竟，一切清淨，一切自在。

g.因：因圓指以中道諦爲因，即雙照二諦，自然流入爲因。

h.果：果圓指妙德不可思議，法身、般若、解脫三德之果，不縱不橫。

（5）以觀行明化法四教

1.由十乘觀法明四教

請參閱本書 212 問上文「天台四教儀」及「教觀綱宗」之十乘觀法；請參閱《佛性辨正》P202-205

2.由四智明四教

請參閱本書210問「十二因緣四智觀」及《佛性辨正》P207-208

（6）由諸諦明化法四教

1.由十如是明四教

1.1 三藏教之十法

a.三藏二乘：

相：表涅槃。性：是非白非黑法。體：是五分法身。力：能動能出，堪任道器。作：精進勤策。因：無漏正智。緣：行行助道。果：是四果。

報；二乘既不生，是故無報（四果不受報，三果以下有報）本末究竟：唯九不十。

b.三藏菩薩：相、性、體、力、作等都是福德。因：善業。緣：煩惱。果：三十四心斷結。果：留惑潤生。

1.2 通教之十法

a.通教二乘：同三藏二乘。

b.通教菩薩：相至緣都是無漏。一至五地是殘思受報，第六地則殘思已斷盡，所以不受後報。至於由發誓願要扶習受生者，此仍非實業報，故只是九法而已。

1.3 別教之十法

相、性、體、力、作都是福德。因：有三種，未斷惑菩薩（十行）以眞無漏爲因，無明爲緣；伏惑菩薩（十向）及斷惑菩薩（十地）以順道法愛爲因，無明爲緣，生變易土。

1.4 圓教之十法

相：緣因爲佛相。性：智即了因爲佛性。體：自性清淨心是正因爲佛體。力：初發菩提心超二乘上，名爲力。作：四弘誓願要期也。因：即智慧莊嚴也。緣：即福德莊嚴。果：即一念相應大覺，朗然無上菩提爲習果也。報：即大涅槃果，果斷德禪定三昧一切具足，是報果也。本末等：相性三諦與究竟三諦不異，故言等也。

2.由因緣境明四教

請參閱上文「教觀綱宗」四教之十二因緣之說明。

3.由四諦明四教諦

請參閱上文「教觀綱宗」四教之四諦說明。

4.由二諦明四教

二諦有二種：廣說之「七重二諦」及略說之「四教之二諦」

a.「七重二諦」請參閱本書 210 問之「境妙」之「二諦境」。

b.四教之二諦

b1.三藏教：俗諦爲實有，即以陰入界等爲實法。眞諦爲實有滅，即方便修道，滅此實法，乃得會眞。

b2.通教：以幻有爲俗諦，幻有空爲眞諦。二諦爲彼此相即。而「幻有不可得，即俗而眞」，此說明幻有的即體而空，此即體而空即是眞諦，從幻有不可得明眞諦，而非離幻有另尋眞諦。

b3.別教：幻有、幻有即空視爲俗諦，眞諦是不有不空。幻有及無是二，而眞諦是指不有不無的中道，即有無不二爲眞諦。

b4.圓教：別教的眞俗二諦是「眞即俗」，「俗即眞」，此顯示眞俗不二，即一切法趣有趣空趣不有不空是眞諦，即一切法莫不是眞諦。別教不能就一切法來開顯。

213.天台宗的經論有哪些？

一、經典解釋論

（一）五重玄義

（1）七番共解：標章（標其章段，容易憶持，令起念心）、生起（以五重次第而依實踐觀念，令起定心）、引證（引經據典以證明所說不謬，令起信心）觀心（即聞、即解、即證爲旨趣，令起精進心。了達實相即觀心體、能明因果即觀心宗、斷惑證眞即觀心用）、料簡（以問答解釋疑惑，令起慧心）、開合（開廣合略，隨順眾生根性利鈍，令隨機獲益，亦是令起慧心）、會異（會通異名，輔持慧心）。

（2）五重各釋：釋名、顯體、明宗、論用、判教。

1.釋名：

有七種立題：單人、單法、單喻、人法、人喻、法喻、人法喻。

a.人有因地修行人及果上人，如單人立名：維摩經、佛說阿彌陀經。維摩是因地修行人；阿彌陀是果上人。

b.法有修法及性法

單法立名：如圓覺經、涅槃經。圓覺及涅槃都是性法。

c.喻有片喻及全喻

單喻立名：如寶雲經、梵網經。都是以譬喻顯明經理。

d.人法立名：文殊問般若經、藥師如來功德經。

e.人喻立名：如來獅子吼經、菩薩本業瓔珞經。

f.法喻立名：妙法蓮華經、金剛般若經。

g.人法喻立名：大方廣佛華嚴經。大方廣是性法，佛是果人，華嚴是喻。

佛說雨寶陀羅尼經：佛是果人，雨寶是喻，陀羅尼是法。

2.顯體：明示經中的眞諦，經典不具詮理的體，就不符佛說。小乘經典以三法印爲體，大乘經論以實相一法印爲體。如華嚴經以一眞法界爲體；楞嚴經以如來藏妙眞如性爲體；彌陀經以常樂我淨爲體；法華經以不思議圓融三諦爲體。

3.明宗：明白經的宗趣，祈行者們起修，實修始能證實性，屬修德。

4.論用：所得受用的果報。

5.判教：判別教義的內容及類別。如智者大師的五時八教，法藏的五教十宗及南三北七判教。

（二）四悉檀義

（1）世界悉檀：判斷世間的一切，認爲「有」我及眾生的存在。乃依世間的一般認識而立言。

（2）爲人悉檀：隨應眾生的根機而說有或無的方法。如對於斷見論者，爲說業及果報的具體存在。對執我有、神有之常見論者，爲說「無所作者」。

（3）對治悉檀：如應病施藥，隨對治眾生的心病而說法。如不淨觀，乃對治貪欲者。

（4）第一義悉檀：指一切語言及心行道絕的境界。即諸佛所得眞實法不可說，無法緣慮。

世界及第一義悉檀屬法的分類，前者即言法的差別相，後者言的眞實相。爲人及第一義悉檀屬攝化眾生之妙用。爲人悉檀隨順眾生根機，對治悉檀則對治眾生心病。

二、天台宗的經論

以妙法蓮華經爲正依經典，以大智度論爲指南，以涅槃經爲扶疏，以大品經爲觀法，引維摩仁王等經以增信，引佛性寶性等論以助成。以天台三大部爲根本。

其他如南嶽大乘止觀，覺意三味；天台智者釋禪波羅密次第法門，及六妙門等諸部止觀。

天台智者維摩玄義及疏，金光明玄義及疏；章安涅槃疏；荊溪法玄義釋籤、疏記、輔行；四明知禮妙宗鈔等諸部疏鈔。

及荊溪金剛錍、止觀義例；四明十不二門指要鈔；幽溪之生無生論等著述，皆此宗之要籍。

至「諦觀」之四教儀，「智旭」之教觀綱宗，則此宗之入門也。

（一）經

妙法蓮華經

大品般若經

金光明經

維摩詰經

仁王般若經

涅槃經

（二）論

（1）大智度論、佛性論、寶性論

（2）智者大師

A.三大部：

A1.三大部：法華玄義、法華文句、摩訶止觀

A2.三大部注疏：

湛然：三大部科文

從義：三大部補注

法照：三大部讀教記

序雲：天台三大部補註

B.五小部：金光明經玄義、金光明經文句、觀音玄義、觀音義疏、觀無量壽佛經疏

C.其他：釋禪波羅蜜次第法門、六妙門、修習止觀坐禪法要、四教義、四念處、維摩經玄義、維摩經玄疏、觀音義疏、佛說觀無量壽佛經疏

（3）章安大師（灌頂）：天台八教大意、大般涅槃經玄義、大般涅槃經玄疏

（4）湛然：法華玄義釋籤、法華文句記、十不二門、金剛錍、止觀輔行傳弘決、止觀大意、止觀義例、維摩經玄疏記、維摩經略疏

（5）知禮：金光明經文句記、金光明經玄義拾遺記、觀音玄義記、觀音義疏記、佛說觀無量壽佛經疏妙宗鈔、十不二門指要鈔、別理隨緣二十問、四明十義書、天台教與起信論融會章

（6）慈雲遵式大師：觀音禮文、請觀音消伏毒害三昧儀、修金光明懺

（7）諦觀：天台四教儀

（8）知禮後的南宋時化

1.神照系

a.了然大師：十不二門樞要、大乘止觀宗圓記

b.與咸：復宗集

2.廣智系

a.善月：山家緒餘集

b.法登：圓頓宗眼、議中興教觀

3.南屏系

a.可觀：山家義苑、竹庵草錄

b.宗印：北峰教義

c.法照：法華三大部讀教記

（9）元代

a.虎溪懷則：天台傳佛心印記

b.蒙潤：四教儀集註

必才：三大部增治助文

（10）明代

傳燈：天台傳佛心印記註、性善惡論、摩訶止觀輔行傳弘決

科判。

（11）清代

a.智旭大師：教觀綱宗、教觀綱宗釋義、法華玄義節要、法華經論貫、法華經會義、大乘止觀釋要

b.靈耀：四教儀註節義

c.性權：天台四教儀註彙補輔宏記

d.敏曦：重刊「天台山方外誌」三十卷

（12）現代

a.諦閑：大乘止觀述記、教觀綱宗講錄、始終心要解略鈔、觀經疏鈔演義、諦閑大師語錄

b.妙眞：台宗十要

c.華南學佛完：台宗教觀要名解

（13）香港

a.倓虛：湛山文鈔

b.寶靜：修習止觀坐禪法要講義、台宗二十五方便淺說、法華經弘傳序淺釋、寶靜法師法集

（14）民國

a.根慧：法華經妙德玄記

b.靜修：教觀綱宗科釋、始終心要解

c.靜權：弟子記錄「天台宗綱要」

d.澹雲：天台宗講義、法華經頌

（15）台灣

演培：譯安藤俊雄著「天台性具思想論」

法濟寺：印行「斌宗大師遺集」

慧岳：天台教學

現代佛教學術叢刊（大乘文化出版社）：天台學概論、天台宗之判教與發展、天台思想論集、天台典籍研究

214. 法華經的大綱為何？

一、譯者

法華經的梵文本有尼泊爾本、吉爾吉特本、中亞本三種。

漢譯本有六種：

法華三昧經六卷，西元 256 年，吳，支彊梁接譯。

薩芸芬陀利經六卷，西元 265 年，西晉，竺法護譯。

方等法華經五卷，西元 335 年，東晉，支道根譯。

正法華經十卷，西元 286 年，西晉，竺法護譯。

妙法蓮華經七卷，西元 406 年，姚秦，鳩摩羅什譯。

添品妙法蓮華經七卷，西元 601 年，隋，闍那崛多和達摩笈多共譯。

二、內容

鳩摩羅什原本七卷二十六品，加上達摩摩提譯的「提婆達多品」和闍那崛多的「普門品偈」共七卷二十八品，其後又將玄奘譯的「藥王菩薩咒」編入，形成現行的流通本。

二十八品如下：

序品、方便品、譬喻品、信解品、藥草喻品、授記品、化城喻品、五百弟子授記品、授學無學人記品、法師品、見寶塔品、提婆達多品、勸持品、安樂行品、從地湧出品、如來壽量品、分別功德品，隨喜功德品、法師功德品、常不輕菩薩品、如來神力品、囑累品、藥王菩薩本事品、妙音菩薩品、觀世音菩薩普門品、陀羅尼品、妙莊嚴王本事品、普賢菩薩勸發品。

三、主要義理

（1）開佛知見

方便品：「諸佛世尊唯以一大事因緣故，出現於世。諸佛世尊欲令眾生開佛知見，使得清淨故，出現於世；欲示眾生佛之知見故，出現於世；欲眾生悟佛之知見故，出現於世；欲令眾生入佛之知見故，出現於世」

藥草喻品：「如來說法，一相一味，所謂解脫相、離相、滅相，究竟至於一切種智」一切種智就是佛知見。

序品：「令得阿耨三藐三菩提，成一切種智」

藥草喻品：「其所說法皆悉到于一切智地。如來觀知一切諸法之所歸趣，亦知一切眾生深心所行，通達無礙；又于諸法究盡明了，示諸眾生一切智慧」

（2）會三歸一，唯一佛乘

譬喻品：

「譬喻品」:「舍利弗！以是因緣，當知諸佛方便力故，於一佛乘分別說三」、「汝舍利弗，我為眾生，以此譬喻，說一佛乘」

方便品：「以無量無數方便，種種因緣、譬喻言辭，而為眾生演說諸法，是法皆為一佛乘故」

方便品：「諸佛以方便力，於一佛乘，分別說三」

方便品：「諸佛如來，言無虛妄，無有餘乘，唯一佛乘」

方便品：「如來但以一乘故，為眾生說法，無有餘乘，若二若三」

方便品：「佛以方便力，示以三乘教，眾生處處著，引之令得出」

「知第一寂滅，以方便力故，雖示種種道，其實為佛乘」

（3）十如是成就一念三千

方便品：「唯佛與佛，乃能究盡諸法實相，所謂諸法如是相，如是性，如是體、如是力、如是作、如是因、如是緣、如是果、如是報，如是本末究竟等」

（4）由七譬喻開顯諸法實相（開權顯實）

七種譬喻：火宅喻、長者窮子喻、藥草喻、化城喻、衣珠喻、髻珠喻、醫子喻。

智顗、摩訶止觀卷三下：「權謂權謀，暫用還廢；實謂實錄，究竟旨歸」

方便品：「開方便門，示眞實相」

安樂行品：「觀一切法皆無所有，猶如虛空，無有堅固，不生不出，不動不退，常住一相」、「若菩薩摩訶薩，柔和善順，而不猝暴，心亦不驚，又復於法無所行，而觀諸法實相，亦不行，不分別，是名菩薩摩訶薩行處」

藥草喻品：「如來說法，一相一味，所謂解脫相、離相、滅相，究竟至於一切種智」

序品：「或見菩薩，觀法性，無有二相，猶如虛空」

方便品：「唯佛與佛，乃能究盡諸法實相」

諸法有十如是。

方便品：「唯佛與佛，乃能究盡諸法實相，所謂諸法如是相，如是性，如是體、如是力、如是作、如是因、如是緣、如是果、如是報，如是本末究竟等」

智者大師認爲諸法實相和佛性並不矛盾

（5）佛久遠已成道，久成正覺，法身常住。爲眾生隨機教化已很久；而且壽命無量。

1.如來壽量品：「我成佛以來，甚大久遠，壽命無量阿僧祇劫，常住不滅」、「我實成佛以來，無量無邊百千萬億那由他劫」、「我實成佛以來，久遠若斯」

2.從地湧出品：眾多菩薩和眷屬從地涌出，向多寶、釋迦禮拜；佛示彌勒，此菩薩皆是佛於娑婆世界所化而發心者，暗示佛陀隨機教化，由來已久。

3.如來壽量品：我成佛已來，復過於此百千萬億那由它阿僧祇劫。自從是來，我常在此娑婆世界說法教化，亦於餘處百千萬億那由它阿僧祇國導利眾生」

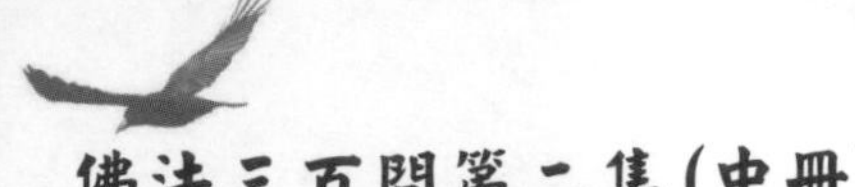

4.如來壽量品：或時爲此眾，說佛壽無量。

分別功德品：世尊有大力，壽命不可量。

（6）勸行菩薩道

序品：「諸菩薩摩訶薩，種種因緣、種種信解、種種相貌，行菩薩道」

藥草喻品：「汝等所行是菩薩道，漸漸修學，悉當成佛」

法師品：「……在家、出家，行菩薩道，若有得聞是經典者，乃能善行菩薩道」

（7）佛爲眾生隨機說法

「藥草喻品」，佛藉三草二木，以喻眾生根機不同，隨其所堪而爲說法。這是比喻佛陀爲眾生說法猶如雨露滋潤藥草花木一樣，隨分受潤，各得成長。

「唯有如來知此眾生種相體性，念何事、思何事、修何事？……眾生住於種種之地，唯有如來如實見之，明了無礙」

「或處人天，……是小藥草。獨處山林，常行禪定，得緣覺證，是中藥草。求世尊處，我當作佛，行精進定，是上藥草。諸佛子，專心佛道，常行慈悲，自知作佛，決定無疑，是名小樹。安住神通，轉不退輪，度無量億，百千眾生，如是菩薩，名爲大樹」

（8）人人皆能成佛

開佛知見及諸法實相，都是佛性的異名同義語。

信解品：須菩提、摩訶迦葉等聞佛說法，歡喜雀躍，佛即以長首窮子作品譬喻，說明一切眾生均有內在的成佛潛能，只要深信悟解此理，自渡渡人，必能成佛。

信解品：「世尊先知我等心著敝欲，樂於小法，便見縱捨，不爲分別，汝等當有如來知見寶藏之分」

「如來知見寶藏之分」即指佛性。此喻大富長者即是如來，我等則是如來之子（佛子）。

提婆達多品：「未來世中，若有善男子、善女人，聞「妙法蓮華經.提婆達多品」，淨心信敬，不生疑惑者，不墮地獄、餓鬼、畜生，生十方佛前」

信解品以長首窮子作譬喻，說明一切眾生均有內在的成佛潛能。

「五百弟子授記品」中以衣內暗藏明珠爲喻，說明有情眾生皆具佛性。

（9）不染世間法

方便品：「是法住法位，世間相常住」

從地涌出品：「此諸佛子等，其數不可量，久已行佛道，住於神通力，善學菩薩道，不染世間法，如蓮華在水，從地而涌出，皆起恭敬心，住於世尊前。」

「諸法以如爲位，亦以如爲相」

（10）要供養佛、菩薩、法師及「妙法蓮華經」

1.供養佛

a.法供養：布施、持戒、忍辱、精進、智慧、禪定。

b.起塔供養舍利子，以七寶莊嚴舍利塔。

c.造種種佛像，以華香旛蓋供養，奏美妙音樂供養，唱梵唄供養。

2.供養菩薩

應供養觀世音菩薩及普賢菩薩

「觀世音菩薩普門品」

「普賢菩薩勸發品」

3.供養法師

法師品：「比丘、比丘尼，及清淨士女，供養於法師，引導諸眾生，集之令聽法」

法師能宣講「法華經」及傳授眾生佛智慧。

提婆達多品：「由提婆達多善知識故，令我具足六波羅蜜，

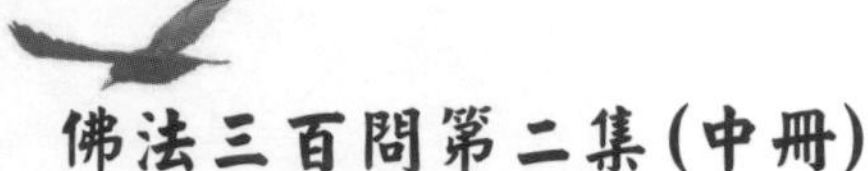

慈悲喜捨，三十二相，八十種好，紫磨金色，十力，四無所畏，四攝法，十八不共，神通道力，成正等覺，廣度眾生」

4.供養法華經

a.「法師品」說明受持及弘化此經，即是發大慈悲心；及佛告示藥王菩薩聆聽、隨喜、解說、書寫「法華經」的種種功德。

b.「見寶塔品」中，多寶佛湧塔現身讚歎演說法華經者及其功德。此時十方諸佛各遣大弟子供養多寶佛及釋迦牟尼佛，並且讚美持誦本經的功德。

c.勸持品：藥王、大樂說等菩薩，以及已受記的羅漢皆發願奉持、讀誦、廣宣法華，並說明須具有大忍力，才能弘揚此經，以及德慧雙修，才能成就佛果。

d.分別功德品：是善男子、善女人受持、讀誦是經典者，爲已起塔，造立僧坊，供養眾僧。……是故我說：如來滅後，若有受持、讀誦、爲他人說，若自書、若教人書，供養經卷，不須復起塔寺及造僧坊供養眾僧。況復有人能持是經，兼行布施、持戒、忍辱、精進、一心、智慧？其德最勝，無量無邊。疾至一切種智。

e.隨喜功德品：強調隨喜受持「法華經」的人，獲益無量，可以得到利根、智慧、端莊、俊秀，以及生天、人中，享受妙樂福報等種種功德。

f.法師功德品：佛示常精進菩薩關於受持、讀誦法華經，可獲眼明、耳聰、鼻敏、舌利、身美、意淨等六根完美的功德。

g.如來神力品：佛於會眾前示現各種神力，讚歎法華經功德，並叮囑大眾在如來滅後，應對法華經一心受持、讀誦、解說、書寫、流通以廣教化。

h.囑累品：敘述世尊躬從座起，以右手撫摩聽法大眾頭頂，囑咐會眾受持和廣宣法華經，深入社會，教化群生，使其淨化身心，共入佛道。

i.陀羅尼品：敘述藥王菩薩、勇施菩薩等各自發願宣說咒語，以神力擁護受持、講說、流通、傳布法華經之士，使其在惡世中能脫離業障煩惱。

5.菩薩受持法華經的本事功德

a.藥王菩薩本事品：敘述藥王菩薩過去聞法供養日月淨明德佛的本事及受持法華經藥王本事的功德，並勉後世法師，應以身護教，弘揚此經。

b.妙音菩薩品：敘述妙音菩薩過去供養雲雷音王佛的因果，以及處處現身宣說此經的本事。由此饒益眾生，並顯示流通法華經的德範。

c.妙莊嚴王本事品：敘述妙莊嚴王於前世爲其二子所化，得以開佛知見，獲大法喜的本事。並彰顯此二子借助修持的力量，轉變邪見眷屬的精神。

6.受持法華經必得守護

普賢菩薩勸發品：敘述在惡濁世間，如欲受持法華經，必先成就爲佛護念、植眾德本、入正定聚、發度眾心等四法。以及凡持誦此經者，必得普賢菩薩守護。

7.稱觀世音菩薩名號皆得解脫

觀世音菩薩普門品：佛爲無盡意菩薩解說觀世音菩薩的名號因緣、稱名作用和三十二應普門示現等功德。凡諸苦惱眾生，誠心稱念其名號，皆得解脫。

（11）依法修行四方樂行，即身、口、意、誓願四方面的修行而得四種安樂，即身安樂、口清淨安樂、意安樂心中清淨、誓願安樂（使自己的行爲有助於信受「法華」的人，要行大慈大悲，實現度脫一切眾生的宏大目標）

（12）漸修成佛，授記後世成佛

a.除龍女是頓修頓悟之外，絕大部分人屬鈍根眾生，需要長期修行之後，才能成佛。

提婆達多品：「佛道懸曠，經無量劫勤苦積行，具修諸度，然後乃成」

b.「授記品」中佛爲四大尊者（摩訶迦葉、須菩提、大迦旃延、大目犍連）授記，預告彼等皆能達成宿願，修成佛果。

c.「五百弟子授記品」中，授記富樓那、憍陳如及五百弟子均將成佛。

d.「授學無學人記品」中，爲阿難、羅侯羅，及會中學、無學等二千人授記。

四、法華經的影響

法華經諸法實相之意義涵蓋了空、眞如、法性、究竟涅槃、佛性等大乘佛教本體論的概念，對中國各大乘宗派均有影響。

（1）對魏晉般若思想的影響

竺法護譯出「正法華經」，使得印度大乘佛學經典首次傳入中國，因爲這部經典的出現，所以產生了竺道潛、于法開、竺法崇、竺法義、竺道壹等探研「法華經」的專家。

（2）對南北朝佛性思想的影響

鳩摩羅什譯「妙法蓮華經」，其中的「諸法實相」、「開佛知見」、「平等智」、「一佛乘」等，如果從佛性論的角度來理解，就是佛性。因此對南北朝佛性論的興起頗有影響。

（3）對三論宗的影響

三論宗的吉藏也很重視「法華經」，他也寫了不少「法華」的著作（法華玄論、法華義疏、法華遊意、法華論疏、法華經統略）。

法華經的中道實相觀念影響吉藏的八不實相中道思想。吉藏的三輪判教之攝末歸本也是受到法華經會三歸一的影響。

（4）對禪宗的影響

慧能：「心迷法華轉，心悟轉法華」，眾生心迷才有三乘。

「開佛知見」就是見自己本性。

開佛知見及諸法實相，都是佛性的異名同義語。

神會也說三車是方便說，心迷有三車，心悟作一車。神會引法華經中龍女須臾發菩提心即成正覺來證明其頓悟論。

永嘉玄覺則是先學天台止觀法門，後來入禪學的。

法華以長首窮子及衣內明珠比喻眾生具有內在的成佛潛能，即佛性。

（5）對天台宗的影響

天台宗以「法華經」爲主要經典而成立教義，因也稱爲「法華宗」。智者大師著作了「天台三大部」（法華玄義、法華文句、摩訶止）。法華玄義是以名、體、宗、用、教五方面來解釋經題；法華文句則從因緣、約教、本跡、觀心四釋來解釋法華經的具體內容。摩訶止觀是從觀心方面發展了法華經。九祖湛然也著法華玄義釋籤、法華文句記、止觀輔行傳弘訣來注釋三大部。天台宗並判法華經爲圓教經典。

（6）對華嚴宗的影響

法華的大白牛一乘佛乘對華嚴宗一乘的影響。華嚴的性起與天台的性具都是對實相的發展。法藏撰有「法華經疏」。所撰「華嚴一乘教義分齊章」與「法華經」的聯繫非常明顯。

澄觀十一歲出家時，就念誦「法華經」，後來又跟湛然學習天台止觀及法華等經。澄觀發十願的第五願即是長誦法華經。華嚴系的新羅僧人元曉則撰有「法華宗要」。

（7）對唯識宗的影響

窺基著有「法華玄贊」，弟子慧沼作「法華玄贊義決」。

窺基認爲法華經的宗旨是顯示一佛乘。但主張五性各別及眞如凝然不隨緣。

（8）對淨土宗的影響

法華經雖無明文指出念阿彌陀佛名號，但天台宗的很多大

師，如宗曉主張台淨合匯；傳燈弘揚淨土；智旭融攝台淨；諦閑台淨並修；智者大師著淨土十疑論及佛說觀無量壽佛經疏。

（9）「觀世音菩薩普門品」及「普賢菩薩勸發品」的影響

1.「觀世音菩薩普門品」弘傳了觀世音菩薩的慈悲心及救眾生苦難的神通力。若眾生處於苦難中，或以心，或以語，或以身求觀音，觀音一定會來援救。眾生不管以何種身分想得度脫，觀音就化現這種身相爲眾生說法。觀音信仰對中國影響非常鉅大。

2.「普賢菩薩勸發品」強調受持、讀誦、書寫、修習法華經具有無數的功德利益。對於法華信仰也起了直接的推動作用。

（10）對海外的影響

1.傳至日本：十三世紀的日本以此經爲宗，由日蓮成立了「日蓮宗」或稱「法華宗」，並述作「法華取要抄」。其分派的現代延續有創價學會、靈友會和立正佼成會等。

空海撰「法華經開題」。

2.傳至朝鮮：新羅元曉撰「法華宗要」一卷。

（11）對中國佛教判教學說的影響

天台宗的判教立五時八教。五時之第五時即法華涅槃時，以法華經及涅槃經爲主。

化法四教中以妙法蓮華經爲圓教，列爲佛陀的最終說法。

國家圖書館出版品預行編目資料

佛法三百問第二集／藍傳盛著.　--初版.--臺中市：白象文化事業有限公司，2023.12-2024.1
面；　公分
ISBN 978-626-364-109-9（中冊：平裝）.--
ISBN 978-626-364-122-8（下冊：平裝）
1.CST: 佛教 2.CST: 問題集
220.22　　　　112013185

佛法三百問第二集（中冊）

作　　者　藍傳盛
校　　對　藍傳盛
發 行 人　張輝潭
出版發行　白象文化事業有限公司
412台中市大里區科技路1號8樓之2（台中軟體園區）
出版專線：（04）2496-5995　傳真：（04）2496-9901
401台中市東區和平街228巷44號（經銷部）
購書專線：（04）2220-8589　傳真：（04）2220-8505
專案主編　黃麗穎
出版編印　林榮威、陳逸儒、黃麗穎、水邊、陳媁婷、李婕、林金郎
設計創意　張禮南、何佳諠
經紀企劃　張輝潭、徐錦淳、林尉儒、張馨方
經銷推廣　李莉吟、莊博亞、劉育姍、林政泓
行銷宣傳　黃姿虹、沈若瑜
營運管理　曾千熏、羅禎琳
印　　刷　基盛印刷工場
初版一刷　2023 年 12 月
定　　價　500 元